高等学校电子商务与物流管理专业系列规划教材

基于 Java EE 的电子商务网站建设

潘海兰　王安保　编著

西安电子科技大学出版社

内容简介

　　本书分为 3 个部分：第 1 部分为电子商务网站建设与维护概论，系统讲解了电子商务网站的设计和规划要点，并对网站的管理和维护进行了分析；第 2 部分利用多个具有代表性的案例详细讲述了 Struts2 框架和 JPA 框架的知识点及使用技巧；第 3 部分精心设计了一个电子商务网站的完整案例，包括注册、登录、用户管理、图书管理、购物车、订单等电子商务网站的经典模块，让读者在实际案例中学习 Struts2+JPA+Spring 框架的整合编程。

　　本书可作为高等院校计算机科学技术、软件工程、电子商务等专业的教材或参考书，也可作为 Java EE 轻量级框架软件开发人员的自学参考书或培训教程。

图书在版编目(CIP)数据

　　基于 Java EE 的电子商务网站建设 / 潘海兰，王安保编著. —西安：西安电子科技大学出版社，2010.8

　　ISBN 978–7–5606–2455–6

　　Ⅰ. ①基… 　Ⅱ. ①潘… ②王… 　Ⅲ. ①电子商务—网站—建设 　Ⅳ. ①F713.36 ②TP393.409.2

　　中国版本图书馆 CIP 数据核字(2010)第 128209 号

策　　划	毛红兵
责任编辑	邵汉平　毛红兵
出版发行	西安电子科技大学出版社(西安市太白南路 2 号)
电　　话	(029)88242885　88201467　　　邮　　编　710071
网　　址	www.xduph.com　　　　电子邮箱　xdupfxb001@163.com
经　　销	新华书店
印刷单位	西安文化彩印厂
版　　次	2010 年 8 月第 1 版　　2010 年 8 月第 1 次印刷
开　　本	787 毫米×1092 毫米　1/16　印　张　21.75
字　　数	514 千字
印　　数	1～3000 册
定　　价	31.00 元

　　ISBN 978-7-5606-2455-6/F·0052

　　XDUP 2747001-1

如有印装问题可调换

本社图书封面为激光防伪覆膜，谨防盗版。

前　言

在现今信息飞速发展的时代，互联网上的商务网站覆盖了经济、市场、金融、管理、人力资源、商业与技术等各个方面，因此，拥有自己的电子商务网站无疑会给企业今后的发展带来巨大商机。网络商城正在成为一种新兴的贸易方式。

在 Web 程序开发中，轻量级 Java EE 以其稳定的性能和良好的开放性，深受企业开发者的青睐。特别是对信息化和安全性要求较高的行业，如银行、证券和电信等，大都选择 Java EE 开发平台。Java EE 提供的跨平台性、开放性及各种远程访问技术，为异构系统的良好整合提供了保证。对于一个企业而言，选择 Java EE 构建信息化平台，更体现了一种长远规划，在未来的日子里，经常会有不同平台、不同系统的异构系统需要整合，从而帮助企业不断壮大。

目前关于 Java EE 轻量级框架的书籍很多，但有些只偏重框架应用的入门使用，有些只介绍实际案例，没有考虑学习者对技术是否熟悉。为此，本书针对各知识点精心设计了相关案例，将知识讲解融入到案例之中，并能很好地指导读者进行实践。这对读者从实践中理解和巩固知识、在实践中培养应用能力具有重要的实际意义。

本书从 Java EE 轻量级框架基础入门，系统介绍了基于 Java EE 电子商务网站的制作。本书共 11 章，按内容可分成 3 个部分：

● 第 1 部分包括第 1～3 章，主要内容为电子商务网站建设与维护概论，系统讲解了电子商务网站的设计和规划要点，并对网站的管理和维护进行了分析。

● 第 2 部分包括第 4～8 章，主要阐述了 J2EE 轻量级框架 Struts2 和 JPA 的入门技术，利用多个具有代表性的案例详细讲述了 Struts2 和 JPA 框架的知识点。

● 第 3 部分包括第 9～11 章，利用"清风书苑"商城的制作过程讲述了 Struts2 + JPA + Spring 框架的整合，并具体阐述了商城中每个模块的实现方法，从 Web 层、逻辑层到控制层，具体包括注册、登录、用户管理、图书管理、购物车、订单等电子商务网站的经典模块。

本书可作为高等院校计算机科学技术、软件工程、电子商务等专业"电子商务网站建设"课程的教材，也可作为 Java EE 轻量级框架学习者的参考书。

本书第 1～4 章由王安保编写，第 5～11 章由潘海兰编写。在编写过程中，参考并引用了"浪曦"和"传智播客"网站的一些教学视频，特别是"巴巴运动网"项目视频对"清风书苑"商城项目的建设有非常大的指导作用。本书的出版还得到了许多专家和同行的指导与帮助，特别是西安电子科技大学出版社的领导与编辑给予了大力支持，在此一并表示感谢！

书中相关代码将无偿提供给本书读者。若有任何问题，请联系作者 hlpan@it.sspu.cn。

由于时间仓促及编者水平有限，书中难免存在一些不足与疏漏，恳请广大读者批评指正。

编　者
2010 年 5 月

目　　录

第1部分　电子商务网站建设与维护概论

第 2 部分　Java EE 轻量级框架 Struts2、JPA 的入门技术

第 3 部分　基于 Struts2+JPA+Spring 的 Web 商城的开发案例

第一部分

电子商务网站建设与维护概论

第 1 章　电子商务网站概述

📬 **重要知识点**

- 电子商务网站的定义
- 电子商务网站的功能
- 电子商务网站的特点
- 电子商务网站的分类
- 电子商务网站的模式

1.1　什么是电子商务网站

根据中国互联网络信息中心(CNNIC)2009 年发布的《中国网络购物市场研究报告》，截至 2009 年 6 月，我国网购用户规模已达 8788 万，同比增加 2459 万，年增长率为 38.9%。值得注意的是，用户对 C2C(Customer to Customer，消费者之间的电子商务)购物网站的满意度低于 B2C(Business to Customer，企业与消费者之间的电子商务)购物网站。相对而言，B2C 购物网站在产品品质和服务质量上都领先于 C2C 购物网站。因此，拥有自己的 B2C 网站是每个企业在当今信息时代实现飞跃的一个转折点。

报告中还指出，2009 年上半年有 85.7%的网民在网上查询过商品信息，但是只有 26% 的网民实现了网络购物。这表明，我国存在着庞大的潜在网购用户群体，只要进行必要的引导和培养，这部分用户将为网购市场带来广阔的前景。IBM 公司对未来世界有句预言——"要么电子商务，要么无商可务!"。虽然这有些夸大其词，但从 CNNIC 报告发布的数据中，我们可以清晰地意识到电子商务时代正向我们走来。

1.1.1　电子商务网站的定义

在现今信息飞速发展的时代，拥有自己的电子商务网站无疑会给企业今后的发展带来巨大的商机。下面我们介绍一下电子商务网站的概念。

1. 电子商务网站的定义

电子商务网站是利用软、硬件基础设施，通过 Internet 相互连接起来的，为用户提供网页服务(Web Server)、数据传输服务(FTP Server)、数据库服务(Datebase Server)和邮件服务(Mail Server)等多种服务的信息载体。电子商务网站由服务器、工作站和各种网站设备作为技术支撑，通常以虚拟主机方式或主机托管方式存放和运行，网站一般拥有固定的域名。

电子商务离不开 Internet，因此，在电子商务系统中，商务网站就是最基础的设施。目前，在 Internet 上建立商务网站是电子商务主要的实现形式。但是随着手机 3G 和 4G 技术的发展，许多企业也选择在手机平台上建立企业商务网站。商务网站在网络上存放了大量的信息并提供相应的服务，人们通过浏览器可访问不同的商务网站，进行一定的信息交互，比如查询产品信息、下订单、资金确认、物流运输等，进而完成一次商务活动的全过程。

商务网站是从事电子商务活动的基础平台，是企业树立形象、展示产品或服务的窗口，是实现现代化办公的标志，是商务活动中交易双方信息交汇与传递的重要渠道，也是企业与用户进行交互的界面。利用 Internet、Web 网站和手机网络等现代信息工具实现相关业务是电子商务企业的基本特征。

2. 电子商务网站发展的不同阶段

在某个电子商务网站创建的初期阶段，其首要任务是自我推广，使用户对本网站产生认知和信赖。此阶段谈论要产生多少订单不太现实，重要的是利用搜索引擎或它的宣传、公关手段推广网站及相关的产品。另外，不断改进网站的功能也是十分重要的，这样可以方便用户使用，从而令用户对该网站印象深刻，提高回头率。

网站发展中期，随着用户对网站逐渐产生信赖感，为网站导入高质量流量以及提高客户转化率将成为关键。与网站初期偏重搜索公关传播不同，中期追求的是"质"和"量"的不断提高，通过竞价及优化众多主要关键词获得一定的访问量，在提高访问量的同时不断优化网站体验，从而提高客户转化率。此阶段将涉及较多的营销策略，比如关键词定位、关键词转化率计算、网站用户体验测试等。

电子商务网站发展到成熟期，此时用户也已积累了一定的数量。和中期不同的是，此阶段电子商务网站在想办法拓展新客户的同时，更重要的是维护好老客户。老客户是你的生存之本，要利用各种技术手段提高服务质量，提升用户的满意度。

3. 电子商务的框架

图 1-1 显示了电子商务环境下的市场结构，它简明地描绘了这个环境中的主要因素，也是目前电子商务网站的主要因素。

政策、法律及隐私	● 电子商务应用：供应链管理、视频点播、网上银行、电子市场及电子广告、网络娱乐、有偿信息服务、家庭购物等； ● 贸易服务的基础设施：安全性认证、咨询服务、市场调研、目录服务、电子支付等； ● 传播消息和信息的基础设施：EDI、E-mail、HTTP等； ● 多媒体内容和网络宣传：HTML、Java、HTTP等； ● 网络基础设施：电信、有线电视、无线设备、Internet、手机网络等	各种技术标准及安全网络协议

图 1-1 电子商务的一般框架

电子商务一般框架模型描述的是电子商务的结构，也指明了电子商务系统的构成。在这一框架中特别指出，电子商务发展有两个支柱：政策、法律及隐私；各种技术标准及安全网络协议。这二者实际上是电子商务发展的基础。但在电子商务研究中，我们往往忽视了前者作为基础设施的特性，认为只有和电子商务直接相关的技术标准、网络协议以及电子商务软/硬件系统才是真正意义上的基础设施。这一点也很容易理解，毕竟没有这些就谈不上电子商务的实现，毕竟这些尤其是软/硬件是我们所能够直接感受到的。但如果站在更高的视角来看待电子商务的发展，我们就可以认识到，如果忽视政策、法律及隐私作为电子商务基础设施的职能，那么电子商务系统将无法良好运行。政策、法律及隐私关系到电子商务所构建的虚拟市场、信息化应用与管理系统中真实个体的行为管制、虚拟物权的界定、个人隐私的保护、名誉权的维护、知识产权的保护等。现实世界对一切实体行为的约束措施必须依靠政策、法律及隐私保护等拓展到信息技术构建的虚拟世界中，否则虚拟世界就因没有强制约束力而变成一个没有秩序、充满欺诈的社会，这样必然影响电子商务的发展。

1.1.2　创建电子商务网站的必要性

电子商务网站涉及经济、市场、金融、管理、人力资源、商业与技术等各个方面，网上做生意正在成为一种新兴的贸易方式。纵观中国中小型企业所面临的种种机遇和挑战，"上网建站，用互联网做生意"势在必行。这主要表现在以下几点：

1. 用户数量庞大，蕴涵无限商机

全世界现在有数以亿计的用户接入互联网。有专家预计，到 2010 年底电子商务规模可达 5700 亿，比 2009 年增长一倍。另一个快速增长的电子商务网站发布平台——手机网络的发展也很快。截至 2009 年 6 月底，中国手机上网用户已达到 1.554 亿。有业内人士预计，未来两年中国手机上网的网民将超过 3 亿，而巨大的用户群就意味着无限的商机。图 1-2 显示了 2000～2008 年的上网人数增长情况。

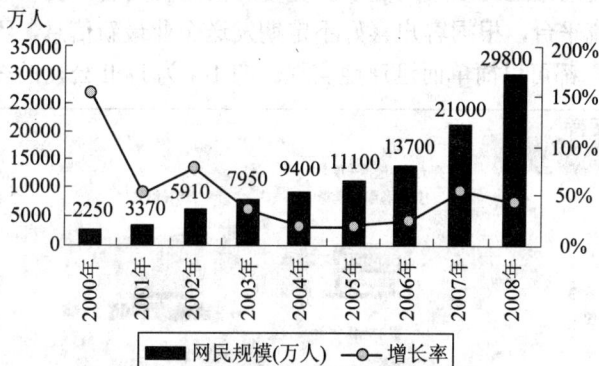

数据来源：中国互联网络信息中心(CNNIC)

图 1-2　2000～2008 年中国网民规模与增长率

2. 提供商业信息，及时更新变化

大家都知道，中国电信每年都会出版一本黄页广告，公布最新的商业信息。但在一年中企业的信息会因各种原因而发生变化，这时，利用网络来建立黄页广告则能够更加及时地提供企业的商业信息，并随时提供最新的商业资讯。图 1-3 为中华大黄页网站截图，从图中可以看出，在网站黄页中寻找商业信息显然更加便捷，而且网上商业信息量之大，是任何其他媒体所不能替代的。

图 1-3　中华大黄页网站

3. 加强与客户的联系，提供优质的服务

联系与沟通是商务过程中最重要的内容之一，每个精明的商人都懂得与他人进行广泛接触的重要性。通过构建商务网站，企业可以在网页上每天 24 小时向成千上万的人提供联系与沟通的渠道，任何人在任何时间都可以利用这个渠道。当今的商务过程更注重为客户提供优质的服务，在网站上可以采用更多、更便捷的途径为客户提供各种服务。例如，为客户定制个性化交流平台，根据客户喜好不定期发送企业最新信息，不需支付电话费用的 24 小时在线客服等，都可以简单而迅速地实现。图 1-4 为 Dell 公司的客户在线支持网页。

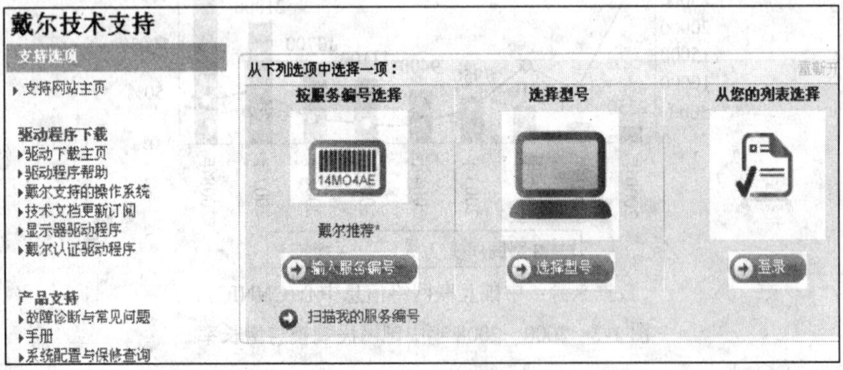

图 1-4　Dell 公司技术支持页面

4. 加快新产品的发布周期，及时反馈用户信息

利用网络，新产品和新服务可以迅速发布到全球范围，其成本低廉。通过增加一个新项目来更新网页所花的费用只是印刷一本新产品目录的零头。

新产品推出后，用户的反馈对每一个企业都是十分重要的。利用 Internet 的双向信息交流功能可帮助企业从市场中收到即时反馈，网上问卷调查就是一个最常规的了解用户的手段。互联网问卷可以通过网站、E-mail 进行发布与回收，直接使用数据库记录相关数据，可大大节省时间、经费和人力，结果容易量化，便于统计处理与分析，并可以进行大规模的调查。图 1-5 是春秋航空网的一份调查问卷。

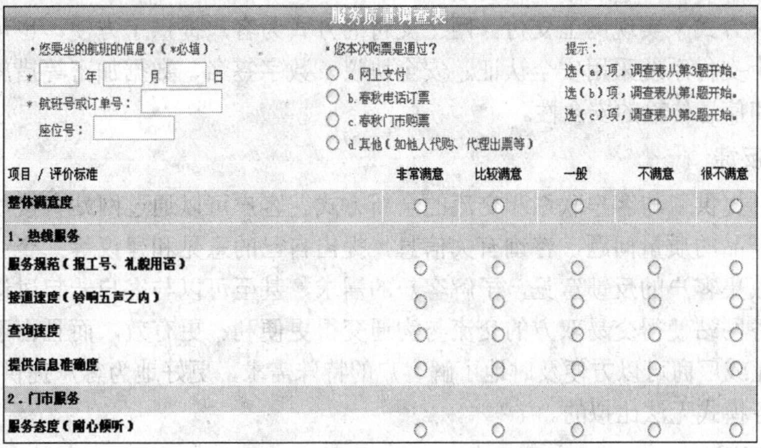

图 1-5　春秋航空网的调查问卷

1.2　电子商务网站的功能、特点及分类

1.2.1　电子商务网站的主要功能

电子商务网站的主要功能可归纳为以下几个方面：

1. 广告宣传

与传统广告模式相比，网络广告具有信息丰富、成本低廉、方便快捷、范围广、效果好等特点。企业可以通过 Internet，利用商务网站在全球范围内宣传自己的形象，介绍企业的历史背景、机构设置、经营理念、经营内容、企业文化、重大活动、生产动态、新产品研制、发展目标等，还可以在 Internet 上发布各种产品信息和介绍各种服务项目。客户可以借助于网络检索工具迅速找到所需的商品信息，并选择自己需要的商品和服务。

2. 咨询洽谈

网络洽谈能够超越人们面对面洽谈的限制，提供多种方便的异地交谈形式，有利于商务活动的进一步开展。企业可以利用商务网站在网上开展业务，例如借助电子邮件(E-mail)、新闻组(News Group)、讨论组(Chat)、公告板(BBS)等多种形式来了解市场情况和产品信息、洽谈交易事务、为客户提供咨询服务等。

3. 网络订购

商务网站通常提供客户在网上订购商品的功能，当然它的前提是使用加密方式保证客户的订购信息和商业信息的安全。商务网站的商品订购系统通常包括商品搜索、购物车以及相应的订单自动生成与管理等功能，并在商品介绍的页面上设计有订购提示信息和订购交互式表格的友好界面，客户在商务网站上能够很方便地选择自己所需的商品。

4. 网上支付

网上支付也是利用商务网站进行商务交易的一个重要环节。客户在网上完成了商品的选购后，可以通过商务网站提供的电子支付功能，采用信用卡、电子钱包、电子支票和电子现金等多种方式来实现网上支付。网上支付的方式为客户提供了方便，也可以节省交易的开销。网上支付系统采用安全认证、安全协议、数字签名、数据加密等措施来保证电子账户的操作和信息传输的安全性。

5. 信息反馈

商务网站提供了与客户联系和交流的全新方式。客户可以通过网站直接与企业或厂商联系，反映产品的质量问题，咨询有关信息，提出自己的意见和建议等；企业或厂商也可以通过网站收集客户的反馈意见，了解客户的需求，甚至可以与客户一起讨论产品的改造问题等。商务网站使得交易双方的交流与沟通变得更便利、更有效，而且由于网络的特点及优势，企业或厂商可以方便及时地了解客户的特殊需求，更好地为客户提供个性化服务，这是传统商务模式无法比拟的。

6. 物流配送

有些特殊商品能在电子商务网站上直接完成物流配送，即直接从电子仓库中将货物通过网络发到用户端。这些商品主要是信息产品，包括软件、充值卡、电子图书、信息服务和影音商品等。

7. 其他功能

除上述功能之外，电子商务网站还具有网络广告、网上市场调研、网络营销、网上论坛、售后服务和个性化服务等功能。

1.2.2　电子商务网站的特点

电子商务网站除了一般网站所共有的特性之外，还具有如下特点：

1. 商务性

电子商务网站最基本的特性为商务性，即提供买卖交易的服务、手段和机会。就商务性而言，电子商务可以扩展市场，增加客户数量。通过将网上交易信息存入数据库，企业或商家能记录下每次访问、销售、购买形式和购货动态以及客户对产品的偏爱，这样，可以通过统计和分析这些数据来随时获知其各种商品的销售情况以及顾客的消费倾向。

2. 服务性

在电子商务环境中，商务网站为客户提供的服务具有一个明显的特性：方便。客户不再受地域的限制，像以往那样忠实地只做某家邻近商店的老主顾，他们也不再仅仅将目光集中在最低价格上。因此，服务质量的好坏在很大程度上已成为商务活动成败的关键。

企业或商家通过其网站可向世界范围内的客户提供全天候不间断的服务，使得客户能够方便、随时随地得到过去较为费事才能得到的服务。例如，现在的网上银行和手机银行可以实现随时随地存取资金账户，查看信用卡的收支情况，或查看贷款过程、押金利率等信息，这大大提高了服务效率和服务质量。

3. 集成性

商务网站的集成性首先表现在网站本身集成了许多新技术和新概念，同时保留了传统商务活动的一些过程、方法和手段。万维网的真实商业价值在于协调新老技术，使用户能更加行之有效地利用已有的资源和技术，更加有效地完成任务。

商务网站的集成性还在于事务处理的整体性和统一性，它能很好地规范商务活动的工作流程，将人工操作和电子信息处理集成为一个不可分割的整体。这样不仅可以提高人力和物力的利用率，同时也提高了系统运行的严密性。

4. 可扩展性

要保证企业商务活动的正常开展，商务网站就必须具有可扩展性。Internet 上有数以百万计的客户，如果网站在客户访问的高峰期不能迅速地予以响应和处理，将会造成系统的拥塞，客户的访问速度就会急剧下降，甚至还会拒绝数千次可能带来丰厚利润的客户的来访。

对于一个商务网站来说，可扩展的系统才是稳定的系统。若能根据业务发展和技术更新的需要，方便灵活地扩展网站的功能与增加新的服务，就可进一步地提升网站和企业的形象与效益。像淘宝网这么成功的网站都要经常更新网站的功能，可见可扩展性对网站运营的重要性。

5. 安全性

对于客户而言，无论网上的物品如何具有吸引力，如果对交易安全性缺乏把握，他们也不可能在网上进行交易。企业和企业间的交易更是如此。

在电子商务中，安全性是必须考虑的核心问题。商务网站面临着社会层面和技术层面上的众多安全隐患。要保证安全，就社会层面而言，要求政府部门高度重视电子商务的安全，增加社会的诚信程度，建立第三方的认证机构，并制定相对完善的电子商务法律等；就技术层面而言，国际上多家公司联合开展了安全电子交易的技术标准与解决方案的研究，并发表了 SET(安全电子交易)和 SSL(安全套接层)等协议标准，使企业能够建立一种安全的电子商务环境。

6. 协调性

商务活动需要买方与卖方、供货方与销售方以及商务伙伴之间的多方协调，同时涉及到与银行、保险、物流等诸多行业的协调。因此，企业的商务网站必须能够很好地与客户及合作伙伴进行交互，能够为客户提供方便友好的交易界面及信息反馈渠道，能够与有关金融机构协调解决数字认证和电子支付问题，并能够与物流部门协调好商品的配送和及时为客户送货的问题。为了提高效率，许多组织都提供了交互式的协议，电子商务活动可以在这些协议的基础上进行。

1.2.3　电子商务网站的几种常见形式

不同的企业有不同的建立网站的目的和服务对象，各种商务网站在规模、内容和风格上也会有很大的差别，这也体现了各种网站的不同定位。以下是目前几种常见的主要网站形式。

1. 门户网站

所谓门户网站，是指只要用户登录到这个网站，就可以得到企业或商家提供的所有服务。目前，国内许多大型企业都建立了这样的网站，例如海尔(http://www.haier.cn/)和联想(http://www.lenovo.com)等。这样的企业一般在其内部已经建立了较为完善的管理信息系统，通过企业内部网络实现了管理信息的共享。企业通过其门户网站把内部管理信息系统中可公开的信息与外部的客户和合作伙伴连接起来，可以在更大的范围内实现信息的整合和共享。图1-6所示为海尔公司商务网站的主页。

图1-6　海尔公司网站主页

2. 商城网站

商城网站通常也被称为网上商店，此类网站除了在网上提供企业、商品和服务的有关信息外，其主要目的是开展 B2C 形式的商品交易活动和提供相应的交易服务。此类网站由于经营商品种类与服务方式的不同又可分为以下几种不同的类型(其中一些是实行电子商务后创造和发展出来的新型商业模式)：网上超市、网上专卖店、网上售票、网上旅游服务等特殊交易网站等。图1-7所示为1号店网上超市(http://www.yihaodian.com/)的主页。

图1-7　1号店网上超市主页

3. 中介网站

中介网站主要用于建立交易平台，让其他企业或个人到此网站进行交易，收取一定的中介服务费用或服务器存储空间租用费用，开展 B2B 或 C2C 形式的交易活动。常见的交易模式网站有阿里巴巴网站(http://www.alibaba.com)和淘宝网站(http://www.taobao.com/)等。图1-8 所示为淘宝网站的主页。

图 1-8   淘宝网站主页

4. 行业网站

各行各业都可以根据需要建立自己的商务网站，以便更好地开展行业性的商务活动。不同的行业有不同的经营方式、经营项目和行业特点，因此所创建的商务网站在内容、形式和风格的定位上各有千秋。例如，浦发银行网(http://www.spdb.com.cn/)、中国旅游网(http://www.cnta.com/)和中国服装网(http://www.efu.cn)等。图 1-9 所示为浦发银行网站的主页。

图 1-9   浦发银行主页

5. 社交网站

随着网络生活的普及，上网交友、玩游戏、讨论明星八卦、发表个人观点已成为一种时尚。开心网(http://www.kaixin.com/)的网络游戏曾一度风靡全国，连六旬老人的谈话也多了"你今天偷菜了没有？"的新鲜名词；各种类型的论坛网站也是人们喜欢光顾的地方，如偏重幼儿教育的旺旺论坛 (http://www.123.net)、注重各类新闻的 Tom 社区(http://www.tom.com/)等。图 1-10 所示为开心网网站的主页。

图 1-10　开心网主页

6. 视频网站

视频网站通常免费提供视频播客、视频分享、视频搜索等服务，还可以上传个人喜欢的视频，收藏喜欢的视频，并可简单方便地分享给朋友。这样用户可在线观看最新、最热的视频，享受足不出户观赏视频大片的服务。目前国内较有名的视频网站有土豆网(http://www.tudou.com/)和优酷网(http://www.youku.com/)。图 1-11 所示为优酷网的主页。

图 1-11　优酷网主页

1.3　建立电子商务网站的准备工作

电子商务网站建设是指由确定网站目标开始到网站投入运营后的维护和管理的全过程。高质量的网站在建站初期就应该做好商务模式定位、优秀域名注册、网站软/硬件的选取配备以及网站服务器解决方案的制定。

1.3.1　商务模式的选择

同传统商务相比，电子商务所依赖的贸易基本处理过程并没有改变，而是用以完成这些过程的方式和媒介发生了改变。例如，原来以信件、电报形式传递信息，现在以 E-mail 形式传递信息。目前，按交易对象的不同通常可将电子商务模式分成以下几种类型：

1. B2B

企业间的电子商务 B2B(Business to Business)，即企业与企业之间通过网络进行产品或服务的经营活动。B2B 模式既可以注重企业之间通过网络进行产品的销售和购买，也可以注重企业之间通过网络提供服务和得到服务。

2. B2C

企业与消费者之间的电子商务 B2C(Business to Customer)，即企业通过网络为消费者提供一个产品或者服务的经营活动。B2C 模式是我国最早产生的电子商务模式，以 8848 网上商城正式运营为标志。目前的 B2C 模式网站大概可以分成以下几种：

- 综合商城：提供各类商品的买卖，如淘宝商城等。
- 百货商店：提供百货商品的买卖，如当当网、卓越网等。
- 垂直商店：提供除网上商店外的电视购物、电话购物等服务，如麦考林、东方 CJ、京东、新蛋、易讯等。
- 复合品牌店：提供已有品牌实体店的商品的网上商城，如佐丹奴、达芙妮等。
- 轻型品牌店：主营某项业务的网上商城，如凡客 VANCL、梦芭莎等。
- 服务型网店：提供网上冲印等业务，如易美、咔嚓鱼等。
- 导购引擎型：提供商品在不同网站报价的比对，如爱比网、酷讯网等。

3. C2C

消费者之间的电子商务 C2C(Customer to Customer)，即消费者与消费者之间通过网络进行产品或服务的经营活动。C2C 电子商务中的参与者主要有两种，即消费者及为消费者提供网络服务的平台提供商，例如买买乐、淘宝、易趣等。

4. B2G

企业与政府之间的电子商务 B2G(Business to Government)，即政府与企业之间通过网络进行产品或服务的经营活动。较为典型的例子如网络采购(E-Procurement)，也就是政府机构在网上进行产品、服务的招标和采购，还有电子通关、电子纳税等企业与政府间的业务。

5. C2G

消费者与政府之间的电子商务 C2G(Customer to Government)，它属于电子政务的一部分，指消费者与政府之间的电子商务，政府把电子商务扩展到福利费发放和自我估税及个人税收的征收方面。

这几年，随着阿里巴巴、淘宝、拍拍、百度、爱比网等各种电子商务模式与电子商务服务的兴起，对传统企业产生了很大的冲击。比如京东商城的低价销售正品策略，抢夺了很多传统电子零售商的生意，并且正以平均每年接近 300% 的速度发展，网购的群体更是发展迅速，几乎超过互联网网民发展的速度。相信在不远的将来，服务商的服务越来越完善，平台越发成熟，电子商务的创新性与时代趋势亦将成为必然。

1.3.2　网站域名注册

域名(Domain Name)也被称为 URL 或网址，是表示登录到互联网的用户主机所在位置的一组字母数字串，是在互联网上查找网站位置的专有标识。在互联网中，每一台计算机都会有一个唯一的标识，这个唯一的标识就是 IP 地址，被用以区别接入互联网的成千上万的计算机。每个 IP 地址由 4 个小于 256 的数字组成，数字之间用点间隔，例如 123.123.123.123 就表示一个 IP 地址。不难看出，IP 地址使用起来难以记忆，于是出现了与网络上的数字型 IP 地址相对应的字符型地址，其被称为域名。一个域名只能对应一台计算机主机，域名具有唯一性的特点。

1. 域名的重要性

从技术上讲，域名只是 Internet 中用于解决地址对应问题的一种方法，可以说只是一个技术名词。但是，由于 Internet 已经成为了全世界人的 Internet，域名也自然地成为了一个社会科学名词。从社会科学的角度看，域名已成为了 Internet 文化的组成部分。从商界看，域名已被誉为"企业的网上商标"。没有一家企业不重视自己产品的标识——商标，因而域名的重要性和价值也已经被全世界的企业所认识。域名所具备的网上"索引"功能可为企业在互联网上招揽商机、延伸品牌价值，好的域名可以让消费者印象深刻。在新经济时代，任何企业要想步入互联网都不能跨越拥有域名这个基础阶段，因此其重要的存在价值是毋庸置疑的。

2. 域名的组成

域名由两个或两个以上的词构成，中间用点号分隔开，最右边的词称为顶级域名。其一般格式如下：主机名.网络名.机构名.顶级域名。比如清华大学网站的域名是 www.tsinghua.edu.cn，从左至右表示域名由低到高的层次。www 是代表万维网，作最底层域名；tsinghua 是清华的英文名称，是第三级域名；edu 表示教育机构的次级域名；cn 表示国家的顶级域名。其中任何一级域名不同都视为不同的域名，例如 www.abc.com、www.abc.net 和 www.abc.com.cn 就是三个不同的域名，很可能分属于三个毫无关系的网站。

由两个字母组成的顶级域名，如 .cn(中国)、.us(美国)、.de(德国)和 .jp(日本)等，称为国家代码顶级域名(ccTLDs)。其中，.cn 是中国专用的顶级域名，其注册归 CNNIC(中国互联网络信息中心)管理，以.cn 结尾的二级域名简称为国内域名。下面是几个常见的中国顶级域名：ac.cn——适用于科研机构；com.cn——适用于工、商、金融等企业；edu.cn——适用于教育机构；net.cn——适用于互联网络、接入网络的信息中心；org.cn——适用于各种非盈利性的组织。其中 2009 年度 com.cn 的注册占各类域名总量的 26.74%。

目前我国的行政区域名共 34 个，适合于我国的各省、自治区、直辖市，分别为：bj—北京市、sh—上海市、tj—天津市、cq—重庆市、he—河北省、sx—山西省、nm—内蒙古、ln—辽宁省、jl—吉林省、hl—黑龙江、js—江苏省、zj—浙江省、ah—安徽省、fj—福建省、jx—江西省、sd—山东省、ha—河南省、hb—湖北省、hn—湖南省、gd—广东省、gx—广西壮族自治区、hi—海南省、sc—四川省、gz—贵州省、yn—云南省、xz—西藏自治区、sn—陕西省、gs—甘肃省、qh—青海省、nx—宁夏回族自治区、xj—新疆维吾尔自治区、

tw—台湾、hk—香港、mo—澳门。

3. 域名的命名规则

由于 Internet 上的各级域名是分别由不同机构管理的，因此，各个机构管理域名的方式和域名命名的规则也有所不同。但域名的命名也有一些共同的规则，主要有以下几点：

(1) 域名中只能包含以下字符：

- 26 个英文字母；
- 0，1，2，3，4，5，6，7，8，9 十个数字；
- "-"(英文中的连词号)。

(2) 域名中字符的组合规则：

- 在域名中，不区分英文字母的大小写；
- 对于一个域名的长度是有一定限制的。

(3) cn 下域名的命名规则为：

- 遵照域名命名的全部共同规则；
- 早期的 cn 域名只能注册三级域名。从 2002 年 12 月开始，CNNIC 开放了国内.cn 域名下的二级域名注册，可以在 .cn 下直接注册域名。

(4) 不得使用或限制使用以下名称：

- 注册含有 "CHINA"、"CHINESE"、"CN"、"NATIONAL" 等的域名时，应经国家有关部门(指部级以上单位)正式批准；
- 公众知晓的其他国家或者地区名称、外国地名、国际组织名称等不得使用；
- 县级以上(含县级)行政区划名称的全称或者缩写，应经相关县级以上(含县级)人民政府正式批准；
- 行业名称或者商品的通用名称不得使用；
- 他人已在中国注册过的企业名称或者商标名称不得使用；
- 对国家、社会或者公共利益有损害的名称不得使用；
- 经国家有关部门(指部级以上单位)正式批准和相关县级以上(含县级)人民政府正式批准是指，相关机构要出据书面文件表示同意××××单位注册×××域名。如要申请 beijing.com.cn 域名，则要提供北京市人民政府的批文。

由于个别 Web 浏览器、E-mail 程序或网上的应用程序可能不支持超过 26 个字符的域名，因此域名最好不要超过 26 个字符。但是大部分 Web 浏览器还是支持超过 26 个字符的 .com、.net 和 .org 域名。目前仅 .com、.net、.org、.cc、.中国、.网络、.公司域名支持中文域名。中文域名至少要有两个汉字，最多 15 个汉字；中文域名可以包含英文字符和数字，其它域名不宜用中文。

既然域名被视为企业的网上商标，那么，注册一个好的域名就是至关重要的了。一个好的域名往往与企业的以下信息一致：

- 企业名称的中英文缩写；
- 企业的产品注册商标；
- 与企业广告语一致的中英文内容，但注意不能超过 20 个字符；
- 比较有趣或容易记忆的名词，如 kaixin、163 等。

4. 域名的注册

中国企业网站可通过 CNNIC 注册域名，也可通过 CNNIC 域名注册申请授权代理商来完成。现在有许多机构和公司都有域名注册的服务，如中国万网(www.net.cn)、中易网(www.sale-domainname.com)、Dns163(www.dns163.com)等。在 CNNIC 注册域名的一般过程是：

- 填写注册申请表并提交；
- 域名注册系统检查该域名的合法性及是否重复；
- 邮寄所需申请材料；
- 注册材料的审核；
- 缴纳域名注册费用；
- 发"域名注册证"和发票。

早期域名申请非常容易，个人都可以申请，不需要很详细的书面资料。但是从 2009 年 12 月 14 日起，为了提升域名注册信息的真实性、准确性、完整性，进一步加强域名注册信息审核工作，CNNIC 对域名申请增加了新规定：

- 用户向域名注册服务机构在线提交域名注册申请的同时，应当提交书面申请材料。申请材料包括加盖公章的域名注册申请表(原件)、企业营业执照或组织机构代码证(复印件)、注册联系人身份证明(复印件)。
- 域名注册服务机构应当认真审核用户提交的书面申请材料，审核合格后，将书面申请材料通过传真或电子邮件的形式提交至 CNNIC，并保留书面申请资料。
- 自域名提交在线申请之日起 5 日内，CNNIC 未收到书面申请材料的或域名申请材料审核不符合条件的，该域名将予以注销。

此次新政策的出台意味着个人用户此后无法申请域名。

5. DNS 和 VDNS

域名服务器 DNS(Domain Name Server)用于把域名翻译成电脑能识别的 IP 地址。例如，如果有人要访问 sohu 的网站(www.sohu.com)，DNS 就把域名译为 IP 地址 61.135.132.3，这样便于电脑查找域名所有人的网站服务器。

VDNS(Visual Domain Name Server)具有 DNS 系统的所有功能，可实现完全的可视化操作，是新一代域名及网络管理系统。VDNS 域名管理系统是全球领先、国内技术最为先进的域名管理系统。在 VDNS 上，可在增加次级域名的同时建立同名的子网站，还可以方便地使用可视化界面完成 URL 转发、主机 A 记录、泛域名 CNAME 记录、MX 邮件记录、IP 指向控制等所有 DNS 操作。这些操作的含义分别为：

- 次级域名：次级域名是个相对的概念，是相对父域名来说的。域名有多级，中间用点分开。例如一个公司的顶级域名以 com 结尾，那么所有以 com 结尾的域名便都是它的子域。例如：www.sohu.com 便是 sohu.com 的子域，而 sohu.com 是 com 的子域。
- URL 转发：所谓 URL 转发，是通过服务器的特殊设置，将访问当前域名的用户引导到指定的另一个网络地址。例如，URL 转发可以让用户在访问 http://www.abc.com 时，自动转向访问 http://www.cde.com。
- A 记录(IP 指向)：A(Address)记录是用来指定主机名(或域名)对应的 IP 地址记录。用户可以将该域名下的网站服务器指到自己的 Web Server 上，同时也可以设置域名的二级域名。

● MX 记录：用于定位邮件服务器，由电子邮件系统发邮件时收信人的地址后缀来决定。例如，当收件人为 "user@mydomain.com" 时，系统将对 "mydomain.com" 进行 DNS 中的 MX 记录解析。如果 MX 记录存在，系统就根据 MX 记录的优先级，将邮件转发到与该 MX 相应的邮件服务器上。

● 泛域名解析：例如域名为 abc.com，其下所有的 mail.abc.com 全部解析到同一个 IP 地址上去。比如，mail.abc.com 会自动解析到与 abc.com 相同的 IP 地址上去，显示的页面将跟 abc.com 一样。

VDNS 系统除了能可视化地完成所有 DNS 功能外，还有增强的 APACHE 同步功能，也就是说，每个次级域名都拥有与 WWW 主域名一样强大和完整的功能，大大增加了域名的灵活性。

1.3.3　确定服务器解决方案

一个电子商务网站至少应有一台用于存放企业网站的服务器。现在可以选择存放网站的服务器种类繁多，有虚拟主机、服务器合租及整台服务器。到底什么样的网站适合于什么样的服务器种类呢？定好服务器后又要选择什么样的机房进行托管呢？这些都是要考虑的问题。对于如何选择网站服务器，目前有下述多种解决方案。

1. 建立独立的电子商务站点

具体地说，企业要建立一个由自己企业独立管理的电子商务网站，需要自建机房，配备专业人员，购买服务器、路由器、交换机、机房的辅助设备和网管软件等。在服务器上还要安装相应的网络操作系统(如 Windows 2003 Server 或 UNIX 等)，开发使用服务程序，设定各项 Internet 服务功能，包括设立 DNS 服务器以及 WWW、FTP 服务器、Mail 服务器，建立自己的数据库查询服务系统等，再向电信部门申请专线、出口等。这样便可建立一个完全属于企业自己的电子商务网站。

企业建立自己的电子商务网站后，可以真正控制和管理自己的网站，使用、维护起来也较方便，但是成本较高。所以，这种方案适合于对信息量和网站功能要求较高的大、中型企业。

2. 选择合适的 ISP 服务

ISP(Internet Service Provider)是 Internet 服务提供商的简称，是指专门从事 Internet 接入服务和相关技术支持及咨询服务的公司或企业，是众多企业和个人用户进入 Internet 空间的驿站和桥梁。ISP 服务商通过自己拥有的服务器和专门的线路 24 小时不间断地与 Internet 连接，当企业需要进入 Internet 时，只要通过网络连接 ISP 端的服务器，就可以与世界各地连接在 Internet 上的计算机进行数据交换了。目前出现的第二代 ISP 可理解成网络服务供应商 NSP(Network Service Provider)，即向用户提供具备电信级服务质量的网络资源租用服务。

建立自己的站点需要较大的投资，每年的运营费用也较高，这在一定程度上制约了部分中小企业的建站进程。所以，对信息量和网站功能要求不高的中小企业也可以选择 ISP

提供的比较经济的服务器解决方案。

1) 租用虚拟主机

虚拟主机实际上就是在 ISP 的主机上租用一定的磁盘空间来安置用户自己开发的网站。它是使用特殊的软硬件技术，把一台运行在互联网上的服务器主机分成一台台"虚拟"的主机，每一台虚拟主机都具有独立的域名和 IP 地址，具有完整的 Internet 服务器(WWW、FTP、E-mail 等)功能。在同一台硬件、同一个操作系统上，运行着为多个用户打开的不同的服务器程序，互不干扰；而各个用户拥有自己的一部分系统资源(IP 地址、文件存储空间、内存、CPU 时间等)，因此 Internet 服务商的主机上可以同时安置多个公司的网站。虚拟主机不是企业自己的主机，但可以和自己拥有的主机一样使用。虚拟主机之间完全独立，并可由用户自行管理，在外界看来，每一台虚拟主机和一台独立的主机完全一样。

虚拟主机明显的优点是开销低。由于多台虚拟主机共享一台真实主机的资源，因此分摊到每个用户的硬件费用、网络维护费用、通信线路的费用均大幅度降低；而且用户不用担心对硬件设备的维护，基本上不需要管理和维护虚拟主机。刚起步开办电子商务网站的公司，很适合采用租用虚拟主机的方式。在这种方式下，用户可以通过 FTP 工具从虚拟主机上传或下载文件，能很方便地在 Internet 上发布制作好的网页。

2) 服务器托管

服务器托管是指用户将自己的独立服务器寄放在互联网服务商的机房，日常系统维护由互联网服务商进行，服务器可以自己购买，也可以由互联网服务商代购。

当企业对服务器要求比较高或需要独立服务器时，虚拟服务器方案便不能满足企业的要求。但是，独立服务器需要专用的机房、空调、电源等硬件设施及操作系统、防火墙、电子邮件、Web Server 等软件。这些硬件、软件需要专职维护人员及管理人员，这对企业来讲是一笔巨大的开销。采用服务器托管方式可以解决这一问题。这时用户可获得独立服务器的功能，且日常软件、硬件维护由互联网服务商提供。

从另一个角度讲，采用托管服务器方式时，用户通过远程控制(Remote Control)技术就可以获得一个很高的控制权限，能够决定服务质量和其他一些重要的问题。可以随时监视系统资源的使用情况，在系统资源紧张而出现瓶颈的时候，可马上根据具体情况对服务器进行升级。服务器托管不仅能够满足足够多的访问量和数据库查询，还能为用户节约数目可观的维护费用。

选择服务器托管时要注意以下事项：

● 选择技术支持能力强，可迅速为企业解决问题的服务商。有些 IDC 运营商的客服部和机房离得比较远，一旦你的服务器出现远程控制不了的问题，比如死机，客服部通过电话跟机房联系，找到相关的人员确认你的服务器是否在这个机房及是否出现问题。这样本来很简单的重新启动机器的操作会变得很麻烦。

● 最好选择有 RAID1 备份的机房，防止数据丢失带来的损失。

1.3.4　电子商务网站的硬件平台

网站硬件平台的选择在很大程度上决定了网站能够提供服务的能力和稳定性。所以选择硬件平台之前可以根据网站的规划目标预测一下访问者的流量，并考虑所选择的软件平台的系统负荷，同时还要考虑网站的扩展、维护和更新等问题。

电子商务网站的硬件构成主要包括以下几方面：

1. 路由器

路由器是一种连接多个网络或网段的网络设备，是将电子商务网站连入广域网的重要设备。路由器能对不同网络或网段进行路由选择，并对不同网络之间的数据信息进行转换，它还具有在网上传递数据时选择最佳路径的能力。目前的路由器市场中，Cisco 的产品占有绝对的优势，产品各类档次齐全。国产路由器中华为、中兴等分别占有一席之地。

路由器是互联网的主要节点设备。路由器通过路由决定数据的转发。转发策略称为路由选择(routing)，这也是路由器名称的由来(router，转发者)。作为不同网络之间互相连接的枢纽，路由器系统构成了基于 TCP/IP 的国际互联网络 Internet 的主体脉络，也可以说，路由器构成了 Internet 的骨架。它的处理速度是网络通信的主要瓶颈之一，它的可靠性则直接影响着网络互连的质量。因此，在园区网、地区网乃至整个 Internet 研究领域中，路由器技术始终处于核心地位，其发展历程和方向成为了整个 Internet 研究的一个缩影。

2. 交换机

交换机是用于信号转发的网络设备。它可以为接入交换机的任意两个网络节点提供独享的电信号通路。最常见的交换机是以太网交换机。其他常见的还有电话语音交换机、光纤交换机等。

交换机是局域网组网的重要设备，多台不同的计算机可以通过交换机组成网络。交换机的主要功能包括物理编址、网络拓扑结构、错误校验、帧序列以及流控。目前交换机还具备了一些新的功能，如对 VLAN(虚拟局域网)的支持、对链路汇聚的支持，甚至有的还具有防火墙的功能。交换机在工作的时候，只有发出请求的端口和目的端口之间相互响应而不影响其他端口，因此交换机能够隔离冲突域和有效地抑制广播风暴的产生。另外，交换机的每个端口都有一条独占的带宽，交换机的两个端口在工作时并不影响其他端口的工作，同时交换机不但可以工作在半双工模式下，而且可以工作在全双工模式下。全双工的好处在于迟延小，速度快。交换机的全双工是指交换机在发送数据的同时也能够接收数据，两者同步进行，这好像我们平时打电话一样，说话的同时也能够听到对方的声音。

3. 防火墙

电子商务网站中存放着大量的重要信息，如客户资料、产品信息等，网站开通之后，系统的安全问题除了要考虑计算机病毒之外，更主要的是防止非法用户的入侵，而目前预防的措施主要靠防火墙(Firewall)技术完成。

防火墙指的是一个由软件和硬件设备组合而成的设备，用于在内部网和外部网之间、专用网与公共网之间的界面上构造保护屏障。防火墙实际上是利用硬件和软件的结合，在 Internet 与 Intranet 之间建立起来的一个安全网关(Security Gateway)，从而保护内部网免受非法用户的侵入。防火墙主要由服务访问规则、验证工具、包过滤和应用网关四个部分组成。

防火墙的功能可以简单概括如下：

- 防火墙是网络安全的屏障，可以强化网络安全策略；
- 防火墙对网络存取和访问进行监控审计，可防止内部信息的外泄。

除了安全作用外，防火墙还支持具有 Internet 服务特性的企业内部网络技术体系 VPN(虚拟专用网)。

4. 服务器

服务器可以用来搭建网页服务(我们平常上网所看到的网页页面的数据就是存储在服务器上供人访问的)、邮件服务(我们发送的所有电子邮件都需要经过服务器的处理、发送与接收)、文件共享和打印共享服务、数据库服务等。电子商务的蓬勃发展对服务器的性能、功能提出了更多、更高的要求。选择服务器是电子商务网站建设中极其重要的环节，必须选择一个性能好、成本低、可扩展、安全可靠的服务器。目前，按照体系架构来区分，服务器主要分为两类：

● 非 x86 服务器：包括大型机、小型机和 UNIX 服务器，它们使用 RISC(精简指令集)或 EPIC 处理器，并且主要采用 UNIX 或其它专用操作系统的服务器。精简指令集处理器主要有 IBM 公司的 POWER 和 PowerPC 处理器，SUN 与富士通公司合作研发的 SPARC 处理器；EPIC 处理器主要是 HP 与 Intel 合作研发的安腾处理器等。这种服务器价格昂贵，体系封闭，但是稳定性好，性能强，主要用在金融、电信等大型企业的核心系统中。

● x86 服务器：又称 CISC(复杂指令集)架构服务器，即通常所讲的 PC 服务器。它是基于 PC 机体系结构，使用 Intel 或其它兼容 x86 指令集的处理器芯片和 Windows 操作系统的服务器，如 IBM 的 System x 系列服务器、HP 的 Proliant 系列服务器等。这种服务器价格便宜、兼容性好，但稳定性、安全性相对差一些，主要用在中小企业和非关键业务中。

选择服务器的原则应根据实际情况而定，如电子商务网站的规模、能够接受访问量的大小、今后的扩展计划以及经营何种类型商品等。而且要考虑到随着时间的推移，服务器的价格会下降，性能更好的服务器又会推向市场。从当前的网络发展状况看，以"小、巧、稳"为特点的 x86 架构的 PC 服务器得到了更为广泛的应用。

1.3.5　电子商务网站的软件平台

对于一个电子商务网站，在完成了域名注册并确定了服务器解决方案后，接着需要解决的一个问题是在网站的硬件平台上运行什么样的软件系统，这是关系到电子商务网站成败的关键问题之一。网站软件平台的选择主要是在网站功能需求和费用之间寻求最大的性价比。有关软件平台主要包括操作系统、服务器软件、数据库软件等，这些软件与网站提供的服务有关。以下简要介绍这些软件的概况。

1. 操作系统软件

目前比较流行的、能够用于电子商务网站的操作系统主要有 UNIX 及类 UNIX、Linux、微软的 Windows 系列。下面对这三类操作系统做简要介绍。

1) UNIX 及类 UNIX 操作系统

类 UNIX 操作系统是一个在 Linux 底下执行的客制化 KDE 桌面系统。所谓的类 UNIX 家族指的是种类繁多的类似于 UNIX 的操作系统，包含了 System V、BSD 与 Linux。UNIX 操作系统的主要特点是技术成熟、开放性好、可靠性高、网络功能强大。UNIX 操作系统能运行于各种机型上，在网站建设中主要用于小型机。UNIX 的重要特点是它不受任何计算机厂商的垄断和控制，并提供了丰富的软件开发工具。UNIX 具有强大的数据库开发环境，所有大型数据库厂商，包括 Oracle、Informix、Sybase、Progress 等，都把 UNIX 作为主要的数据库开发和运行的平台。

　　强大的网络功能是 UNIX 的又一特点，它支持所有通信需要的网络协议，这使得 UNIX 系统能很方便地与现有的主机系统以及各种广域网、局域网相连。

　　UNIX 操作系统有多种不同的版本，主要有 Sun 公司的 Solaris，SCO 公司的 OpenServer 与 UNIX Ware，惠普公司的 HP-UX，IBM 公司的 AIX 等。

　　2) Linux 操作系统

　　Linux 操作系统是一套免费的 32 位和 64 位的多人多工的操作系统，运行方式同 UNIX 系统很像，但 Linux 系统的稳定性、多工能力与网络功能是许多商业操作系统无法比拟的。Linux 还有一项最大的特色在于源代码完全公开，在符合 GNU GPL(General Public License) 的原则下，任何人都可自由取得、散布甚至修改源代码。

　　Linux 操作系统是所有类 UNIX 操作系统中最出色的一种，由于是自由的、没有版权限制的软件，因此它是计算机市场中装机份额增长得最快的操作系统之一。

　　3) Windows 操作系统

　　这是目前最流行的网络操作系统之一，具有强大的功能和非常良好的性能，其市场份额正在逐渐扩大。Windows 系统技术先进、操作方便，能很好地兼容 Windows 丰富的应用软件，也有利于软件厂商开发新的应用。Windows 拥有可伸缩的解决方案，完全排除操作系统的人为限制，能够安全简单地访问 Internet。它捆绑了 DNS、DHCP、Gopher、Web、FTP 服务器，并提供 IIS Web 服务功能，使企业内部网的用户可以创建个人主页，向内部用户发布信息。Windows 还提供互联网通信协议的支持，使用户可以通过 Internet 远程访问企业内部网。另外，与 Windows Server 紧密地捆绑在一起的服务器软件 IIS(Internet Information Server)是 Microsoft 公司的一种集成了多种 Internet 服务功能的服务器软件，利用它可以很容易地构造 Web 站点。

　　2. Web 服务器软件

　　Web 服务器也称为 WWW(World Wide Web)服务器，主要功能是提供网上信息浏览服务。在许多用户看来，一个 Web 网站的成败主要在于它所提供的内容和功能，殊不知支持这些内容和功能的 Web 服务器才是真正的幕后英雄。选择 Web 服务器时，不仅要考虑目前的需求，还要兼顾网站发展的需要，因为若更换 Web 服务器软件，将会产生一系列的问题。选择 Web 服务器时，还需要和操作系统联系起来考虑，大多数 Web 服务器主要是为一种操作系统进行优化的，有的只能运行在一种操作系统上，所以对于 Web 服务器的性能，一般要考虑以下几个方面：

　　(1) 响应能力：即 Web 服务器对多个用户浏览信息的响应速度。响应速度越快，单位时间内就可以支持更多的访问量，用户点击的响应速度就越快。

　　(2) 与后端服务器的集成：Web 服务器除了直接向用户提供 Web 信息外，还担负服务器集成的任务，这样客户机就只需用一种界面来浏览所有后端服务器的信息。Web 服务器可以说是 Internet 中的信息中转站，它将不同来源、不同格式的信息转换成统一的格式，供具有统一界面的客户机浏览器浏览。

　　(3) 管理的难易程度：Web 服务器的管理包含两种含义，一是管理 Web 服务器是否简单易行，二是利用 Web 界面进行网络管理。

　　(4) 信息开发难易程度：信息是 Web 服务器的核心，信息是否丰富直接影响 Internet 的性能，信息开发是否简单对 Web 信息是否丰富影响很大，即它所支持的开发语言是否满足要求。

(5) 稳定性：服务器的性能和运行都需要非常稳定。

(6) 可靠性：如果服务器经常发生故障，将会产生严重影响。

(7) 安全性：从两方面考虑，一是 Web 服务器的机密信息是否泄密，二是要防止黑客的攻击。

3. 数据库软件

电子商务网站建设是以 Web 网络技术和数据库技术为基础的，其中 Web 数据库技术是电子商务的核心技术。它将数据库技术与 Web 技术很好地结合在一起，大大地拓展了数据库的应用范围。目前关系数据库技术已经非常成熟，相关的数据库产品也非常多，如 DB2、Oracle、Sybase、Informix、MS SQL Server、MySQL 等。

第 2 章 电子商务网站的规划与设计

📑 **重要知识点**
- 制定解决方案的原则
- 网站基本业务框架
- 面向用户的网站内容
- 面向职员的网站内容

2.1 商务网站建设的解决方案

企业建立电子商务网站是企业电子商务化的第一步，因此，一个合理和实用的网站建设解决方案至关重要。

2.1.1 商务网站解决方案

商务网站解决方案是指企业在构建商务网站时，为解决具体问题而制定或提出的切实可行的具体计划与措施。企业应根据自身特点制定实施电子商务的策略，同时选择正确的电子商务解决方案。

对任何企业而言，电子商务的意义决不是仅仅建立一个网站来宣传自己，也不是仅仅期望通过网站扩大产品销售。企业电子商务的战略目标是如何借助 Internet 平台改造传统企业的运作模式和渠道，分别在合理实验、出色运营的基础上，最终完成企业战略性的突破。虽然现在有很多企业成功地实施了电子商务，也有很多企业提出了非常具体的电子商务解决方案，但每个企业都有自己的特点，照搬其它企业的成功经验不一定适用。所以，企业应先明确实现电子商务的目的，然后再从成功企业所制定的方案中提取适用于本企业的部分，加以整理，结合企业自身特色，制定出适合于本企业的一整套电子商务解决方案。

2.1.2 制定解决方案的原则

制定商务网站解决方案时应当遵循以下原则：

1. 实用性

在考虑网站设计与构建时，首先要尽量从经济的角度进行考虑，有效地控制投资规模。此外，在制定具体计划时，应考虑新建的网站系统与原有的应用及网络设备的连接或兼容，保证已有的系统在新的网络环境下能够正常运作。

2. 先进性

由于信息技术日新月异，因此网站的设计要充分考虑采用最新的主流技术和工具，以适应大量数据传输以及多媒体信息的传输，使整个网站系统在未来几年内保持国内领先水平，并具有较长的生命周期，以适应未来网络技术的发展。

3. 稳定性

由于大量的交易数据信息不断地在网络上传输，因此，在设计网站时要充分保证网站的稳定性。网站的稳定性主要包括网站结构、网站设备、网站系统与商务应用系统接口、网站持续工作等方面。

4. 安全性

由于网站数据库服务器上存有大量客户交易的关键信息及保密数据，这些数据对企业来说是十分重要的，信息的流失将直接导致企业运营危机，因此，网站在设计时必须考虑防止内部及外部非法访问的措施。此外，还要考虑包括设备安全、人身安全、电磁污染控制等安全问题。

5. 可扩展性

电子商务网站是对外面向世界用户、对内面向企业员工和日常生产经营活动的平台，因此，网站系统必须是一个支持多种协议和接口的开放式网络，能与现有的和未来的网络系统互连与集成，能与国家公用网络和国际网络互连，所以，网站要有良好的扩展功能。

2.1.3 制定商务网站解决方案

商务网站解决方案一般从域名、WWW 服务器、数据库服务器、邮件服务器等的规划出发，涉及网站内容的总体构思、主流开发技术选择以及网页的设计与制作、上传、管理和维护的具体规划与措施等。具体包括以下内容：

● 制定一份翔实的电子商务市场评估和定位策划书，确立网站的目标；分析网络中的目标客户群、现有的竞争对手，分析网站运行取胜的机会，分析本企业建立电子商务网站的可行性及人员组织，制定相应策略和正确的操作步骤。

● 策划短期和长期赢利项目，探讨和分析本企业可开展的网上业务，寻求电子商务切入点和网上贸易发展的支撑点，同时要考虑到企业电子商务长远的发展规划。

● 设计合理的域名并注册申请。

● 选择合适的软件开发工具、硬件设备和服务器运营商，确定网站的内容结构、核算制作成本、设计网站开发进度表，分析主流技术和产品，分析网站主流服务外的有价值的附加服务内容。

● 收集网站的内容信息资料，创建 Web 页面、页面导航与网页链接，开发与设计数据库，编写服务器端和客户端脚本，设计网站的检索功能和可能与用户检索排名密切相关的关键词等。

● 将网站的主要页面向世界各大搜索引擎和中国主要的搜索引擎登记注册。

● 制定在线广告计划，最大程度地发挥广告效应，以求得最大的收益。

● 制定与电子商务密切相关的新闻组、电子邮件组、电子公告牌的信息，使网络营销发挥最大的效率；编写交易邮件，提高交易邮件的响应率，直接增加网上销售份额和利润。

● 开发网站管理数据库，以便及时地发布、维护和更新网站信息，并快速地接收用户的反馈信息。

- 建立网络交易的在线支付平台，充分利用已有的第三方支付接口。
- 设置防火墙，制定网站的维护及安全防卫措施。
- 统计用户访问网站的流量，并及时有效地监控网站在搜索引擎中的排名，同时密切监督竞争对手。

2.2　网站业务框架的搭建

目前 Internet 网上的商家不少，但由于缺乏相应的安全保障、支付手段和管理机制，一方面网上商家以一种无序的方式发展，造成重复建设和资源浪费；另一方面商家业务发展比较低级，很多业务仅以浏览为主，需通过网外的方式完成资金流和物流，不能充分利用 Internet 网无时空限制的优势。因此有必要建立一个业务发展框架系统，规范网上业务的开展，提供完善的网络资源、安全保障、安全的网上支付和有效的管理机制，有效地实现资源共享，实现真正的电子商务。

电子商城系统是建立在 Internet 网上进行商务活动的虚拟网络空间和保障商务顺利运营的管理环境，是协调、整合信息流、物质流、资金流有序、关联、高效流动的重要场所。企业、商家可充分利用电子商城提供的网络基础设施、支付平台、安全平台、管理平台等共享资源有效地、低成本地开展自己的商业活动。电子商城的建设，不仅仅是初级网上购物的实现，它能够有效地在 Internet 上构架安全的和易于扩展的业务框架体系，实现 B2B、B2C 以及 C2C 等应用环境，推动电子商务在中国的发展。图 2-1 是摘自上海智开软件技术公司对电子商城业务搭设的框架图。

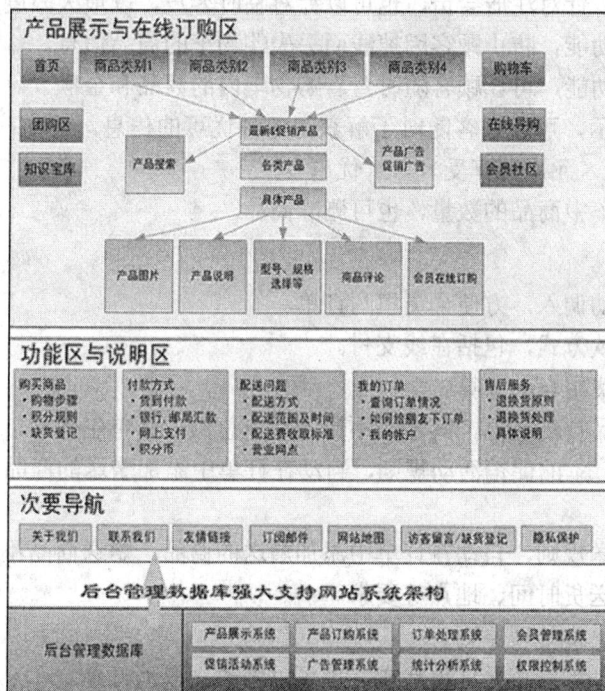

图 2-1　电子商城业务框架图

图 2-1 形象地展示了在电子商务网站中进行商城建设所涉及的功能模块及它们之间的关系。下面对这些功能进行详细的解释。

1. 商品展示和搜索

(1) 商品导航功能。

① 商品分为品牌、栏目(频道)、一级类别、二级类别和三级类别。

② 首页展示所有商品的大类和小类,可通过类别浏览,一目了然地寻找需要的商品。

③ 进入商品列表页面,顾客可以按小类进行导航,进一步浏览、寻找需要的商品。

④ 利用今日特价、热卖商品、商城推荐、特选商品等栏目向客户推荐一些特别商品。

⑤ 显示具体商品时,可以显示相关商品信息,方便客户查看相关的商品信息导航。

⑥ 记忆顾客最近浏览的商品,随时提示顾客再次选购。

⑦ 顾客可以将商品添加到收藏夹,以便以后查看。

(2) 商品搜索引擎。

① 关键字可以按照商品名称、规格、类别、说明等进行查询。

② 支持多关键字组合查询。

③ 系统记录关键字的搜索频率,将频率最高的几个关键字罗列出来,以方便顾客选取,减少输入。

④ 通过结果页搜索到的商品结果显示搜索到多少条记录,一共几页。涉及的所有关键字高亮显示,以帮助顾客快速寻找需要的商品。在搜索结果内可再次进行搜索,帮助顾客精确定位需要的商品。

2. 购物车功能

① 网上购物可以针对注册会员,也可以针对临时客户,以最大限度地方便客户购物。

② 购物车记忆功能,防止顾客因掉线而丢失购物车的商品信息。

③ 购物车提示功能,可让顾客随时查看购物车内的商品和金额。

④ 购物促销提示,可让顾客随时了解获得各种优惠的信息,例如:"现在您的购物车中的金额已经超过××元,可享受×××优惠"。

⑤ 可修改购物车中商品的数量,也可删除商品。

3. 订单处理

① 会员资料自动调入,方便会员填写订单。

② 支持多种付款方式,包括在线支付。

③ 运费、支付费用自动计算。

④ 积分兑奖商品自动计算,其金额不计入订单总额;订单生效后,自动扣除积分。

⑤ 适用买 N 送 N 的促销活动规则,自动在订单中添加赠送的商品。赠送商品不计入订单总额。

⑥ 适用满额赠送规则,自动在订单中添加赠送的商品。赠送商品不计入订单总额。

⑦ 顾客可提出送货时间、地点等要求。

⑧ 顾客可选择缺货处理原则。

⑨ 顾客下单后,可以查看订单状态,也可以修改、取消订单。

⑩ 订单处理流程节点通知。每当客户下完订单、订单被确认、货物发送等,均发送邮

件给客户来确认。

4. 会员自助管理

① 会员注册：商城开放会员注册，顾客填写一些个人信息后，即可成为商城会员。

② 欢迎页面：会员登录后首先进入欢迎页面。欢迎页面中显示会员基本信息，包括还有几张未处理的订单、会员级别、累计积分数、累积消费金额等。

③ 购物车：点购物车进入购物车列表，如果你的购物车中没有商品，则提示购物车中没有商品，无法浏览购物车，返回到我的管家的首页。购物车列表中显示所选商品的名称、数量、单价和小计金额。点击收银台可进入支付流程。

④ 个人信息：用户注册会员时的个人信息可以在个人信息中修改，修改时带*的项目必须输入，而且输入时系统会进行合法性校验，保证你修改的信息准确。修改后点确定，信息将被保存。修改个人密码是在这个页面的修改密码中进入的，修改密码时需要输入用户的原密码和新密码，密码修改后会在下次会员登录时生效。

⑤ 地址簿：地址簿用来添加收货人信息，会员注册后，默认在地址簿中增加一条会员的地址，会员可以根据实际情况添加多个收货人地址。增加的地址信息可以根据实际情况进行编辑和删除，可以选择多条记录删除。

⑥ 收藏夹：会员在前台查看商品的详细信息时，点"收藏"按钮即可将该商品添加到收藏夹中。收藏夹的商品列表中显示商品的名称和价格。收藏夹中的商品可以删除，也可以放入购物车。选择商品时可以单独选择，也可以点全选按钮全部选择。你收藏的商品将一直保存在收藏夹中。

⑦ 订单查询：会员下订单后，就可以立即到订单查询中查询自己的订单信息。查询订单时，可根据时间和支付方式等组合条件进行搜索，也可以按照订单编号、订单时间和支付方式进行搜索，系统默认订单时间是系统时间。在进行查询操作时，不输入任何条件搜索到的是你在这个日期之前的所有订单。也可以根据时间段、订单状态、支付方式和配送方式为条件进行组合搜索，搜索到的是订单的列表，包括订单编号、日期和状态。查看可以看到订单的详细信息，在搜索到的订单列表中可以取消状态为待确认的订单。

⑧ 退出：退出会员登录。

5. 网站辅助功能

① 网站公告：发布商城最新动态、通知等公告信息。

② 友情链接：支持图片和文字链接，具有排序功能。

③ 购物帮助、购物演示与购物流程：对网上购物商店而言，及时有效的帮助将大大有利于顾客的网上购物行为。特别对第一次购物的用户而言，足够的帮助信息将有助于顾客熟悉购物系统，进而方便进行货物的选购、下单和资金的结算等。

④ 常见问题：对于一些帮助中未能明确说明的问题和顾客经常会提问的一些问题进行公布和说明，以帮助顾客及时消解疑问，减少客服中心的工作量。

⑤ 商城地图：对整个商城网站进行结构性的导航。

⑥ 客服中心：展示商城的服务条款、配送方法、退换货原则及退换货方法等；公布联系方法和投诉方法，以便顾客碰到问题时可及时联系商城客服中心。

⑦ 留言反馈：顾客可将意见、想法等记录到商城留言本中；商城管理人员可以将一些

重要的留言以公布的方式回复客户留言，展现顾客和商城的互动过程。

⑧ 商品评论：顾客可以对商品进行评分(星级)，也可以对商品进行评论；顾客可以查看其他顾客的评分和评论。

⑨ 网上调查：利用网上调查系统，可以为商品进行市场、顾客需求调查；也可以让顾客对网站提意见。

对于开发者来说，能充分考虑以上的功能将对网站的开发起到事半功倍的效果。

2.3　网站内容策划

不同类别的网站在内容方面的差别很大，因此，网站内容规划没有固定的格式，需根据不同的网站类型来制定。一般可分为以下三种：

● 一般信息发布型企业网站，内容应包括公司简介、产品介绍、服务内容、价格信息、联系方式、网上订单等基本内容。

● 商务类网站，要提供会员注册、详细的商品服务信息、信息搜索查询、订单确认、网上支付、个人信息保密措施和相关帮助等。

● 综合门户类网站，将不同的内容划分为许多独立的或有关联的频道，有时一个频道的内容就相当于一个独立网站的功能。

一个网站的建立，其内容需求不是凭空而来的，往往来源于实际生活。下面我们根据当当网所提供的功能对本书 2.2 节中提到的电子商务业务进行更细致的分析。

2.3.1　面向客户的商务网站功能

对于商务类网站来说，主要完成的工作就是商品买卖，而从消费者出发，大致可以分成以下三方面功能：

1. 商品显示

就像我们去百货商店或大型超市，希望能方便迅速地找到自己所需要的商品，并能对此商品的各类详细信息进行查看，用户在某一网上商城购买商品时，同样也是如此。因此，对商品在网站中的搜索、商品的细节、商品的分类等的设计就很重要。商品在网上商城中的陈列形式大致可以分成分类列表显示和单个商品显示。

1) 分类列表显示

分类列表显示商品主要注重以下几方面的内容：

(1) 分页功能。一个大型的商城，商品的数量成千上万，对于每种类别的商品也一般有多则几十种的数量，那么解决有序显示某一类别的商品最好的方法就是使用分页功能，如图 2-2 所示。

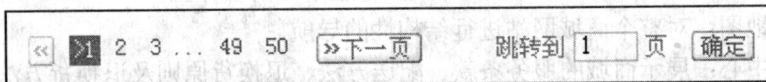

| 《 | 1 | 2 | 3 | ... | 49 | 50 | 》下一页 | 跳转到 | 1 | 页 | 确定 |

图 2-2　分页功能图

(2) 按产品类别显示。这里以当当网为例，按图 2-3 所示把所有的产品按大类区分，并提供类别链接。

图 2-3　大类导航图

在大类中，如图 2-4 所示，以图书类别为例，再具体区分为各种小类并提供链接，这样一层层下去就可以使得用户查找所需商品的效率大大提高。

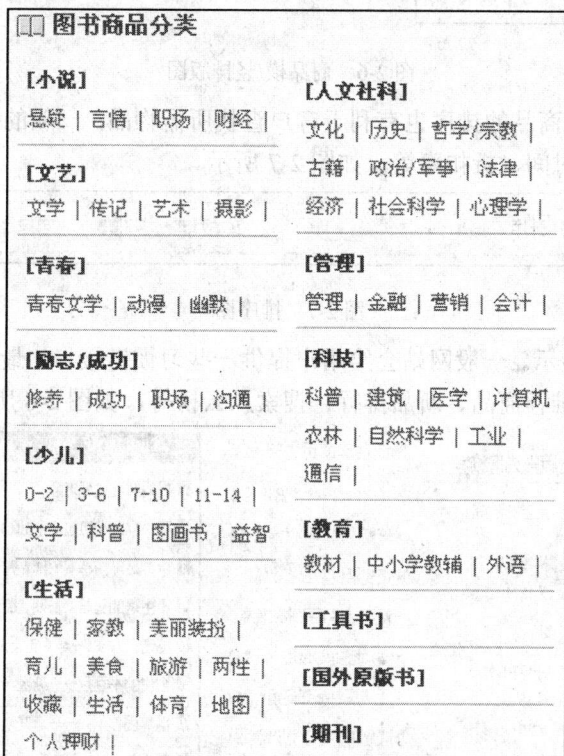

图 2-4　小类导航图

(3) 显示商品方式。商品的显示方式一般有图文/图片混排(如图 2-5 所示)或者横排/竖排(如图 2-6 所示)，可以使商品呈现在用户面前的效果不单一乏味。

图 2-5　图文混排图

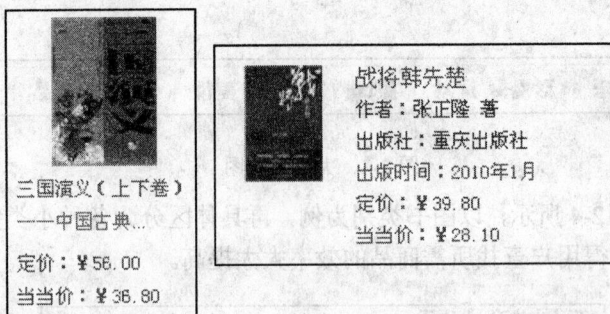

图 2-6 商品横/竖排版图

(4) 商品的排序。商品的排序也有利于客户查找所需物品，一般的排序方式分为价格高低、销量多少、上架时间、折扣率等，如图 2-7 所示。

图 2-7 排序图

(5) 按各类习惯显示。一般网站会给用户提供一些习惯链接，如最畅销商品、最近浏览历史、根据浏览历史推荐商品、新品排行、搜索风云榜等，如图 2-8 所示。

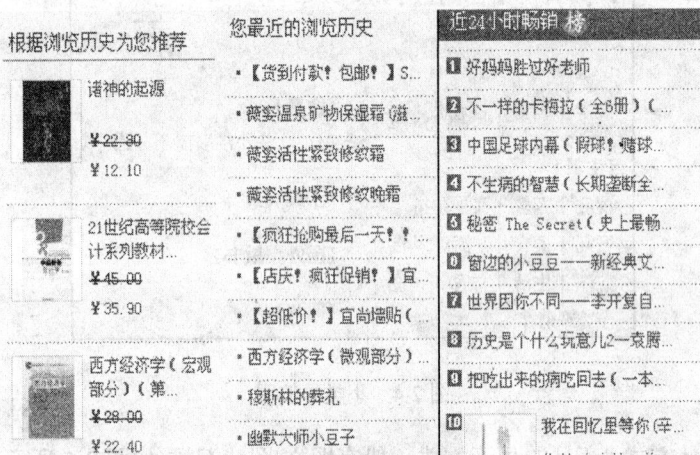

图 2-8 习惯图

(6) 分小类显示。分小类显示可以使得类别导航更加清晰，不需使用浏览器的回退功能，如图 2-9 所示。

图 2-9 小类导航图

(7) 关键字查询。如果用户明确想买的物品，则可以通过关键字来直接搜索，最好能实现多关键字搜索，如图 2-10 所示。

图 2-10　关键字搜索图

2) 单个产品显示

以上是针对大类商品所设定的功能，一旦客户查找到所需商品，则更关注的是这个商品的每个详细指标，以下列出几项。

(1) 商品的简单信息。一般顾客在找到一样商品后，会根据商品的性质，先查看一些重要信息，觉得符合自己的需求后再去关心更具体的内容。对于书籍，这些重要信息包括价格、作者、出版时间等，如图 2-11 所示；对于服装，则包括价格、颜色、尺寸、品牌等。

图 2-11　商品简单信息

(2) 商品的具体信息。对一样感兴趣的商品，一般客户会具体查看该商品的详细说明，如书的内容简介、目录和章节选读等，如图 2-12 所示；对于电子产品，则包括性能说明、具体功能说明等。

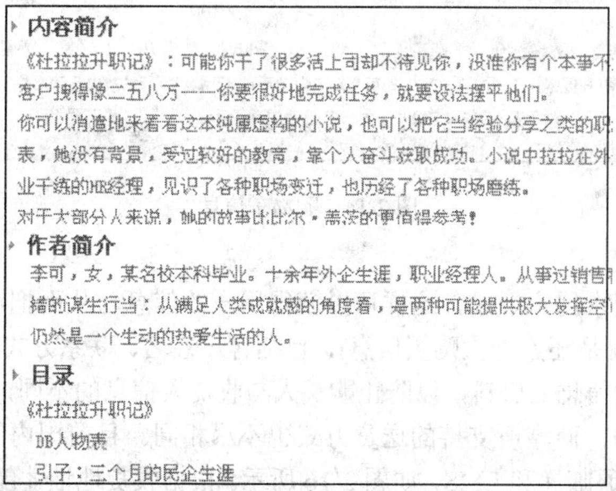

图 2-12　商品具体信息

(3) 商品的评论。按照一般人购物的心理，都会看看别人对此类商品的评价，而这点在电子商城里最容易做到。随着网购习惯的养成，人们一般会对买到的商品发表评论，为后面的买家提供参考。当然，客户的评论对商家的经营是个巨大的考验，如图 2-13 所示。

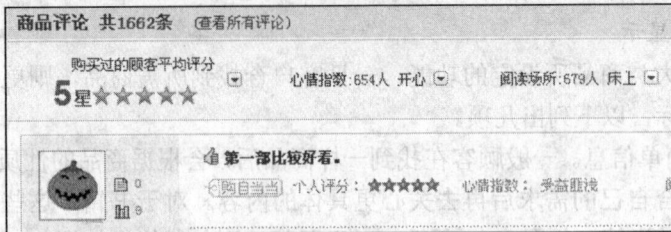

图 2-13　商品评论

2. 商品购买

选择好商品后，接下来便进入购买流程，这里涉及到购物车功能、填写订购信息和生成订单等内容。

1) 购物车功能

作为一个真正意义上的电子商城，购物车功能当然是必不可少的。它可以使用户把想购买的商品放在同一个界面进行查看，还可以直观地查看购物金额和各项优惠。一般在购物车中包含的信息有更新商品数量、删除功能、节省费用、合计金额、此次购物获得的积分和结账功能。其中积分的显示可以维护顾客忠诚度，而结账功能一般要求客户先注册登录，这样可以获取客户的信息。当然，必不可少的是购物车中的商品都可以通过当前的超链接来直接查看该商品信息，如图 2-14 所示。

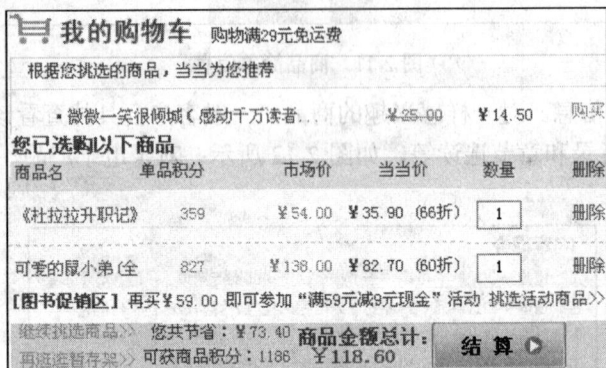

图 2-14　购物车信息

2) 填写订购信息

结账前一般会要求用户登录，这样可以获得用户的信息，从而把对应的信息直接显示在购买人信息中(也就是还原上次购买信息)，包括客户姓名、联系方式、送货地址等，当然这里还需要有收货人信息的资料，以防止购买人与收货人信息的不同，如图 2-15 所示。

由于地域的不同，商城所支持的送货方式也不尽相同。目前国内的送货方式分为普通快递、加急快递、普通邮递和 EMS，如图 2-16 所示。根据收货地址才能选择确定送货方式，因为有些城市并不支持普通快递。

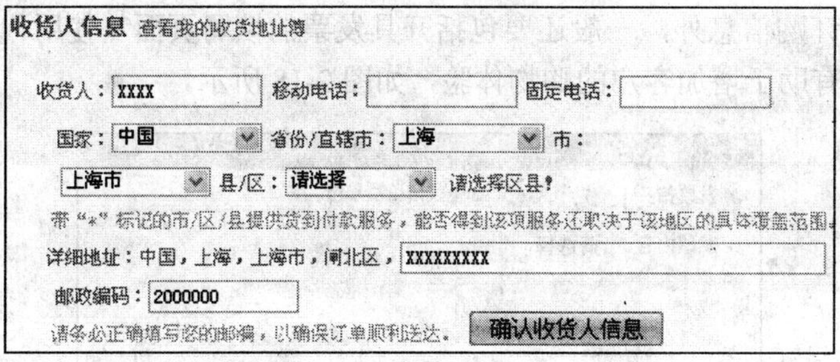

图 2-15 收货人信息

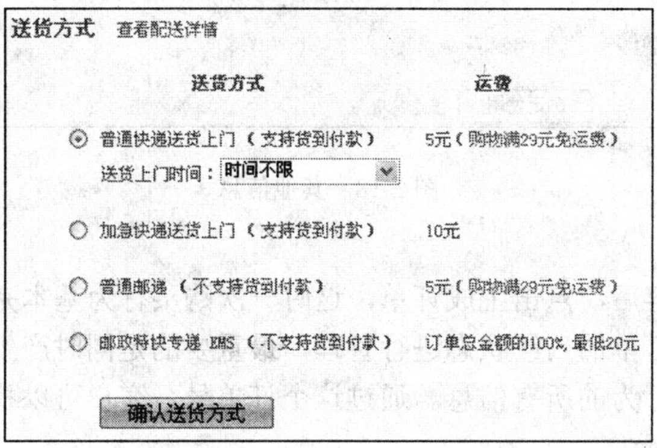

图 2-16 送货方式信息

根据送货地址和送货方式的不同，收取的送货费用是不相同的，而且对于支付方式也有一些讲究。如有些城市支持货到付款或货到刷卡，有些城市只支持先付费后发货。而支付的方式目前也有很多第三方软件支持，使用最多的应该就是支付宝平台和银联网上银行。支付宝平台可以实现预付款，在用户收到货物之前，商品的预付款将暂时放在用户的支付宝账户中，只有当用户收到货物并确认后，商家才能真正意义上拿到货款。如果用户对商品不满意，则还可以要求退款，如图 2-17 所示。

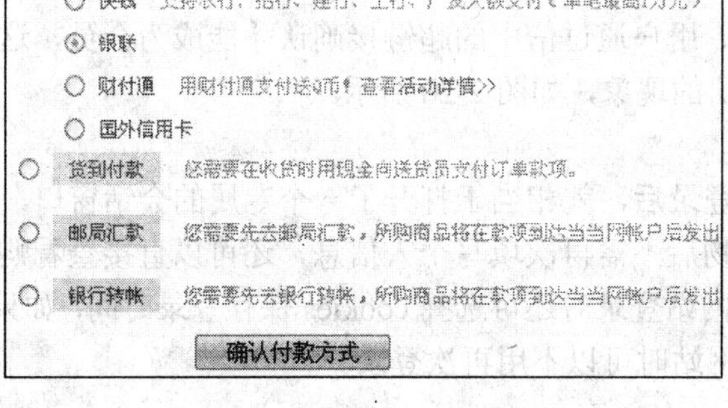

图 2-17 支付方式信息

除了以上的订购信息外，一般还要包括开具发票的填写页面，使用代金券和电子货币的功能，这些都有助于增加客户的购物体验，如图 2-18 所示。

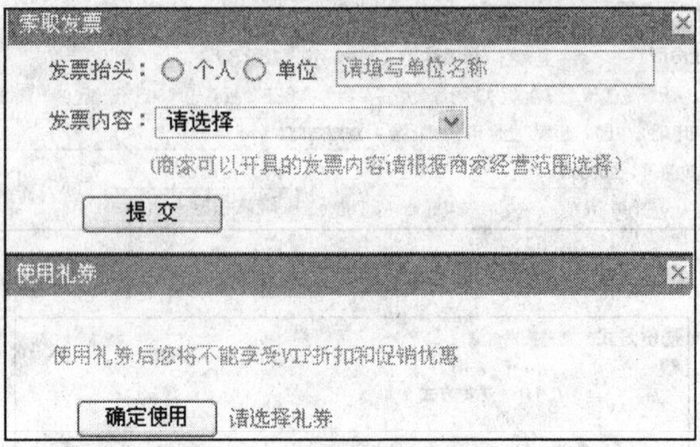

图 2-18　其他信息

3) 生成订单

完成上面两项内容后，点击生成订单，这时一次购买行为基本完成，系统会生成一份订单，并且可以对此订单的后续状态进行管理，最重要的是同时产生订单的唯一编号，可以用来标识此次购买行为的所有信息。通过这个订单号，客户可以找到所有与此订单有关的信息，如图 2-19 所示。

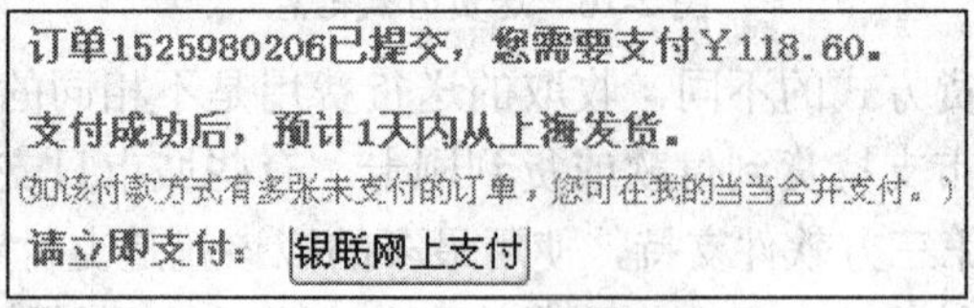

图 2-19　完整订单信息

3. 用户自助管理

对于一个企业来说，拥有客户就是拥有商品销售的动力。而在电子商务环境中，一般采用会员制来获得用户信息，并为网站注册会员提供各种优惠来保持顾客的忠诚度。

1) 注册

一般商城都会要求用户先完成注册而成为会员才提供一些优惠价格，成为会员还能在购物后获得商城的积分或优惠券，这样既可以吸引用户下次再来购买，又可以为商城促销保证浏览量。当前网站一般都采用 E-mail 注册方式，在用户使用 E-mail 注册成功后会收到该商城的注册确认信，用户通过信中的超链接确认才能成为会员，这样比使用一般用户名更能有效减少胡乱注册的现象，如图 2-20 所示。

2) 登录

当用户在商城中登录后，就相当于打开了一个专属的会话窗口，用户可以查看自己的所有信息，也能在购物后不需再次填写个人信息，还可以直接查看购买自己收藏的商品，如图 2-21 所示。有些网站登录时还可选择 cookies 保存登录时间，如果选择两周，那么登录后的两周内再上这个网站时可以不用再次登录。

图 2-20　注册信息 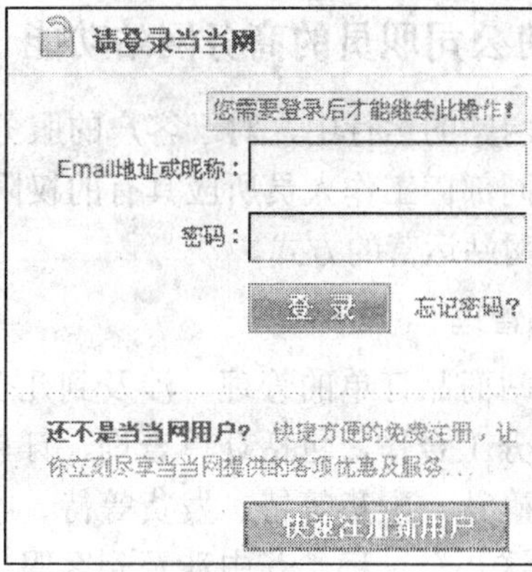　　　　　　　　　　图 2-21　登录信息

3) 订单管理

　　商城的用户自助管理免不了需要订单管理功能的存在，其中包括订单列表显示(订单状态、付款状态等信息)、单个订单详细信息显示功能、已发货订单信息、未完成订单信息等项目，如图 2-22 所示。注意，一般在待审核状态下还允许用户修改订单信息，但是大部分商城不支持这项功能，只能通过线下其它方式来对已生成的错误订单信息进行修改。

所有订单(9)		需支付的订单(0)		需确认收货的订单(0)		需评价商家的订单(0
订单号	收货人	付款方式	订单总金额	订单状态	下单时间 [❾◆]	商家
2019299396	xxx	银联	￥84.47	交易成功	2009-11-16	当当网
2009156176		银联	￥36.00	交易成功	2009-11-10	当当网
119746558		货到付款	￥42.20	交易成功	2005-11-19	当当网
112508276		货到付款	￥46.30	交易成功	2005-08-22	当当网

图 2-22　订单管理信息

4) 用户信息维护

　　用户信息维护包括修改 E-mail、密码、联系方式等，还包括用户评论、收藏夹等功能的管理，如图 2-23 所示。

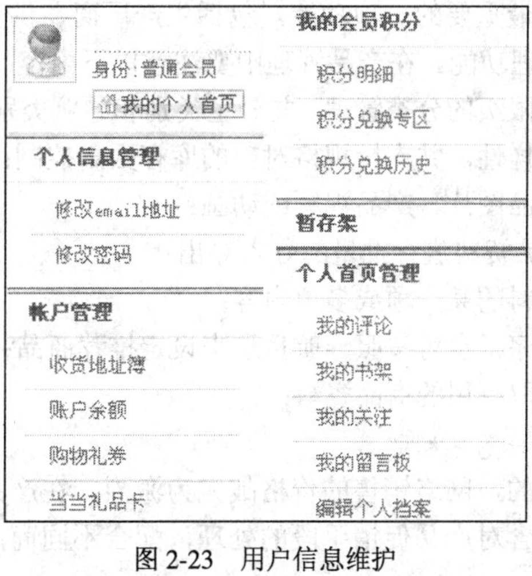

图 2-23　用户信息维护

2.3.2　面向公司职员的商务网站功能

在商务网站的运行中，对于客户的服务是至关重要的，因此，在网站的建设中要充分考虑对于不同部门工作人员所应具有的权限和功能，还要结合现实来为网站工作人员提供便利的维护网站运营的方式。

1. 订单管理

对于网站商品订单的管理，涉及到几个不同部门的分工合作，包括订单查询、订单审核、收款确认、配货等待、发货等待、收货确认等待这几个过程，其中涉及到客服部门、仓储部门、配送部门的工作。图 2-24 为订单管理的流程图。

对于以上的流程，在操作时请注意以下内容：

● 在订单管理中要对所有的订单操作产生历史记录，这样会减少误操作带来的争议和损失。

● 对于具有相同权限的人员在操作订单时要避免同步操作的发生，建议在工作人员操作某一订单时自动或手动对该订单上锁，直到退出订单操作。

● 在收货确认中可以使用赠送积分或其他奖励措施来激励客户进行收货确认和评价，这样可以减少和避免在物流过程中造成的不良影响。

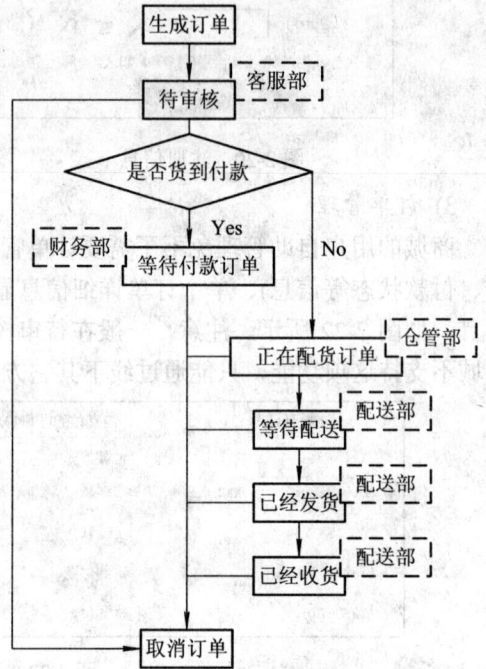

图 2-24　订单管理的流程图

2. 产品管理

产品管理是电子商城最重要的一项功能，包括生产厂商、供货商、产品品牌、产品类别、产品和产品统计等管理功能。在产品管理中要注意以下内容：

● 对产品类别实现无限级的分类管理，并分主类别和导航类别来分别处理和检索商品；

● 支持商品规格的多样性，并支持规格对应的库存数量控制；

● 支持无限数量的产品图片、产品视频或动画；

● 可使用 Excel 对商品资料进行批量的导入导出；

● 可批量修改商品资料的某一项或多项内容；

● 自由设定商品的排序，也可按照导航目录来设定推荐商品；

● 可以用网络爬虫获取有用的商品资料；

● 支持分词检索。

商业竞争是无法避免的，网络销售的价格战尤为激烈。在产品管理中除了以上对产品的一系列处理外，还应包含对产品促销手段的处理，配合不同商品定价，有效保留有价值的客户，刺激消费。

- 实现为不同等级的会员设定不同价格的功能；
- 实现修改组合(套装)商品的特价促销信息；
- 实现方便修改限时、限量的特价商品信息；
- 实现设置买 N 送 N 的促销活动(可设置为指定商品、种类、品牌)信息；
- 实现设置满额度赠送的促销活动(可设置为指定商品、种类、品牌)信息。

3. 权限管理

不同部门的员工在工作中都会有自己的工作范畴，而且基于电子商务网站的特殊性，网站后台管理的权限设置就非常重要。这就像现实生活中的一个公司，采购部门职员没有签订采购合同的权利，而采购部门经理也没有为采供合同付款的权利，必须由财务部门人员来处理。又由于对于事务的处理权限会根据业务的不同而更改，因此对不同职员权限的修改和设置功能必须方便，如图 2-25 所示。

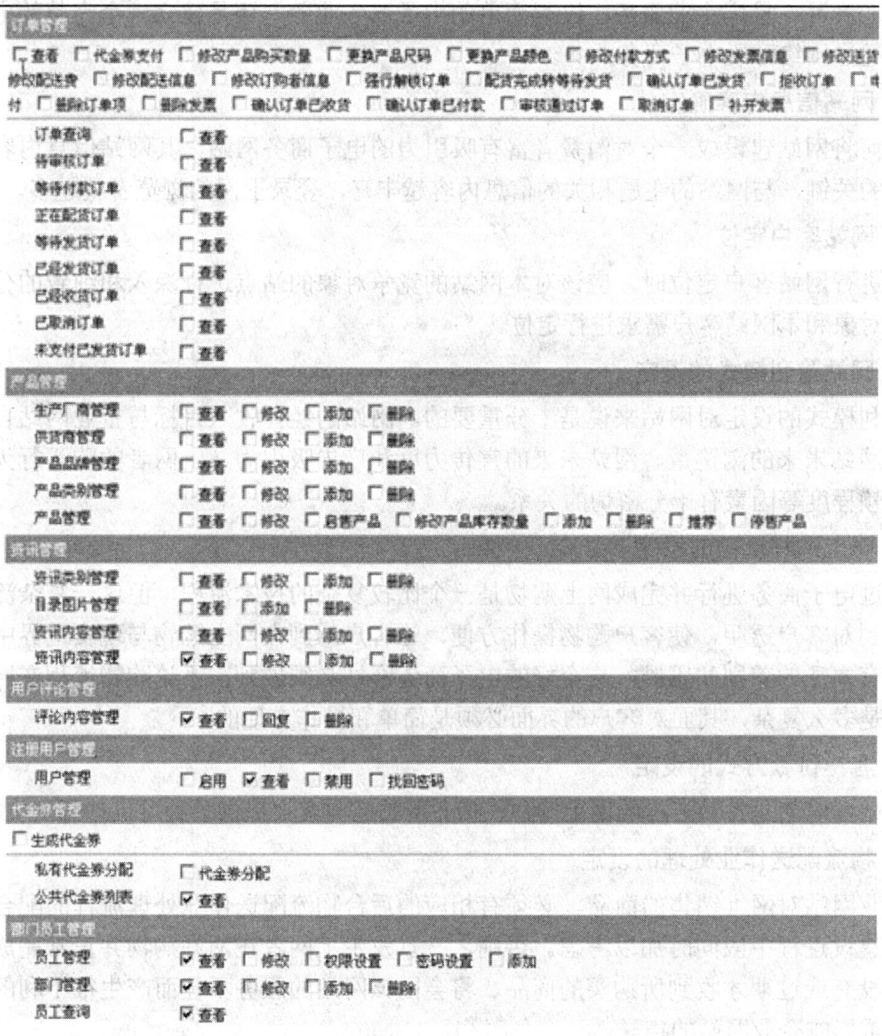

图 2-25　权限修改管理界面

对于公司职员在网站中的处理功能，除了以上三个外，还包括新闻管理、评论管理、用户管理、代金券管理、地理信息管理、统计数据管理等，这里不再一一阐述，需要开发人员根据网站的实际要求来编制相应的功能。

2.3.3　电子商务网站内容的整体策划

要建立一个有质量的电子商务网站，需要在科学合理的基础上进行详细的分析和论证，抓住电子商务本身的特点和行业产品流通的特性，充分估计客户群体和交易习惯等。企业电子商务网站建设是一项操作性很强的工作，必须围绕企业营销的目标来展开。首先应确定建立网站的主题和目的，确定网站设计的最终目标及总体指导方针。它包括以下几个方面：

1. 网站目标定位

企业电子商务网站的建立，首先要确定电子商务网站的目的所在，是树立企业形象，宣传企业产品，推广企业服务，进行简单的电子商务业务，还是建立一个完整的电子商务系统，通过网络开展电子商务业务。

2. 网站信息内容确定

如何将网站建设成一个对消费者富有吸引力的电子商务网站，其网站信息内容的确定是成功的关键，与网站的主题相关的信息内容越丰富，登录上网的浏览者就越多。

3. 网站客户定位

在进行网站客户定位时，应该对本网站的竞争对象的站点进行深入和细致的分析，针对访问对象和本网站客户需求进行定位。

4. 网站盈利模式的设定

盈利模式的设定对网站来说是十分重要的。网站的经营收入目标与企业网站自身的知名度、网站未来的浏览量、网站未来的宣传力度和广告吸引力、上网者的购买行为对本网站的依赖程度等因素有十分密切的关系。

5. 网上购物流程的设定

通过电子商务进行并完成网上购物是一个比较复杂的技术流程，但这一复杂流程应当尽量做到对客户透明，使客户购物操作方便，让客户感到在网上购物与现实世界中的购物流程没有本质的差别和困难。一个好的电子商务网站必须做到：不论购物流程在网站的内部操作是多么复杂，其面对客户的界面必须是简单和操作方便的。

6. 客户付款方式的设定

网站面对的是各种各样的网上客户，企业网站应向客户提供多种可供选择的支付方式。

7. 物流配送作业处理的设定

企业网站对网上销售的商品，必须有相应的后台物流配送作业处理流程的配合，这在网站的建设过程中应同时加以考虑。否则，一旦发生上网者在网站购物并正常完成付款过程后，没有或过期才收到所购买的商品，将会因该网站的服务不佳而产生很不利的后果，进而严重影响企业网站的声誉。

8. 网络广告促销计划

网上的广告收入是每一个网站盈利的重要部分，同时也是在网上树立本企业良好形象的必要手段。企业网站在建立后，若要留住原有的上网者，吸引更多的新上网者，必须针对本网站的业务特点和客户群设计网络广告促销推广计划。

第3章　电子商务网站的管理与维护

重要知识点
- 网站测试内容
- 网站推广方式
- 网站维护内容
- 电子商务安全要素
- 主要安全技术

3.1　网站测试与发布

3.1.1　网站测试

随着 Internet 的快速发展，Web 已对商业、工业、银行、财政、教育、政府和娱乐以及我们的工作和生活产生了深远的影响。许多传统的信息和数据库系统正在被移植到互联网上，电子商务迅速增长，甚至复杂的分布式应用也逐渐出现在 Web 环境中。

在网站建设过程中，基于 Web 系统的测试、确认和验收是一项重要而富有挑战性的工作。基于 Web 的系统测试与传统的软件测试不同，它不但需要检查和验证是否按照设计的要求运行，而且还要测试系统在不同用户的浏览器端的显示是否合适；重要的是，还要从最终用户的角度进行安全性和可用性测试。然而，Internet 和 Web 媒体的不可预见性使测试基于 Web 的系统变得困难。因此，我们必须为测试和评估复杂的基于 Web 的系统研究新的方法和技术。

一般软件的发布周期以月或年计算，而 Web 应用的发布周期以天甚至小时计算。Web测试人员必须处理更短的发布周期，测试人员和测试管理人员还面临着从测试传统的 C/S 结构和框架环境到测试快速改变的 Web 应用系统的转变。下面从功能、性能、可用性、客户端兼容性、安全性等方面来讨论目前网站测试中所要注意的问题。

1. 功能测试

(1) 链接测试。链接是 Web 应用系统的一个主要特征，它是在页面之间切换和指导用户去一些不知道地址页面的主要手段。链接测试可分为三个方面。首先，测试所有链接是否按指示的那样确实链接到了该链接的页面；其次，测试所链接的页面是否存在；最后，保证 Web 应用系统上没有孤立的页面。所谓孤立页面是指没有链接指向该页面，只有知道正确的 URL 地址才能访问。

链接测试可以自动进行，已有许多工具可以采用。链接测试必须在集成测试阶段完成，也就是说，在整个 Web 应用系统的所有页面开发完成之后进行链接测试。

(2) 表单测试。当用户给 Web 应用系统管理员提交信息时，就需要使用表单操作，例如用户注册、登录、信息提交等。在这种情况下，我们必须测试提交操作的完整性，以校验提交给服务器的信息的正确性。例如：用户填写的出生日期与职业是否恰当，填写的所属省份与所在城市是否匹配等。如果使用了默认值，则还要检验默认值的正确性。如果表单只能接受指定的某些值，则也要进行测试。例如：只能接受某些字符，测试时可以跳过这些字符，看系统是否会报错。

(3) Cookies 测试。当一个用户使用 Cookies 访问了某一个应用系统时，Web 服务器将发送关于用户的信息，并把该信息以 Cookies 的形式存储在客户端计算机上，这样可用来创建动态和自定义页面或者存储登录等信息。如果 Web 应用系统使用了 Cookies，就必须检查Cookies 是否能正常工作。测试的内容包括 Cookies 是否起作用，是否按预定的时间进行保存，刷新对 Cookies 有什么影响等。

(4) 设计语言测试。Web 设计语言版本的差异可以引起客户端或服务器端的严重问题，例如使用哪种版本的 HTML 等。当在分布式环境中开发时，开发人员都不在一起，这个问题就显得尤为重要。除了 HTML 的版本问题外，不同的脚本语言，例如 Java、JavaScript、ActiveX、VBScript 或 Perl 等也要进行验证。

(5) 数据库测试。在 Web 应用技术中，数据库起着重要的作用，数据库为 Web 应用系统的管理、运行、查询和实现用户对数据存储的请求等提供空间。在 Web 应用中，最常用的数据库类型是关系型数据库，可以使用 SQL 对信息进行处理。

在使用了数据库的 Web 应用系统中，一般情况下可能发生两种错误：数据一致性错误和输出错误。数据一致性错误主要是由于用户提交的表单信息不正确而造成的，而输出错误主要是由于网络速度或程序设计问题等引起的。针对这两种情况，可分别进行测试。

2. 性能测试

(1) 连接速度测试。用户连接到 Web 应用系统的速度根据上网方式的变化而变化(或是电话拨号，或是宽带上网)。当下载一个程序时，用户可以等较长的时间，但如果仅仅访问一个页面就不会这样。如果 Web 系统响应时间太长(例如超过 5 秒)，用户就会因没有耐心等待而离开。

另外，有些页面有超时的限制，如果响应速度太慢，用户可能还没来得及浏览内容，就需要重新登录了。而且，连接速度太慢，还可能引起数据丢失，使用户得不到真实的页面。

(2) 负载测试。负载测试是为了测量 Web 系统在某一负载级别上的性能，以保证 Web系统在需求范围内能正常工作。负载级别可以是某个时刻同时访问 Web 系统的用户数量，也可以是在线数据处理的数量。例如：Web 应用系统能允许多少个用户同时在线？如果超过了这个数量，会出现什么现象？Web 应用系统能否处理大量用户对同一个页面的请求？

负载测试应该安排在 Web 系统发布以后，在实际的网络环境中进行测试。因为一个企业的内部员工，特别是项目组人员总是有限的，而一个 Web 系统能同时处理的请求数量将远远超出这个限度，所以，只有放在 Internet 上接受负载测试，其结果才是正确可信的。

(3) 压力测试。压力测试是指有意破坏一个 Web 应用系统，测试该系统的反应。压力测试是测试系统的限制和故障恢复能力，也就是测试 Web 应用系统会不会崩溃，在什么情况下会崩溃。黑客常常提供错误的数据负载，直到 Web 应用系统崩溃，当系统重新启动时获得存取权。

压力测试的区域包括表单、登录和其他信息传输页面等。

3. 可用性测试

(1) 导航测试。导航描述了用户在一个页面内的操作方式，在不同用户接口或连接页面之间的控制，例如按钮、对话框、列表和窗口等。通过考虑下列问题，可以决定一个 Web 应用系统是否易于导航，导航是否直观？Web 系统的主要部分是否可通过主页存取？Web 系统是否需要站点地图、搜索引擎或其他的导航帮助？

在一个页面上放太多的信息往往起到与预期相反的效果。Web 应用系统的用户趋向于目的驱动，很快地扫描一个 Web 应用系统，看是否有满足自己需要的信息，如果没有，就会很快离开。很少有用户愿意花时间去熟悉 Web 应用系统的结构，因此，Web 应用系统导航帮助要尽可能得准确。

导航的另一个重要方面是，Web 应用系统的页面结构、导航、菜单、连接的风格是否一致，以确保用户凭直觉就知道 Web 应用系统里面是否还有内容，内容在什么地方。

Web 应用系统的层次一旦决定，就要着手测试用户导航功能。让最终用户参与这种测试，效果将更加明显。

(2) 图形测试。在 Web 应用系统中，适当的图片和动画既能起到广告宣传的作用，又能起到美化页面的功能。一个 Web 应用系统的图形可以包括图片、动画、边框、颜色、字体、背景、按钮等。图形测试的内容有：

● 要确保图形有明确的用途，图片或动画不要胡乱地堆在一起，以免浪费传输时间。Web 应用系统的图片尺寸要尽量小，并且要能清楚地说明某件事情(一般都链接到某个具体的页面)。

　● 验证所有页面字体的风格是否一致。

　● 背景颜色应该与字体颜色和前景颜色相搭配。

　● 图片的大小和质量也是一个很重要的因素，一般采用 JPG 或 GIF 压缩。

(3) 内容测试。内容测试用来检验 Web 应用系统提供信息的正确性、准确性和相关性。信息的正确性是指信息是可靠的还是误传的。例如，在商品价格列表中，错误的价格可能引起财政问题甚至法律纠纷。信息的准确性是指是否有语法或拼写错误。这种测试通常使用一些文字处理软件来进行，例如使用 Microsoft Word 的"拼音与语法检查"功能。信息的相关性是指是否在当前页面可以找到与当前浏览信息相关的信息列表或入口，也就是一般 Web 站点中所谓的"相关文章列表"。

(4) 整体界面测试。整体界面是指整个 Web 应用系统的页面结构设计给用户的一个整体感。例如：当用户浏览 Web 应用系统时是否感到舒适？是否凭直觉就知道要找的信息在什么地方？整个 Web 应用系统的设计风格是否一致？

对整体界面的测试过程，其实是一个对最终用户进行调查的过程。一般 Web 应用系统采取在主页上做一个调查问卷的形式，来得到最终用户的反馈信息。

对所有的可用性测试来说，都需要有外部人员(与 Web 应用系统开发没有联系或联系很少的人员)的参与，最好是最终用户的参与。

4. 客户端兼容性测试

(1) 平台测试。市场上有很多不同的操作系统，最常见的有 Windows、UNIX、Macintosh、Linux 等。Web 应用系统的最终用户究竟使用哪一种操作系统，取决于用户系统的配置。这样就可能会发生兼容性问题，同一个应用在某些操作系统下能正常运行，但在另外的操作系统下可能会运行失败。因此，在 Web 系统发布之前，需要在各种操作系统下对 Web 系统进行兼容性测试。

(2) 浏览器测试。浏览器是 Web 客户端最核心的构件，来自不同厂商的浏览器对 Java、JavaScript、ActiveX、plug-ins 或不同的 HTML 规格有不同的支持。例如，ActiveX 是 Microsoft 的产品，是为 Internet Explorer 而设计的；JavaScript 是 Netscape 的产品；Java 是 Sun 的产品。另外，框架和层次结构风格在不同的浏览器中也有不同的显示，甚至根本不显示。不同的浏览器对安全性和 Java 的设置也不一样。

测试浏览器兼容性的一个方法是创建一个兼容性矩阵，在这个矩阵中，测试不同厂商、不同版本的浏览器对某些构件和设置的适应性。

5. 安全性测试

Web 应用系统的安全性测试区域主要有：

● 现在的 Web 应用系统基本采用先注册，后登录的方式。因此，必须测试有效和无效的用户名和密码，要注意是否对大小写敏感，可以试多少次的限制，是否可以不登录而直接浏览某个页面等。

● Web 应用系统是否有超时的限制。也就是说，用户登录后在一定时间内(例如 15 分钟)没有点击任何页面，是否需要重新登录才能正常使用。

● 为了保证 Web 应用系统的安全性，日志文件是至关重要的。需要测试相关信息是否写进了日志文件，是否可追踪。

● 当使用了安全套接字时，还要测试加密是否正确及检查信息的完整性。

● 服务器端的脚本常常构成安全漏洞，这些漏洞又常常被黑客利用。所以，还要测试没有经过授权就不能在服务器端放置和编辑脚本的问题。

网站测试与传统的软件测试既有相同之处，又有不同的地方。网站测试不但需要检查和验证是否按照设计的要求运行，而且还要评价系统在不同用户的浏览器端的显示是否合适。重要的是，还要从最终用户的角度进行安全性和可用性测试。

3.1.2　网站发布

简单地说，网站发布就是将构成网站的所有文件复制到 Web 服务器的过程。网页制作软件一般都集成网页发布功能，因此可以直接利用它们来发布网站。通常使用 Dreamweaver 或 Frontpage 来发布网站，因为它们都是可视化操作，相对简单，这里就不详细介绍。

鉴于本书的案例是基于轻量级 J2EE 框架的网站设计，通常可选用开源的 Tomcat 作为服务器来发布站点。在 Tomcat 的安装目录下有一个 conf 目录，其中有一个 server.xml 文件，这个文件就是用于保存发布工程应用的配置文件。我们只要对这个文件进行配置，就可以发布具体的工程。这种配置 server.xml 文件的方式有一个好处，就是可以使我们在项目中修改的东西自动加载到 Web 容器中，没有必要每一次都通过重新发布来加载。配置方法如下：

在 server.xml 文件最后的</host>前添加 web 应用的配置部分。例如，发布的一个工程的实例如下：

```
<Context path="/bookshop" reloadable="true" docBase="D:\workspace\bookshop"
    workDir="D:\workspace\bookshop\bin">
</Context>
```

以上配置的属性的含义分别是：

● 配置采用 Context 作为关键字。

● path 关键字指明项目的名称，这样我们可以通过 http://127.0.0.1:8080/bookshop 来访问我们的 web 工程。

● reloadable 关键字指明这个站点可以自动加载。

● docBase 关键字指明站点的根目录所在的位置，也就是我们项目中的根目录。

● workDir 关键字指明 JSP 编译时输出的所在位置，可以自行指定。

另外，还有其他的发布方式，例如通过 Myeclipse 工具直接部署 Web 工程或通过 WAR 包发布等。

3.2 网站推广

对于已经建好的电子商务站点，站点的内容丰富多彩，企业必须吸引更多的人来访问站点，扩大站点的影响，以创造更多的商机。因此，还必须对站点本身进行推广。

3.2.1 网站推广方案的主要内容

网站推广方案通常是在网站策划阶段就应该完成的，甚至可以在网站建设阶段就开始网站的"推广"工作。与完整的网络营销计划相比，网站推广计划相对简单，但内容更为具体。一般来说，网站推广计划至少应包含下列主要内容：

(1) 确定网站推广的阶段目标。例如：网站在发布 1 年后实现每天独立访问的用户数量，与竞争者相比的相对排名，在主要搜索引擎中的表现，网站被链接的数量，注册用户数量等。

(2) 在网站发布运营的不同阶段所采取的网站推广方法。如果可能，最好详细列出各个阶段的具体网站推广方法，如登录搜索引擎的名称，网络广告的主要形式和媒体选择，需要投入的费用等。

(3) 网站推广策略的控制和效果评价，如网站阶段推广目标的控制、推广效果评价指标等。对网站推广计划的控制和评价是为了及时发现网络营销过程中的问题，以保证网络营销活动的顺利进行。

3.2.2 网站推广的重要性

网站对于一个机构或企业来说是一个能够更大范围地宣传自我、展示自我的窗口。网站已经成为网络时代机构或企业日常经营管理以及对外交流合作和互动密不可分的工具和平台，建立网站已是各企业的必然选择。在互联网上，每天都有大大小小的网站不断冒出来，在网站云集的互联网上，要使自己的网站为网民所知晓和访问，网站推广工作是必不可少的。

概括来说，网站推广的重要性主要体现在以下几方面：

1. 提高网站访问量

用户访问量的多少是衡量一个网站建设好坏的标志之一。网络经济被称为眼球经济，实为对用户访问量的侧面描述，一个网站只有通过各种推广渠道留住用户的眼球，让用户有机会看到该公司的基本情况，才能为使其进一步成为该公司的真正客户打下基础。如果不进行网站推广，用户在网络上检索到该网站的机率就会比较小。因此有必要通过传统媒体或者网络广告、注册搜索引擎等方式来主动传达信息给用户，达到宣传自己的目的。

2. 增加品牌效应

网络推广的另一个目的在于提高该网站的知名度，尤其对塑造网站品牌形象具有很大帮助。通过各种方式在各种媒体上广泛做宣传，培养顾客对网站及其相关产品的认知程度及购买意识，使其从同类型的网站中显现出来，以特定的身份展现给用户，令用户认可，达到增加品牌效应的目的。而这并不需要用户必须去点击他们的网站，更注重的是让用户记住该网站及其相关的产品及服务，通过影响用户的思维方式来达到吸引用户的目的。

3. 发展用户数目

推广网站就是要发展用户，扩大网站的目标市场。网站用户基本上分为三大类：没有上网经验的非网络用户；已有固定上网习惯但不知道本网站的用户；已经光顾过本网站的用户。网络推广对于这三个层次的用户有着不同的意义，应采用不同的推广手段。对于没有上网经验的用户，广播、电视、报纸等传统媒体比较适用；对于有上网经验但不知道本站的用户，可通过传统的或网络的方式进行推广；对于光顾过本网站的用户，可以通过网上活动、在线促销、邮件列表等形式留住用户，从而达到发现新用户、变潜在用户为现实用户、保住现有用户的目标。

4. 实现营销目标

网站推广实际上是网站的一种营销行为。现有的市场营销观念是以企业的目标顾客及其需要为中心的，通过营销方式切实掌握消费者的需求和愿望，并以消费者需求为中心，集中企业的一切资源和力量，设计、生产适销对路的产品，满足消费者的要求，获取利润。网站作为企业的窗口，推广网站可以使企业迅速捕捉到用户信息，与用户进行实时交流、订货、交易，实现快速准确、双向式的数据交换，扩大产品及服务的销售量，实现网络营销目标。

3.2.3 常用网站推广方式

在进行网站推广时，首先要注意到其与传统意义上的产品推广所存在的差异，那就是在推广工具上，在线推广的各种方式具有极其重要的作用；其次也不可忽视与普通产品推广所具有的共同点，即也要综合利用线下的传统推广手段。

1. 在线推广方式

1）搜索引擎推广方法

搜索引擎推广是指利用搜索引擎、分类目录等具有在线检索信息功能的网络工具进行网站推广的方法。搜索引擎推广的形式相应地有基于搜索引擎的方法和基于分类目录的方法，前者包括搜索引擎优化、关键词广告、固定排名、基于内容定位的广告等多种形式，后者则主要是在分类目录合适的类别中进行网站登录。随着搜索引擎形式的进一步发展，也出现了一些其他形式的搜索引擎，不过大都是以这两种形式为基础的。

搜索引擎推广的方法又可分为多种不同的形式，常见的有登录免费分类目录、登录付费分类目录、搜索引擎优化、关键词广告、关键词竞价排名、网页内容定位广告等。

从目前的发展趋势来看，搜索引擎在网络营销中的地位依然重要，并且受到越来越多企业的认可。搜索引擎营销的方式也在不断发展演变，因此应根据环境的变化选择搜索引擎营销的合适方式。

2）电子邮件推广方法

以电子邮件为主要的网站推广手段，常用的方法包括电子刊物、会员通信、专业服务商的电子邮件广告等。基于用户许可的 E-mail 营销与滥发邮件(Spam)不同，许可营销比传统的推广方式或未经许可的 E-mail 营销具有明显的优势，比如可以减少广告对用户的滋扰，增加潜在客户定位的准确度，增强与客户的关系，提高品牌忠诚度等。

3）资源合作推广方法

通过网站交换链接、交换广告、内容合作、用户资源合作等方式，在具有类似目标的网站之间实现互相推广，其中最常用的资源合作方式为网站链接策略，利用合作伙伴之间的网站访问资源来互为推广。

企业网站均可拥有自己的资源，这种资源可以表现为一定的访问量、注册用户信息、有价值的内容和功能、网络广告空间等，利用网站的资源与合作伙伴开展合作，实现资源共享，共同扩大收益的目的。在这些资源合作形式中，交换链接是最简单的一种合作方式，调查表明，这也是新网站推广的有效方式之一。交换链接又称互惠链接，是具有一定互补优势的网站之间的简单合作形式，即分别在自己的网站上放置对方网站的 LOGO 或网站名称并设置对方网站的超级链接，使得用户可以从合作网站中发现自己的网站，达到互相推广的目的。交换链接的作用主要表现在以下几个方面：获得访问量，增加用户浏览时的印象，在搜索引擎排名中增加优势，通过合作网站的推荐增加访问者的可信度等。交换链接还有比是否取得直接效果更深一层的意义，一般来说，每个网站都倾向于链接价值高的其他网站，因此获得其他网站的链接也就意味着获得了合作伙伴和一个领域内同类网站的认可。

4）信息发布推广方法

信息发布是免费网站推广的常用方法之一，将有关的网站推广信息发布在其他潜在用户可能访问的网站上，利用用户在这些网站获取信息的机会实现网站推广的目的。适用于这些信息发布的网站包括在线黄页、分类广告、论坛、博客网站、供求信息平台、行业网站等。

5）病毒性营销方法

病毒性营销并非是以传播病毒的方式开展营销，而是利用用户的口碑宣传网络，让信息像病毒那样传播和扩散，以滚雪球的方式传向数以百万计的网络用户，从而达到推广的目的。病毒性营销方法实质上是在为用户提供有价值的免费服务的同时，附加上一定的推广信息。病毒性营销是一种营销思想和策略，并没有固定模式，适合大、中、小型企业和网站，如果应用得当，这种营销手段往往可以以极低的代价取得非常显著的效果。

　　6) 快捷网址推广方法

　　快捷网址推广是指合理利用网络实名、通用网址以及其他类似关键词网站的快捷访问方式来实现网站推广的方法。快捷网址使用自然语言和网站 URL 建立其对应关系，这对于习惯于使用中文的用户来说，提供了极大的方便。用户只需输入比英文网址更加容易记忆的快捷网址就可以访问网站，用自己的母语或者其他简单的词汇为网站"更换"一个更好记忆、更容易体现品牌形象的网址。例如选择企业名称或者商标、主要产品名称等作为中文网址，这样可以大大弥补英文网址不便于宣传的缺陷。随着企业注册快捷网址数量的增加，这些快捷网址用户数据也相当于一个搜索引擎，这样，当用户利用某个关键词进行检索时，即使与某网站注册的中文网址并不一致，也同样存在被用户发现的机会。

　　7) 网络广告推广方法

　　网络广告是常用的网络营销策略之一，在网络品牌、产品促销、网站推广等方面均有明显作用。网络广告的常见形式包括 BANNER 广告、关键词广告、分类广告、赞助式广告、E-mail 广告等。BANNER 广告所依托的媒体是网页；关键词广告属于搜索引擎营销的一种形式；E-mail 广告则是许可 E-mail 营销的一种。可见，网络广告本身并不能独立存在，需要与各种网络工具相结合才能实现信息传递的功能。因此也可以认为，网络广告存在于各种网络营销工具中，只是具体的表现形式不同。将网络广告在用户网站中进行推广，具有可选择网络媒体范围广、形式多样、适用性强、投放及时等优点，适合于网站发布初期及运营期的任何阶段。

　　2. 离线广告宣传

　　如果说在线推广可以使网站提升知名度和行为度，那么离线推广则可以塑造网站的品牌形象和偏好度。

　　离线广告宣传其实就是运用传统大众媒体进行网站推广。传统媒体能够扩大网站的知名度，增加网站在未上网人口中的曝光率，尤其对塑造网站品牌的形象具有明显的作用。所选媒体是有着广泛受众基础的传统广告媒介，如报纸和电视，特别是年轻人青睐的报纸和电视节目。在广告创意上，由于网站推广广告的目标受众大多是思维新潮的年轻人，因此，有"另类"感觉的广告创意往往有比较好的效果。其中，形象塑造是一项基本的要求，网站品牌个性的建立需要寻找恰当的代言人。

　　户外媒体(如路牌、灯箱及公共汽车车身等)是网站离线推广的另一种重要方式，它以其信息传递上的强迫性和广泛性，可大大提高推广网站的效率。户外媒体对网站推广的独特魅力在于：一是可以帮助网站迅速提高知名度，而这恰恰是各大网站所渴求的；二是适合网站宣传内容十分简洁的要求；三是能有效地达到目标受众(因网络受众群体已降低了对电视和报纸的主动接触)；四是广告价格低廉，经济实惠。

　　3. 公共关系与在线公关

　　网络公司的公共关系是指其在运行中为使自己与公众相互了解、相互合作而进行的传播活动和采取的行为规范。一个适当的公共关系活动能够成为有价值的网站推广工具之一，与其他推广工具相比，公共关系具有高可信度的特点，如新闻报道及特写看上去比广告更真实可信，可以让对推广促销存有戒心者放弃抵触情绪。

网络本身就可以当作媒体，因此，网站推广可以采用网上新闻发布会的形式。举办各类活动也是打品牌以及与用户进行沟通的好办法。做广告可以传达网址和网站定位信息，举办活动则可拉近与用户的距离。网友见面会是最常用的形式，可以提高人气、改善网站的服务。此外，常见的具有网站推广作用的公共关系活动有赞助和慈善捐赠等形式。

4. 整合推广策略

以上列举了多种常见的网站推广方式和方法，在实际的推广工作中，网站一般会采用多种工具做全方位的宣传。下面列出在拟订整合推广策略时所要考虑的因素。

1) 营销环境

网站推广要注意自身所处的特定营销环境，信息基础设施条件、宽带网络的发展、相关产业政策以及经济、教育、文化、法律等环境因素会影响到人们对 Internet 和电子商务的接受和普及程度，这在很大程度上决定着网站推广的战略方向。

2) 推广目标

推广网站就是发展用户，扩大网站的目标市场。利用在线广告推广网站可充分利用网络媒体的交互性，实现一对一沟通的效力。如果简单地把推广网站的手段分为在线和离线方式的话，那么，对非网络用户，以离线推广方式为主；对常上网但不知道本网站和已经光顾过本网站的用户，则以在线推广为主。

3) 公司规模

对于大企业，可采用网上广告和传统的市场推广互补进行。对于中小企业，可选择如下推广方法：在著名的搜索引擎中注册；免费网站链接；利用电子邮件或在相关的新闻组中发布信息来宣传自己。

4) 推广阶段

不同的推广阶段要达到的具体推广目标是有区别的，不同的目标应该选择不同的推广方式。如果网站处于推广初期，那么到达率是其主要目标，这时最适合在门户网站刊登广告。若要为网站建立长期品牌的忠诚度，那么暴露频次为主要目标，网站在线推广可选择相关的关键字或分类项，甚至某种特定内容的网站或网页。

3.3　网站维护与更新

网站制作好了以后是不是就没事了？其实日后的更新维护才是最重要的。如果参观网站的访问者每次看到的网站都是一样的，就无法吸引更多的用户浏览，更无法提高点击率。网站的维护包括服务器维护与管理、网站内容维护与管理和网站更新。

3.3.1　服务器的维护与更新

服务器通常托管给第三方进行管理。但是网站的文件要由网站制作方管理并上传。服务器管理主要包括目录管理、紧急响应和动态维护。

服务器的目录管理是网站管理的重要内容。目前，网站的内容通常在数据库和网页文件中。网站的网页是建立在文件目录管理的基础上的。遵照目录有序原则，可减少内容维护和更新的间接成本，减少加载和刷新内容所需的时间。如商品的相关页面存放在 product 目录下，新闻的相关页面存放在 news 目录下，而和商品相关的图片存放在 product/image 目录下，和商品相关的 Flash 文件或者 movie 文件存放在 product/movie 目录下，和商品相关的文本文件和 word 文件存放在 product/files 目录下，这样在进行网站维护时，将非常方便。具体操作有以下两方面：

● 合理分类：目录管理的目的是为了实现对网站文件的有序管理，因此指定合理的分类标准是做好目录管理的第一步。

● 定期清理：一个网站在维护过程中或多或少要对文件进行修改，而每次修改的时候都要对文件进行备份。时间长了，网站各个文件夹中就会慢慢地有一些早已过时的备份，这就是垃圾文件。大量的垃圾文件容易让整个网站的目录管理显得无序。

紧急响应是当网站服务器出现异常的时候才需要考虑的。例如，系统被入侵或者其他原因导致的服务器死机。如果出现这种情况，应当立即使系统恢复正常工作。这项工作要求平时对系统的备份及灾难恢复工作做得很好。另外，需要协助检查和追踪入侵来源。服务器发生异常都有必然的原因。作为网站管理人员必须检明原因，只有这样才可以避免同类问题的再次发生。如果希望更完备，那么可以建立事故分析报告和自己的紧急响应报告文档，这样在下次遇到类似的问题时能有借鉴的经验。往往一个问题被发现意味着还有很多隐患问题。根据安全建议去预防潜在问题的发生，能在很大程度上杜绝服务器异常，从而降低紧急响应频度。

对网站而言，很多时候需要在运行过程中解决维护问题。动态维护建立在已经拥有完整管理系统的基础上，一般在平时进行。动态网页维护是指通过数据库在后台管理网页内容。访问时通过程序把数据库中的内容加载到相应的模块中形成网页。这种方式使得网站的日常维护简单明了，但要耗费大量的主机资源来动态生成网页，影响主机的性能。

3.3.2 站点的维护与更新

对于网站来说，需要经常更新内容，才能保证网站的生命力。为了更新信息而日复一日地编辑网页，对于信息维护人员来说，是些枯燥无味的工作。如何快捷方便地更新网页，提高更新效率，是网站维护的难题。因此内容更新是网站维护过程中的一个瓶颈。网站维护可以从以下几个方面考虑，从而使网站长期顺利运转。

1. 内容更新

在网站建设初期，要对后续维护给予足够的重视，要保证网站后续维护需要的资金和人力。很多网站是以外包项目的方式建设的，建设时很愿意投入资金，可发布后，维护力度不够，信息更新跟不上，网站建设完成后就一成不变，失去了建设商务网站的意义。

建设过程中要对网站的各个栏目和子栏目进行尽量细致的规划，在此基础上确定需要经常更新的内容，以及需要相对稳定的内容。针对经常变更的信息，尽量用结构化的方式(如建立 Web 数据库、规范文件存放路径)管理，以避免数据杂乱无章的现象。选择合适的网页更新工具也有利于信息更新的效率。

同时，要制定管理制度，保证信息渠道的畅通和信息发布流程的合理性。网站上各栏目的信息来自多个业务部门，要进行统筹考虑，确定一套从信息收集、信息审查到信息发布的良性运转管理制度。既要考虑信息的准确性和安全性，又要保证信息更新的及时性。

2. 合理优化程序代码

整个日常维护和管理还包括对整个程序系统的优化，合理优化程序代码会大大提高程序的执行效率，减少服务器的负担，从而提高整个网站的效率。

在编码中尽量少用会话变量，使用会话变量会降低网站的工作效率。每个网站访问者都会创建一个会话变量，直到用户离开网站，会话变量所占用的内存才被释放。若用会话变量，最好在服务器端调整会话结束时间，并及时释放内存。

在编码中最好不要缓存程序页。因为当一个网页输出到缓冲区后，服务器端无法再响应客户端，除非所有的服务器端文件都被处理完毕。这样对于大的网页会让浏览者等很长时间。所以，最好使用动态缓存技术，根据用户对页面的请求情况和页面与数据库动态交互情况等条件，决定某个页面或其中的一部分进行动态缓存。

在操作大量数据时，使用 SQL 指令进行批处理比较快，数据量越大越明显。主要原因在于 SQL 指令是一次性给数据库的，让数据库整批处理数据。

另外，开发中最好不要使用框架和表格，因为它们会加大服务器的负担。在编码中要及时关闭已打开并提交过的记录集对象和连接对象。

3.3.3 网站的更新与升级

一个成功的网站在投入运营后更要花很大的精力来更新和升级。目前商业网站中普遍存在的问题包括以下各方面。

1. 网站更新缓慢

有些站点自建成发布后，很少甚至几乎没有做过更新。多数站点的平均更新间隔时间超过三个月以上。长期保持一个面孔，浏览者下次当然就不来了。更新缓慢的原因可分为：
- 不知如何更新；
- 没有专业人员，也不掌握相应技术和软件工具；
- 精力不足。

2. 没有网站运营意识

建设网站，也就开辟了广阔的 Internet 市场。同传统经营方式相同，网上商务的开展也需要一个逐渐发展的过程，并需付出不断的努力。把网站只当作一个网上名片，或者盲目希望用网站能尽快赢利的想法都是片面的。

3. 网站推广力度不足或方法单一

大多数网站完成后的推广工作，只是将网站提交到几家门户网站的搜索引擎上，甚至没有推广。做友情链接或将网址印到企业名片上，这些对于开展电子商务来说是不够的。

4. 网站建设缺乏交互性及参与性

受到网站自身建设水平(如没有专业人员)的影响，有的站点只具有静态页面，缺乏能留住访问者的交互与参与功能，这也是一个网站没有活力的重要因素。

企业信息的更新速度是一个企业生命力的象征，一个永不更新的企业只能说明其没有发展与变化。而网站维护的一个最重要的内容是信息的更新。在网站信息更新上，需要有人掌握简单的网页制作知识，对网络基础有一定的了解，这样就可以使企业自己对一些时效性比较强的内容进行更新与维护。目前维护网站的主要软件有 CuteFTP Pro 和 FLASHFXP 等。

严格来说，每一个站点都应该由专业人员定期更新维护。互联网的最大优势就是信息的实时性，只有快速地反映，准确地报道，才能吸引更多的浏览者。

网站在完成首页制作后，其结构和功能相对稳定。网站工作的重点是对已有网站格局进行不断的填充、更新，对交互社区进行管理、维护。与报纸一样，网站上的原创和摘编文章要经过组稿、选稿、改稿及标题制作、配图等环节。由于网络媒体可实现对媒体传输，根据实际需要，还要配合音视频编辑、动漫制作。与传统新闻媒体类似，对于新闻模块或者专题报道，要进行深度采访，并随时更新，确保真实性和时实性。与传统媒体侧重于"单向传播"不同，网络的交互性是网民喜欢网络的重要原因。网站的社区组织和建设就是网站维护的重点内容了。及时回复、设立版主等，都是充实网站内容，"聚集人气"的有效方法。

互联网的飞速发展迫使每个网站在建设和管理过程中必须适应环境的要求，网站升级便是网站适应环境的一个重要方式。一个网站的升级包括内容升级、服务器升级、后台程序升级和数据库升级。

其中，服务器升级通常可能导致整个后台程序系统和数据库系统的变化，还可能伴随着操作系统的更新或者服务器性能的提升。这种升级是从硬件角度进行的，如果备份工作做得不好，很有可能导致升级之后网站历史数据丢失。成功的服务器升级能让整个网站的性能获得提升，令浏览者受益，而最终受益的还是网站本身。后台程序系统升级随着动态网页技术的发展而发展，目的是让整个网站的日常管理和维护变得简便。通常这种升级会引起数据库发生变化，或者让后台数据库升级。

3.4　网站的安全管理

3.4.1　安全要素

电子商务应具备下列安全要素：有效性、机密性、完整性、不可抵赖性和审查能力。

1. 有效性

电子商务以电子文本取代了传统的纸张，保证这种电子形式贸易信息的有效性是进行电子商务的前提。电子商务是贸易的一种形式，电子文本的有效性直接关系到贸易双方的经济利益和诚信。要及时检查和注意预防各种可能影响信息有效性的故障和潜在威胁，如网络故障、操作错误、应用程序错误、硬件故障、系统软件错误及计算机病毒所造成的破坏，应千方百计地保证贸易信息和数据在确定的时间和场合里是准确有效的。

2. 机密性

电子商务作为贸易的一种手段，贸易的双方互相传递的信息基本上都属于商业机密。传统贸易互相交换的文件可以通过邮寄信件或其他可靠的传送渠道来达到保守机密的目的。电子商务一般是建立在开放的国际互联网上的，保护好商业机密是电子商务能大力推广的重要保证，所以要防止信息在传输过程中被非法窃取。

3. 完整性

电子商务交易过程中，必须维护贸易各方商业信息的完整和统一。但是，数据输入时发生的意外差错或故意欺诈行为，会导致贸易各方信息的差异。另外，在数据传输过程中可能发生的数据丢失、数据重复、数据传送的顺序不一致也会导致贸易各方信息的不同。因为贸易各方信息缺乏完整性必将影响到贸易各方的交易，所以保持贸易各方信息的完整性是实现电子商务的基础。

4. 不可抵赖性

在传统的贸易中，贸易的双方在合同、契约或贸易单据等书面文件上通过签名盖章来确定这类书面文件的法律效力，确定合同、契约、单据的可靠性并预防抵赖行为的发生。在无纸化的电子商务中，由于无法通过亲笔签名和印章进行贸易双方的鉴别，因此要在交易信息的传输过程中为参与交易的个人、企业或国家提供可靠的标识，并能进行鉴别，如同传统贸易的有关文件中用亲笔签名来证明文件的有效性一样受到法律保护。

5. 审查能力

根据机密性和完整性的要求，应对电子商务贸易过程中的数据进行审查，并对审查结果进行记录和备份。

3.4.2　主要安全技术

目前，各种针对电子商务安全技术的方案已被逐步开发出来。

1. 加密技术

加密技术是电子商务中采取的主要安全措施。发送文件的一方对即将发送的数据和信息进行加密，另一方对收到的数据和信息进行解密。在文件的传输过程中，即使被他人截取也不容易发生泄密事故。加密技术分为两类，即对称加密和非对称加密。

(1) 对称加密：对信息的加密和解密都使用相同的密钥。进行贸易的双方可以采取相同的加密算法，只需交换共享的专用密钥即可。贸易的任何一方如果能够确保专用密钥在密钥交换阶段没被泄露，被传递的数据和信息的机密性和完整性就可以通过对称加密方法加密机密信息以及随报文一起发送报文摘要或报文散列值来实现。对称加密技术存在着如何在通信的贸易方之间确保密钥安全交换的问题。

(2) 非对称加密：在非对称加密体系中，密钥被分解为一把公开密钥(即加密密钥)和另一把专用密钥(即解密密钥)。公开密钥用于对信息的加密，专用密钥则用于对加密信息的解密。专用密钥只能由生成密钥的贸易方掌握，公开密钥可公开，但是它只对应于生成该密钥的贸易方。贸易方利用该方案实现机密信息交换的基本过程是：贸易甲方生成两把密钥并将其中的一把作为公开密钥向其他贸易方公开；得到该公开密钥的贸易乙方使用该密钥对机密信息进行加密后再发送给贸易甲方；贸易甲方再用自己保存的另一把专用密钥对加密后的信息进行解密。贸易甲方只能用其专用密钥解密由其公开密钥加密后的任何信息。

2. 数字签名

数字签名的主要方式在于报文的发送方从报文文本中生成一个 128 位的散列值。发送方用自己的专用密钥对这个散列值进行加密来形成发送方的数字签名，这个数字签名将作为报文的附件和报文一起发送给报文的接收方。报文的接收方首先从接收到的原始报文中计算出 128 位的散列值(或报文摘要)，接着再用发送方的公开密钥来对报文附加的数字签名进行解密。如果两个散列值相同，那么接收方就能确认该数字签名是发送方的。通过数字签名能够实现对原始报文的鉴别和不可抵赖性。

3. PKI 和 CA

PKI 就是 Public Key Infrastructure 的缩写，翻译过来就是公开密钥基础设施。它采用源自非对称加密技术的公开密钥技术。说 PKI 是基础设施，是指它对网络公共信息安全的重要性，好比电力基础设施对现代社会一样。PKI 为电子商务应用提供安全服务，如身份识别、数字签名、加密等。

PKI 中最基本的元素就是数字证书，电子商务各方都拥有自己的证书，好比现实生活中的身份证，所有的安全操作主要通过证书来实现。签发这些证书的权威机构叫做证书授证中心(CA)，就好比现实生活中签发身份证的公安机关。VeriSign 就是著名的 CA 机构，经过 VeriSign 签发证书的交易网站浏览器会被自动认可，不会弹出窗口让用户确认检查。

数字证书无法被篡改或伪造，因为签发证书的 CA 会对数字证书做数字签名，如同身份证的防伪标识，任何人都可以检查数字签名来确定证书是否正确。数字证书中包含证书拥有人的公钥，任何想和它进行安全通信的人都可以用这个公钥加密通信的内容，只有证书拥有人可以用自己手上唯一的私钥解密和读取通信的内容。

4. 国际互联网中的安全协议

1) 电子邮件安全协议

电子邮件是国际互联网上互相传递信息的主要手段，也在电子商务中有相应的应用。但它并不具备很强的安全防范措施，因此用于邮件加密的安全协议被开发出来以加强它的私密性。例如 S/MIME，它采用数字标识的加密办法，数字标识由公用密钥、私人密钥和数字签名三部分组成。在电子邮件中添加数字签名时，就把数字签名和公用密钥加入到电子邮件中。发件人可以使用邮件客户端程序(例如 Outlook Express)来指定他人向自己发送加密邮件时所需使用的证书。收件人可以使用数字签名来验证发件人的身份，并可使用公用密钥给发件人发送加密邮件，这些邮件必须用发件人的私人密钥才能阅读。要发送加密邮件，发件人的通讯簿必须包含收件人的数字标识。这样，发件人就可以使用他们的公用密钥来加密邮件了。当收件人收到加密邮件后，用他们的私人密钥来对邮件进行解密后才能阅读。

2) 安全套接层(Secure Sockets Layer)协议

电子商务在提供机遇和便利的同时，也面临着一个具大的挑战，即交易的安全问题。SSL 安全协议最初是由 Netscape Communication 公司设计开发的，主要用于提高应用程序之间数据的安全系数。SSL 协议的设计初衷涉及所有互联网应用程序，保证任何安装了安全套接字的双方安全通信。SSL 最常用于增强 HTTP 安全性的协议称为 HTTPS，它为基于 Web

的电子商务通信增加了通信加密功能。HTTPS(SSL)协议是国际上最早应用于电子商务的一种网络安全协议，至今仍然被很多网上商店所使用。客户的购买信息首先发往商家，商家再将信息转发至银行，银行验证客户信息的合法性后，通知商家付款成功，商家再通知客户购买成功，并将商品寄送给客户。可以注意到，SSL 协议有利于商家而不利于客户。客户的信息首先传到商家，商家阅读后再传至银行，这样，客户资料的安全性便受到威胁。商家认证客户是必要的，但在整个过程中，缺少了客户对商家的认证。在电子商务的开始阶段，由于参与电子商务的公司大都是一些大公司，信誉较高，这个问题没有引起人们的重视。随着电子商务参与的厂商迅速增加，对厂商的认证问题越来越突出，SSL 协议的缺点完全暴露出来。

3) 信用卡交易安全协议

如前所述，在网上购物的环境中，持卡人希望在交易中使自己的账户信息保密，使之不被人盗用；商家则希望客户的订单不可抵赖；在交易过程中，交易各方都希望验明其他方的身份，以防止被欺骗。针对这种情况，由美国 Visa 和 MasterCard 两大信用卡组织联合国际上多家科技机构，共同制定了应用于 Internet 上的以银行卡为基础来进行在线交易的安全标准，这就是 "安全电子交易" (Secure Electronic Transaction，SET)。SET 协议本身比较复杂，设计比较严格，安全性高，它能保证信息传输的机密性、真实性、完整性和不可否认性。SET 协议是 PKI 框架下的一个典型实现，它采用公钥密码体制和 X509 数字证转标准，主要应用 BtoC 模式保障支付信息的安全性。SET 提供了消费者、商家和银行之间的认证，确保了交易数据的安全性、完整可靠性和交易的不可否认性，特别是保证不将消费者的银行卡号暴露给商家等优点，因此它成为了目前公认的信用卡/借记卡的网上交易的国际安全标准。然而，由于早期电子商务应用中大量采用 SSL 协议的解决方案，造成了目前 SSL 协议比 SET 更流行，反而成为事实上的标准。

上述介绍的技术及其标准规范是电子商务应用中主要涉及的技术，还有很多安全技术及标准规范尚未列出。要保证电子商务安全可靠，首先要明确电子商务的安全隐患、安全等级和采用安全措施的代价，再选择相应的安全措施。

第 2 部分

Java EE 轻量级框架 Struts2、

JPA 的入门技术

第 4 章　Java Web 应用开发及开发平台

📑 **重要知识点**
- Java EE 相关知识
- MVC 模式
- 几种 J2EE 轻量级框架
- 开发 Java Web 的环境配置

4.1　Java EE 简介

在当今 Web 程序的开发中，轻量级 Java EE 以其稳定的性能和良好的开放性，深受企业开发者的青睐。特别是对信息化和安全性要求较高的行业，如银行、证券和电信等，大都选择 Java EE 开发平台。Java EE 提供的跨平台性、开放性及各种远程访问技术，为异构系统的良好整合提供了保证。对于一个企业而言，选择 Java EE 构建信息化平台，更体现了一种长远的规划，在未来的日子里，将会有不同平台、不同系统的异构系统需要整合，从而帮助企业不断壮大。

4.1.1　Java EE 及其模型

Sun 公司所提出的经典 Java EE 应用规范，往往以 EJB(企业级 Java Bean)为核心，以应用服务器为运行环境，所以通常开发、运行成本较高。本书所介绍的轻量级 Java EE 应用具备了 Java EE 规范的种种特征，例如面向对象建模的思维方式、优秀的应用分层以及良好的可扩展性和可维护性。轻量级 Java EE 保留了经典 Java EE 应用的架构，但开发、运行成本更低。

轻量级容器提供了一种管理、定位业务对象的办法，用不着 JNDI 寻址、定制服务器之类的额外辅助。轻量级容器为应用对象提供注册服务，其较之 EJB 容器而言，不仅功能强大，而且避免了容器强制业务对象采用特定的接口，最大程度地降低了侵入性，实现了效果极佳的架构重用。

1. Java EE 的概念

Java EE 是我们所熟知的 Java 2 三大平台之一——J2EE(Java 2 Platform Enterprise Edition)的新名称，是 Sun 公司定义的一个开发分布式企业级应用的规范。J2EE 技术的基础就是核心 Java 平台或 Java 2 平台的标准版。J2EE 不仅巩固了标准版中的许多优点，例如"编写一次、随处运行"的特性,方便存取数据库的 JDBC API、CORBA 技术以及能够在 Internet 应用中保护数据的安全模式等,同时还提供了对 EJB(Enterprise Java Beans)、Java Servlets API、JSP(Java Server Pages)以及 XML 技术的全面支持。

　　J2EE 体系结构能够提供中间层集成框架来满足无需太多费用而又需要高可用性、高可靠性以及可扩展性的应用需求。通过提供统一的开发平台,J2EE 降低了开发多层应用的费用和复杂性,同时提供对现有应用程序集成的强有力支持,完全支持 Enterprise Java Beans,有良好的向导支持打包和部署应用,添加目录支持,既增强了安全机制,又提高了性能。

2. Java EE 模型和组件

　　Java EE 使用多层的分布式应用模型,应用逻辑按功能划分为组件,各个应用组件根据它们所在的层分布在不同的机器上。事实上,Java EE 的出现是为了解决两层模式 (Client/Server,C/S)的弊端。在传统 C/S 模式中,虽然部署比较容易,但是客户端担当了过多的角色而显得臃肿,难于升级或改进,重用业务逻辑和界面逻辑非常困难,可伸展性也不理想。

　　现在 Java EE 的多层企业级应用模型将两层模型中的不同层面切分成许多层,每种不同的服务提供一个独立的层。以下是 Java EE 典型的四层结构和图示(见图 4-1):

- 运行在客户端机器上的客户层组件;
- 运行在 J2EE 服务器上的 Web 层组件;
- 运行在 J2EE 服务器上的业务逻辑层组件;
- 运行在 EIS 服务器上的企业信息系统(Enterprise Information System,EIS)层软件。

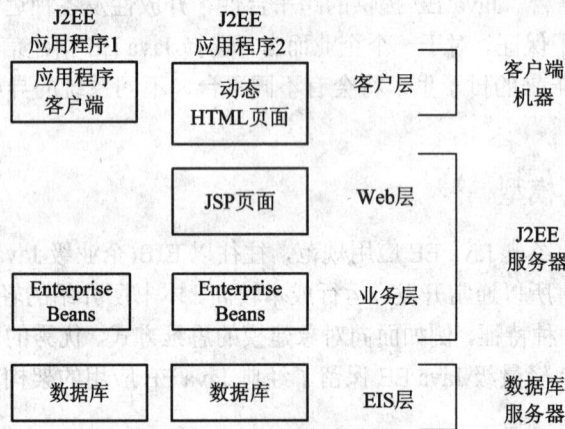

图 4-1　Java EE 四层结构

4.1.2　Java EE 组件和结构

1. Java EE 组件

　　Java EE 组件是由具有独立功能的软件单元构成的,而这些组件通过相关的类和文件组装成 Java EE 应用程序,并与其他组件交互。Java EE 说明书中定义了以下四个组件:

- 应用客户端程序和 Applets 是客户层组件;

- Java Servlet 和 JSP 是 Web 层组件；
- EJB 是业务层组件；
- 企业信息系统层组件。

下面对各个组件进行详细说明。

1) *客户层组件*

Java EE 应用程序可以是基于 Web 方式的，如静态 HTML、脚本语言或各种标签等；也可以是基于传统客户机方式的，如专用的客户端程序或软件。

2) *Web 层组件*

Java EE 的 Web 层组件可以是 JSP 页面或 Servlets。按照 Java EE 规范，静态的 HTML 页面和 Applets 不算是 Web 层组件。如图 4-2 所示，Web 层使用 JavaBean 实体来处理用户输入，并把输入发送给运行在业务层上的 EJB 来进行处理。

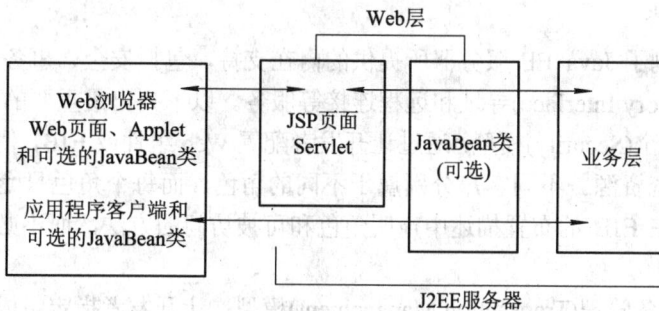

图 4-2　Web 层组件

3) *业务层组件*

业务层代码的逻辑用来满足银行、零售和金融等特殊商务领域的需要，由运行在业务层上的 EJB 进行处理。图 4-3 表明了一个 EJB 是如何从客户端程序接收数据，进行处理，并发送到 EIS(企业信息系统)层储存的。这个过程也可以逆向进行。

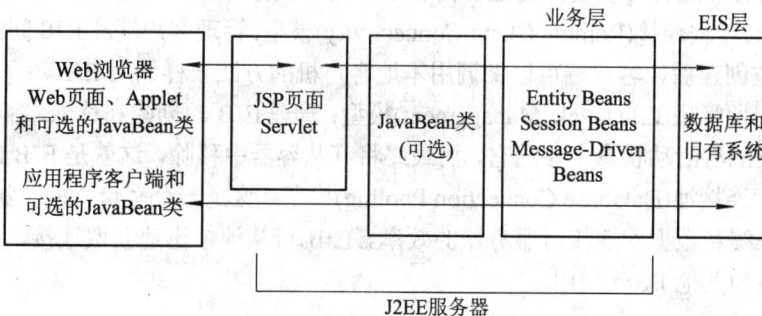

图 4-3　业务层组件

企业级 JavaBean 共有三种，分别为：

- 会话 Bean(Session Beans)：会话 Bean 表示与客户端程序的临时交互。当客户端程序执行完后，会话 bean 和相关数据就会消失。
- 实体 Bean(Entity Beans)：实体 Bean 表示数据库表中一行永久的记录。当客户端程序中止或服务器关闭时，就会有潜在的服务保证实体 Bean 的数据得以保存。

● 消息驱动 Bean(Message-Driven Beans)：消息驱动 Bean 结合了会话 Bean 和 JMS 消息监听器的特性，允许一个业务层组件异步接收 JMS 消息。

4) 企业信息系统层组件

企业信息系统层组件包括企业基础建设系统(ERP、CRM、SCM 等)、大型机事务处理、数据库系统和其它的遗留信息系统等。

2. Java EE 的结构

Java EE 的结构基于组件，具有平台无关性的特点，这使得 Java EE 程序的编写变得十分简单，因为业务逻辑被封装成可复用的组件，并且 Java EE 服务器以容器的形式为所有的组件类型提供后台服务。而开发者不用自己开发这种服务，可以集中精力解决手头的业务问题。

1) 容器和服务

容器设置定制了 Java EE 服务器所提供的内在支持，包括安全、事务管理、JNDI(Java Naming and Directory Interface)寻址和远程连接等服务。以下列出最重要的几种服务：

● Java EE 安全(Security)模型：通过让开发者配置 Web 组件或 EJB，使得只有被授权的用户才能访问系统资源。不同客户分别属于不同的角色，而每个角色只允许访问特定的方法。开发者只要在 EJB 的布置描述中声明角色和可被访问的方法，而不必编写加强安全性的规则。

● Java EE 事务管理(Transaction Management)模型：让开发者指定组成一个事务中所有方法间的关系，并将这些方法当成一个单一的单元。当在客户端激活一个 EJB 中的方法时，容器介入管理事务，这使得开发者只需在布置描述文件中声明 EJB 的事务属性，而不用编写并调试复杂的代码。要求控制分布式事务的代码会非常复杂，容器将读取此文件并处理此 EJB 的事务。

● JNDI 寻址(JNDI Lookup)服务：为企业内的多重名字和目录服务提供了一个统一的接口，这样应用程序组件可以更方便地访问名字和目录服务。

● Java EE 远程连接(Remote Client Connectivity)模型：管理客户端和 EJB 间的底层交互。当一个 EJB 被创建后，客户端可以像调用本地客户机的方法一样调用 EJB。

● 生存周期管理(Life Cycle Management)模型：管理 EJB 的创建和移除，容器创建 EJB，并在可用实例池与活动状态中移动它，而最终将其从容器中移除，这就是 EJB 的生存周期。

● 数据库连接池(Database Connection Pooling)模型：这是一个有价值的资源。容器通过管理连接池来缓和数据库连接时服务器的效率。EJB 可从池中迅速获取连接，并且在 Bean 释放连接之后为其他 Bean 使用。

2) 容器类型

如图 4-4 所示，Java EE 应用组件可以安装部署到以下几种容器中去。

● EJB 容器：EJB 和它们的容器运行在 Java EE 服务器上，管理所有 Java EE 应用程序中 EJB 的执行。

● Web 容器：Web 组件和它们的容器运行在 Java EE 服务器上，管理所有 Java EE 应用程序中 JSP 页面和 Servlet 组件的执行。

● 应用程序客户端容器：应用程序客户端和它们的容器运行在客户端机器上，管理所有 Java EE 应用程序中应用程序客户端组件的执行。

● Applet 容器：运行在客户端机器上，通常是 Web 浏览器和 Java 插件的结合。

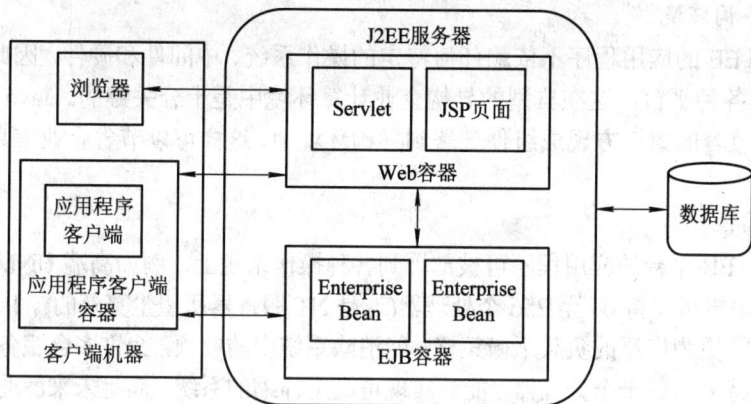

图 4-4　Java EE 结构

3. Java EE 的优势

对于 Java EE 的初学者而言，常常有一个问题：我可以使用 JSP 完成这个系统，为什么我还要用 Struts2 和 Hibernate 等技术？难道仅仅是为了听起来更高深一点？我完全可以使用纯粹的 JSP 完成整个系统，为什么还要将系统分层？

要回答这些问题，我们不能仅考虑系统开发过程，还需要考虑系统后期的维护、扩展；我们不能仅考虑那些小型系统，还要考虑大型系统的协同开发。对于学习、娱乐性的个人站点，的确没有必要使用复杂的 Java EE 应用架构，采用纯粹的 JSP 就可以实现整个系统。但是对于大型的信息化系统而言，采用 Java EE 应用架构则有很大的优势。

Java EE 为搭建具有可伸缩性、灵活性、易维护性的商务系统提供了良好的机制。

1) 保留现存的 IT 资产

企业的发展必须适应新的商业需求，如何利用已有的企业信息系统而不是重新制定全盘方案就变得很重要。因此，一个以渐进的(而不是激进的，全盘否定的)方式建立在已有系统之上的服务器端平台机制是企业所需求的。Java EE 拥有广泛的业界支持和一些重要的"企业计算"领域供应商的参与，每一个供应商都为现有的客户提供了不用废弃已有投资而进入可移植的 Java EE 领域的升级途径；再加上基于 Java EE 平台的产品几乎能够在任何操作系统和硬件配置上运行，现有的操作系统和硬件也能被保留使用。因此 Java EE 架构可以充分利用用户原有的投资，如一些公司使用的 BEA Tuxedo、IBM CICS、IBM Encina、Inprise VisiBroker 及 Netscape Application Server 等。

2) 高效的开发

Java EE 允许公司把一些通用的、很繁琐的服务端任务交给中间件供应商去完成。这样开发人员可以在如何创建商业逻辑上集中精力，相应地缩短了开发时间。高级中间件供应商能够提供以下复杂的中间件服务：

● 状态管理服务：开发人员不用关心如何管理状态，从而可以编写更少的代码，更快地完成程序开发。

● 持续性服务：开发人员在编写应用程序时，不用对数据访问逻辑进行编码，即可生成更轻巧、与数据库无关的应用程序，而且这种应用程序更易于开发与维护。

● CACHE 服务：开发人员能编制高性能的系统，极大地提高整体部署的伸缩性。

3) 支持异构环境

基于 Java EE 的应用程序不依赖任何特定的操作系统、中间件和硬件，因此只需开发一次就可部署到各种平台，这在典型的异构企业计算环境中是十分关键的。Java EE 标准也允许把 Java EE 兼容的第三方现成组件部署到异构环境中，这样可以节省企业信息化方案所需的费用。

4) 可伸缩性

基于 Java EE 平台的应用程序可被部署到各种操作系统上，例如高端 UNIX 与大型机系统，这种系统单机可支持 64 至 256 个处理器(这是 NT 服务器所望尘莫及的)。Java EE 领域的供应商还提供了更为广泛的负载平衡策略，能消除系统中的瓶颈，允许多台服务器集成部署。这种部署可支持多达数千个处理器，能够实现可高度伸缩的系统，满足未来商业应用的需要。

5) 稳定的可用性

一些 Java EE 可部署在 Windows、Sun Solaris 和 IBM OS/390 等可靠的环境中，支持长期的可用性。Internet 是全球化的、无处不在的，一个服务器端平台必须能全天候运转以满足公司客户、合作伙伴的需要，因此可靠的部署至关重要。

4.1.3　Java EE 常用服务器

在开源 Java 应用服务器领域，JBoss、Tomcat 及 Apache 的 Geronimo 不仅是商业领域的领跑者，同时是技术领域的先行者。在这三者中，尽管 JBoss 和 Tomcat 并非 100%地实现了 Java EE5 标准，但这二者占有的市场份额相对比较大。Geronimo 是对 Java EE5 标准 100%的实现，正在快速发展中。表 4-1 就 JBoss 4.2、Geronimo 2 及 Tomcat 6 的特性进行了全面的比较。

表 4-1　开源服务器比较

特 性	JBoss 4.2	Geronimo 2	Tomcat 6
Java EE 5 一致性	部分支持	完全支持	部分支持
支持 EJB3.0	支持	支持	原则上支持
JSP2.1 和 Servlet2.5	支持	支持	支持
JSF1.2	支持	支持	原则上支持
客户化插件	支持	支持	不支持
业务规则引擎	原则上支持	原则上支持	原则上支持
Hibernate3.x	支持	原则上支持	原则上支持
集群	支持	支持	部分支持
Eclipse IDE	支持	支持	支持

1) Tomcat

Tomcat 是一个免费的开源 Web 服务器，它实现了完整的 Servlet 规范，可作为 Servlet 和 JSP 技术的参考实现。Tomcat 作为开放源代码的 Web 服务器，已经得到了广泛的应用，是 Web 应用程序很好的开发和运行平台，并且支持服务器集群。

Tomcat 6 本身就是一种轻量级的解决方案，所以它并不包括 Java EE 5 的所有特性，或是在 JBoss 及 Geronimo 中所提供的特性，但正是由于它的轻量级，才使它对内存的占有量比较少，并且比其它两种服务器运行起来更快。Tomcat 是目前开发小型 Java Web 应用的最佳选择。

2) JBoss

JBoss 是由开源社区开发，遵循商业友好的 LGPL 授权分发的全功能的 J2EE 应用服务器。JBoss 应用服务器通过了 Sun 公司的 J2EE 认证，还可以和 Tomcat 或 Jetty 集成使用。

3) Resin

Resin 是目前速度最快的 Web 服务器，它提供了极快的 Servlet 容器，能够完整地支持 Java Web 应用程序。此外，Resin 还提供了一个快速的 XSLT 引擎以转换 XML 文档。

4) Jetty

Jetty 是一个开放源代码的 Web 服务器，它提供了完整的 Servlet 和 JSP 技术的支持。Jetty 既可以作为独立的 Web 服务器来运行 Java Web 应用程序，也可以非常容易地嵌入到 Java 应用程序或其它 J2EE 应用服务器(如 JBoss)中。

以上都是开源的 Java EE 服务器，当然也有专用的商业 Java EE 服务器，如 WebLogic 和 WebSphere，它们在性能上非常出色，但价格昂贵。

4.2 MVC 模式概述

MVC 并不是 Java 语言所特有的设计思想，也并不是 Web 应用所特有的思想，它是所有面向对象程序设计语言都应该遵守的规范。

4.2.1 MVC 的结构及优势

MVC 是 Model-View-Controller 的简称，即模型—视图—控制器。MVC 是一种设计模式，它把应用程序分成三个核心模块：模型、视图和控制器，它们各自处理自己的任务。其结构如图 4-5 所示。

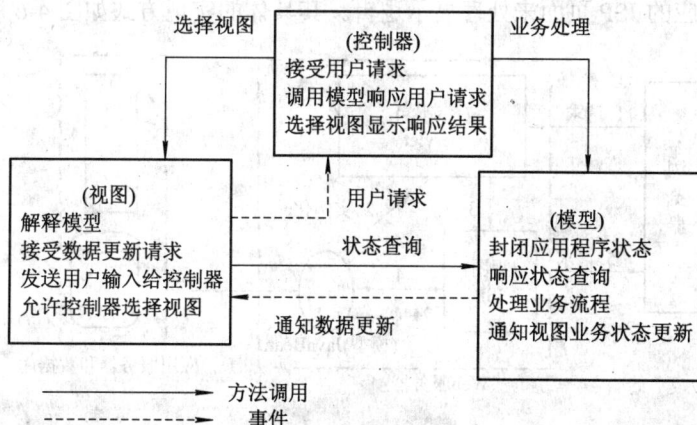

图 4-5 MVC 结构

在该结构中，视图是用户看到并与之交互的界面；模型是应用程序的主体部分，它表示业务数据和业务逻辑，一个模型能为多个视图提供数据；控制器接受用户请求并决定调用哪个模型组件去处理请求，然后决定调用哪个视图来显示模型处理返回的数据。

MVC 模式的适用范围很广，这归功于 MVC 的如下优点：

● 多个视图能共享一个模型，即同一个模型可以被不同的视图重用，大大提高了代码的可重用性。

● 由于 MVC 的三个模块相互独立，改变其中一个不会影响其他两个，因此依据这种设计思想能构造良好的松耦合构件。

● 控制器提高了应用程序的灵活性和可配置性。控制器可以用来连接不同的模型和视图去完成用户需求，这样控制器可以为构造应用程序提供强有力的手段。

● MVC 更符合软件工程化管理的精神。不同的层各司其职，每一层的组件具有相同的特征，有利于通过工程化和工具化产生管理程序代码。

下面简要介绍在 Java Web 中对 MVC 架构的应用。

4.2.2　MVC 在 JSP Model 2 中的实现

Java Web 编程技术经历了所谓的 Model 1 和 Model 2 两个时代，而在 Model 2 中引入了 MVC 模式；使得它更适用于大规模应用的开发。

所谓 Model 1 模式就是整个 Web 应用几乎全部由 JSP 页面组成，用少量的 JavaBean 来处理与数据库相关的操作，如数据库连接、数据库 CRUD 等操作。JSP 代码既可以用来接收处理客户端请求，又可以直接对请求处理并做出响应，同时实现了视图和控制逻辑的功能。因此 Model 1 模式的实现比较简单，适用于快速开发小规模项目，特别是初学者理解起来很容易。但从工程化的角度看，它的局限性非常明显，JSP 页面中夹杂着 HTML，不仅使代码看起来混乱，也导致代码的重用性非常低，不利于在工程化思想中实现代码的可扩展性和可维护性，同时还不利于编程者的分工合作。Model 1 模式在早期的 ASP 应用中曾被大量采用。

在 Model 2 架构中，前端控制器由 Servlet 实现，并且 Servlet 只包含控制逻辑和简单的前端处理，负责接收客户端发送的请求；然后，调用后端 JavaBean 来完成实际的逻辑处理；最后，转发到相应的 JSP 页面来处理显示逻辑。其具体的实现方式如图 4-6 所示。

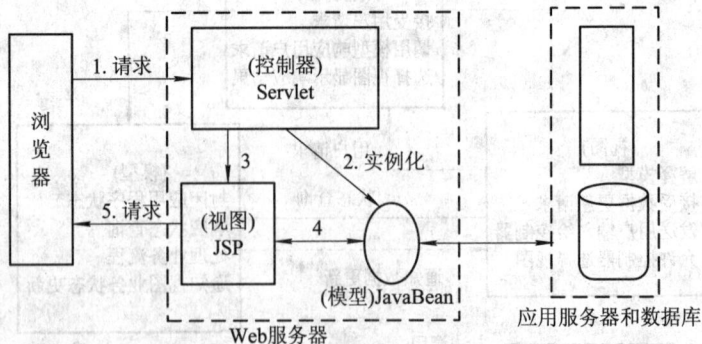

图 4-6　Model 2 的程序流程

Model 2 已经是基于 MVC 架构的设计模式。正如在图 4-6 中看到的，Model 2 仅仅用于将结果呈现给用户，不再承担控制器的责任。JSP 页面的请求与 Servlet(控制器)交互，而 Servlet 负责与后台的 JavaBean 通信。在 Model 2 模式下，模型(Model)由 JavaBean 充当，视图(View)由 JSP 页面充当，而控制器(Controller)则由 Servlet 充当。

由于引入了 MVC 模式，因而使 Model 2 具有了组件化的特点，易于项目开发人员分工合作，但也增加了应用开发的复杂程度。原本需要一个简单的 JSP 页面就能实现的应用，在 Model 2 中被分解成多个协同工作的部分，需花更多时间才能真正掌握其设计和实现过程。因此，对于小型的 Web 应用，如果后期的更新、维护工作不是特别大，则可以使用 Model 1 模式来开发。虽然 Model 2 提供了更好的可扩展性及可维护性，但增加了前期开发成本，因此其适合中大型 Web 应用。从某种程度上讲，Model 2 为了降低系统后期维护的复杂度，却导致了前期开发的更高复杂性。

4.3　轻量级 Java EE 框架应用相关技术

轻量级 Java EE 应用以传统的 JSP 作为表现层技术，以系列开源框架作为 MVC 模式的解决方案，并将这些开源框架有机地组合在一起，使得 Java EE 应用具有高度的可扩展性。

4.3.1　Struts 框架简介

Struts 框架是使用时间最长、使用最广泛的开源框架，从 Struts1 到 Struts2，为开发者提供了优秀的设计思想。

1. Struts1 框架

Struts1 是世界上第一个发布的 MVC 框架。从过去的岁月来看，Struts1 拥有其他框架不可比拟的优势，不管是市场占有率，还是所拥有的开发人群。

对于 Struts1 框架而言，因为它与 JSP/Servlet 耦合非常紧密，因而导致了许多不可避免的缺陷，随着 Web 应用的逐渐扩大，这些缺陷逐渐变成制约 Struts1 发展的重要因素。下面简要列举 Struts1 中存在的种种缺陷：

- 支持的表现层技术单一，仅支持 JSP 作为表现层技术。
- 与 Servlet API 严重耦合，难于测试。
- 代码严重依赖于 Struts1 API，属于侵入式设计，导致了较低的代码复用。

2. WebWork 框架

WebWork 虽然没有 Struts1 那样赫赫有名，但也是出身名门，它来自另外一个优秀的开源组织——opensymphony。WebWork 采用了一种松耦合的设计，让系统的 Action 不再与 Servlet API 耦合，使单元测试更加方便，这对于 Struts1 存在的那些先天性不足而言，显得更加优秀。WebWork 的特性包括：

- 用于处理或代理请求的分发器(Dispatcher)；
- 支持多种视图技术(JSP、Velocity、JasperReports、XML、FreeMaker)的结果类型；
- 一个小而强大的 JSP 标签库和 Velocity 宏定义；

● 分发器调用 XWork 活动来访问和操作模型(Model)，并为视图显示模型数据提供方便的途径。

3. Struts2 框架

面对大量新的框架蓬勃兴起，Struts1 也开始了血液的更新。目前，Struts 已经分化成两个框架：第一个框架就是传统 Struts1 和 WebWork 结合后的 Struts2 框架；另外一个框架是 Shale，这个框架远远超出了 Struts1 原有的设计思想，与原有的 Struts1 的关联很少，使用了全新的设计思想。而现在更为大家所接受的框架就是 Struts2 框架，这和它的取名很有关系吧。

Struts2 以 WebWork 优秀的设计思想为核心，吸收了 Struts1 的部分优点，建立了一个兼容 WebWork 和 Struts1 的框架。Struts2 的目标是希望可以让原来使用 Struts1、WebWork 的开发人员，都可以平稳过渡到使用 Struts2 框架。

Struts2 的优点概括如下：

● 简化设计，类与类之间是松散的耦合；取消了 ActionForm 类，Action 可以直接获得用户参数。

● 使用 OGNL 进行参数传递，大大简化了开发人员在获取各种作用域中数据时的代码量。

● 强大的拦截器功能，并且拦截器是可配置与重用的，可以将一些通用的功能如登录验证、权限验证等置于拦截器中以简化编码。

● 易于扩展的插件机制。在 Struts2 中添加扩展时只需将所需的 Jar 包放到 WEB-INF/lib 文件夹中，在 struts.xml 中做一些简单的设置就可以实现扩展。

● 易于测试。Struts2 的 Action 都是简单的 POJO，这样可以方便的对 Struts2 的 Action 编写测试用例，大大方便了 Java Web 项目的测试。

4.3.2　JSF 框架简介

准确地说，JSF 是一个标准，而不是一个产品。目前，JSF 已经有两个实现产品可供选择，包含 Sun 的参考实现和 Apache 的 MyFaces。大部分时候，我们所说的 JSF 都是指 Sun 的参考实现。目前，JSF 被作为 J2EE5.0 的一个组成部分，与 J2EE5.0 一起发布。

JSF 的行为方法在 POJO 中实现，JSF 的 Managed Bean 无需继承任何特别的类。因此，无需在表单和模型对象之间实现多余的控制器层。JSF 中没有控制器对象，控制器行为通过模型对象实现。

当然，JSF 也允许生成独立的控制器对象。在 Struts1 中，Form Bean 包含数据，Action Bean 包含业务逻辑，二者无法融合在一起。在 JSF 中，既可以将二者分开，也可以将二者合并在一个对象中，可灵活选择。

JSF 的事件框架可以细化到表单中的每个字段。JSF 依然是基于 JSP/Servlet 的，仍然是 JSP/Servlet 架构，因而学习起来相对简单。在实际使用过程中，JSF 也存在一些不足：

● 作为新兴的 MVC 框架，用户相对较少，相关资源也不是非常丰富。

● JSF 并不是一个完全组件化的框架，它依然是基于 JSP/Servlet 架构的。

● JSF 的成熟度还有待进一步提高。

4.3.3　Spring 框架简介

Spring 提供了一个细致完整的 MVC 框架。该框架为模型、视图、控制器之间提供了一个非常清晰的划分，各部分耦合极低。Spring 的 MVC 是非常灵活的，它完全基于接口编程，真正实现了与视图无关。视图不再强制要求使用 JSP，可以使用 Velocity、XSLT 或其他视图技术，甚至可以使用自定义的视图机制——只需要简单地实现 View 接口，并且把对应视图技术集成进来。Spring 的 Controllers 由 IoC 容器管理，因此，单元测试更加方便。

Spring 框架以 DispatchServlet 为核心控制器，该控制器负责拦截用户的所有请求，并将请求分发到对应的业务控制器。

Spring 还包括处理器映射、视图解析、信息国际化、主题解析、文件上传等功能。所有控制器都必须实现 Controller 接口，该接口仅定义 ModelAndView handleRequest(request, response)方法。通过实现该接口来实现用户的业务逻辑控制器。

Spring 框架有一个极好的优势，就是它的视图解析策略：它的控制器返回一个 ModelAndView 对象，该对象包含视图名字和 Model，Model 提供了 Bean 的名字及其对象的对应关系。视图名解析的配置非常灵活，抽象的 Model 完全独立于表现层技术，不会与任何表现层耦合，而且 JSP、Velocity 或者其他表现层技术都可以和 Spring 整合。

总体上来看，Spring 框架致力于一种完美的解决方案，并与 Web 应用紧紧耦合在一起。这都导致了 Spring 框架的一些缺点：

● Spring 的 MVC 与 Servlet API 耦合，难以脱离 Servlet 容器而独立运行，降低了 Spring MVC 框架的可扩展性。

● 太过细化的角色划分显得太过繁琐，降低了应用的开发效率。

● 过分追求架构的完美，有过度设计的危险。

4.3.4　ORM 框架简介

对象持久化技术在 Web 开发中占有相当重要的地位。良好的对象持久化技术，为复杂系统的开发提供了基础支持。

1. ORM 技术

对象关系映射 ORM(Object Relational Mapping)是对象持久化的核心，它随着面向对象的软件开发方法的发展而产生，能够解决面向对象与关系数据库存在的互不匹配的现象。简单地说，ORM 是通过使用描述对象和数据库之间映射的元数据，将 Java 程序中的对象自动持久化到关系数据库中，本质上就是将数据从一种形式转换到另外一种形式，一般以中间件的形式存在。

一般的 ORM 包括以下四部分：

● 一个对持久化对象进行 CRUD 操作的 API；

● 一个语言或 API 用来规定与类和类属性相关的查询；

● 一个规定 mapping metadata 的工具；

● 一种可以让 ORM 的实现同事务对象一起进行 dirty checking、lazy association fetching 以及其他的优化操作的技术。

ORM 是对 JDBC 的封装，从而解决了 JDBC 中存在的各种问题：

1) 繁琐的代码问题

用 JDBC 的 API 编程访问数据库时，代码量较大，特别是访问字段较多的表的时候，代码显得尤其繁琐，容易出错。一般情况下，程序员需要耗费大量的时间和精力去编写具体的数据库访问 SQL 语句，还要十分小心其中大量重复的源代码是否有疏漏，而不能集中精力于业务逻辑的开发。

ORM 则建立了 Java 对象与数据库对象之间的映射关系，程序员不需要编写复杂的 SQL 语句，直接操作 Java 对象即可，从而大大降低了代码量，也使程序员更加专注于业务逻辑的实现。

2) 数据库对象连接问题

关系数据对象之间存在各种关系，包括 1 对 1、1 对多、多对 1、多对多、级联等。在数据库对象更新的时候，如果采用 JDBC 编程，程序员必须十分小心地处理这些关系，以保证维持这些关系不会出现错误，而这是一个很痛苦的过程。

ORM 建立 Java 对象与数据库对象关系映射的同时，也自动根据数据库对象之间的关系创建 Java 对象的关系，并且提供了维持这些关系的完整、有效的机制。

3) 系统架构问题

现在的应用系统一般由表示层、业务逻辑层、数据访问层、数据库层等组成，各层次的功能划分得非常清晰。JDBC 属于数据访问层，但是使用 JDBC 编程时，程序员必须知道后台使用了什么数据库、有哪些表、各个表有哪些字段、各个字段的类型是什么、表与表之间是什么关系、创建了什么索引等与后台数据库相关的详细信息，相当于软件程序员兼职数据库(DBA)。

使用 ORM 技术，可以将数据库层完全隐蔽，呈献给程序员的只有 Java 的对象，程序员只需根据业务逻辑的需要调用 Java 对象的 Getter 和 Setter 方法，即可实现对后台数据库的操作，程序员不必知道后台采用什么数据库、有哪些表、有什么字段、表与表之间有什么关系。

于是，系统设计人员在搭建好 ORM 后，将 Java 对象交给程序员去实现业务逻辑，使数据访问层与数据库层清晰分界。

4) 性能问题

采用 JDBC 编程，在很多时候存在效率低下的问题。采用 ORM 技术后，ORM 框架将根据具体数据库操作需要，会自动延迟向后台数据库发送 SQL 请求，当所有操作完成后，一次向数据库发送操作请求，从而大大降低通信量，提高运行效率。ORM 也可以根据实际情况，将数据库访问操作合成，以尽量减少不必要的数据库操作请求。

目前常见的 ORM 技术有 Hibernate 和 Sun JPA，下面简单介绍这两个框架。

2. Hibernate 框架

Hibernate 是一个开放源代码的对象关系映射框架，它对 JDBC 进行了非常轻量级的对象封装，使得 Java 程序员可以随心所欲地使用对象编程思想来操纵数据库。Hibernate 可以应用在任何使用 JDBC 的场合，既可以在 Java 的客户端程序中使用，也可以在 Servlet/JSP 的 Web 应用中使用。最具革命意义的是，Hibernate 可以在应用 EJB 的 J2EE 架构中取代

CMP，完成数据持久化的重任。

Hibernate 是一种强大的可提供对象—关系持久化和查询服务的中间件，它可以使程序员依据面向对象的原理开发持久化类，实现对象之间的关联、继承、多态、组合、集合等。

Hibernate 提供了其特有的数据库查询语言 HQL。这种查询语言屏蔽了不同数据库之间的差别，使用户可以编写统一的查询语句执行查询。不同于其他持久化解决方案的是，Hibernate 并没有把 SQL 的强大功能屏蔽掉，而是仍然兼容 SQL，这使以往的关系技术依然有效。

Hibernate 是一个非常优秀的持久层解决方案，具有以下发展趋势：

● 与其他开发框架的集成将越来越成熟：如与 Struts、Spring、Jbpm 的集成，充分发挥了 Hibernate 自身的优势，也吸取了对方框架的优势，在软件系统的各个层各司其职；

● 产品线逐渐完善：通过增加若干的工具套件，并支持.net 平台，使 Hibernate 具有更强大的生命力；

● 与 EJB 更好的集成：集成 EJB，开始将重点转向重量级应用，使得 Hibernate 在企业级应用中必将占据一席之地。

Hibernate 的轻量级 ORM 模型逐步确立了其在 Java ORM 架构中的领导地位，甚至取代复杂而又繁琐的 EJB 模型而成为事实上的 Java ORM 工业标准，而且其中的许多设计均被 J2EE 标准组织吸纳而成为最新的 EJB3.0 规范的标准。

随着 Hibernate 的广泛应用，越来越多的 Java 中间件厂商和 Java 项目(如 JBoss、JBPM 等)开始把目光集中到 Hibernate 上并将其纳入自身的体系，使 Hibernate 具有了越来越广阔的发展前景。

3. JPA 框架

JPA 由 EJB 3.0 软件专家组开发，作为 JSR-220 实现的一部分，开发者可以在 Web 应用甚至桌面应用中使用。JPA 的宗旨是为 POJO 提供持久化标准规范。目前，Hibernate 3.2、TopLink 10.1.3 以及 OpenJPA 都提供了 JPA 的实现。

以下简单介绍一下 JPA 的优势。

1) 标准化

JPA 是 JCP 组织发布的 Java EE 标准之一，因此任何声称符合 JPA 标准的框架都遵循同样的架构，提供相同的访问 API。这保证了基于 JPA 开发的企业应用能够经过少量的修改就能够在不同的 JPA 框架下运行。

2) 对容器级特性的支持

JPA 框架支持大数据集、事务、并发等容器级事务，这使得 JPA 超越了简单持久化框架的局限，在企业应用中发挥了更大的作用。

3) 简单易用，集成方便

JPA 的主要目标之一就是提供更加简单的编程模型：在 JPA 框架下创建实体和创建 Java 类一样简单，没有任何的约束和限制，只需要使用 javax.persistence.Entity 进行注释；JPA 的框架和接口也都非常简单，没有太多特别的规则和设计模式要求，开发者可以很容易掌握。JPA 基于非侵入式原则设计，因此可以很容易地和其它框架或者容器集成。

4) 可媲美 JDBC 的查询能力

JPA 的查询语言是面向对象而非面向数据库的，它以面向对象的自然语法构造查询语句，可以看成是 Hibernate HQL 的等价物。JPA 定义了独特的 JPQL(Java Persistence Query Language)，JPQL 是 EJB QL 的一种扩展，它是针对实体的一种查询语言，操作对象是实体，而不是关系数据库的表，而且支持批量更新和修改、JOIN、GROUP BY、HAVING 等通常只有 SQL 才能够提供的高级查询特性，甚至还能够支持子查询。

5) 支持面向对象的高级特性

JPA 能够支持面向对象的高级特性，如类之间的继承、多态和类之间的复杂关系，这样的支持能够让开发者最大限度地使用面向对象的模型设计企业应用，而不需自行处理这些特性在关系数据库的持久化。

4.4　建立开发平台

本书以 MyEclipse7.0 和 Tomcat6 为基础，搭建 Java Web 开发平台。下面介绍如何获取、安装和配置环境，并在此环境中完成一个简单的 Web 应用，带领读者进入 Java Web 开发世界。

4.4.1　搭建开发环境

要搭建 Java Web 开发平台，必须完成 Java 虚拟机、Web 服务器和 Web 开发环境的安装和配置，下面一一展示。但首先要获得工具软件包。

本书采用 JDK1.6、Tomcat6.0.18 和 MyEclipse7.0 工具，请读者到官方网站下载。

1. 安装 JDK

获取软件后，可按照如下步骤安装 JDK。

(1) 双击可执行文件，开始安装(本书使用的是 jdk-6u1-windows-i586-p.exe)。

(2) 在安装窗口中接受协议并多次单击【下一步】按钮，直至出现如图 4-7 所示的界面，选择 JDK 安装的路径。注意图中的默认路径为 C:\Program Files\Java\jdk1.6.0_01。

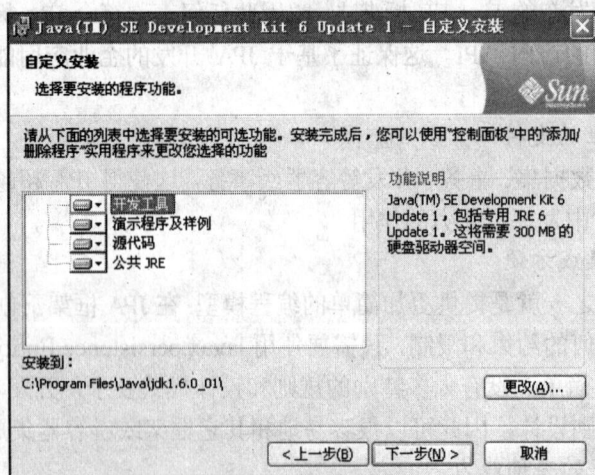

图 4-7　安装 JDK

(3) 若采用默认安装，则继续安装直至完成，如图 4-8 所示。安装完成后，一般要求重启操作系统。

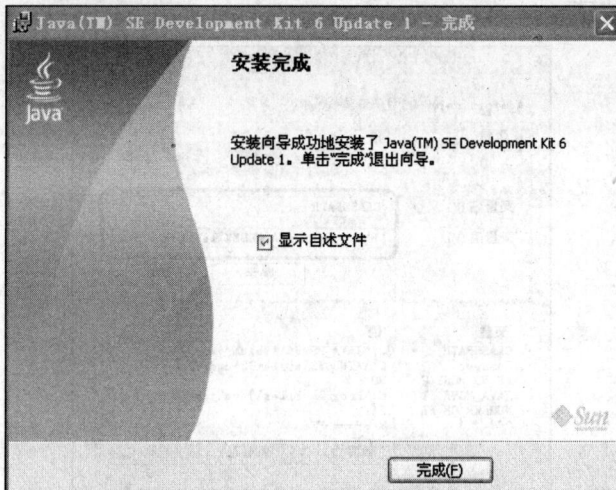

图 4-8　完成 JDK 的安装

(4) 设置环境变量。

　　JAVA_HOME=C:\Program Files\Java\jdk1.6.0_01

　　PATH=%JAVA_HOME%\bin;

　　CLASSPATH=.;%JAVA_HOME%\lib\dt.jar;%JAVA_HOME%\lib\tools.jar;

　　打开环境变量设置窗口的步骤为：在 Windows XP 系统中，右击桌面上的【我的电脑】图标，在弹出的菜单中选择【属性】命令，显示如图 4-9 所示的对话框，并选择【高级】选项卡。

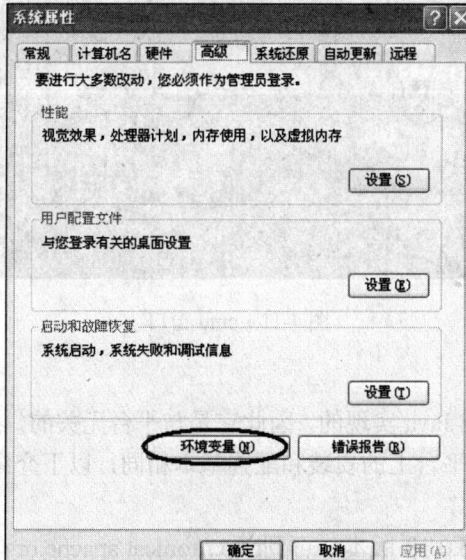

图 4-9　设置环境变量

点击图中的【环境变量】按钮，将显示如图 4-10 所示的对话框，对不存在的变量选择【新建】按钮，对存在的变量选择【编辑】按钮，可获得黑框标出来的界面，这时就可以设置我们所需要的值了。

图 4-10　环境变量对话框

在完成设置后，可以到 cmd 窗口验证 JDK 是否配置成功。在命令行输入 java 和 javac 命令，如果回车后显示相关命令，则说明配置成功，如图 4-11 所示。

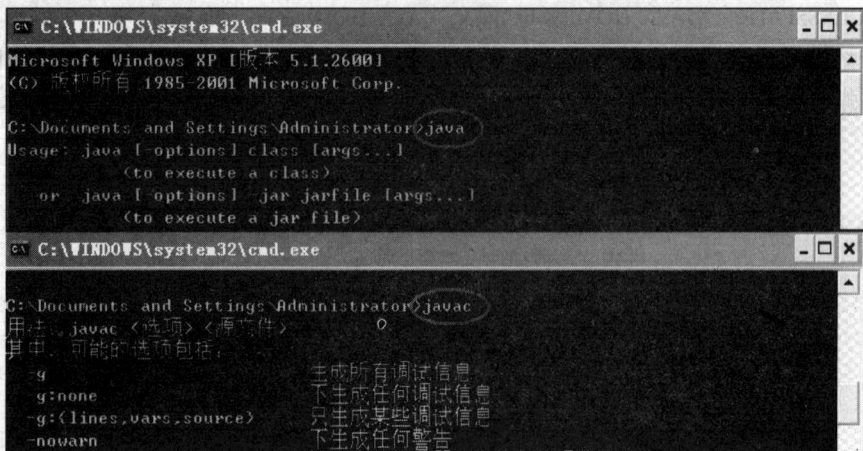

图 4-11　cmd 窗口

2. 安装 Tomcat

由于 Tomcat 完全是纯 Java 实现的，因此它是与平台无关的，在任何平台上运行完全相同。在 Windows 和 Linux 平台上的安装和配置基本相同，以下介绍其在 Windows 平台下的下载和安装。

(1) 本书使用 Tomcat6.0.18 版本，可到http://tomcat.apache.org 站点下载 zip包。建议不要下载安装文件，因为安装文件的 Tomcat 看不到启动、运行时控制台的输出，不利于开发者使用；另外，Tomcat 在多次部署运行后会显得很臃肿，在一定时间内要清空重装，压缩包的安装也比较方便。

(2) 解压下载的压缩包，可解压在任何路径。在环境变量中设置 Tomcat 运行的环境变量 JAVA_HOME，该环境变量指向 JDK 安装路径，以上 JDK 已配置好。

(3) 启动 Tomcat，只需双击 Tomcat 安装路径下 bin 路径的 startup.bat 文件即可。启动之后打开浏览器，Tomcat 的默认端口号为 8080，因此在地址栏输入http://localhost:8080，将出现如图 4-12 所示的界面，安装成功。

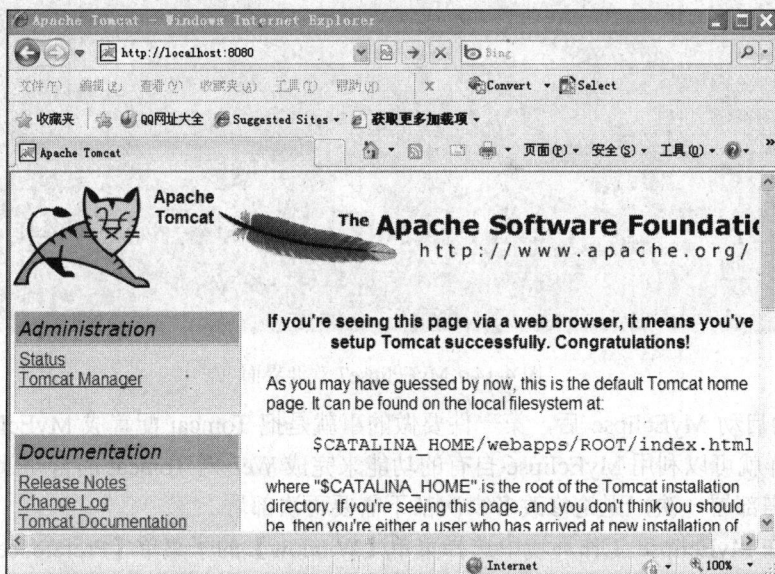

图 4-12　Tomcat 安装成功界面

3. 安装和配置 MyEclipse

MyEclipse 是目前在 Java Web 开发中使用最广泛的集成平台。下面介绍 MyEclipse7.0 版本的安装和配置。

(1) 在 http://www.myeclipseide.com站点下载所需软件，本书用的是 MyEclipse_7.0M1_E3.4.0_Installer.exe 版本。

(2) 此 IDE 的安装就是"傻瓜化"的最简单安装形式，基本上是完成一系列【NEXT】按钮的操作。安装完成后，打开软件可看到如图 4-13 所示的界面，选择工作空间，这是以后进行程序开发工作的地方。建议安装到非系统盘，以免丢失数据。

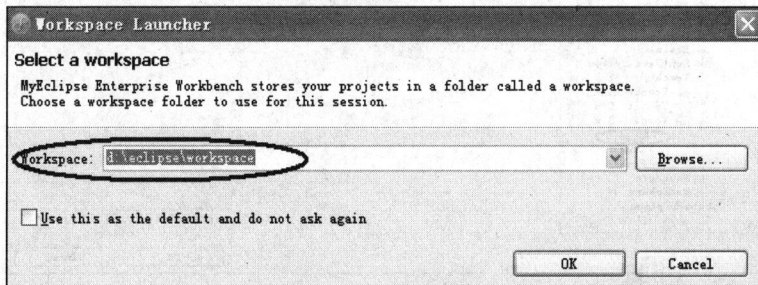

图 4-13　设置工作空间

(3) 如果是初次启动，MyEclipse 将显示一个欢迎界面，如图 4-14 所示。

图 4-14　MyEclipse7 欢迎界面

(4) 成功启动 MyEclipse 后，第一件要做的事就是把 Tomcat 配置成 MyEclipse 的 Web 服务器，这样就可以利用 MyEclipse 自有的功能来完成 Web 对 Tomcat 的自动部署。每个不同的项目只需部署一次，无论修改多少次都不需要再次部署。

首先，在 MyEclipse 工作环境中选择菜单【Window】的子菜单【Preferences】，将出现如图 4-15 所示的界面。在左边的导航条菜单中选择图中的【JDK】子菜单，其中默认的 JDK 为 MyEclipse 7.1M1，点击右上角的【Add】按钮，添加上面安装的 jdk1.6.0_01，选择安装根目录 C:\Program Files\Java\jdk1.6.0_01，就会出现图中的 JDK 名字。

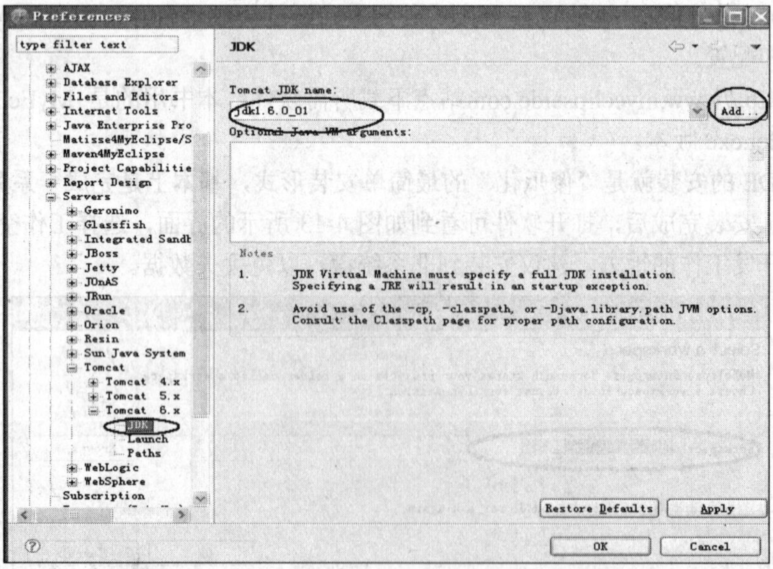

图 4-15　Tomcat 中 JDK 的设置界面

　　其次，选择图 4-16 中的【Tomcat 6.x】子菜单，配置右边的服务器，只要选择 Tomcat 的安装目录即可。另外，千万记住把服务器状态选为 Enable，使服务器处于可用状态。

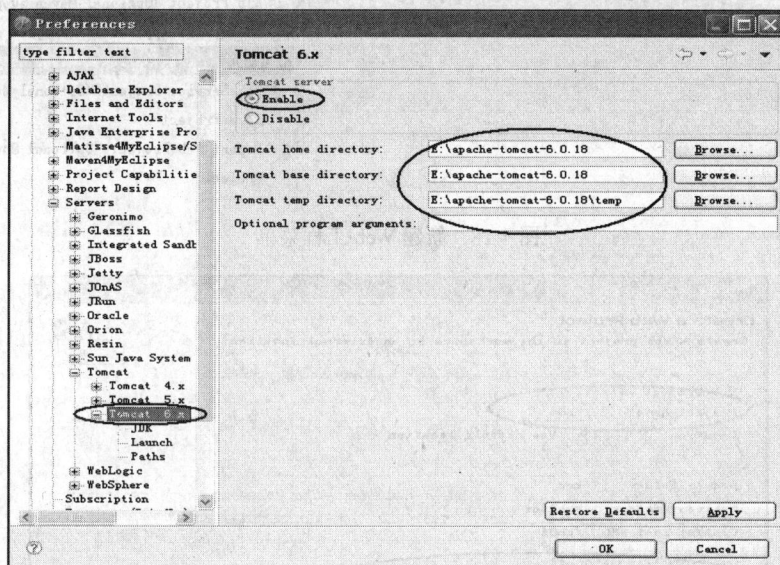

图 4-16　Tomcat 设置界面

　　(5) 完成以上步骤后，在 MyEclipse 中启动 Tomcat 服务，验证配置是否成功，如图 4-17 所示，启动 Tomcat 服务后，在 IE 中输入http://localhost:8080，如果出现图 4-12 所示的界面，则说明配置成功。

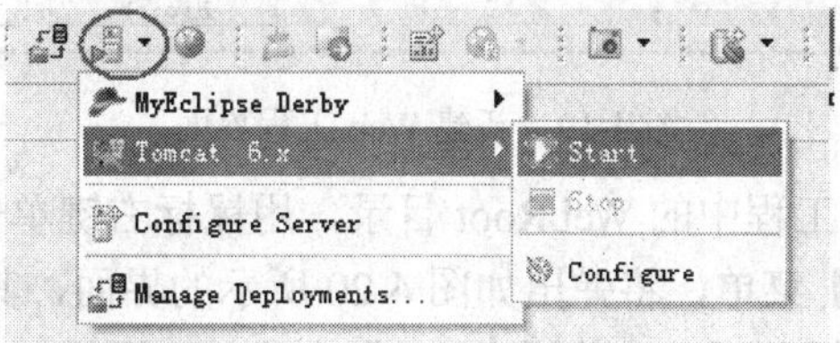

图 4-17　Tomcat 在 MyEclipse 中的启动按钮

4.4.2　开发一个简单的 Java Web 实例

　　上面介绍了开发 Web 工程的所有工具的安装和配置。下面介绍在 MyEclipse 中创建、运行、导入 Web 工程的步骤。

1. 创建工程

　　在 MyEclipse 中创建 Web 工程的步骤如下：

　　(1) 点击 MyEclipse 主菜单的【File】子项【New】的【Web Project】菜单，如图 4-18 所示。

　　(2) 在弹出的如图 4-19 所示的界面中，在【Project Name】中输入新建工程的名字，在【Location】中选择存放工程的文件夹，还可以在此界面选择工程所遵循的 J2EE 规范，点击【Finish】完成工程的建立。

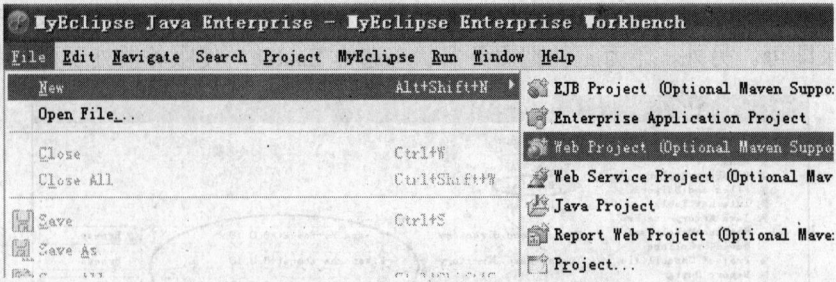

图 4-18 新建 Web 工程菜单

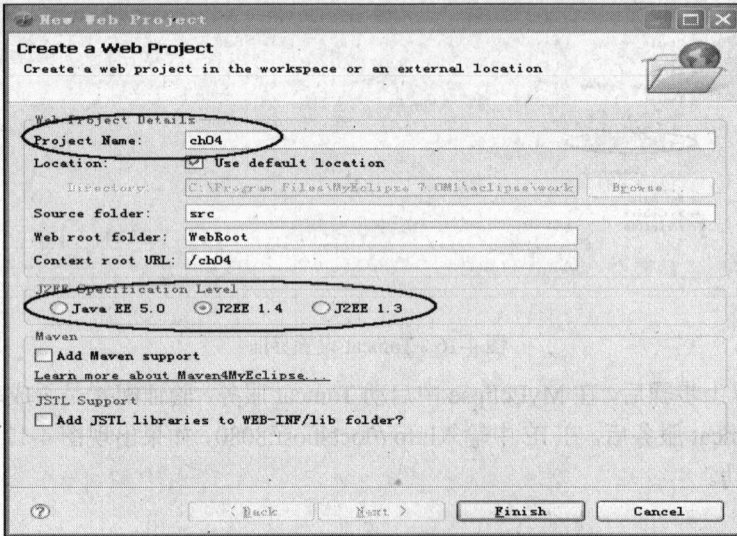

图 4-19 新建 Web 工程界面

(3) 选中新建的 ch04 工程中的 WebRoot 目录，用鼠标右键单击，在弹出的快捷菜单中选择【NEW】中的【JSP】菜单，将弹出如图 4-20 所示的界面，其中【File Name】就是建立的 JSP 文件的名字。设置好后，点击【Finish】完成 JSP 页面。

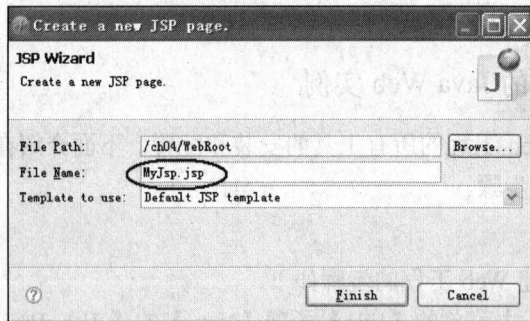

图 4-20 新建 JSP 页面

(4) 以上步骤完成了工程 ch04 的建立，在 MyEclipse 的【package explorer】视图中的显示如图 4-21 所示。

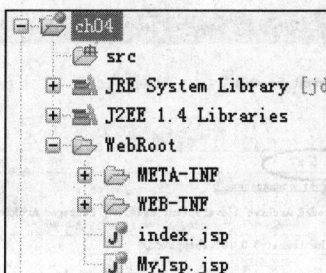

图 4-21　工程目录

2. 运行工程

在 MyEclipse 中运行工程 ch04 的步骤如下：

(1) 选中工程 ch04，点击工具栏中的部署工程按钮，如图 4-22 所示。

图 4-22　部署工程按钮

(2) 在弹出的图 4-23 中，选择【Project】为要部署的工程名 ch04，点击右边的【Add】按钮，在图 4-24 中把此工程加入 Tomcat 服务器中，设置好后，点击【Finish】完成服务器部署。

(3) 部署完成后，启动 Tomcat 即可运行项目。要查看项目的自动部署情况，只要查看 Tomcat 的 webapps 目录中是否有 ch04 文件夹即可。

(4) 在 IE 中输入http://localhost:8080/ch04/即可运行部署好的工程，如图 4-25 所示。注意，此处的运行地址格式是http://localhost:8080/+工程名。

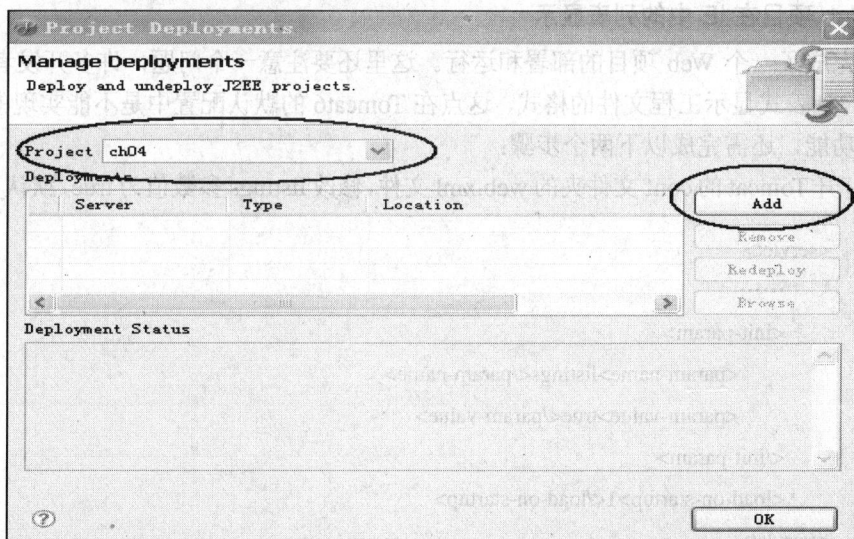

图 4-23　部署工程界面

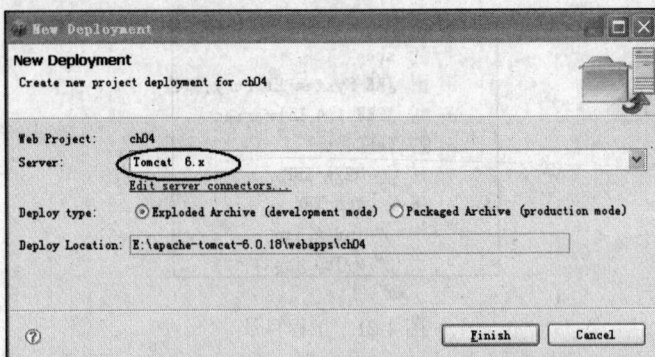

图 4-24　部署服务器界面

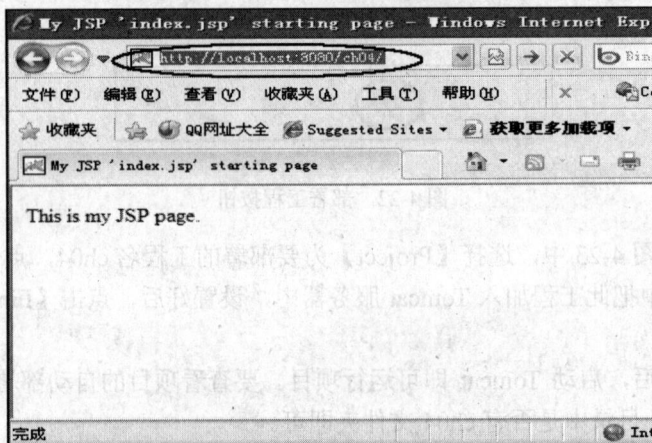

图 4-25　运行工程界面

3. Web 项目在 IE 中的列表显示

以上完成了一个 Web 项目的部署和运行。这里还要注意一个问题，许多开发者习惯以 Tomcat5 的列表式显示工程文件的格式，这点在 Tomcat6 的默认配置中是不能实现的。如要完成这个功能，还需完成以下两个步骤：

(1) 打开 Tomcat 的 conf 文件夹的 web.xml 文件，修改 listings 参数值为 true，默认为 false。

```
<servlet>
    ......
    <init-param>
        <param-name>listings</param-name>
        <param-value>true</param-value>
    </init-param>
    <load-on-startup>1</load-on-startup>
</servlet>
```

(2) 删除工程中的 index.jsp 文件。

重新运行工程http://localhost:8080/ch04/，将显示如图 4-26 所示的界面。

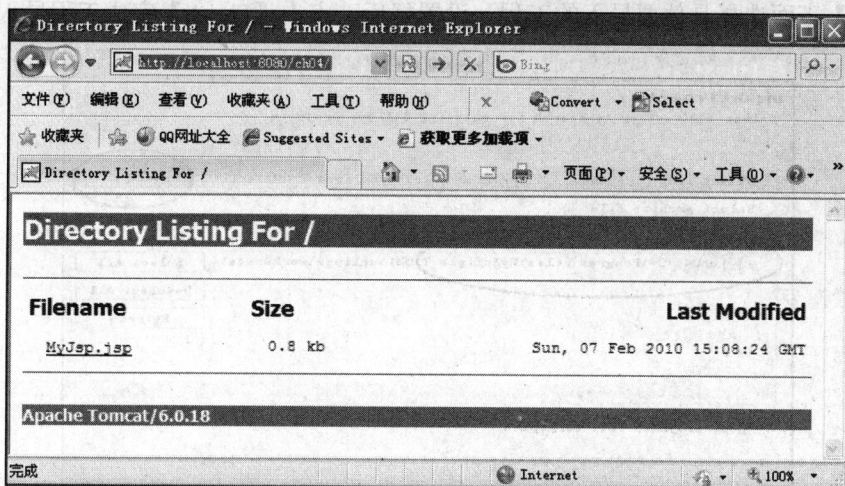

图 4-26　列表显示工程

另外，如果需要修改 Tomcat 的访问端口号，可以打开 Tomcat 的 conf 文件夹的 server.xml 文件，修改以下代码的 port 属性值，默认为 8080，此处修改为 80，为 IE 默认的端口号，所以今后项目的运行路径为http://localhost/+工程名，端口号可省。

```
<Connector port="80" protocol="HTTP/1.1"
           connectionTimeout="20000"
           redirectPort="8443" />
```

4. 导入工程

对于一个现成的 Web 工程，MyEclipse 也提供了简单的导入功能，点击【File】的【Import】菜单，将出现如图 4-27 所示的界面，选中图中椭圆标识的选项，点击【Next】按钮。

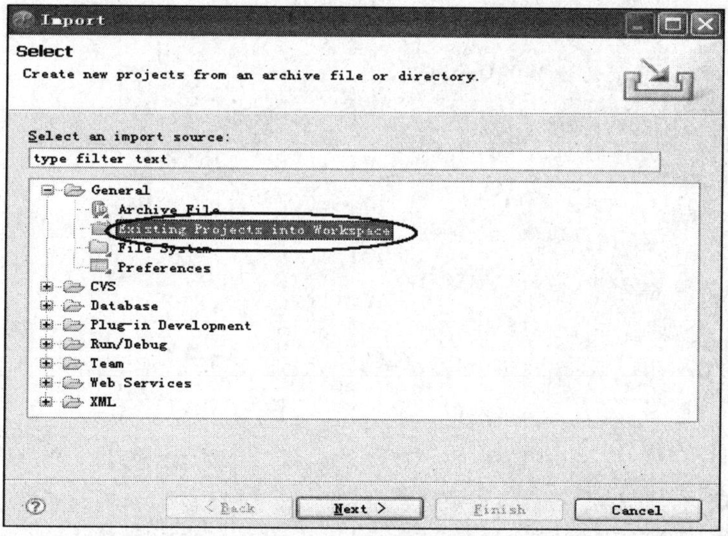

图 4-27　导入工程

　　在图 4-28 所示的界面中单击【Browse】按钮，选择要导入的工程所在的目录，然后在【Projects】下面选择具体要导入的工程，设置好后，点击【Finish】完成工程导入。

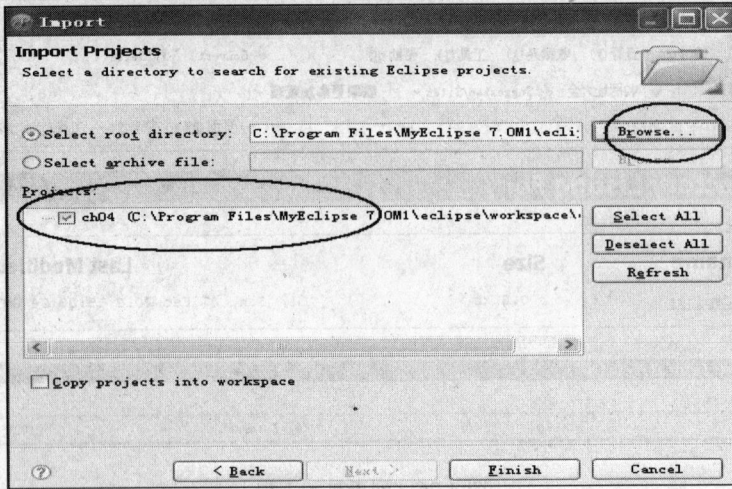

图 4-28　选择导入工程

第 5 章　Struts2 框架基础

📑 **重要知识点**

- Struts2 的工作流程
- Struts.xml 文件配置标签的含义
- 如何访问 request、session 和 application 对象
- OGNL 表达式

5.1　Struts2 注册功能的实现

Struts2 框架是在 Struts1 和 WebWork 的基础上发展而来的，它的核心架构基于 MVC 设计模式。在实际 Web 应用开发过程中，Struts2 框架主要用于解决表示层的相关问题。

本书旨在让读者快速上手使用各种框架并完成电子商务网站建设中涉及的部分功能，下面的章节将会在实例中逐步讲解各框架涉及的知识点，引导读者一步步走进 Java EE 轻量级框架的世界。下面首先介绍 Struts2 框架。

5.1.1　Struts2 框架在 Web 应用中的环境搭建

Struts2 目前的最新版本是 2.1.6。本书介绍的 Struts2 应用是基于 2.0.14 版的，这个版本标准是 Struts2.0.X 的产品化 GA 版。

Struts2 框架在 MyEclipse 中实现 Web 应用的环境搭建的步骤如下：

【步骤 1】下载 Struts2 使用的相关 Jar 包。

登录 http://struts.apache.org/download.cgi 站点，查找所需版本，一般下载完整版，即 Full Distribution；然后将下载的 Zip 文件解压缩。以下为 struts-2.0.14-all.zip 解压后包含的文件结构：

- ➢ apps：包含基于 Struts2 框架的示例应用，可以直接部署到服务器上运行；
- ➢ docs：包含所有 Struts2 框架的相关文档；
- ➢ lib：包含 Struts2 框架的核心类库，以及其所依赖的第三方插件类库；
- ➢ src：包含 Struts2 框架的所有源代码(开源)。

【步骤 2】把 Web 应用需要的 Jar 包配置到项目中。

配置一个基本的 Struts2 应用至少包含以下 Jar 包：

- ➢ freemaker-2.3.8.jar：Struts2 的 UI 标签模板使用 FreeMaker 编写；

➢ ognl-2.6.11.jar：对象图导航语言，Struts2 使用的一种表达式语言；

➢ struts2-core-2.0.14.jar：Struts2 的核心类库；

➢ xwork-2.0.7.jar：Struts2 在 XWork 类库上构建；

➢ commons-logging-1.0.4.jar：Struts2 日志包。

它们来自 Struts2 解压缩包的 Lib 文件夹。每个基于 Struts2 框架的应用都要先提供所需要的 Jar 包。

按第 4 章的讲解，建立 Web 工程 ch05 并将以上的 5 个 Jar 文件复制到工程的 WEB-INF/lib 路径下，则这些包会自动配置到环境变量中，如图 5-1 所示。

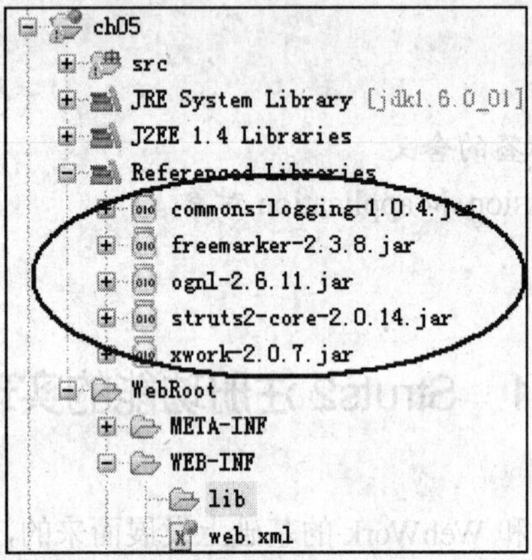

图 5-1　Jar 包的导入

若看不到【Referenced Libraries】中的内容，可以选中工程并点击右键，在弹出的快捷菜单中选择【Build Path】中的【Config Build Path】，将打开如图 5-2 所示的界面，则说明导入成功。

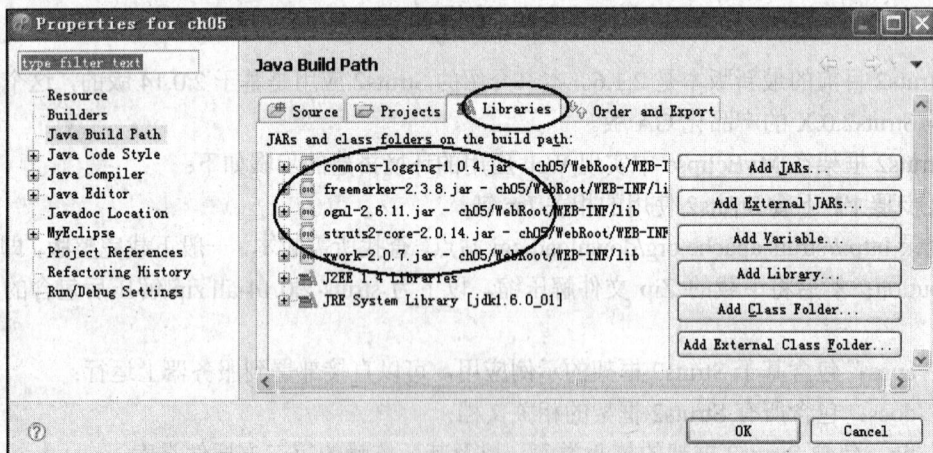

图 5-2　Libraries 目录

【步骤 3】配置 web.xml 文件。

打开工程中如图 5-1 所示的 WEB-INF/web.xml 文件，增加 Struts2 的核心 Filter 配置，代码片段如下：

```
<?xml version="1.0" encoding="UTF-8"?>
<web-app version="2.4"
    xmlns="http://java.sun.com/xml/ns/j2ee"
    xmlns:xsi="http://www.w3.org/2001/XMLSchema-instance"
    xsi:schemaLocation="http://java.sun.com/xml/ns/j2ee
    http://java.sun.com/xml/ns/j2ee/web-app_2_4.xsd">
    <filter>
        <filter-name>struts2</filter-name>
        <filter-class> org.apache.struts2.dispatcher.FilterDispatcher
        </filter-class>
    </filter>
    <filter-mapping>
        <filter-name>struts2</filter-name>
        <url-pattern>/*</url-pattern>
    </filter-mapping>
</web-app>
```

经过以上三个步骤，我们便在一个 Web 应用中增加了 Struts2 支持，但依然没有使用 Struts2 功能。要使用 Struts2 功能，至少还需要 struts.xml 文件。下面通过登录注册的实例来一步步深入揭开 Struts2 框架的奥秘。

代码相关知识点讲解：

❖ 通常，所有的 MVC 框架都需要 Web 应用加载一个核心控制器，这就不得不借助于 web.xml 文件，只有配置在 web.xml 文件中 Servlet 才会被应用加载。Struts2 将核心控制器设计成 Filter，而不是一个普通 Servlet。故为了让 Web 应用加载 FilterDispatcher，只需在 web.xml 文件中配置 FilterDispatcher 即可。

❖ 在 web.xml 文件中配置了该 Filter，还需要配置该 Filter 拦截的 URL。/*指以上配置的 Filter 将拦截所有的用户请求。

❖ 此处<filter>和<filter-mapping>的配置中，<filter-name>的名字可以随便取，就是给 FilterDispatcher 取别名，但是它们的名字必须相同，使得二者的配置互相呼应。

5.1.2　视图表单页面

Struts2 支持大部分视图技术，当然也支持最传统的 JSP 视图技术。本应用将直接使用 Struts2 标签来完成表单输入和输出页面，同时也提供使用 JSP 视图技术完成同样功能的代码，供读者比较学习。

以下 Struts2 标签实现登录表单提交和显示功能。登录信息包括两个表单域：用户名 (username)和密码(password)。

1. 登录表单请求页面

【步骤1】建立 login.jsp 文件。

使用第 4 章讲解的方法在 ch05 中新建 login.jsp 文件，注意文件的放置目录为 ch05/WebRoot。在 login.jsp 页面的【Design】视图中把 JSP 页面的 pageEncoding 属性修改为 "gb2312"(第一行)，同时加入 struts 标签导入语句(第二行)，代码如下：

```
<%@ taglib prefix="s" uri="/struts-tags"%>
```

页面代码如下：

```
<%@ page language="java" import="java.util.*" pageEncoding="gb2312"%>
<%@ taglib prefix="s" uri="/struts-tags"%>
……
<body>
    <s:form action="loginAction">
        <s:textfield name="username" label="username"></s:textfield>
        <s:password name="password" label="password"></s:password>
        <s:submit name=" submit "></s:submit>
    </s:form>
</body>
```

【步骤2】运行注册页面。

用第 4 章讲解的方法在 MyEclipse 中部署 ch05 工程，并启动 Tomcat，运行工程 http://localhost/ch05/，显示如图 5-3 所示的界面。读者在今后的学习中也可用此方法来避免文件名的错误输入。

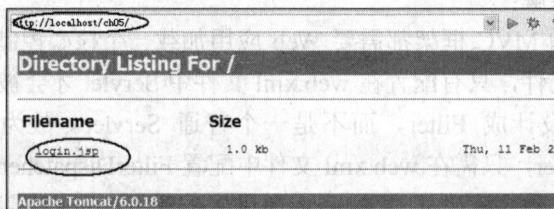

图 5-3　ch05 工程运行界面

✧　注意：此界面出现的前提是，读者要按第 4 章知识修改 Tomcat 的端口号为 80，同时要把 ch05 工程自动生成的 index.jsp 页面删除。

点击 login.jsp 的超链接，显示表单如图 5-4 所示。

2. 注册表单响应页面

同请求页面生成一样，新建 loginok.jsp，仅把【步骤1】的代码换成如下代码：

```
<%@ page language="java" import="java.util.*" pageEncoding="gb2312"%>
<%@ taglib prefix="s" uri="/struts-tags"%>
……
<body>
```

　　　　欢迎　　　`<s:property value="username" />`！！

　　　　`</body>`

由于尚未配置 Struts2 控制器，注册响应界面无值传入，因此运行界面如图 5-5 所示。

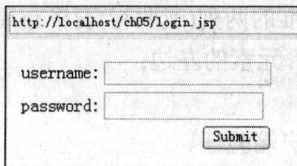

图 5-4　登录表单页面图　　　　图 5-5　登录响应页面

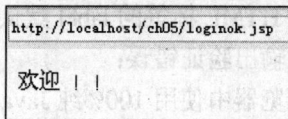

3. Struts2 标签简介

Struts2 标签功能强大，几乎可以取代 JSTL，因此本书不单独讲述 Struts2 标签的内容，而是在具体的应用中进行说明。如有需要，请查看 Struts2 的帮助文档。下面简单介绍以上用到的标签的用法。

1) 标签库的导入

Struts2 标签库的描述文件包含在 Struts2 的核心 JAR 包(struts2-core-2.0.14.jar)中，在 META-INF 目录下，文件名为 struts-tags.tld。

JSP2.0 规范中规定，标签库部署在 JAR 包中时，标签库描述符文件必须放在 META-INF 目录或其子目录下，放在 META-INF 目录下的 TLD 文件会被容器自动加载。在 struts-tags.tld 文件中，设置了`<uri>`元素，如下所示：

　　　　`<uri>/struts-tags</uri>`

在 JSP 页面中引用 Struts2 标签库时，需要使用 taglib 指令，该指令的 uri 属性的值设为这里的`<uri>`元素的内容。至于 prefix 属性，通常设为"s"，如上面 jsp 页面的设置。

　　　　`<%@ taglib prefix="s" uri="/struts-tags"%>`

2) form 标签

Struts2 的表单标签可以分为两类：form 标签本身和包装 HTML 表单元素的其他标签。下面先介绍 form 标签。

form 标签常用的属性如表 5-1 所示。

表 5-1　form 标签常用的属性

属　性	默　认　值	类　型	说　明
action	当前 action	String	指定提交 action 名字，不需添加.action 后缀
method	post	String	取值为 post 和 method
namespace	当前的名称空间	String	指定提交的 action 所属的名称空间
enctype	application/x-www-form-urlencoded	String	上传文件设为 multipart/form-data
validate	false	Boolean	是否执行客户端验证
name	无	String	form 的名字，多用于 javascript 验证
theme	xhtml	String	Struts2 内置的主题

❖　注意：theme 属性值有四个——simple、xhtml、css_xhtml 和 ajax。注册表单中使用默认

值 xhtml。我们可以从 login.jsp 的运行结果中看到，表单在没有表格和换行进行控件布局处理的情况下(表格布局请看下面的 login_jsp.jsp 源代码)，显示的界面很整洁。因此 xhtml 主题有以下特性：

● 针对 HTML 中与表单相关的标签，使用标准的两列(或两行)表格布局；
● 每个 HTML 标签的 label 默认出现在 HTML 元素的左边；
● 自动输出验证错误；
● 在浏览器中使用 100%纯 JavaScript 进行客户端验证。

3) 表单元素的其他标签

登录功能的表单填写页面用到两个表单标签：textfield 和 password。这两个标签相当于 HTML 表单标签中的 text 和 password 标签。这两个标签常用的属性如表 5-2 所示。

表 5-2　textfield 和 password 标签常用的属性

属　性	默认值	类　型	说　明
name	无	String	指定表单元素的 name 映射，属性值与 action 属性对应
label	无	String	设置与表单元素关联的 label
key	无	String	一般用于国际化中，等价于 name 属性
value	无	String	指定 HTML 表单元素的 value 属性
maxlength	无	Integer	控件可以输入字符的最大长度
readonly	false	Boolean	当值为 true 时，用户不能在控件中输入文本或密码
size	无	Integer	指定输入控件的可视尺度

✧ 注意：name 属性除了为 HTML 表单元素指定名字，在表单提交时作为请求参数的名字外，同时它还映射到 Action 的属性。如 name 属性值为 "username"，在表单提交后，Struts2 框架将会调用 Action 的 setUsername()方法来设置属性。

4) 数据标签 property

在上面的 loginok.jsp 中使用了 property 标签，很明显，property 标签用于输出值栈中的对象属性值，使用 value 属性来指定要输出的对象属性。property 标签常用的属性如表 5-3 所示。

表 5-3　property 标签常用的属性

属　性	默认值	类　型	说　明
value	栈顶对象	Object	进行求值的表达式
default	无	String	如果 value 的属性是 null，则使用 default 值
Escape	true	Boolean	是否转义输出内容中的 HTML

4. 注册页面的纯 JSP 实现

下面提供以上 Struts2 实现表单的纯 JSP 编码，让读者用熟悉的语言来对照 Struts2 标签的功效。

login_jsp.jsp 代码如下：

```
<body>
    <form action="loginAction.action">
        <table border="0"><tr>
            <td>username</td>
            <td><input type="text" name="username" /></td></tr>
            <tr><td>password</td>
            <td><input type="password" name="password" /></td></tr>
            <tr><td><input type="submit" value="submit" /></td>
            <td></td></tr>
        </table>
    </form>
</body>
```

loginok_jsp.jsp 代码如下：

```
<body>
    欢迎<%=request.getParameter("username") %>！！
</body>
```

❖ 注意：表单中的 action 属性值为 loginAction.action，比使用 Struts2 标签时的表单 action
属性增加了后缀名.action，而 Struts2 标签所写的表单可以省略此后缀名。

当表单提交 loginAction.action 时，Struts2 的 FilterDispatcher 将自动起作用，将用户请
求转发到对应的 Struts2 Action，Struts2 Action 默认拦截所有后缀为.action 的请求。如果读者
用过 Struts1，会清楚在 Struts1 中默认拦截的请求后缀为.do，那么这些后缀名是如何被认
定的呢？

在 Struts2 中，struts2-core-2.0.14.jar 包中的 org.apache.struts2 包中有个 default.properties
文件，它定义了 Struts2 Action 默认拦截的请求后缀。但这个后缀可以修改，后面的章节将
详细介绍。

```
struts.action.extension=action
```

5.1.3　控制器类的实现

1. 代码实现

在前一节注册页面中填写完内容后，要提交到控制器类中对数据进行处理。下面就是
建立 Struts2 控制器类的步骤：

【步骤 1】建立控制器类 com.action.LoginAction.java。

在 ch05 工程的 src 目录下，右键单击【New】的【Class】子菜单，填写如图 5-6 所示
的页面，新建 com.action 包中的 Action 文件 LoginAction.java，并实现 Action 接口。

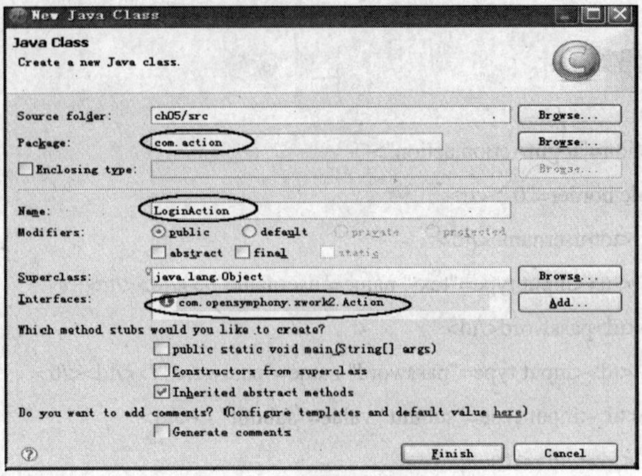

图 5-6 新建控制器类

【步骤 2】初步完成表单属性和 execute 方法。

在新建的 LoginAction.java 文件中输入如下代码：

```
package com.action;
import com.opensymphony.xwork2.Action;
public class LoginAction implements Action {
    private String username;
    private String password;
    public String execute() throws Exception {
        return SUCCESS;
    }
}
```

【步骤 3】生成属性的 get/set 方法。

在文件中要插入属性的 get/set 方法处点击鼠标右键，选择【Source】的【Generate Getters and Setters】，在出现的如图 5-7 所示的界面中选中所有属性。

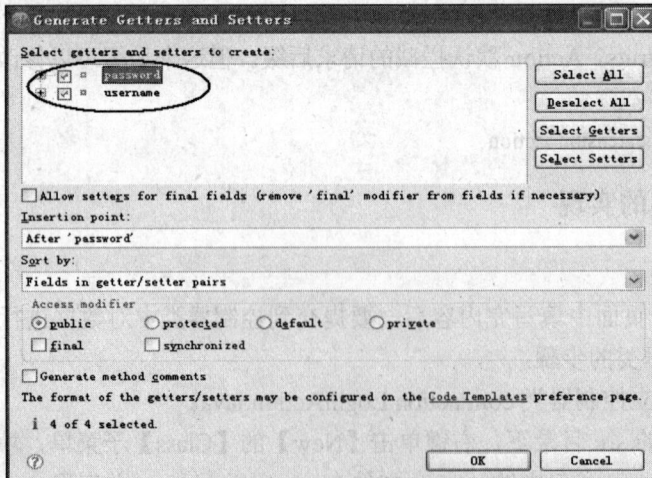

图 5-7 get/set 方法产生器

点击【OK】按钮，则会自动产生如下代码：

```
public String getUsername() {
    return username;        }
public void setUsername(String username) {
    this.username = username;        }
public String getPassword() {
    return password;        }
public void setPassword(String password) {
    this.password = password;
}
```

2. 实现原理

Struts2 下的控制器不再像 Struts1 下的一样，需要继承一个 Action 父类，甚至可以无需实现任何接口。Struts2 的控制器就是一个包含 execute 方法的普通 Java 类。而以上代码选择实现 Action 接口，是为了开发方便。

Struts2 的 Action 接口里定义了五个常量，一个 execute 方法。这五个常量就是在日常开发中业务逻辑方法返回的字符串，execute 方法则是 Action 接口定义的一个默认的业务逻辑方法。五个常量分别代表特定的含义：

- SUCCESS：表示请求处理成功；
- ERROR：表示请求处理失败；
- NONE：表示请求处理完成后不跳转到任何页面；
- INPUT：表示输入时如果验证失败应该跳转到什么地方；
- LOGIN：表示登录失败后跳转的目标。

这些常量可以简化和标准化 execute 方法的返回值，避免直接返回字符串，但是如果有特殊返回意义，则还可以自定义字符串。

✧　注意：以上的 LoginAction.java 是 Struts2 的控制器类，由于 Struts2 拦截器在起作用，因此它的所有属性会自动和提交页面的表单名相同的控件输入值绑定，类似 Struts1 中的 FormBean 的功能。就是当 login.jsp 的数据提交过来时，表单中 username 控件的输入值就会自动调用 setUsername()方法把值设置给 LoginAction.java 文件的 username 属性，而当控制器根据 execute()方法的 return 返回值调用 loginok.jsp 页面时，<s:property value="username" />又会自动调用 getUsername()方法把值显示出来。至于页面的选择是如何进行的，就要看下一节的内容了。

5.1.4　struts.xml 配置的实现

前面两小节完成了视图和控制器类的编码，很明显接下来的问题就是要让视图与控制器类的操作相关联，以完成数据的提交和数据处理结果的显示。与大部分 Java 框架类似，Struts2 框架也采用 XML 配置文件来管理 Struts2 资源。Struts2 默认配置文件名为 struts.xml，该文件要求放在 Web 应用的类加载路径下，通常放在 WEB-INF/classes 路径下。

struts.xml 配置文件最大的作用就是配置 Action 和请求之间的对应关系，并配置逻辑视图名和物理视图资源之间的对应关系。除此之外，struts.xml 文件还有一些额外的功能，例如配置常量、导入其他配置文件等，这将在 5.2 节详细讲述。

本实例中配置文件 struts.xml 完成的步骤如下：

【步骤 1】创建 struts.xml 文件。

由于 MyEclipse 的 IDE 会自动把 src 目录下的文件编译到 WEB-INF/classes 文件中，所以只要在 ch05 工程的 src 文件夹根目录下建立 struts.xml 文件即可。右击 src 文件夹，选择【New】菜单下的【XML(Basic Templates)】，在弹出的图 5-8 中把文件名改成 struts.xml，直接点击【Finish】即可。

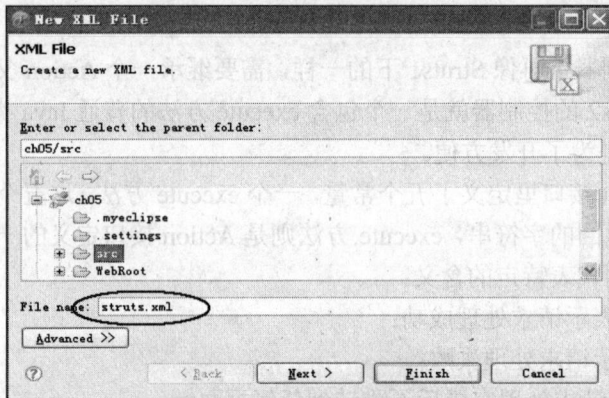

图 5-8　生成 struts.xml 文件

【步骤 2】完成 struts.xml 的文档类型声明。

struts.xml 和 Struts2 核心包(struts2-core-2.0.14.jar)中的 struts-default.xml 文件的结构是一样的，都是由 struts-2.0.dtd 来定义的。struts-default.xml 给出了适合大多数 Web 应用程序的基本配置，而 struts.xml 通常从 struts-default.xml 中继承默认的包定义，并给出特定 Web 应用程序的 action 配置。

所以，我们可以打开 struts-default.xml，把它的 DTD 申明拷贝过来，代码如下：

```
<?xml version="1.0" encoding="UTF-8" ?>
<!DOCTYPE struts PUBLIC
    "-//Apache Software Foundation//DTD Struts Configuration 2.0//EN"
    "http://struts.apache.org/dtds/struts-2.0.dtd">
```

【步骤 3】完成 registerAction 转发的配置。

最后进行 registerAction 的配置，代码如下：

```
<struts>
    <constant name="struts.i18n.encoding" value="gbk"></constant>
    <package name="struts2" extends="struts-default" namespace="">
        <action name="loginAction" class="com.action.LoginAction">
            <result name="input">/login.jsp</result>
            <result name="success">/loginok.jsp</result>
```

```
        </action>
      </package>
    </struts>
```

注意：对于 struts.xml 文件常用的主体元素，将在 5.2 中逐一进行讲解。以下对【步骤3】的配置进行解释：

- ✧ constant 为常量设置，此处用于解决中文乱码问题，在图 5-10 中可以验证。
- ✧ package 用于将多个 action 元素组织为一个逻辑单元。name 指定包名，extends 指定要扩展的包。
- ✧ action 元素用于对 action 进行配置。
- ■ name 属性：为 action 指定一个名字，即用户访问的 URL。(注意：不能在名字前加/，也不要在后面添加.action 后缀名。)经此定义后，任何对/loginAction.action 的请求都会调用 LoginAction.java 类。
- ■ class 属性：指定 action 的完整类名。
- ✧ result 子元素建立 action 与 result 之间的关联，其 name 属性指定 result 映射的名字，即 execute()方法中的 return 常量，默认为"success"。

【步骤4】项目运行

完成配置后可以运行本项目。启动服务器,在 IE 中输入地址http://localhost/ ch05/login.jsp，将显示如图 5-9 所示的界面。填好信息后，点击【submit】，将进入如图 5-10 所示的界面。注意，此时地址栏的名字为http://localhost/ch05/ loginAction.action，但界面内容却是loginok.jsp，说明 struts.xml 的配置起作用了。

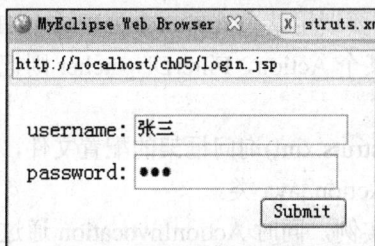

图 5-9　运行输入界面　　　　　　　　　　图 5-10　提交转入页面

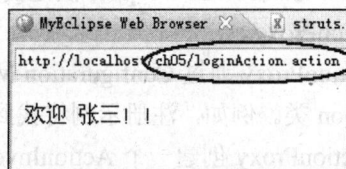

对于整个登录的处理流程，可以简化如下：用户输入两个参数 username 和 password，然后向 login.action 发送请求，该请求被 FilterDispatcher 转发给 LoginAction 处理。如果LoginAction 处理用户请求后返回 success，则返回给用户 loginok.jsp 页面；如果输入错误，则系统默认返回 login.jsp 页面，并要求重新输入(result 的 name 值为 input，表示输入有误)。

5.1.5　Struts2 框架的工作流程

Struts2 框架按照模块，可以分为 Servlet Filters、Struts 核心模块、拦截器和用户实现部分。Struts2 官方站点提供的 Struts 2 的整体结构如图 5-11 所示。

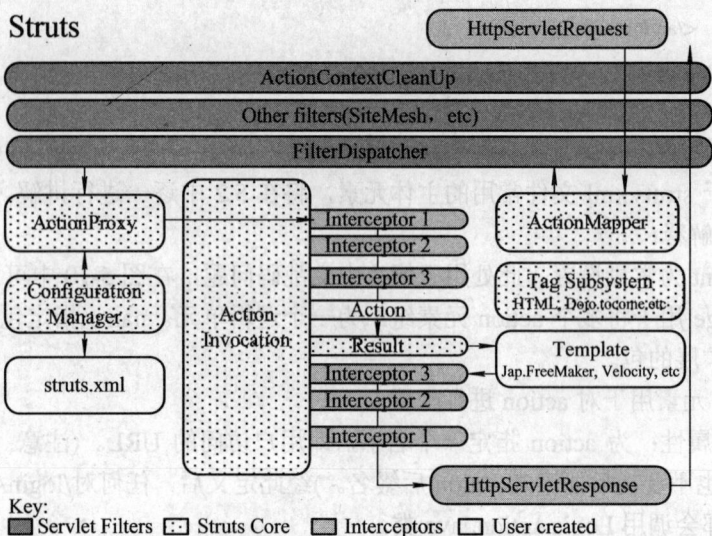

图 5-11　Struts2 结构图

一个请求在 Struts2 框架中的处理大概分为以下几个步骤：

(1) 客户端提交一个(HttpServletRequest)请求。如上文中提交注册信息后，在浏览器中地址为http://localhost/ch05/loginAction.action，就是提交一个(HttpServletRequest)请求。

(2) 请求被提交到一系列(主要是 3 层)的过滤器(Filter)，如 ActionContext CleanUp、其他过滤器(SiteMesh 等)、FilterDispatcher。注意：这里是有顺序的，先 ActionContext CleanUp，然后为其他过滤器(Other Filters、SiteMesh 等)，最后到 FilterDispatcher。

(3) FilterDispatcher 是控制器的核心，就是 MVC 的 Struts2 实现中控制层(Controller)的核心。

(4) FilterDispatcher 询问 ActionMapper 是否需要调用某个 Action 来处理这个(HttpServlet Request)请求，如果 ActionMapper 决定需要调用某个 Action，FilterDispatcher 则把请求的处理交给 ActionProxy。

(5) ActionProxy 通过 Configuration Manager(struts.xml)询问框架的配置文件，找到需要调用的 Action 类。例如，注册示例将找到 LoginAction.java 类。

(6) ActionProxy 创建一个 ActionInvocation 实例，同时 ActionInvocation 通过代理模式调用 Action。如果在 struts.xml 文件中配置 method 参数，则调用 method 参数对应的 Action 类中的 method 方法，否则调用通用的 execute()方法来处理用户请求；但在调用之前，ActionInvocation 会根据配置加载 Action 相关的所有 Interceptor(拦截器)。

(7) 一旦 Action 执行完毕，ActionInvocation 负责根据 struts.xml 中的配置找到对应的返回结果 result。

5.2　struts.xml 配置详解

struts.xml 是 Struts2 框架的核心配置文件，在 5.1.4 节中已做了简单的介绍。这一节详细介绍 struts.xml 中常用配置元素的使用。

5.2.1　struts.xml 文件的元素结构

struts.xml 文件的元素结构图如图 5-12 所示。

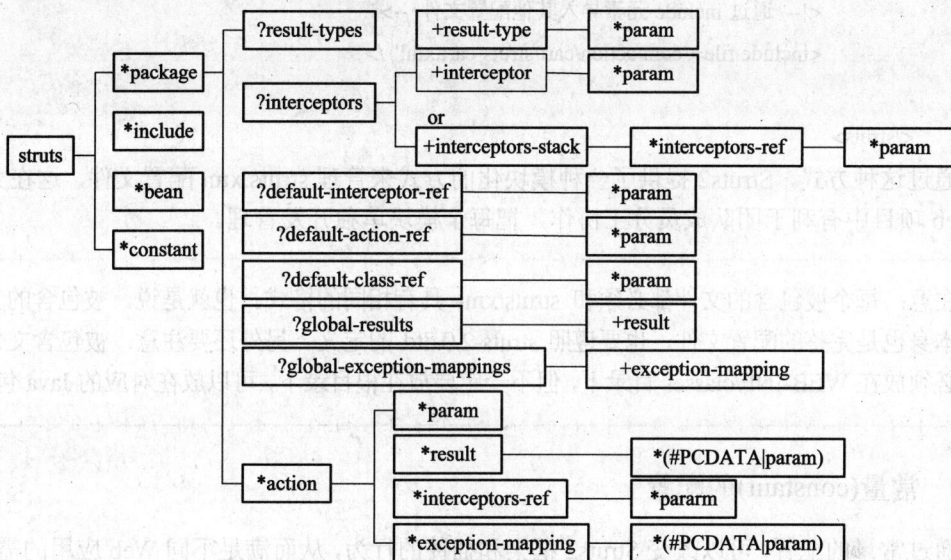

```
                              ┌─ ?result-types ──── +result-type ──── *param
                              │                      +interceptor ──── *param
          ┌─ *package ────────┤  ?interceptors ─┤      or
          │                   │                   +interceptors-stack ──── *interceptors-ref ──── *param
          │                   │  ?default-interceptor-ref ──── *param
 struts ──┤  *include         │  ?default-action-ref ──── *param
          │                   │  ?default-class-ref ──── *param
          │  *bean            │  ?global-results ──── +result
          │                   │  ?global-exception-mappings ──── +exception-mapping
          └─ *constant        │                      ┌─ *param
                              │                      │  *result ──── *(#PCDATA|param)
                              └─ *action ────────────┤  *interceptors-ref ──── *pararm
                                                     └─ *exception-mapping ──── *(#PCDATA|param)
```

图 5-12　struts.xml 文件的元素结构图

在图 5-12 中，星号(*)表示 0 个或多个元素，问号(？)表示该元素是可选的，加号(+)表示该元素至少有一个或多个，没有添加这三种符号的元素表明该元素是必需的。*(#PCDATA|param)表示混合内容，即元素的内容可以包含零个或多个字符数据，也可以包含零个或多个 param 子元素。具体的结果文件参见附录 A。

下面分别对图中的 include、constant、action、result 元素进行详述，而拦截器 interceptor 的配置将在 5.3 节的应用中展开讨论。

5.2.2　包含(include)的配置

在默认情况下，Struts2 框架将自动加载放在 WEB-INF/classes 路径下的 struts.xml 文件中。在大部分应用里，随着应用规模的增加，系统中 Action 的数量也将大量增加，导致 struts.xml 配置文件变得非常臃肿。

为了避免 struts.xml 文件过于庞大，提高 struts.xml 文件的可读性，可以将一个 struts.xml 配置文件分解成多个配置文件，然后在 struts.xml 文件中包含其他配置文件。

下面的 struts.xml 文件中就通过 include 手动导入了一个配置文件——struts-cart.xml 文件，此文件放在 com/action/cart 文件夹中。通过这种方式，可以将 Struts2 的 Action 按模块配置在多个配置文件中。

```
<?xml version="1.0" encoding="UTF-8" ?>

<!-- 指定 Struts 2 配置文件的 DTD 信息 -->

<!DOCTYPE struts PUBLIC

    "-//Apache Software Foundation//DTD Struts Configuration 2.0//EN"
```

```
        "http://struts.apache.org/dtds/struts-2.0.dtd">
    <!-- 下面是 Struts 2 配置文件的根元素 -->
    <struts>
        <!-- 通过 include 元素导入其他配置文件 -->
        <include file="com/action/cart/struts-cart.xml" />
    ...
    </struts>
```

通过这种方式，Struts2 提供了一种模块化的方式来管理 struts.xml 配置文件，这在大型的 Web 项目中有利于团队成员分工协作，把每个模块单独开发管理。

✧　注意：每个被包含的文件都必须和 struts.xml 具有相同的格式。也就是说，被包含的文件本身也是完整的配置文件，也要遵照 struts-2.0.dtd 的定义。另外还要注意，被包含文件也必须放在 WEB-INF/classes 目录下，但不一定要放在根目录下，可以放在对应的 Java 包中。

5.2.3　常量(constant)的配置

通过常量的配置，可以改变 Struts2 框架和插件的行为，从而满足不同 Web 应用的需求。实际上配置常量就是配置 Struts2 的属性，5.1.4 节中给出了把内置编码改为 gb2312 的常量设置方法。

常量可以在多个文件中声明，分别为：

① struts-default.xml；

② struts-plugin.xml；

③ struts.xml；

④ struts.properties；

⑤ web.xml。

以上也是 Struts2 搜索常量的顺序，靠后的设置可以覆盖靠前的设置。也就是说，同样一个常量在 web.xml 中设为"b"，在 struts-default.xml 中设为"a"，则此变量的最终值为"b"。在这五个文件中，①～③的文件结构相同，①、②、④文件是各 JAR 包提供的(②一般是导入插件所带的文件，如 struts2-spring-plugin2.0.14.jar 文件中有 struts-plugin.xml 文件)，③、⑤是手动编写的，另外类似④的文件也可以自己定义和编写。下面详细讲解一个常量如何在③、④、⑤三种文件中进行定义，以设置编码值为例。

1. struts.xml 配置常量

struts.xml 配置常量使用 constant 标签，其包含两个属性值：name 和 value。其中，name 是常量的名字，如果定义的常量是 Struts2 内置的属性，如编码(struts.i18n.encoding)、国际化资源包文件基名(struts.custom.i18n.resources)等，则可以在 struts.properties 中查找对应的常量名；value 就是常量的值。

```
    <struts>
        <constant name="struts.i18n.encoding" value="gb2312"></constant>
        <constant name="struts.custom.i18n.resources" value="message"></constant>
```

```
        ...
    </struts>
```

2. 属性(properties)文件

struts.properties 的源文件见附录 A，来源于 Struts2 核心包(struts2-core-2.0.14.jar)中 org.apache.struts2 包中的 default.properties 文件。struts.properties 文件中，每一个键—值对就是一个常量设置。

对于以上的 struts.custom.i18n.resources 的常量值为 message，这表示在 Struts2 中定义了一个名为 message.properties 的属性文件，此文件必须放在 WEB-INF/classes 的根目录下。建立属性文件的步骤为：

【步骤1】新建文件 message.properties。

选择 src 文件夹，右击【New】下的【File】子菜单，在出现的如图 5-13 所示的界面中输入文件名 message.properties，点击【Finish】即可。

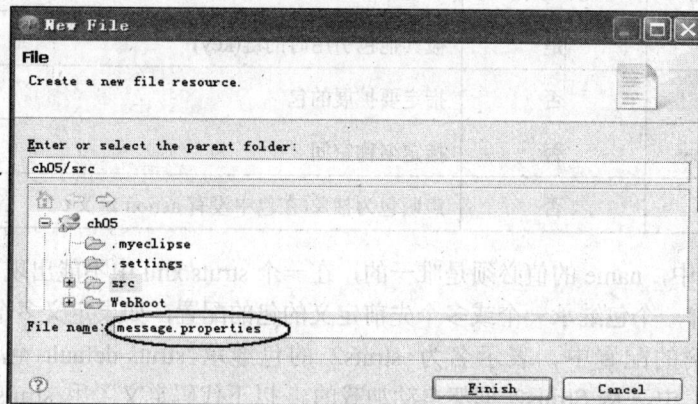

图 5-13　新建属性文件图

【步骤2】设置编码值。

在打开的 message.properties 文件中输入以下代码即可。

```
struts.i18n.encoding=gb2312
```

✧　注意：struts.custom.i18n.resources 常量的值为 Struts2 默认的属性文件的文件名 baseName，而 baseName+.properties 就是完整的文件名，且这个文件必须放在 WEB-INF/classes 的根目录下。

3. web.xml 配置常量

在 web.xml 文件中，FilterDispatcher 的初始化参数常用来加载常量。相关代码如下：

```
    <filter>
        <filter-name>struts2</filter-name>
        <filter-class> org.apache.struts2.dispatcher.FilterDispatcher </filter-class>
        <init-param>
            <param-name>struts.i18n.encoding</param-name>
```

```
        <param-value>gb2312</param-value>
    </init-param>
</filter>
```

5.2.4 包(package)和名称空间(namespace)的配置

1. package 配置

Struts2 中的包(package)类似于 Java 中的包，每个包都包含了将要用到的 action、result 和拦截器的定义。但是和 Java 中的包不同的是，Struts2 的包可以扩展另外的包，从而"继承"原有包的所有定义，并可添加自己包特有的配置，以及修改原有包的部分配置。struts.xml 中的 package 元素包含的属性如表 5-4 所示。

表 5-4　package 元素包含的属性

属　性	是否必需	说　明
name	是	被其他包引用时的键(key)
extends	否	指定要扩展的包
namespace	否	指定名称空间
abstract	否	声明包为抽象(在包中没有 action 定义)

在以上属性中，name 的值必须是唯一的，在一个 struts.xml 中不能出现两个同名的包。extends 属性允许一个包继承一个或多个先前定义的包的配置，如果定义多个，则用逗号隔开。在注册示例的配置中，表示名为 struts2 的包继承 struts-default 包，这个包位于 struts-default.xml 中，是 Struts2 框架自动加载的。以下代码定义了用 struts-cart 包来继承 struts2 包，这样 struts-cart 同时也继承了 struts-default 包。

```
<package name="struts2" extends="struts-default">
    ...
</package>
<package name="struts-cart" extends="struts2">
    ...
</package>
```

2. namespace 配置

package 元素的 namespace 属性可以将包中的 action 配置为不同的名称空间，这样在不同名称空间中可以使用同名 action。Struts2 框架使用 action 名字和它所在的名称空间来标识一个 action。而 namespace 可以不定义，就是默认名称空间，当请求在自己的名称空间没有找到对应的 action 时，就会自动查找默认名称空间中相同名字的请求，如以下编码：

```
<package name="struts2" extends="struts-default" >
    <action name="loginAction" class="com.action.LoginAction">
        ......
    </action>
```

```
        </package>
        <package name="struts-cart" extends="struts-default" namespace="/cart">
            <action name="registerAction" class="com.action.RegisterAction">
            ……
            </action>
        </package>
```

当请求 /cart/loginAction.action 发生时，Struts2 框架首先查找 /cart 名称空间的 loginAction.action，如果找到了，就执行；如果像以上代码中一样没有找到，就会到默认的名称空间继续查找，找到后再执行。

5.2.5　action 的配置

Struts 的核心是 action，通常 action 类都要实现 com.opensymphony.xwork2.Action 接口，实现该接口的 execute()方法。但在实际开发中很少直接实现 Action 接口，而是继承 ActionSupport 类(详解见第 6 章)。开发好 action 后，就要配置 action 映射，用来通知 Struts2 框架，针对某个 URL 的请求应该交由哪个 action 进行处理。

1．action 映射

action 映射就是将一个请求 URI(即 action 名字)映射到一个 action 类，当一个请求匹配某个 action 名字时，框架就使用这个映射来确定如何处理请求。struts.xml 文件中的每一个 action 元素就是一个 action 映射。Action 元素的完整属性如表 5-5 所示。

表 5-5　action 元素的属性

属　　性	是否必需	说　　　明
name	是	action 的名字，用于匹配请求 URI
class	否	Action 实现类的完整类名
method	否	执行 Action 时调用的方法
converter	否	应用与 action 类型转换器的完整类名

如 5.1.4 中的配置：

```
<action name="loginAction" class="com.action.LoginAction">
    <result name="input">/login.jsp</result>
    <result name="success">/loginok.jsp</result>
</action>
```

name 属性是必需的，在取名时按通常的命名习惯去为 action 取名即可。要注意避免以下事项：

■ 一般不允许出现斜杠(/)；
■ 名字中尽量不要使用点号(.)和连字符(-)。

2．使用 method 属性

在业务逻辑开发中，为了节省 action 的数量，通常在一个 action 类中编写多个业务方法，如数据库的 CRUD 操作(Create、Read、Update、Delete)。大家到目前也应该清楚，在执行 action 时，默认调用的方法是 execute()，那么如何让不同请求到来时，使用框架去调用同一个 action 的不同方法呢?

我们先看以下 action 代码片段(来源于 5.3 节的示例):

```
public class LoginAction implements Action {
    public String execute() throws Exception {
            return SUCCESS;    }
    public String login() throws Exception {
        ...
                return SUCCESS;    }
    }
```

LoginAction.java 中定义了两个逻辑方法 execute()和 login()。注意,login()的结构必须符合 execute()的结构 public String execute() throws Exception {}。那么在配置 action 时,可以通过 method 属性来指定 action 调用的方法,见 struts.xml 片段(来源于 5.3 节的示例):

```
<action name="loginAction" class="com.action.LoginAction">
    <result name="input">/login.jsp</result>
    <result name="success">/loginok.jsp</result>
</action>
<action name="isUMAction" class="com.action.LoginAction" method="login">
    <result name="input">/login.jsp</result>
    <result name="success">/user.jsp</result>
</action>
```

从以上代码可以看出,在 isUMAction.action 的请求中,同 loginAction.action 请求调用的是同一个 LoginAction.java 类,但是通过 method 的配置使得 isUMAction.action 请求调用的是 login()方法,而 loginAction.action 请求调用的是 execute()方法。这样就可以在同一个类中完成相同的任务,而不需要去编写不同的 Action 类。

注意:

✧ 在 Action 类中,并非一定要提供 execute 方法,没有完全可以,只要把 method 属性配置好就行。最重要的一点就是,所有的逻辑方法必须和 execute 方法的格式相同。

✧ Struts2 也提供了动态方法调用,即一个不需要配置就可以直接调用非 execute 方法的方式。也就是说,若无 isUMAction 配置而要调用 login()方法,可用/loginAction!login.action 请求执行。

3. 通配符映射

随着 Web 应用规模的增大,Action 的数量会非常庞大,这时可使用通配符映射来减少 action 配置的数量。

大多数情况下,一组 action 映射拥有通用的模式,如所有的 edit actions 可能都是以 edit 开头,并且在 action 类中的入口方法也被命名为 edit。delete actions 也将可能具有相同的模式,且在 action 类中的入口方法名被命名为 delete。这里,并非需要为每一个存在这种模式(或共性)的 action 类进行单独的映射配置，而是直接通过通配符映射配置一次即可。代码如下：

    `<action name="*Crud" class="example.Crud" method="{1}">`

这里，当在应用中将 action 指定为"editCrud"时，将调用 editCrud Action 处理类实例中的 edit 方法。同样，"deleteCrud"将调用 deleteCrud Action 处理类实例中的 delete 方法。

另外一种方法是通过 action 的后缀来匹配方法名，并且通过感叹号、下划线或者其它特殊字符将其分开，如 action="/Crud_input.action"或 action="/Crud_delete.action"。下面的代码片断演示了在 action 名称的最后使用星号通配符的示例：

    `<action name="Crud_*" class= "example.Crud" method= "{1}">`

当然通配符除了*号外，还有其他内容：

*：匹配 0 个或多个字符，斜杠(/)字符除外；

**：匹配 0 个或多个字符，包括斜杠(/)字符；

\：反斜杠字符被用作转义序列，例如，*匹配星号(*)，\\\\匹配反斜杠字符(\\)。

注意：
- 在以上代码中还出现了特殊符号{1}，这是占位符，它将被通配符匹配的值所替换。如当将 action 指定为"editCrud"时，method="edit"；当将 action 指定为"deleteCrud"时，method="delete"。
- 对于初学者请尽量避免使用通配符。

5.2.6　Result 的配置

一个 result 代表一个可能的输出。当 Action 类的方法执行完成时，它返回一个字符串类型的结果码，框架会根据这个结果码选择对应的 result，向用户输出。一般开发者选择在 com.opensymphony.xwork2.Action 接口中定义一组标准的结果代码(具体含义见 5.1.3)，但除了这些预定义的结果码外，开发人员也可以定义其他结果码来满足自身应用程序的需要。

1. 结构映射

在 struts.xml 文件中，使用 result 元素来配置 result 映射。result 元素的属性如表 5-6 所示。

表 5-6　result 元素的属性

属　性	是 否 必 需	说　　　明
name	否	指定 result 的逻辑名
type	否	指定 result 的类型，不同类型的 result 代表不同类型结果的输出

在 result 元素中，可以使用 param 子元素来指定这个结果对应的实际资源位置。param 元素有一个必需的属性 name，用于指定参数名，param 元素的内容给出了参数值。

注意：
- 如果没有指定 result 元素的 name 属性，那么框架将把它命名为"success"。也就是对于 Action 中返回 SUCCESS 的结果配置可以省略为`<result>/loginok.jsp</result>`

❖ 在 result 映射的配置中，一般使用绝对路径来指定实际资源的位置，以斜杠(/)开头，相对于当前执行的 Web 应用程序上下文路径。但也可使用相对路径而不以斜杠(/)开头，相对于当前执行的 action 路径。如当前 Web 应用的路径为 /ch05，对于 /ch05/cart/login.action 请求，执行成功后：

　　◆ <result>/loginok.jsp</result>转向页面/ch05/loginok.jsp
　　◆ <result>loginok.jsp</result>转向页面/ch05/cart/loginok.jsp

2. 常用结果类型

在 com.opensymphony.xwork2.Result 接口的类中预定义了许多结果类型，如 chain、dispatcher、freemaker、redirect、stream、xslt 等。也可以自己创建结果类型并注册到应用程序中，自定义的结果类型可以生成 E-mail 或 JMS 消息，也可以生成图像等。下面对最常用的 dispatcher、redirect 和 redirectAction 结果类型进行介绍。

1) dispatcher 结果类型

Struts2 将 dispatcher 设为默认的结果类型，就像在登录示例中没有定义结果类型，但都默认使用 dispatcher 转发。

dispatcher 转发地址中可以使用 OGNL 表达式(参见第 6 章)，例如在购物车系统中，每个商品都有一个 id 号来标识，当用户点击购买时，此请求一定带有 id 号，传送此 id 的地址可以写成：

　　<result >/cart.jsp?id=${id}</result>

2) redirect 结果类型

redirect 结果类型相当于使用 HttpServletResponse 的 sendRedirect 方法将请求重定向到指定的 URL，就是重定向后的 URL 地址是实际访问的页面地址，而不是 action 的名字。由于这个原因，使用 redirect 结果类型可以避免重复提交表单的操作。

❖ 注意：dispatcher 结果类型设置中，Web 应用显示的地址是 action 请求的名字，而不是转发后的具体页面的地址。如登录示例中，登录成功的地址为 ch05/login.action，而不是 ch05/loginok.jsp。但是在 Redirect 结果类型设置中<result **type="redirect"**>/loginok.jsp </result>的 Web 地址就是 ch05/loginok.jsp。

3) redirectAction 结果类型

redirectAction 结果类型和 redirect 结果类型的后台工作原理是一样的，都是使用 HttpServletResponse 的 sendRedirect 方法将请求重定向到指定的 URL。但是 redirectAction 结果类型主要用于重定向到 action。具体示例请参照下面第 3 点"动态结果"的内容。

3. 动态结果

所谓动态结果，是指在配置时你不知道要执行哪个结果，在运行时才能确定执行的结果。也就是说，利用表达式来配置结果，在运行时，框架解析并计算表达式，根据表达式的值来确定要执行的结果。

例如在登录功能中，如果一个系统有多个不同的角色管理，那么登录成功后应该进入不同的操作界面，以达到操作权限的分离。分析下面的代码片段(来源于 5.3 节的示例)：

```
public class LoginAction implements Action {
    ......
    //用于保存请求重定向到的 action 名字；
    private String nextAction;
    ......
    public String getNextAction() {
        return nextAction;      }
    public String login() throws Exception {
        ......
        if(...){ //验证用户是否为管理员；
            nextAction="manager";
        }else{
            nextAction="user";}
        return SUCCESS;
        ......
    }
}
```

LoginAction 在用户登录验证成功后，判断用户的权限，根据用户是管理者还是普通用户来设置示例变量 nextAction 的值。

以下是 struts.xml 文件的代码片段(来源于 5.3 节的示例)：

```
<action name="isUMAction" class="com.action.LoginAction" method="login">
    <result name="input">/login.jsp</result>
    <result type="redirectAction">${nextAction}</result>
</action>
<action name="manager" >
    <result>/manager.jsp</result>
</action>
<action name="user" >
    <result>/user.jsp</result>
</action>
```

注意以上以粗体显示的代码，使用${nextAction}来获取 Action 中的 nextAction 属性的值，而这个值要到运行时刻才能确定。在结果映射中使用${ }语法访问的属性一定要在 Action 中存在，并且要有其对应的 get×××()方法才能访问到。

5.3　增加模型组件与权限分离的方法

本节针对前两节的知识点对登录功能进行扩充和完善。由于本书使用 JPA 框架来处理数据库操作，因此在 Struts2 的知识点章节中所有涉及到的数据库模型都用虚拟功能。

　　本节内容实现的功能是，用户在登录页面输入用户名和密码登录后，会按照不同的权限进入不同的界面。用户名为"张三"，密码为"123456"，表示管理员登录进入 manager.jsp 页面；其它登录者都是普通用户，登录进入 user.jsp 页面。在虚拟模型中使用 userOrManager() 方法进行权限判断，返回值为 1 是管理员，0 是用户。在登录成功后，还将把用户名设置给 session 范围的变量，以便在更多的页面中访问。

5.3.1　增加虚拟模型

　　在 5.1 节程序的基础上增加一个模型组件，用来模拟处理数据库的操作，在 LoginAction.java 中调用此模型。

　　【步骤 1】新建模型组件。

　　在 src 目录下新建 com.service.ProductService.java 文件，此模型中定义了判断权限的 userOrManager()方法和获取产品的 getProducts()方法。一般 Struts2 的模型组件就是用来定义各种业务逻辑方法的，这样方便代码测试。代码如下：

```
package com.service;
public class ProductService {
    //以一个常量数组模拟登陆后从数据库中取出的数据;
    private String products[]=new String[]{"a1","a2","b1","b2"};
    //业务逻辑方法，该方法返回全部产品;
    public String[] getProducts(){
        return products;
    }
    //业务逻辑方法，该方法返回 0 为普通用户，1 为管理员;
    public int userOrManager(String username,String password){
        if("张三".equals(username)&& "123456".equals(password)){
            return 1;
        }else{
            return 0;
        }
    }
}
```

　　【步骤 2】修改 action 文件。

　　修改 action 文件 com.action.LoginAction.java，增加与 execute()方法结构一样的方法 login()，在此方法中把登录名放进 session 范围变量，并根据登录权限设置登录成功的 action 转发名，另外还可取得模型中的产品变量的数据。代码如下：

```
package com.action;
import javax.servlet.http.HttpServletRequest;
import org.apache.struts2.ServletActionContext;
import com.opensymphony.xwork2.Action;
```

```java
import com.opensymphony.xwork2.ActionContext;
import com.service.ProductService;
public class LoginAction implements Action {
    private String username;
    private String password;
    private String products[];
    //用于保存请求重定向到的 action 名字；
    private String nextAction;
    ......//省略 username 与 password 的 get/set 方法
    public void setProducts(String[] products) {
        this.products = products;        }
    public String[] getProducts() {
        return products;        }
    public String getNextAction() {
        return nextAction;        }
    public String execute() throws Exception {
        return SUCCESS;
    }
    public String login() throws Exception {
    ActionContext ct= ActionContext.getContext();
    HttpServletRequest request= (HttpServletRequest)ct.get(ServletActionContext. HTTP_REQUEST );
    if(getUsername()!=null){
        request.getSession().setAttribute("session_name", getUsername());
        ProductService productService=new ProductService();
        //判断是否管理者
        if(productService.userOrManager(getUsername(), getPassword())==1){
            nextAction="manager";
        }else{
            nextAction="user";        }
            //设置用户购买的产品
            setProducts(productService.getProducts());
            return SUCCESS;
    }else{
        return INPUT;
    }    }    }
```

在一个 Web 应用中，跟踪用户状态信息是很重要的，这就需要在用户登录成功后，将用户名添加为 Session 状态信息。为了访问 HttpSession 实例，Struts2 提供了多种方式来访问，归结起来分为两大类：与 Servlet API 解耦和耦合的访问方式。以上编码采用耦合的方式，具体见 5.3.3 节。

【步骤 3】修改 struts.xml 配置。

为了运行 action 文件中的 login()方法，需要对 struts.xml 文件进行修改，使得登录成功后管理员转入 manager.jsp 页面，用户转入 user.jsp 页面。代码如下：

```xml
<package name="struts2" extends="struts-default" namespace="">
    <action name="loginAction" class="com.action.LoginAction">
        <result name="input">/login.jsp</result>
        <result name="success">loginok.jsp</result>
    </action>
    <action name="isUMAction" class="com.action.LoginAction" method="login">
        <result name="input">/login.jsp</result>
        <result type="redirectAction">${nextAction}</result>
    </action>
    <action name="manager" >
        <result>/manager.jsp</result>
    </action>
    <action name="user" >
        <result>/user.jsp</result>
    </action>
</package>
```

user action 和 manager action 没有指定类名，只是利用 Action 进行转发，因此默认使用 com.opensymphony.xwork2.ActionSupport 类。

【步骤 4】修改和新增视图。

(1) 修改 login.jsp 表单。需要把登录提交的 action 改为 isUMAction.action。代码如下：

```jsp
<%@ page language="java" import="java.util.*" pageEncoding="GB2312"%>
<%@ taglib prefix="s" uri="/struts-tags"%>
<body>
    <s:form action="isUMAction">
        <s:textfield name="username" label="username"></s:textfield>
        <s:password name="password" label="password"></s:password>
        <s:submit name=" submit "></s:submit>
    </s:form>
</body>
```

(2) 新增 manager.jsp 页面。在 manager.jsp 中显示 session 范围的变量 session_name 的值，使用 OGNL 表单式(见第 6 章)。代码如下：

```jsp
<%@ page language="java" import="java.util.*" pageEncoding="GB2312"%>
<%@ taglib prefix="s" uri="/struts-tags"%>
<body>
    欢迎管理员：    ${sessionScope.session_name}!!
</body>
```

(3) 新增 user.jsp 页面。在 user.jsp 页面中除了显示登录名外,还要显示用户购买的商品,其中使用 Struts2 标签完成循环和判断的操作。代码如下:

```
<%@ page language="java" import="java.util.*" pageEncoding="GB2312"%>
<%@ taglib prefix="s" uri="/struts-tags"%>

<body>
    欢迎用户:${sessionScope.session_name}!! <br>
    您购买的商品中排在偶数位的物品清单如下: <br>
    <s:iterator value="#request.products" status="index" id="product_index">
    <!-- 判断序号是否为偶数 -->
        <s:if test="#index.odd==false">
            <s:property value="product_index"/>
        </s:if>
        <s:else><br></s:else>
    </s:iterator>

</body>
```

以上使用了 Struts2 标签中的 iterator、if 和 property 标签(见 5.1.2 节)。下面对新标签 iterator 和 if 标签进行解析。

✧　注意:以上代码表示 iterator 迭代集合为 products 数组,product_index 为每一个迭代元素,因此可以用 property 标签获得;index.odd 表示当前迭代的元素顺序是否是奇数,在 if 标签的条件中进行判断,是偶数的话输出,不是则换行。

■ iterator 标签

iterator 标签用于迭代一个集合(包括 Collection、Map、Enumeration、Iterator 或者 array 数组)。iterator 标签在迭代过程中,会把迭代的每一个对象暂时压入值栈,这样在标签内部就可以直接访问对象的属性和方法,在标签执行完毕后,位于栈顶的对象就会被删除;在第二次迭代过程中,再压入新的对象。

iterator 标签的属性如表 5-7 所示。

表 5-7　iterator 标签的属性

属　性	默 认 值	类　型	说　明
id	无	String	迭代集合每次循环的元素值
value	无	Collection、Map、Enumeration、Iterator 或者 array	指定迭代的集合
status	无	String	生成 IteratorStatus 实例,可以获取迭代过程中的状态信息, 如 count、index、odd、first、last 等

■ if/else-if/else 标签

if 标签用于基本的流程控制,它可以单独使用,也可以和一个或多个 else-if 标签,或者和一个 else 标签一起使用。if/else-if/else 标签类似于 Java 中的 if/else-if/else 语句，可根据一定的条件(Boolean 表达式)来选择执行或跳过标签体的内容。

if 标签的属性如表 5-8 所示。

表 5-8 if 标签的属性

属　性	默 认 值	类　型	说　明
test	无	Boolean	决定 if 标签的标签体内容是否显示的表达式

else-if 标签的属性如表 5-9 所示。

表 5-9 else-if 标签的属性

属　性	默 认 值	类　型	说　明
test	无	Boolean	决定 else-if 标签的标签体内容是否显示的表达式

【步骤 5】运行结果和调试。

重新启动 Tomcat 服务器，运行程序，管理员登录页面与登录成功页面分别如图 5-14 和图 5-15 所示。

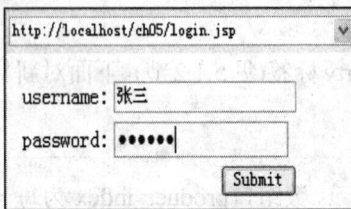

图 5-14　管理员登录　　　　　　　图 5-15　管理员登录成功

一般用户登录页面与登录成功页面分别如图 5-16 和图 5-17 所示。

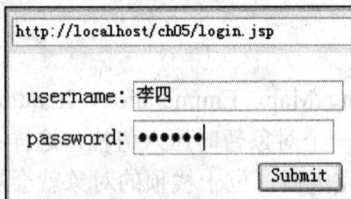

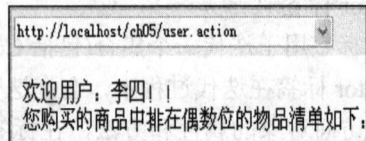

图 5-16　用户登录　　　　　　　图 5-17　用户登录成功

在图 5-17 所示的页面中没有出现物品清单，这是怎么回事？究其原因，请读者仔细观察，在 struts.xml 中是通过 redirectAction 转发 action 来进入用户登录页面的，而在 user.action 的配置中没有对应的 action 类，只有转发页面。前面我们提到，在 Struts2 中访问的属性一定要在 Action 中存在，并且要有其对应的 getxxx()方法才能访问到，因此这里访问不到 products 变量。那么如何修改呢？

最理想的方法就是在 login()中把 products 也放入 session 范围，在 login()的 return SUCCESS;语句前增加以下代码：

request.getSession().setAttribute("**products**", getProducts());

把 user.jsp 代码中的黑体部分修改如下：

<s:iterator value="**#session.products**" status="index" id="product_index">

再次运行，用户登录成功的界面如图 5-18 所示。

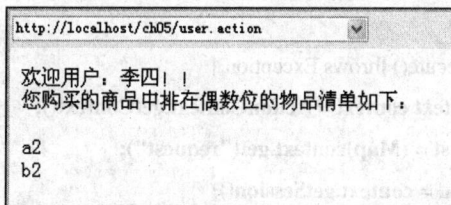

图 5-18　修改用户登录成功

当然在实际的项目中不会这么处理，此处只是举例介绍一些变量的范畴。

❖　注意：一般对 .xml 配置文件、.properties 属性文件和 .java 文件进行修改后，最好重启 Tomcat，否则有时服务器不会自动更新，即使修改过代码，运行时也不会显示。

5.3.2　访问 request、session 和 application 对象

在上一小节中，当用户登录成功后，我们将用户信息保存到 Session 中，这是 Servlet API 中的 HttpSession，一般 Web 开发中常用 Servlet API 中的 HttpServletRequest、HttpSession 和 ServletContext。Struts2 框架让我们可以直接访问和设置 action 及模型对象的数据，这降低了对 HttpServletRequest 对象的使用需求。但在某些应用中，我们可能需要在 action 中去访问 HttpServletRequest 对象以及其他两种对象，就像前面提到的那样。

以下介绍基于 ActionContext 对象实现与 Servlet API 解耦的访问方式，以及基于 ServletActionContext 类与 Servlet API 耦合的访问方式。

1. 与 Servlet API 解耦的访问方式

为了避免与 Servlet API 耦合在一起，方便 action 类做单页测试，Struts2 框架构造了三个 Map 对象来代替 HttpServletRequest、HttpSession 和 ServletContext。要获取这三个对象，可以使用 com.opensymphony.xwork.ActionContext 类。ActionContext 对象是 action 执行的上下文，在 ActionContext 中保存了 action 执行所需的一组对象，包括 parameters、request、session、application 和 local 等。这可以在以下的 action 中验证，com.action.sessionway. LoginAction1.java 代码如下：

```
package com.action.sessionway;
import java.util.Map;
import com.opensymphony.xwork2.Action;
import com.opensymphony.xwork2.ActionContext;
public class LoginAction1 implements Action{
    private String user;
    public String getUser() {
    return user;
}
    public void setUser(String user) {
    this.user = user;
```

```
        }
        public String execute() throws Exception {
            ActionContext context = ActionContext.getContext();
            Map request = (Map)context.get("request");
            Map session = context.getSession();
            Map application = context.getApplication();
            //在请求中放置欢迎信息
            request.put("greeting", "欢迎来到清风书苑");
            //在 session 中保存对象
            session.put("user", user);
            //统计用户访问量，在 application 中保存用户访问量数据
            Integer count = (Integer)application.get("counter");
            if (null == count)
                count=new Integer(1);
            else
                count=new Integer(count.intValue()+1);
            application.put("counter", count);
            return SUCCESS;
        }
    }
```

2. 与 Servlet API 耦合的访问方式

有时候程序中又确实需要直接访问这些对象，则可以使用 org.apache.struts2.
ServletActionContext 类。com.action.sessionway.LoginAction2.java 代码如下：

```
    package com.action.sessionway;
    import javax.servlet.ServletContext;
    import javax.servlet.http.HttpServletRequest;
    import javax.servlet.http.HttpSession;
    import org.apache.struts2.ServletActionContext;
    import com.opensymphony.xwork2.Action;
    import com.opensymphony.xwork2.ActionContext;
    public class LoginAction2 implements Action {
    private String user;
        public String getUser() {
        return user;
    }
    public void setUser(String user) {
        this.user = user;
    }
```

```
public String execute() throws Exception {
    ActionContext ctx = ActionContext.getContext();
    HttpServletRequest                request                =                (HttpServletRequest)
ctx.get(ServletActionContext.HTTP_REQUEST);
    HttpSession session = request.getSession();
    ServletContext context = (ServletContext) ctx.get(ServletActionContext.SERVLET_CONTEXT);
    // 在请求中放置欢迎信息
    request.setAttribute("greeting", "欢迎来到清风书苑");
    // 在 session 中保存 user 对象
    session.setAttribute("user", user);
    // 统计用户访问量，在 application 中保存用户访问量数据
    Integer count = (Integer) context.getAttribute("counter");
    if (null == count)
        count = new Integer(1);
    else
        count = new Integer(count.intValue() + 1);
        context.setAttribute("counter", count);
        return SUCCESS;
    }
}
```

3. 完善以上 action 配置

对以上两个 action，需要一个输出页面来显示和配置 struts.xml，如果输出页面能正常显示保存在 action 中的 request、session、application 对象中的数据，则说明对象操作成功。

【步骤 1】完成访问页面 session.jsp 和输出页面 sessionok.jsp。

session.jsp 中使用超链接传值的方式传输 user 对象，这种方法在程序中经常用到，代码如下：

```
<body>
    使用与 Servlet API 解耦的访问方式
    <a href="session1.action?user=hellen">request、session 和 application 对象</a>
    <br>
    使用与 Servlet API 耦合的访问方式
    <a href="session2.action?user=john">request、session 和 application 对象</a>
</body>
```

sessionok.jsp 中使用 EL 表达式来获取三个值，这种方式简单好用，代码如下：

```
<body>
    <h2>
    ${sessionScope.user}，${requestScope.greeting}。
    <br>
```

本站的访问量是：**${applicationScope.counter}**

　　　　　</h2>

　　　</body>

【步骤 2】配置 struts.xml。

把以上输入、输出界面和 action 类相关联起来，使用 struts.xml 配置，代码如下：

```
<action name="session*" class="com.action.sessionway.LoginAction{1}" >
        <result>/sessionok.jsp</result>
</action>
```

以上出现了通配符*和占位符{1}，其中占位符将被通配符匹配的值所替换。也就是当 action 指定为"session1"时，class 匹配的类为 LoginAction1；当 action 指定为"session2"时，class 匹配的类为 LoginAction2。因此，在 struts.xml 中只要配置一个 action 即可。

【步骤 3】运行结果。

重启 Tomcat 服务器，运行 session.jsp 页面(如图 5-19 所示)及其结果的解耦方式访问(如图 5-20 所示)和耦合方式访问(如图 5-21 所示)。

图 5-19　session.jsp 页面

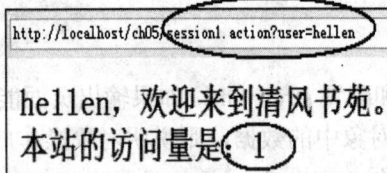

图 5-20　解耦方式访问　　　　　　　　　　图 5-21　耦合方式访问

注意以上地址栏的变化，说明访问的是不同 action，访问量的变化体现出 application 的变量在起作用。

5.3.3　OGNL 表达式

　　Struts2 利用内建的 OGNL(Object Graph Navigation Language)表达式语言支持，大大加强 Struts2 的数据访问功能。在 XWork 原有的 OGNL 基础上，增加了对 ValueStack 的支持。

　　第 5 章前面的数据访问我们基本采用 JSP2.0 支持的 EL 表达式，即$\{变量名\}$的形式访问，但在 user.jsp 中的物品清单循环中使用了以下代码：

```
<s:iterator value="#session.products" status="index" id="product_index">
    <s:if test="#index.odd==false">
        <s:property value="product_index"/>
    </s:if>
    <s:else><br></s:else>
</s:iterator>
```

上面的黑体部分就是 Struts2 的 OGNL 表达式。

1. 传统的 OGNL 表达式

在传统的 OGNL 表达式求值中，系统的顶级对象是一个 Context，这个 Context 对象就是一个 Map 类型实例，要求有一个"根"对象存在其中。假设 cart 对象为根对象，代码如下：

#cart.product.name

以上 OGNL 表达式意味着返回 cart.getProduct().getName()方法的值，这就是 OGNL 简洁的语法：#根对象.对象名.属性。

2. 属性访问器

如果访问的属性属于根对象，就可以直接访问该属性，如**#cart.product** 可以用 **product** 直接访问。这是由于 Struts2 提供了一个特殊的属性访问器(OGNL PropertyAccessor)，它可以自动搜索 Context 的所有实体，直到找到与求值表达式匹配的属性。

Struts2 还增加了对 ValueStack 的支持，把 ValueStack 作为 Context 对象的根对象。当系统创建 Action 实例后，该 Action 实例已经被保存到 ValueStack 中，所以无需"#"号即可访问 Action 的属性，如 loginok.jsp 中登录成功访问的用户名：<s:property value="**username**"/>。

3. 命名对象

除此之外，Struts2 还提供了一些命名对象，它们与根对象无关，只存在于 Stack Context 中，因此访问命名对象必须使用"#"前缀。假设对象 User 分别处于不同的命名对象中，其访问方式分别如下：

parameters 对象：#parameters.user 或#parameters['user']；

request 对象：#request.user 或#request['user']；

session 对象：#session.user 或#session['user']；

application 对象：#application.user 或#application['user']；

attr 对象：该对象将依次搜索对象 PageContext、HttpServletRequest、HttpSession、ServletContext 中的属性。

按照上面对命名对象的处理，sessionok.jsp 可重写为 sessionok1.jsp，代码如下：

```
<%@ page language="java" import="java.util.*" pageEncoding="GB2312"%>
<%@ taglib prefix="s" uri="/struts-tags"%>
……
<body>
    <h2>
    <s:property value="#session.user" />，<s:property value="#request.greeting"/>。<br>
    本站的访问量是：<s:property value="#application.counter"/>    </h2>
</body>
```

4. OGNL 对集合的支持

使用 OGNL 表达式还可以直接创建集合对象，对象中的多个元素用英文逗号隔开。如 List 类型集合的语法：

　　　　{a1,a2,a3,…}

Map 类型集合的语法：

　　　　#{key1:value1,key2:value2,key3:value3, …}

对于集合，OGNL 还提供了以下具有一定含义的操作符：

- in 和 not in：判断某个元素是否为集合中的操作符；
- ?：取出所有符合选择逻辑的元素子集；
- ^：取出符合选择逻辑的第一个元素；
- $：取出符合选择逻辑的最后一个元素。

例如，如下代码：

```
//取出 cart 的所有价格不大于 30 的 product 集合，其中#this 表示集合 product 中的元素。
cart.product.{?#this.price<=30}
<!--假如集合中包含 a1 元素-->
<s:if test=" 'a1' in {'a1', 'a2', 'a3', 'a4'} ">
```

　　除了以上讲解的内容，OGNL 还支持索引属性的概念，可以利用基本的 Lambda 表达式语法来使用一些简单的函数等。因此，虽然 OGNL 表达式语言和 JSP2 表达式语言的作用相似，但 OGNL 表达式语言的功能更强大。

第 6 章 Struts2 类型转换与数据验证

✎ 重要知识点

- 类型转换原理
- 自定义类型转换器的编制和注册
- 数据验证方法
- Struts2 内建校验器
- 校验文件的搜索规则

6.1 注册功能的初步实现

本章通过注册示例来完成 Struts2 框架中数据类型转换技术、数据验证技术和国际化技术等的讲解，还讲述了 Struts2 中文件的上传和下载。下面在工程 ch05 中完成注册功能。建议读者自行完成注册页面，如果出现错误，可参考以下的内容。

注册示例在工程 ch05 中已经完成，Struts2 所需包文件、web.xml 配置和 Tomcat 部署均已完成，仅需编写相关视图和 action 类。

1. 注册页面和提交成功页面

以下 Struts2 标签实现注册表单提交和显示功能。注册信息包括六个表单域：用户名 (username)、密码(password)、重复密码(repassword)、年龄(age)、出生年月(birthday)、电子邮件字段(email)。

新建 register.jsp 文件，注意文件的放置目录为 ch05/WebRoot。代码如下：

```jsp
<%@ page language="java" import="java.util.*" pageEncoding="GB2312"%>
<%@ taglib prefix="s" uri="/struts-tags"%>
…
<body>
    <s:form action="registerAction" >
        <s:textfield name="username" label="username"></s:textfield>
        <s:password name="password" label="password"></s:password>
        <s:password name="repassword" label="repassword"></s:password>
        <s:textfield name="age" label="age"></s:textfield>
        <s:textfield name="birthday" label="birthday"></s:textfield>
```

```
<s:textfield name="email" label="email"></s:textfield>
        <s:submit name=" submit "></s:submit>
    </s:form>
</body>
```

新建 registerok.jsp，代码如下

```
<%@ page language="java" import="java.util.*" pageEncoding="GB2312"%>
<%@ taglib prefix="s" uri="/struts-tags"%>
…
<body>
    username:<s:property value="username" /><br/>
    password:<s:property value="password" /><br/>
    age:<s:property value="age" /><br/>
    birthday:<s:property value="birthday" /><br/>
    email:<s:property value="email" /><br/>
</body>
```

以上两个文件的运行界面分别如图 6-1 和图 6-2 所示。由于尚未配置 Struts2 控制器，注册响应界面无值传入，所以运行界面如图 6-2 所示。

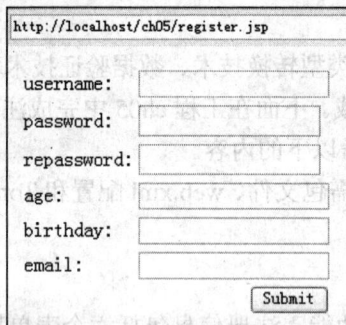

图 6-1　注册表单页面　　　　　　图 6-2　注册响应页面

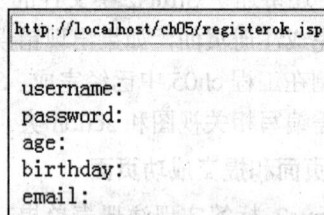

2. RegisterAction 控制器类的完成

【步骤 1】建立控制器类 com.action.RegisterAction.java。

在 ch05 工程的 src 目录下，右键单击【New】的【Class】子菜单，在打开的如图 6-3 所示的页面中填写相关信息，新建 com.action 包中的 Action 文件 RegisterAction.java，并继承 ActionSupport 类。

❖　注意：在实际开发中，action 类很少直接实现 Action 接口，通常都是从 com.opensymphony.xwork2.ActionSupport 类继承。ActionSupport 实现了 Action 接口和其他一些可选的接口，还提供了输入验证、错误信息存取以及国际化的支持。选择从 ActionSupport 继承，可以简化 action 的开发。

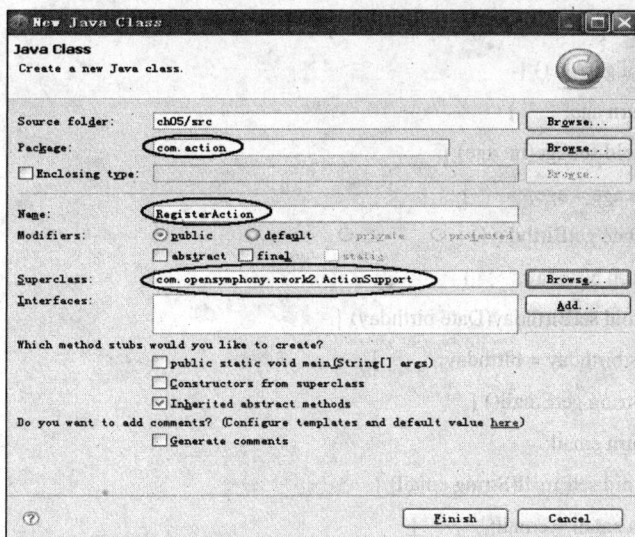

图 6-3　新建控制器类

【步骤 2】完成 RegisterAction.java 代码。

在新建的 RegisterAction.java 文件中完成如下代码(注意属性的 get/set 方法使用自动生成的方式完成，参考第 5 章)：

```java
package com.action;
import java.util.Date;
import com.opensymphony.xwork2.ActionSupport;
public class RegisterAction extends ActionSupport {
    private String username;
    private String password;
    private String repassword;
    private int age;
    private Date birthday;
    private String email;
    public String getUsername() {
        return username;      }
    public void setUsername(String username) {
        this.username = username;      }
    public String getPassword() {
        return password;      }
    public void setPassword(String password) {
        this.password = password;      }
    public String getRepassword() {
        return repassword;      }
    public void setRepassword(String repassword) {
```

```java
        this.repassword = repassword;        }
    public int getAge() {
        return age;        }
    public void setAge(int age) {
        this.age = age;        }
    public Date getBirthday() {
        return birthday;        }
    public void setBirthday(Date birthday) {
        this.birthday = birthday;        }
    public String getEmail() {
        return email;        }
    public void setEmail(String email) {
        this.email = email;        }
    public String execute() throws Exception {
        return SUCCESS;
    }
}
```

3. struts.xml 的配置

打开第 5 章建立的 struts.xml 文件，在 package 标签中添加以下代码：

```xml
<action name="registerAction" class="com.action.RegisterAction">
    <result name="input">/register.jsp</result>
    <result name="success">/registerok.jsp</result>
</action>
```

4. 运行结果

完成配置后可以运行本项目。部署好后，启动服务器，在 IE 中输入地址 http://localhost/ch05/register.jsp，将显示如图 6-4 所示的界面，填好信息后点击【Submit】按钮，即可进入图 6-5 所示的界面。注意，此时地址栏的名字为 http://localhost/ch05/registerAction.action，但界面内容却是 registerok.jsp，说明 struts.xml 配置成功。

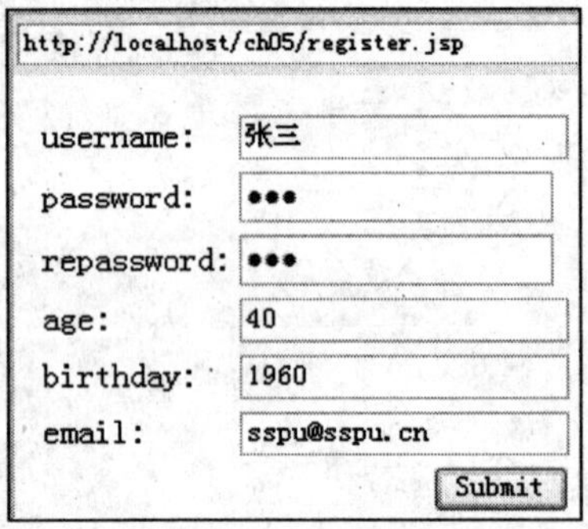

图 6-4　运行输入界面 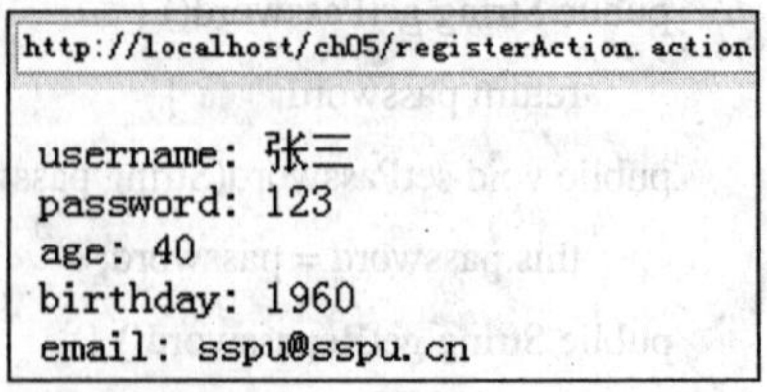　　　　　　　　　　　图 6-5　提交转入页面

6.2　Struts2 的数据类型转换

Struts2 框架提供了强大的类型转换能力，可以自动对客户端传来的字符串数据进行转换，然后用转换后的数据来组装对象。由于在 Web 应用中 C/S 两端互相传递的是字符串形式的数据，而在业务逻辑中(服务器端)的数据是要根据数据类型来处理的，如整型、浮点型等，因此良好的数据类型转换能力对 Web 应用处理是至关重要的。

6.2.1　Struts2 中数据类型转换的处理

传统的数据处理一般要把从客户端取到的字符串进行类型转换，在转换过程中还要获取转换异常，相对繁琐。

1．内置的类型转换器

Struts2 内置的类型转换器支持大多数常用数据类型的转换，因此，这些类型在开发过程中不用处理类型转换。如 6.1 节中 RegisterAction.java 中的 age 和 birthday 都不是 String 类型，但系统都会对它们自动转换类型。

Struts2 内置的类型转换器可以处理以下类型：

- 布尔型：boolean/Boolean；
- 字符型：char/Character；
- 数值型：int/Integer、long/Long、float/Float、double/Double；
- 日期型：Date，采用用户请求所在 Locale 的 SHORT 格式处理；
- 数组：array，按具体数组元素转换；
- 集合：collection，默认集合元素为 String 类型，把所有字符串封装在 ArrayList 中。

2．OGNL 机制

Struts2 借助 OGNL 表达式的支持，允许将参数转换成复合类型对象。

举例，把 6.1 节的注册代码重写如下：

【步骤 1】视图界面。

register1.jsp 代码：

```
<%@ page language="java" import="java.util.*" pageEncoding="GB2312"%>
<%@ taglib prefix="s" uri="/struts-tags"%>
......
<body>
    <s:form action="registerAction1" >
        <s:textfield name="user.username" label="username"></s:textfield>
        <s:password name="user.password" label="password"></s:password>
        <s:password name="user.repassword" label="repassword"></s:password>
        <s:textfield name="user.age" label="age" ></s:textfield>
        <s:textfield name="user.birthday" label="birthday"></s:textfield>
```

```
        <s:textfield name="user.email" label="email"></s:textfield>
        <s:submit name=" submit "></s:submit>
    </s:form>
</body>
```

registerok1.jsp 代码：

```
<%@ page language="java" import="java.util.*" pageEncoding="GB2312"%>
<%@ taglib prefix="s" uri="/struts-tags"%>
……
<body>
    username:<s:property value="user.username" /><br/>
    password:<s:property value="user.password" /><br/>
    age:<s:property value="user.age" /><br/>
    birthday:<s:property value="user.birthday" /><br/>
    email:<s:property value="user.email" /><br/>
</body>
```

【步骤 2】完成 action。

com.bean.User.java 代码：

```
package com.bean;
import java.util.Date;
public class User {
    private String username;
    private String password;
    private String repassword;
    private int age;
    private Date birthday;
    private String email;
//省略 get/set 方法
}
```

com.action.RegisterAction1.java 代码：

```
package com.action;
import com.bean.User;
import com.opensymphony.xwork2.ActionSupport;
public class RegisterAction1 extends ActionSupport {
    private User user;
    public User getUser() {
        return user;          }
    public void setUser(User user) {
        this.user = user;        }
    public String execute() throws Exception {
```

```
            return SUCCESS;
        }
    }
```

【步骤 3】struts.xml 配置。

增加如下代码：

```
<action name="registerAction1" class="com.action.RegisterAction1">
    <result name="input">/register1.jsp</result>
    <result name="success">/registerok1.jsp</result>
</action>
```

在以上示例中，把所有注册属性都封装到了 User.java 类中，而在 RegisterAction1.java 中把 User 对象类型作为属性类型。对于这样的对象类型转换，Struts2 提供的 OGNL 表达式允许开发者无需任何特殊处理就可以转换，只要像 register1.jsp 和 registerok1.jsp 代码中的黑体部分那样，在定义表单域时使用合法的 OGNL 表达式即可，如 user.name、user.age。

3. 集合的转换

为了让 Struts2 了解集合属性中元素的类型，有以下两种方式可以使用：

● 使用泛型技术来直接指定集合元素类型(推荐使用)；

● 通过 Action 的局部类型转换文件(详见 6.2.2 节)指定集合元素类型。

这部分内容将在下节详述，可以将 email 改变为拥有多个值的集合的处理。

6.2.2　自定义的类型转换器

如果内置的类型转换器不能满足用户的 Web 应用需求，那么 Struts2 也提供了自己开发类型转换器的方法。而要创建一个类型转换器，则需实现 ognl.TypeConverter 接口，但该接口中的方法 convertValue()太复杂。下面我们介绍一种常用的较为简单的方法，就是继承 Struts2 中的 org.apache.struts2.util.StrutsTypeConverter 抽象类，它继承自 ognl.DefaultTypeConverter 类，而 ognl.DefaultTypeConverter 实现了 ognl.TypeConverter 接口。

org.apache.struts2.util.StrutsTypeConverter 抽象类中提供了两个抽象方法用于字符串和其他类型的相互转换。这两个方法如下：

● convertFromString(Map arg0, String[] arg1, Class arg2)：从字符串转换为指定对象类型，即把客户端获得的字符串数据转化成服务器需要的数据类型。arg0 表示 action 上下文的 Map 对象；arg1 是要转换的字符串值；arg2 是要转换的目标类型。

● convertToString(Map arg0, Object arg1)：将指定对象转换为字符串，即把服务器处理好的实际结果数据类型转换成客户端输出显示的字符串数据。arg0 表示 action 上下文的 Map 对象；arg1 是要转换的对象。

下面我们对注册的 action 属性进行重新设置，改变的要求如下：

(1) birthday 属性：输入的字符串提交后转换为"yyyy-MM-dd"的日期格式；

(2) email 属性：可以输入以分号(;)隔开的多个 email 值，用 List 集合来保存，输出显示 [第 1 个 Email 为：aa@163.com，第 2 个 Email 为：bb@163.com，第 3 个 Email 为：cc@163.com] 等不定个数的 email 值格式。

实例的开发步骤如下：

【步骤 1】修改 com.action.RegisterAction.java 类。

由于 email 要修改为 List 集合保存的多个值，因此要在 RegisterAction.java 中把原来的代码：

```
private String email;
public String getEmail() {
    return email;
}
public void setEmail(String email) {
    this.email = email;
}
```

修改为如下代码来满足需求：

```
private List<String> email;
public List<String> getEmail() {
    return email;
}
public void setEmail(List<String> email) {
    this.email = email;
}
```

【步骤 2】编写日期类型转换器。

要满足显示 "yyyy-MM-dd" 日期格式，需编写日期类型转换器 com.converter. DateConverter.java，代码如下：

```
package com.converter;
import java.text.ParseException;
import java.text.SimpleDateFormat;
import java.util.Map;
import org.apache.struts2.util.StrutsTypeConverter;
import com.opensymphony.xwork2.util.TypeConversionException;
public class DateConverter extends StrutsTypeConverter{
    private static SimpleDateFormat sf = new SimpleDateFormat("yyyy-MM-dd");
    //客户端到服务器端
    public Object convertFromString(Map arg0, String[] arg1, Class arg2)
    { try
        { //将取得的客户端输入数据放入 str；
        String[] str=(String[])arg1;
        //使用"yyyy-MM-dd"日期格式解析字符串值，返回 Date 对象
        return sf.parse(str[0]);
        }
        catch (ParseException e)
```

```
        { throw new TypeConversionException(
            e.getMessage() + " [" + arg1 + " - class: " + arg2 + "]");
        }
    }
    //服务器端到客户端
    public String convertToString(Map arg0, Object arg1)
    {
        //使用"yyyy-MM-dd"日期格式格式化 Date 对象，返回字符串
        return sf.format(arg1);
    }
}
```

【步骤 3】编写 email 类型转换器。

email 属性的变化较大，请读者注意此转换器的代码中对集合的处理部分的代码。email 类型转换器 com.converter.EmailConverter.java 的代码如下：

```
package com.converter;
import java.util.ArrayList;
import java.util.List;
import java.util.Map;
import org.apache.struts2.util.StrutsTypeConverter;
public class EmailConverter extends StrutsTypeConverter {
    //客户端到服务器端
    public Object convertFromString(Map arg0, String[] arg1, Class arg2) {
        List<String> list=new ArrayList<String>();
        String[] str=(String[])arg1;
        //分隔分号中的数据存入数组 paramValues；
        String[] paramValues=str[0].split(";");
        //遍历数组 paramValues，把数字元素存入集合 list
        for(String param : paramValues){
            list.add(param);
        }
        return list;
    }
    //服务器端到客户端
    public String convertToString(Map arg0, Object arg1) {
        //取出处理后的数据，转化为集合类型；
        List<String> emails=(List<String>)arg1;
        String result="[";
        int i=0;
        //遍历集合设置输出字符串内容
        for(String email:emails){
```

```
                        i++;
                        result+="第"+i+"个 Email 为："+email+"，";
                }
                //把最后一个逗号去掉
        result=result.substring(0, result.length()-1);
                result+="]";
                return result;
        }
}
```

从【步骤 2】、【步骤 3】中，读者即可清楚地理解 org.apache.struts2.util.StrutsTypeConverter 抽象类中提供的两个抽象方法。

【步骤 4】注册类型转换器。

仅仅为该应用提供类型转换器还不够，因为 Struts2 依然不知道何时使用这些类型转换器，因此要对写好的类型转换器进行注册，让 Struts2 框架知道它们的存在。

Struts2 支持以下三种注册类型转换器的方式：

- 局部类型转换器；
- 全部类型转换器；
- 使用 Struts2 提供的类型转换注解来配置。

下面对常用的前两种进行实例注册。

(1) 应用于局部的类型转换器。

要指定局部范围的类型转换器，需要建立属性文件 RegisterAction-conversion.properties。此文件名中后半部分(-conversion.properties)名字固定，前半部分(RegisterAction)为属性文件中所定义的属性所在的 Action 文件名。特别要指出的是，此属性文件必须建立在作用的 action 文件(RegisterAction.java)的同一个包里，这样类型转换时才会自动找到对应的转换器。

选中 com.action 包，用右键【New】选中【File】，在打开的如图 6-6 所示的页面中输入文件名 RegisterAction-conversion.properties，点击【Finish】按钮。

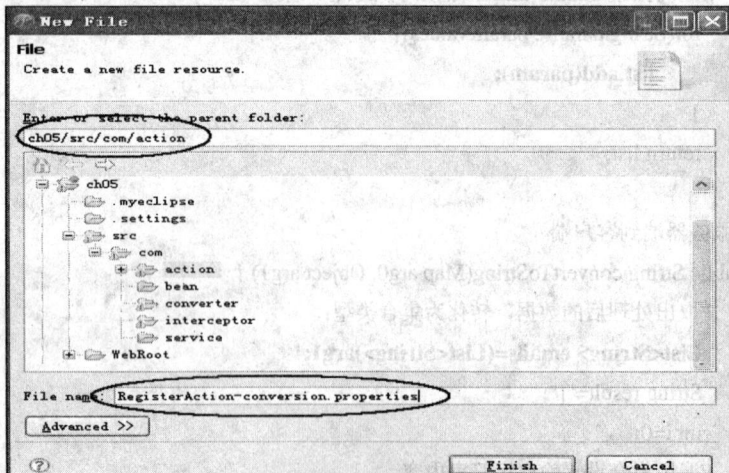

图 6-6　新建属性文件

在新建属性文件的【Source】视图中输入以下代码，可完成局部转换器的注册。

birthday=com.converter.DateConverter

email=com.converter.EmailConverter

从代码中可以归纳出局部属性文件的两个特点：

- 每个属性定义遵循的格式为：要转换的类属性名=类型转换器的类文件全称；
- 定义多个要转换的属性时，只需分行定义，不能用标点隔开。

分析整个转换过程：从 register.jsp 提交到 RegisterAction.java，当遇到 setBirthday()方法时，系统到对应的属性文件 RegisterAction-conversion.properties 中检查有无对此属性进行类型转换，如果有，则执行属性文件中对应属性转换的类 **DateConverter**.java，然后检查转换的方向，是客户端到服务器端还是服务器端到客户端，此处是字符串到 Date 类的转换，即选择convertFromString()方法，把处理后的结果返回 Date 类值赋给 setBirthday()中的 birthday。这样便完成了注册提交数据的转换过程。

局部类型转换器只对指定 Action 的特定属性起作用，这显然具有极大的局限性，特别对于以上的日期类型的转换器，应该是通用的，就是在任何用到 Date 类的属性中都对其进行格式转换。因此，Struts2 提供了全局类型转换器的注册方式。

(2) 应用于全局的类型转换器。

注册全局类型转换器，可以使得注册的类型在所有的 Action 执行时都起作用。

全局类型转换注册文件应该放在 WEB-INF/classes 文件夹根目录中，和 struts.xml 在同一目录，其文件名是 xwork-conversion.properties，此文件名不可更改。由于也是.properties文件，其创建方式见图 6-6，把文件放在 ch05/src 根目录，配置代码如下：

java.util.Date=com.converter.DateConverter

以上代码显示全局注册文件的配置格式为：要转换的类名称=类型转换器的类文件全称。

由于 email 属性的转换器具有特殊性，因此不在全局文件中配置。注意，此时要把局部文件中 birthday 配置注释掉，否则全局转换器不起作用，因为局部注册文件会覆盖全局文件中相同的内容。

属性文件的注释方式就是在语句前加井(#)号，代码如下：

#birthday=com.converter.DateConverter

【步骤5】运行结果。

通过以上 4 个步骤的处理，基本完成了本实例对 birthday 和 email 的需求。注意，本实例是在 6.1 节实例的基础上做的修改，已有的文件不重复讲述。重启 Tomcat，运行工程路径 http://localhost/ch05/register.jsp，如图 6-7 所示，提交结果如图 6-8 所示。

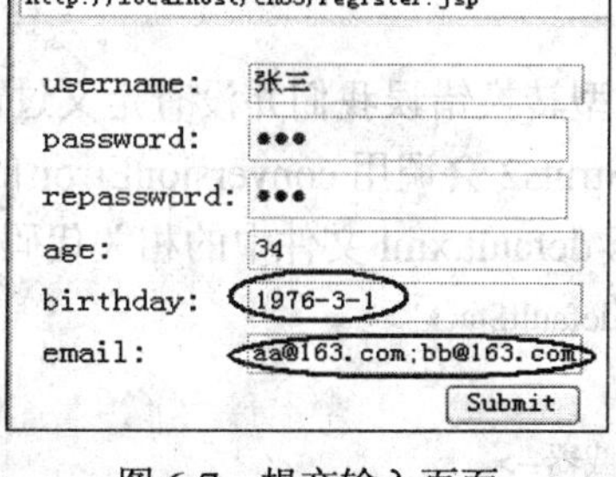

图 6-7　提交输入页面

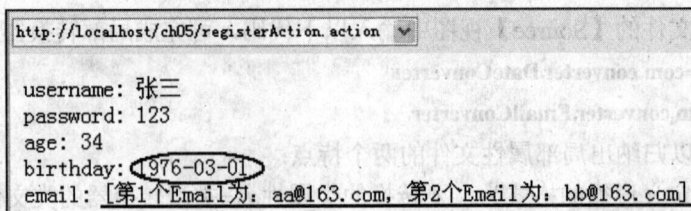

图 6-8 提交转换页面

从图 6-7 可以看到，输入的日期为"1976-3-1"，而在图 6-8 中显示的是"1976-03-01"；在图 6-7 中 email 的输入为"aa@163.com;bb@163.com"，而在图 6-8 中显示的是"[第 1 个 Email 为：aa@163.com，第 2 个 Email 为：bb@163.com]"。这些都是我们在此实例的类型转换器 DateConverter.java 和 EmailConverter.java 中定义的结果，说明这两个类型转换设置成功运行。

6.2.3 类型转换错误的处理

图 6-7 中输入的数据都是人为的，难免会发生输入格式不正确的情况，如在 age 中输入 abc，在 birthday 中输入 2001/1/1，在 email 中输入 aa@163.com,bb@163.com等。图 6-9 显示了进行以上输入后的执行界面。

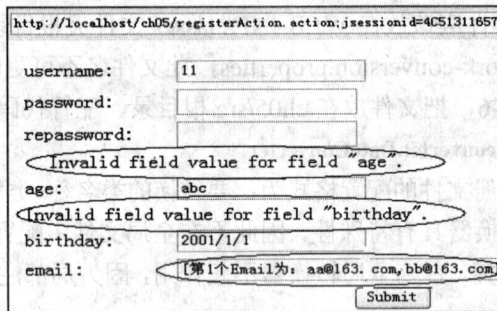

图 6-9 类型转换错误提示页面 1

1. 类型转换的错误提示

从图 6-9 看到，age 和 birthday 由于数据类型错误而出现"Invalid field value for field 'age'"的提示，email 虽然转换了但并不是我们想要的结果。在这里涉及了两方面的处理：数据校验(email)和类型转换(age)。就像 email 的错误那样，输入的数据可以进行有效转换，但转换的结果依然是非法数据。所以，数据验证的前提还是类型转换，只有转换为正确的数据才能对此数据进行处理验证。

图中，age、birthday 的类型转换错误我们并没有定义过，那么它们的错误提示来自哪里？当发生类型转换错误时，Struts2 会调用 conversionError 的拦截器，这在 defaultStack 默认拦截器栈中定义。处于 struts-default.xml 文件中的相关代码如下(具体见 6.4 节)：

```
<interceptor-stack name="defaultStack">

......

<!--处理类型转换拦截器-->
```

```
        <interceptor-ref name="conversionError"/>
    <!--处理数据校验拦截器-->
    <interceptor-ref name="validation">
        <param name="excludeMethods">input,back,cancel,browse</param>
    </interceptor-ref>
    ......
    </interceptor-stack>
```

　　然后将对应错误封装成表单域错误(FieldError)，并将这些错误信息放入 ActionContext 中，然后系统会跳转到名为 input 的逻辑视图中。另外，为了自定义错误信息，还要注意对应的 Action 要继承 ActionSupport 类，其自带的 validate()方法可以验证数据内容。

　　因此归纳提示用户类型转换错误有三个必要条件：

- 引用 defaultStack 拦截器栈(一般 action 配置中默认配置，特殊情况请见 6.4 节)；
- 让 Action 类继承 ActionSupport 类；
- 为 Action 配置添加 input 映射。

　　这三个条件在 6.2.2 节的实例中都满足了，所以当类型转换出错时错误提示就会出现，而且错误提示视图为以下配置的视图：

```
        <result name="input">/register.jsp</result>
```

2. 错误提示的位置

　　在图 6-9 中，对于 age 和 birthday 的错误提示分别在它们所在的表单组件的上方，而且表单中还会保留错误的输入内容，这些都是 Struts2 中表单标签自带的功能，可以自动输出与其关联的错误信息，通过字段名来关联。

　　如果我们想改变信息提示的位置，让它们更醒目一些，该怎么做？主要是对 fielderror 标签和表单主题进行处理。

　　前面已经提到错误内容被封装成表单域错误(FieldError)，那么可以使用 fielderror 标签来访问错误，修改 register.jsp 页面，添加代码在 body 标签的第一句如下：

```
        <s:fielderror cssStyle="color:red"/>
```

则重新运行错误的类型输入提交，所有的错误提示将集中显示在页头，而且用红色标注，一目了然，如图 6-10 所示。

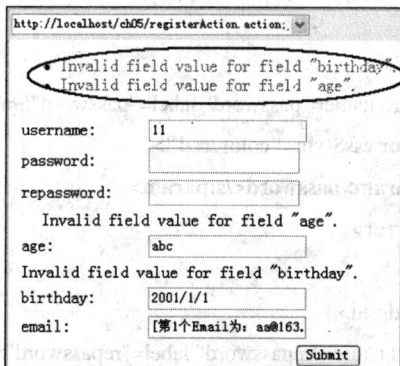

图 6-10　类型转换错误提示页面 2

但是图 6-10 中仍然有明显的缺陷，就是表单域中的提示还在，这是因为这里的表单使用了 xhtml 主题的表单标签。我们可以再做以下修改，使得错误提示页面显示为图 6-11 所示。

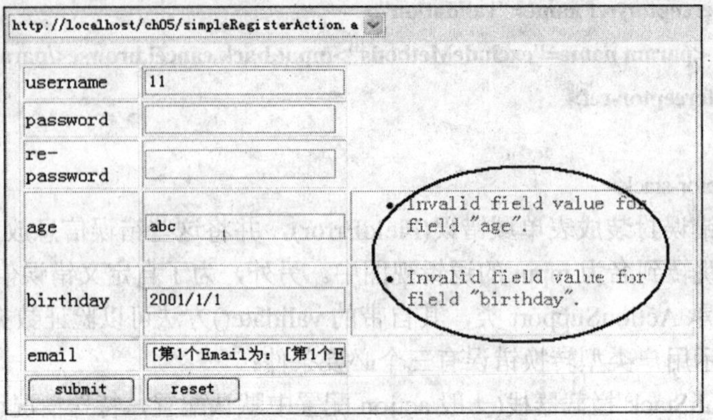

图 6-11　类型转换错误提示页面 3

图 6-11 的界面显然更符合需求，重点突出，一目了然。下面对修改的代码进行分析。

【步骤 1】新建提交页面。

要完成以上转变，需在实例中做如下修改，新建 register_simple.jsp 来完成原来 register.jsp 的页面，代码如下：

```
<%@ page language="java" import="java.util.*" pageEncoding="gb2312"%>
<%@ taglib prefix="s" uri="/struts-tags"%>
<body>
    <s:form action="simpleRegisterAction.action" theme="simple">

    <table   width="70%" border="1">
    <tr><td>username</td>
        <td>    <s:textfield name="username" label="username"></s:textfield></td>
        <td><s:fielderror cssStyle="color:red">
            <s:param>username</s:param>
        </s:fielderror>
    </td></tr>
    <tr><td>password</td>
        <td><s:password name="password" label="password"></s:password></td>
        <td><s:fielderror cssStyle="color:red">
            <s:param>password</s:param>
        </s:fielderror>
    </td></tr>
    <tr><td>re-password</td>
        <td><s:password name="repassword" label="repassword"></s:password></td>
        <td><s:fielderror cssStyle="color:red">
```

左边为 invalid.fieldvalue.+错误属性字段名，右边为显示的内容，因此运行后的界面如图 6-13 所示。

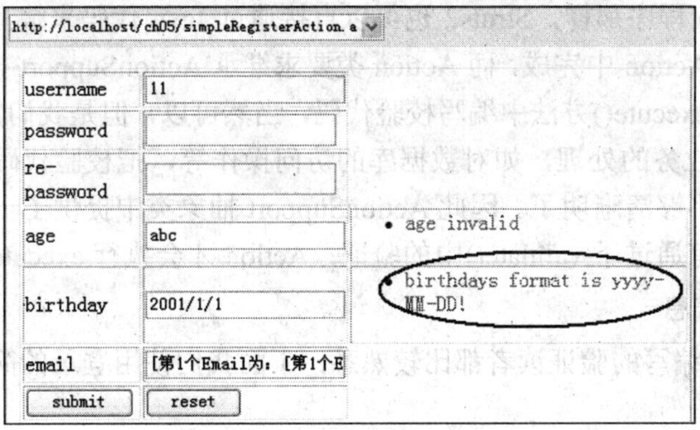

图 6-13　类型转换错误提示页面 4

✧　注意：如果全局属性文件和局部属性文件都对同一个属性进行错误提示定义，那么局部覆盖全局，如上面的 birthday 错误在图 6-12 中显示全局的定义，而在图 6-13 中则显示局部的定义。

6.3　Struts2 的数据验证

在 6.2 节中已经提到当数据类型转换成功后，就应该对转换的数据进行有效性验证。比如在 age 框中输入 200，在类型转换中不会报错，但这个数据明显是错误的，人的年龄一般在 1~150 之间才有效。因此，在 Web 应用程序中构建一个强有力的验证机制，是保障系统稳定运行的前提条件。

对用户输入数据进行验证包括客户端验证和服务器端验证。客户端验证主要通过 JavaScript 脚本代码来实现有效的数据格式，为服务器端过滤数据；而服务器端验证除了可以再次验证数据格式外，还可以进行数据逻辑的验证，如年龄是否符合规定等。

那么读者会提出疑问，数据格式到底是在客户端还是服务器端验证，还是二者皆要？一般构建 Web 应用时通常要先在客户端进行表单数据格式验证，减少服务器负载。但是由于 JavaScript 脚本可以在客户端被屏蔽掉，或有高手可以直接通过 Socket 通信来向服务器端直接传送非法数据攻击系统，因此最好在服务器端进行重复数据有效性验证。

对于服务器端验证，Struts2 提供了三种方式：

● 使用 Action 中的 validate()方法验证数据；
● 使用验证框架；
● 使用验证注解。

下面我们对前两种方式进行详细讲述。对于注解验证的内容本书不涉及，请读者自行查阅资料。

6.3.1　编写 Java 代码并验证

就像一般的 Jsp 程序那样，Struts2 也可以直接通过 Java 代码来编写数据验证内容，这些代码放在对应的 Action 中完成，而 Action 类要求继承 ActionSupport 抽象类。这时读者首先想到的一定是在 execute()方法中编写校验代码，当然可以，但是我们知道，execute()方法中一般要进行逻辑业务的处理，如对数据库的访问操作等，把校验代码放入其中会导致完成业务逻辑的代码不够清晰明了。因此 ActionSupport 抽象类中提供了一个 validate()方法来存放校验代码，只有通过了 validate()中的验证，Action 才会执行 execute()方法。

1．Field 错误信息

由于 Java 代码编写的验证读者都比较熟悉，下面我们使用登录的简单表单来演示实现过程。

【步骤 1】修改 Action 文件。

对 LoginAction.java 的修改主要是修改继承类和增加 validate()方法，代码如下：

```
public class LoginAction extends ActionSupport {
……//省略不修改部分
public void validate() {
    if (null == username || username.trim().length()==0 ) {
        this.addFieldError("username", "username must not be null!");
    }
    if (username.length() < 6 || username.length() > 10) {
        this.addFieldError("username", "username invalid");
    }
    if (null == password || password.trim().length()==0 ) {
        this.addFieldError("password", "password must not be null!");
    }
    if (password.length() < 6 || password.length() > 10) {
        this.addFieldError("password", "password invalid");
    }
}
```

addFieldError(参数 1，参数 2)方法中的参数 1 表示放入域(Field)错误中的对应属性的名字，参数 2 表示提示的错误信息。以上要求用户名和密码不允许为空，并且输入 6~10 位字符串。

✧　注意：以上判断 username 和 password 为空既用了 null，也用了长度为 0。这是为了防止用户不是通过表单提交访问，而是直接访问/loginAction.action，这时属性值就都为 null，因此 null 和空("")都要判断。

【步骤 2】修改 login.jsp 文件。

此文件其实可以不修改，为了给用户一个必填的提示，在表单组件中增加 required 属性值为 true，则在表单显示页面中该组件会标注星号(*)，代码如下：

```
<body>
<s:fielderror cssStyle="color:red"/>
    <s:form action="loginAction">
        <s:textfield name="username" label="username" required="true"></s:textfield>
        <s:password name="password" label="password" required="true"></s:password>
        <s:submit name=" submit "></s:submit>
    </s:form>
</body>
```

【步骤 3】运行结果。

重启服务器，输入 URL 进行访问，如图 6-14 所示，不填表单数据直接提交的显示页面为图 6-15。

在图 6-15 中，错误信息不只在 fielderror 标签中显示，而且还在表单组件上方显示，这显然没有必要。如何让表单组件上方不显示错误提示呢？除了使用 simple 主题的表单外，还有一种方法，就是把错误信息放到 Action 级别的错误信息中。

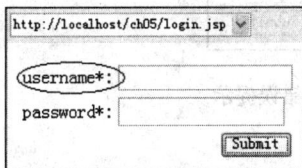

图 6-14　星号登录页面　　　　　图 6-15　提交验证页面

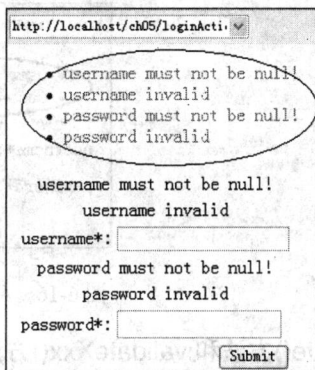

2. Action 错误信息

为了使错误提示不重复，下面举例来完善程序。

【步骤 1】修改 Action 文件。

对 LoginAction.java 的修改主要是把错误放入 Action 级别的错误信息中，代码如下：

```
public void validate() {
        if (null == username || username.trim().length() == 0) {
            this.addActionError("username must not be null!");
        } else if (username.length() < 6 || username.length() > 10) {
            this.addActionError("username invalid");
        }
        if (null == password || password.trim().length() == 0) {
            this.addActionError("password must not be null!");
```

```
        } else if (password.length() < 6 || password.length() > 10) {
            this.addActionError("password invalid");
        }
    }
```

addActionError(参数 1)方法中的参数 1 表示提示的错误信息。

注意:
✧ Action 级别的错误信息不会直接显示在表单的组件上方。
✧ 此处把用户名、密码长度小于 10 大于 6 的判断前面的条件由 if 改成 else if,是为了让错误信息提示更准确,为空的话根本就不用提示长度错误。

【步骤 2】修改 login.jsp 文件。
此文件只需把原来显示 fielderror 的标签改为 actionerro 标签即可,代码如下:

```
<s:actionerror cssStyle="color:red"/>
```

【步骤 3】运行结果。
重启服务器,输入 URL 进行访问,不填表单数据直接提交的显示页面如图 6-16 所示。

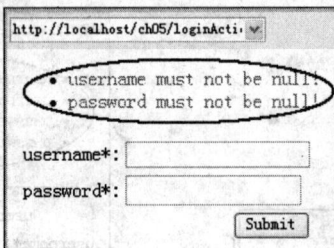

图 6-16   Action 级别的错误提示

3. validate()方法和 validateXxx()方法

从以上的代码实例我们可以推断出,validate()方法应该是运行在 execute()方法之前的,只有不产生 field 或 action 错误时才能转入 execute()。确实是这样,validate()方法由 Struts2 框架自动调用,它将在实际处理请求、实现业务逻辑的方法调用之前被调用,而且无论一个 Action 中有多少个逻辑方法,都将调用 validate()方法进行输入校验。

这里又产生了一个问题,由于 Struts2 的 Action 类里可以包含多个处理逻辑,就是定义了多个与 execute()方法结构相同的逻辑方法,而并不是每个逻辑方法都需要输入校验,如添加数据一般要输入验证,但删除数据就没必要。按照编程习惯,对于同一个数据表的操作 CRUD 一般都放在一个 Action 中,如果仅定义 validate()方法显然不能满足需求,因为 validate()方法无法知道需要校验哪个处理逻辑。那么如何解决这一问题呢?

Struts2 的 Action 还允许提供一个 validateXxx()方法来实现校验指定处理逻辑的功能。这里的 Xxx 就是对应的处理逻辑的方法名,同时要把方法名首字母大写。如 LoginAction.java 中有个 login()的逻辑方法,其对应的校验方法名应为 validateLogin()方法。

下面我们用实例进行讲解。

【步骤 1】修改 Action 文件。

对 LoginAction.java 的修改主要是增加 validateLogin()方法，只判断空值，而且提示信息有别于 validate ()中的定义。代码如下：

```java
public void validateLogin() {
    if (null == username || username.trim().length() == 0) {
        this.addActionError("username is null!");
    }
    if (null == password || password.trim().length() == 0) {
        this.addActionError("password is null!");
    }
}
```

【步骤 2】修改 login.jsp 文件。

此文件表单用于将提交 Action 改成 isUMAction.action，因为在 struts.xml 中配置好此 action 请求后，可执行 login()逻辑方法。代码如下：

```html
<body>
<s:actionerror cssStyle="color:red"/>
        <s:form action="isUMAction">
        <s:textfield name="username" label="username" required="true"></s:textfield>
        <s:password name="password" label="password" required="true"></s:password>
        <s:submit name=" submit "></s:submit>
        </s:form>
</body>
```

【步骤 3】运行结果。

重启服务器，输入 URL 进行访问，不填表单数据直接提交的显示页面如图 6-17 所示。

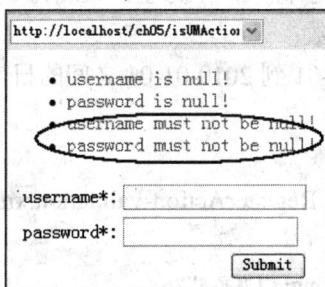

图 6-17　validatXxx()错误提示 1

在图 6-17 中，不仅显示了 validateLogin()方法中对空值的错误提示，椭圆中还显示了 validate()方法对空值的错误提示，这是怎么回事？

注意：

❖ validate()方法将在 validateXxx()方法调用之后被调用，并且无论 validateXxx()方法的执行结果如何，validate()方法都会被调用。因此，为了不让框架自动调用 validate()方法，一般可以把它命名为 validateExecute()方法，这样既能对 execute()逻辑进行校验，又能使其他逻辑方法不对它进行重复校验。

✧ 从效率上来讲，validateXxx()方法是通过 Java 反射机制调用的，执行速度会稍慢于 validate()方法。

因此，在程序中把 validate()方法名字改为 validateExecute()，则空值错误提示就只有头两行的提示，如图 6-18 所示。

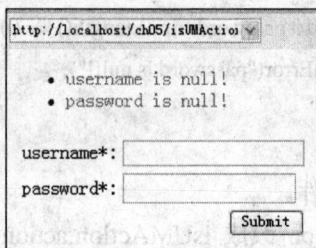

图 6-18   validatXxx()错误提示 2

6.3.2   使用验证框架

Struts2 提供了基于验证框架的输入校验，其文件以 XML 的形式存在，通过对各种校验器的配置来完成。Struts2 的验证框架除了负责服务器端的校验外，还能根据框架文件自动生成对应的客户端 JavaScript 校验代码。

1. 在注册程序中使用验证框架

以下我们通过前面注册的实例来实现 Struts2 的验证框架。校验规则针对 register.jsp 的每个表单域应满足的规则为：

- username：字符串，不为空，长度为 6～10 位；
- password 和 repassword：字符串，不为空，长度为 6～10 位，并且二者相等。
- age：必填，1～150 的整数；
- birthday：必填，1990-01-01 到 2010-01-01 之间的日期型。

实现这些校验的步骤如下：

【步骤 1】建立校验文件。

在 com.action 包中新建文件 RegisterAction-validation.xml，进行校验规则配置，其代码如下：

```xml
<?xml version="1.0" encoding="UTF-8"?>
<!DOCTYPE validators PUBLIC "-//OpenSymphony Group//XWork Validator 1.0.2//EN"
"http://www.opensymphony.com/xwork/xwork-validator-1.0.2.dtd">
<validators>
    <field name="username">
①       <!-- 必填字符串校验器 -->
        <field-validator type="requiredstring" >
            <!-- 可省,默认为 true
                <param name="trim">true</param>
```

```
                -->
                <message >username should not be blank!</message>
            </field-validator>
```
③　　　`<!--字符串长度校验器 -->`
```
            <field-validator type="stringlength">
                <param name="minLength">6</param>
                <param name="maxLength">10</param>
                <message>
                    username should be between ${minLength} and ${maxLength}
                </message>
            </field-validator>
        </field>
        <field name="password">
            <field-validator type="requiredstring">
                <message>password should not be blank!</message>
            </field-validator>
```
④　　　`<!--正则表达式校验器 -->`
```
                <field-validator type="regex">
                <param name="expression"><![CDATA[(\w{6,10})]]></param>
                <message>
                    password should be between 6 and 10!
                </message>
            </field-validator>
        </field>
        <field name="repassword">
            <field-validator type="requiredstring">
                <message>repassword should not be blank!</message>
            </field-validator>
            <field-validator type="stringlength">
                <param name="minLength">6</param>
                <param name="maxLength">10</param>
                <message>
                    repassword should be between ${minLength} and
                    ${maxLength}
                </message>
            </field-validator>
```
⑤　　　　　`<!--字段表达式校验器 -->`
```
        <field-validator type="fieldexpression">
        <param name="expression">repassword==password</param>
            <message>repassword should be the same with pass!</message>
        </field-validator>
```

```
        </field>
        <field name="age">
⑥       <!-- 整数校验器 -->
            <field-validator type="int">
                <param name="min">1</param>
                <param name="max">150</param>
                <message>age should be between ${min} and ${max}</message>
            </field-validator>
        </field>
        <field name="birthday">
②       <!-- 必填校验器 -->
            <field-validator type="required">
                <message>birthday should not be blank!</message>
            </field-validator>
⑦       <!-- 日期校验器 -->
            <field-validator type="date">
                <param name="min">1900-01-01</param>
                <param name="max">2010-01-01</param>
                <message>
                    birthday should be between ${min} and ${max}!
                </message>
            </field-validator>
        </field>
    </validators>
```

【步骤 2】运行程序。

重启 Tomcat，运行http://localhost/ch05/register.jsp，不对任何表单组件执行输入操作，点击提交后，将出现如图 6-19 所示的提示。

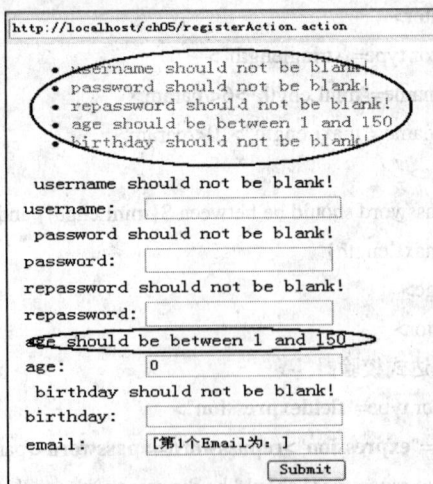

图 6-19　验证框架空值提示 1

✧　注意：在类型转换中，对于 int、long 等数值类型的空值输入，默认转换输出为 0。因此 age 不需要配置必填验证，而提示的信息为数据范围出错。对于对象类型(Date、String 等)空值输入，默认转换输出为 null。以上都不作为异常处理。

再次运行 http://localhost/ch05/register.jsp，在图 6-20 中输入相关内容，其中密码输入两次不同，age 不是整型，birthday 不在指定范围内，点击提交后，将出现如图 6-21 所示的提示。

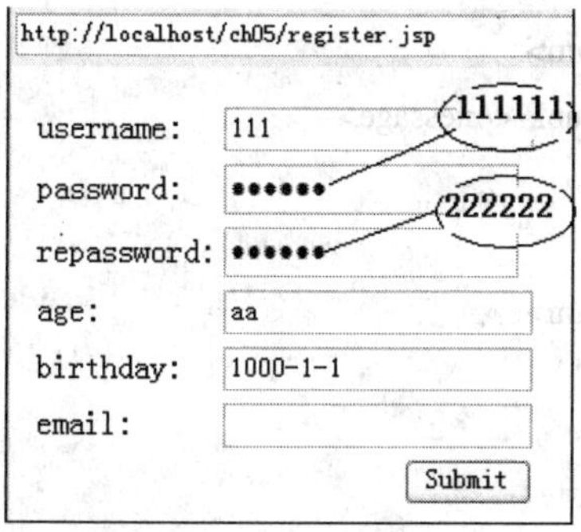

图 6-20　注册输入页面 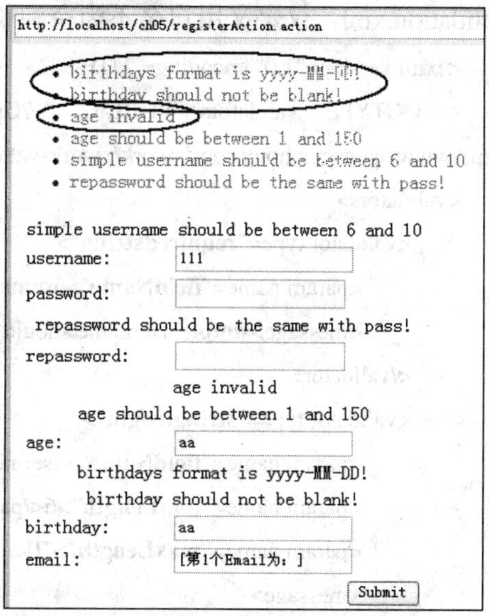　　　　　图 6-21　验证框架错误输入值提示

注意：

✧　age 的输入值 "aa" 不能进行类型转换，因此在类型转换中会有提示错误 "age invalid" 出现；birthday 的输入值 "aa" 也会因类型转换错误而出现 "birthdays format is yyyy-MM-DD" 的错误提示。而且类型转换错误都显示在数据校验提示错误的前面，再次证明类型转换后才执行数据校验。

✧　age 和 birthday 都存在类型转换错误，因此都默认输入空值(age 转换输出为 0，birthday 转换输出为 null)，所以会出现 "age should be between 1 and 150" 的整型范围校验错误和 "birthday should not be blank" 的日期型必填校验错误。

从以上验证框架文件的建立和运行的结果，相信很多读者都有一大堆问题要问，对于验证框架中的每个验证器的解释见 6.3.3 节。

2. 验证文件的取名和保存位置

从以上实例大部分读者可以猜出，此验证文件必须放在与所要验证的 Action 文件的同一目录下，并且文件名为 ActionName-validation.xml，其中 ActionName 为 Action 的文件名，-validation.xml 为固定写法。所以实例中的验证文件为 com.action.RegisterAction-validation.xml。

但我们知道，在一个 Action 中有多个负责执行逻辑操作的方法，对于不同的逻辑操作要使用不同的配置文件，其处理方式为：同样在要处理的 Action 文件的相同目录中建立文件 ActionName-ActionAliasName-validation.xml，其中 ActionName 为 Action 的文件名，ActionAliasName 为逻辑方法名，-validation.xml 为固定写法。所以如果要对 RegisterAction.java 文件中的 simple() 方法建立验证文件，则应取名为 com.action.RegisterAction-simple-validation.xml。

接下来我们用 Struts2 提供的另一种校验规则来实现 com.action.RegisterAction-login-validation.xml，仅定义用户名不为空和长度 6～10 位的验证，完成的代码如下：

```xml
<?xml version="1.0" encoding="UTF-8"?>
<!DOCTYPE validators PUBLIC "-//OpenSymphony Group//XWork Validator 1.0.2//EN"
"http://www.opensymphony.com/xwork/xwork-validator-1.0.2.dtd">
<validators>
    <validator type="requiredstring">
        <param name="fieldName">username</param>
        <message>simple username should not be blank!</message>
    </validator>
    <validator type="stringlength">
        <param name="fieldName">username</param>
        <param name="minLength">6</param>
        <param name="maxLength">10</param>
        <message>
        simple username should be between ${minLength} and ${maxLength}
        </message>
    </validator>
</validators>
```

在错误提示中增加了 simple 字样，接下来看执行结果，RegisterAction-validation.xml 文件中的配置是否还是有效。因为执行 simple 方法的页面是 register_simple.jsp，所以我们执行 http://localhost/ch05/register_simple.jsp，无输入直接进入提交页面，如图 6-22 所示。

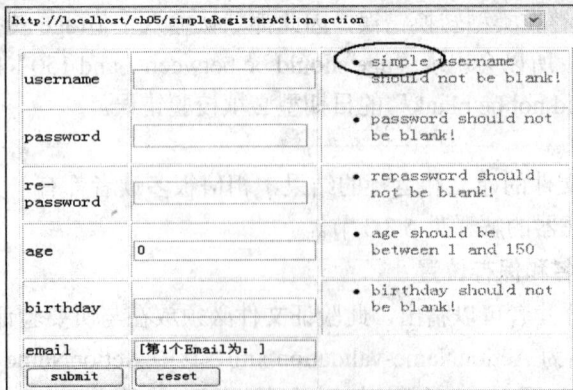

图 6-22 验证框架空值提示 2

　　从图中我们可以看到，username 空值提醒错误为 RegisterAction-login-validation.xml 文件中配置的错误提示，但是其它 password、age 等的提示都还是 RegisterAction-validation.xml 文件中的。也就是说，名为 simpleRegisterAction 的 Action 中包含的校验规则是以上两个文件。

注意：
✧ 原则上，RegisterAction-validation.xml 是验证 excute()方法的验证文件。
✧ Struts2 对于验证文件的搜索规则是自上而下的，囊括所有相关校验规则，而且执行顺序为先 RegisterAction-validation.xml 后 RegisterAction-simple-validation.xml。
✧ 在校验结果上遵循"以新换旧"的原则，就是当多个校验文件中指定的校验规则发生冲突时，后面的文件校验规则胜，可由图 6-22 所示的 username 验证提示可知。
✧ 笔者建议，在一个 action 有多个逻辑的情况下，一般不提供 ActionName-validation.xml 文件。

3. 检验规则配置方式

　　RegisterAction-validation.xml 和 RegisterAction-simple-validation.xml 中对 username 的校验规则其实是一回事，但它们采取了 Struts2 中的两种方式来配置：前者为字段校验器配置风格，后者为非字段校验器配置风格。这两个文件都遵循 http://www.opensymphony.com/xwork/xwork-validator-1.0.2.dtd 规范，这在两个验证文件的开始部分都可以看到。下面是此规范的 DTD 文档代码：

```
<?xml version="1.0" encoding="UTF-8"?>
<!--
    XWork Validators DTD.
    Used the following DOCTYPE.
    <!DOCTYPE validators PUBLIC
            "-//OpenSymphony Group//XWork Validator 1.0.2//EN"
            "http://www.opensymphony.com/xwork/xwork-validator-1.0.2.dtd">
-->
<!ELEMENT validators (field|validator)+>
<!ELEMENT field (field-validator+)>
<!ATTLIST field
    name CDATA #REQUIRED>
<!ELEMENT field-validator (param*, message)>
<!ATTLIST field-validator
    type CDATA #REQUIRED
    short-circuit (true|false) "false">
<!ELEMENT validator (param*, message)>
<!ATTLIST validator
```

```
        type CDATA #REQUIRED
        short-circuit (true|false) "false">
    <!ELEMENT param (#PCDATA)>
    <!ATTLIST param
        name CDATA #REQUIRED>
    <!ELEMENT message (#PCDATA)>
    <!ATTLIST message
        key CDATA #IMPLIED>
```

如果学过 XML，那么符合该文件的 XML 文档格式就很清晰了，也就不难理解以上实例中两个文件的结构了。主要看代码中黑体标注的三个地方，<!ELEMENT validators (field|validator)+>是根元素定义，说明 validators 根元素的子元素可以是 field 或 validator 及二者的组合，而这两个元素就是字段校验器配置风格(field)和非字段校验器配置风格 (validator)的配置结果定义。

✧ 注意：此 DTD 文件用 IE 浏览器不能正常显示，本文采用 Firefox 浏览器查看。

---

(1) 字段校验器配置风格。每个字段校验规则基本遵循以下形式：

```
    <field name="被校验字段">
    <field-validator type="校验器名">
        <!--按照校验器指定的参数来配置，可以有多个-->
            <param name="参数名">参数值</param>
            <message>校验错误提示信息</message>
        </field-validator>
    <!--如果此字段要定义多个规则，可按上面配置多个 field-validator 元素-->
    </field>
```

对照实例，请参考 RegisterAction-validation.xml 中的配置。

(2) 非字段校验器配置风格。每个非字段校验规则基本遵循以下形式：

```
    <validator type="校验器名">
            <param name="fieldName">被校验字段名</param>
            <!--按照校验器指定的参数来配置，可以有多个-->
            <param name="参数名">参数值</param>
            <message>校验错误提示信息</message>
    </validator>
```

对照实例，请参考 RegisterAction-simple-validation.xml 中的配置。

以上对于每一个校验器都有一个 message 标签，它定义了出现校验错误返回的错误信息，可以是一般字符串，也可以是 EL 表达式，如 RegisterAction-validation.xml 中对字符串长度和整数长度都是用 EL 表达式来显示校验器参数值：${minLength}和${maxLength}等。

注意：

✧ 首选使用 field 标签来声明字段验证器，因为这种方式可以将针对某个字段的验证规则组织在一起，结构比较清晰。

✧ 两种配置风格最重要的区别：<field>标签在验证失败后把错误消息放在 field 级别的错误消息中(使用 fielderror 标签输出)，<validator>标签在验证失败后把错误消息放在 Action 级别的错误消息中(使用 actionerror 标签输出)。

4. 错误提示的短路设置

以上我们选择的输入都没有出现验证框架冲突的情况。下面举个例子，在 http://localhost/ch05/register.jsp 中的 repassword 密码组件中输入 "111"，而在 password 中输入 "111111 "，提交结果如图 6-23 所示。

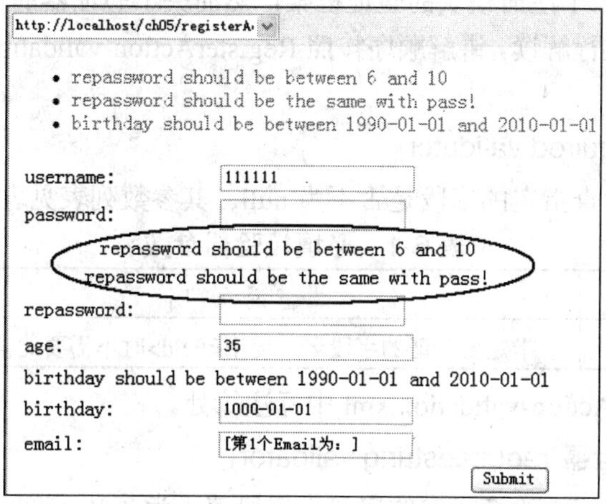

图 6-23　验证框架密码提示

从上图中我们看到，repassword 的验证错误提示有两个：密码字符串长度和匹配密码不同。这里存在这样一个问题，当密码长度错误出现后，根本就不用进行密码是否相同的验证，因为它的输入肯定不对，这时的验证就可以省略。但密码字符串长度又需要验证，那么对 repassword 的验证配置来说怎样才能解决这个问题呢？

Struts2 提供了一种很简便的方式来解决这一问题，就是使用短路验证，只要在 repassword 的 stringlength 验证器中增加属性 short-circuit="true"即可，代码如下：

```
<field-validator type="stringlength" short-circuit="true">
    <param name="minLength">6</param>
    <param name="maxLength">10</param>
    <message>
        repassword should be between ${minLength} and
        ${maxLength}
    </message>
</field-validator>
```

　　重新运行以上输入，只会出现密码长度不匹配的错误提示，说明短路验证的设置起作用了。对于同一个字段的验证，多个验证器按顺序执行，但当某个有短路验证的验证器出错时，其它排在此验证器之后的验证器都不会执行，如本例中的 fieldexpression 验证器就没执行。

◇　注意：对于短路验证默认值为 false，但是对于空值是个例外。也就是说，即使在必填验证器中没有定义 short-circuit="true"，Struts2 判断出字段值是 null 或为空，就只返回必填验证器的错误提示，其它验证器都不做处理。这就是为什么注册页面空值提交的结果为图 6-19。

6.3.3　Struts2 内置的验证器

　　6.3.2 节中完成了一个注册模块的验证框架，然而关于验证器的使用却只字未提，下面我们就对每个验证器进行解读，讲解顺序按照 RegisterAction-validation.xml 文件中的①～⑦的顺序。

1. 必填校验器(required validator)

　　必填校验器用于检查指定的字段是否不为 null。其参数列表见表 6-1。

表 6-1　必填校验器参数

属　　性	说　　明
fieldName	指定要验证的字段名，使用\<field\>时不需要此参数

其实例见 RegisterAction-validation.xml 中标注①处。

2. 必填字符串校验器(requiredstring validator)

　　必填字符串校验器用于检查指定的字符串字段值不为 null，并且长度大于 0。其参数列表见表 6-2。

表 6-2　必填字符串校验器参数

属　　性	说　　明
fieldName	指定要验证的字段名，使用\<field\>时不需要此参数
trim	布尔值，指定在执行字符串长度检验前是否调用 trim()方法删除首尾的空格。默认为 true

　　由于 trim 参数的默认值为 true，所以一般我们不需要显式的定义它，即可以省略，默认值为删除字符串首尾的空格。

　　其实例见 RegisterAction-validation.xml 中标注②处。

◇　注意：必填校验器和必填字符串校验器都是验证空值的，它们最大的区别就是前者可以验证除 String 外的其它对象类型，如以上实例中的 int、Date 等类型；而后者只能验证 String 类型的字符串。

3. 字符串长度校验器(stringlength validator)

字符串长度校验器用于检查字符串的长度是否在要求的范围内。其参数列表见表 6-3。

表 6-3　字符串长度校验器参数

属　　性	说　　明
fieldName	指定要验证的字段名，使用<field>时不需要此参数
maxLength	指定字段值的最大长度，若没指定，则最大长度不限
minLength	指定字段值的最小长度，若没指定，则最小长度不限
trim	布尔值，指定在执行字符串长度检验前是否调用 trim()方法删除首尾的空格。默认为 true

其实例见 RegisterAction-validation.xml 中标注③处。

4. 正则表达式校验器(regex validator)

正则表达式校验器使用正则表达式验证一个字符串的字段值。其参数列表见表 6-4。

表 6-4　正则表达式校验器参数

属　　性	说　　明
fieldName	指定要验证的字段名，使用<field>时不需要此参数
expression	必填参数，指定用于验证字段值的正则表达式
caseSensitive	指定字段值在匹配正则表达式时是否区分大小写，默认值为 true
trim	布尔值，指定在执行字符串长度检验前是否调用 trim()方法删除首尾的空格。默认为 true

在参数 expression 中的正则表达式必须放在<![CDATA[(正则表达式)]]>的格式中，如④中代码：

```
<param name="expression"><![CDATA[(\w{6,10})]]></param>
```

其中\w{6,10}指 6～10 位的字符。

以下举例说明常见的正则表达式符号：

● 字符 "."：用于匹配任何单字符(换行符除外)。

● 字符 "?"：表示出现 0 次或 1 次。字符 "*" 表示出现 0 次或多次；字符 "+" 表示出现 1 次或多次。如 "A+" 的含义为 1 或多个字符 A。

● 花括号 "{}"：匹配字符的个数。有三种形式："A{3}"，匹配三个字符 A；"A{3,}"，匹配三个或三个以上字符 A；"A{3,5}"，匹配 3～5 个字符 A。

● 字符 "\"：转义字符。用法举例："\+"，匹配元字符；"\."，匹配 "." 字符；"\\"，匹配字符 "\"。

● 特殊用法举例："\n"，匹配换行；"\r"，匹配回车；"\t"，匹配制表；"\d"，匹配数字；"\w"，匹配字母。

● 方括号 "[]"：某个范围内的字符。举例："[0-9][0-9][0-9]"，匹配 3 个 0～9 的数字，也可写成[0-9]{3}。

● 符号 "|"：可以创建分支。举例："\d{4}|\w{2}"，匹配 4 位数字或 2 位字母。

其实例见 RegisterAction-validation.xml 中标注④处。

5. 字段表达式校验器(fieldexpression validator)

字段表达式校验器使用 OGNL 表达式验证字段。其参数列表见表 6-5。

表 6-5　字段表达式校验器参数

属　　性	说　　　明
fieldName	指定要验证的字段名，使用<field>时不需要此参数
expression	指定要判断的 OGNL 表达式，该表达式基于值栈进行求值。计算结果为布尔值，true 表示通过验证，false 表示验证失败

其实例见 RegisterAction-validation.xml 中标注⑤处，repassword==password 为判断两个密码框值是否相同的 OGNL 表达式。

6. 整数校验器(int validator)

整数校验器用于检查指定整数的大小是否在要求的范围内。其参数列表见表 6-6。

表 6-6　整数校验器参数

属　　性	说　　　明
fieldName	指定要验证的字段名，使用<field>时不需要此参数
max	指定整数最大值，若没指定，则最大值不限
min	指定整数最小值，若没指定，则最小值不限

其实例见 RegisterAction-validation.xml 中标注⑥处。

7. 日期校验器(date validator)

日期校验器用于检查输入的日期是否在要求的范围内。其参数列表见表 6-7。

表 6-7　日期校验器参数

属　　性	说　　　明
fieldName	指定要验证的字段名，使用<field>时不需要此参数
max	指定日期最大值，若没指定，则最大值不限
min	指定日期最小值，若没指定，则最小值不限

其实例见 RegisterAction-validation.xml 中标注⑦处。

8. 双精度浮点数校验器(double validator)

双精度浮点数校验器用于检查指定的双精度浮点数是否在要求的范围内。其参数列表见表 6-8。

表 6-8　双精度浮点数校验器参数

属　　性	说　　　明
fieldName	指定要验证的字段名，使用<field>时不需要此参数
maxInclusive	指定双精度浮点数必须小于等于这个值，若没指定，则不检查
minInclusive	指定双精度浮点数必须大于等于这个值，若没指定，则不检查
maxExclusive	指定双精度浮点数必须小于这个值，若没指定，则不检查
minExclusive	指定双精度浮点数必须大于这个值，若没指定，则不检查

9. 电子邮件校验器(email validator)

电子邮件校验器采用正则表达式来验证一个字符串是否为合法的邮件地址，但输入为空值或 null 时，不报告验证错误。其参数列表见表 6-9。

表 6-9　电子邮件校验器参数

属　性	说　明
fieldName	指定要验证的字段名，使用<field>时不需要此参数

用于验证邮件地址的正则表达式为

\\b(^[_A-Za-z0-9-]+(\\.[_A-Za-z0-9-]+)*@([A-Za-z0-9-])+(\\.[A-Za-z0-9-]+)*((\\.[A-Za-z0-9]{2,})|(\\.[A-Za-z0-9]{2,}\\.[A-Za-z0-9]{2,}))$)\\b

但由于邮件地址的格式可能会发生改变，所以读者可以使用字段表达式验证器自行定义格式。

10. 校验器名和属性值的来源

有些读者可能会提出疑问：以上讲解的校验器只是一部分，那其他的校验器是什么？每个校验器的参数名是什么？以上定义的邮件校验器的正则表达式为什么是那样定义的？这些都不可能一一讲解。下面介绍一下如何查阅 Struts2 内置的校验器。

在 Struts2 环境下的 xwork-2.0.7.jar 包中有个 com.opensymphony.validator. validators.default.xml 文件，在这里定义了内置校验器的名字和实现类名，选择整型验证器的配置如下：

```
<validator  name="int"  class="com.opensymphony.xwork2.validator.validators. IntRangeField
Validator"/>
```

其中 name 里的值就是我们配置的验证器的名字，class 里的文件就是 int 校验器的实现类，打开源码(见附录 B)，里面有两个属性，就是 int 校验器的属性。

```
Integer max = null;

Integer min = null;
```

而且各实现类中还有范例，如 IntRangeFieldValidator.java 文件头上范例代码为：

```
<!-- START SNIPPET: examples -->
* &lt;validators&gt;
    *&lt;!-- Plain Validator Syntax --&gt;
    *&lt;validator type="int"&gt;
        *&lt;param name="fieldName"&gt;age&lt;/param&gt;
            *&lt;param name="min"&gt;20&lt;/param&gt;
            *&lt;param name="max"&gt;50&lt;/param&gt;
            *&lt;message&gt;Age needs to be between ${min} and ${max}&lt;/message&gt;
    *&lt;/validator&gt;
    *&lt;!-- Field Validator Syntax --&gt;
    *&lt;field name="age"&gt;
        * &lt;field-validator type="int"&gt;
            *&lt;param name="min"&gt;20&lt;/param&gt;
```

```
*&lt;param name="max"&gt;50&lt;/param&gt;
*&lt;message&gt;Age needs to be between ${min} and ${max}&lt;/message&gt;
*&lt;/field-validator&gt;
*&lt;/field&gt;
*&lt;/validators&gt;
* <!-- END SNIPPET: examples -->
```

从以上的代码读者应该很快学会自己配置校验器。

6.3.4　使用客户端校验

进行客户端验证可以降低服务器端程序的运行负载，提高对错误输入的响应时间。在 Struts2 框架的 jsp 页面中进行客户端校验非常简单，可以根据验证框架文件 (xxx-validation.xml)设置的验证器自动生成 JavaScript 验证代码，只需满足两个条件：

- Struts2 表单的 theme 值不能设为 simple；
- 给表单 form 标签增加属性 validate="true"。

并不是所有的验证器都能生成 JavaScript 代码，本书所用的 Struts2 版本支持以下验证器：

- 必填校验器(required validator)；
- 必填字符串校验器(requiredstring validator)；
- 字符串长度校验器(stringlength validator)；
- 正则表达式校验器(regex validator)；
- 整数校验器(int validator)；
- 双精度浮点数校验器(double validator)；
- 电子邮件校验器(email validator)；
- 网址检验器(url validator)。

下面我们通过实际设置来查看运行结果。

【步骤 1】修改 register.jsp 文件。

在注册输入表单中加入以上的 validate 属性，修改 register.jsp 代码如下：

```
<s:form action="registerAction" validate="true">
```

【步骤 2】查看运行结果。

在浏览器中运行http://localhost/ch05/register.jsp，在各组件中不输入任何值，点击提交按钮，执行结果如图 6-24 所示。

从浏览器地址栏中的 URL 可以看出，表单并没有被提交到服务端(如果提交了，地址应该是/registerAction.action)。而且可以查看此时 register.jsp 的源文件(选择浏览器菜单栏中【查看】的子菜单【源文件】)，里面自动生成了 validateForm_registerAction()方法的 JavaScript 代码。

当然，如果不满意框架自动生成的 JavaScript 验证代码，也可以覆盖 Struts2 核心包 (struts2-core-2.0.14.jar)中 template.xhtml 包中的 form-close-validate.ftl 模板(包含了用来验证用户输入数据的 JavaScript 代码)，添加自己的验证代码。

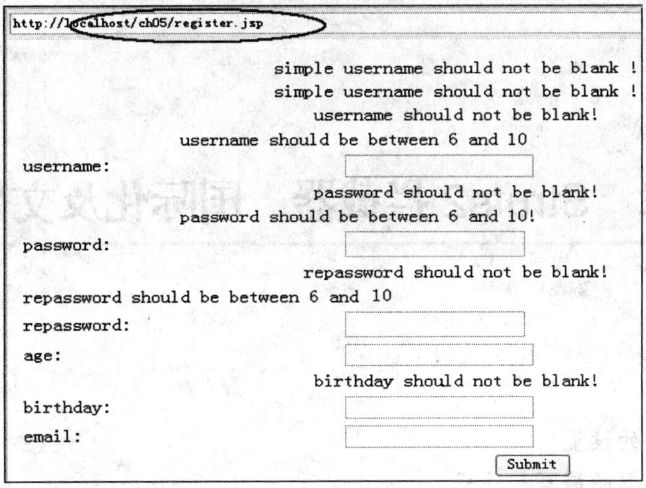

图 6-24　客户端验证提示

6.3.5　Struts2 代码输入校验步骤总结

通过前面的讲解，我们可以对 Struts2 的代码输入校验的步骤进行归纳：

(1) 类型转换器负责对字符串的请求参数执行类型转换，并将这些值设置成 Action 的属性值。

(2) 在执行类型转换的过程中如果出现异常，则将异常信息保存到 ActionContext 中，拦截器 conversionError 负责将其封装到 FieldError 里，然后执行下一步；如果没有出现异常，则直接转入下一步。

(3) 使用 Struts2 应用中配置的校验器进行输入校验。如果定义了相应的客户端校验，则先进行客户端转换校验，然后按验证文件的搜索规则校验。

(4) 使用 Action 类中的校验方法进行校验。首先通过反射调用 validateXxx()方法，然后调用 validate()方法。

如果以上都没有出现 FieldError 或 ActionError，则调用 Action 里处理用户请求的逻辑方法；如果没有出现 FieldError 或 ActionError，则系统将转入 input 逻辑视图所指定的视图资源。

第 7 章　Struts2 拦截器、国际化及文件操作

重要知识点

- 默认拦截器的设置
- 自定义拦截器的编写和注册
- 中文国际化编码的生成
- 文件国际化
- Struts2 文件的上传与下载

本章在对拦截器和国际化的设置过程中，将对工程 ch05 进行大量修改，因此我们最好复制 ch05 项目来进行深入学习。但是 MyEclipse 不支持两个同名的项目，因此我们需要创建一个新项目 ch07。下面介绍如何用一种简单的方法创建 ch07，并使得 ch07 与 ch05 一模一样。

在任何目录中新建 ch07 文件夹，然后将 ch05 所在的目录下的所有文件夹和文件都复制到 ch07 中。然后修改 ch07 目录下两个文件的内容：

(1) 在文件.propject 中修改 ch05 为 ch07，代码如下：

```
<name>ch07</name>
```

(2) 在文件.mymetadata 中修改 ch05 为 ch07，有三处需要修改，代码如下：

```
<?xml version="1.0" encoding="UTF-8"?>
<project-module
    type="WEB"
    name="ch07"
    id="myeclipse.1265678986359"
    context-root="/ch07"
    j2ee-spec="1.4"
    archive="ch07.war">
    <attributes>
        <attribute name="webrootdir" value="WebRoot" />
    </attributes>
</project-module>
```

7.1　Struts2 的拦截器

Struts2 框架的大多数核心功能都是通过拦截器(Interceptor)来实现的，它可以在 Action 执行之前和执行之后拦截调用。Struts2 没有将它的核心功能分散到 Action 中实现，而是由拦截器来配置，这样有利于系统的解耦，使得功能的实现可以通过任意组合拦截器来完成，而不需要修改 Action 的代码。

比如登录功能在系统中的许多模块可能都会涉及到，而验证登录的代码基本类似，可以把它写在一个拦截器类中，那么在需要验证登录者的 Action 中把此拦截器类配置进去即可，而不需要到每个 Action 中去添加代码。下面我们开发一个执行验证的拦截器类，并在此基础上讲解拦截器的工作方式和配置。

7.1.1　开发执行安全验证的拦截器

在本小节中，我们将实现登录验证功能。在第 5 章的例子中，当我们访问 isUMAction 时，如果是管理员，则会进入 manager.jsp 页面，如果是普通用户，则进入 user.jsp 页面。而如果这两个页面的实际 Action 已为人所知，也就是说直接访问 http://localhost/ch07/user.action，则也会出现如图 7-1 所示的页面。

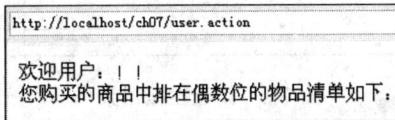

```
http://localhost/ch07/user.action

欢迎用户：| |
您购买的商品中排在偶数位的物品清单如下：
```

图 7-1　直接访问 user.action

为了让任何进入这个地址的访问者都要通过身份验证而不去修改 Action 代码，可以通过设置拦截器使得系统自动判断是否为登录用户，如果未登录，则转入登录页面，如果已登录，则继续执行 action 中的业务逻辑。

在 Struts2 中编写拦截器类时，必须实现 com.opensymphony.xwork2.interceptor.Interceptor 接口。该接口定义了三个方法：

● void init()：该方法在拦截器实例创建之后、intercept()方法被调用之前调用，用于初始化拦截器所需的资源，该方法只执行一次。

● void destroy()：该方法在拦截器实例被销毁之前调用，用于释放在 init()中分配的资源，该方法也只执行一次。

● String intercept(ActionInvocation invocation) throws Exception：该方法在 Action 执行之前被调用，拦截器为 Action 提供的附加功能在该方法中实现。利用 invocation 参数，可以获取 action 执行的状态。在 intercept()方法中，如果要继续执行后续部分(包括余下的应用与 Action 的拦截器、Action 和 Result)，可以调用 invocation.invoke()。如要终止后续的执行，可以返回一个结果码，框架将根据这个结果码来呈现对应的结果视图。

Struts2 中提供了一个抽象类 com.opensymphony.xwork2.interceptor.AbstractInterceptor 来

简化拦截器的开发。它实现了 Interceptor 接口，并给出了 init()和 destroy()方法的空实现，因此只要重写抽象的 intercept()方法就可以。

下面详细讲述安全验证拦截器的开发方法。

【步骤 1】编写拦截器类。

由于是安全验证，那么一般通过登录成功后设置的 session 值来进行判断，所以要先查看前面的 LoginAction.java 中的 login()方法，查找 session 的变量名为"session_name"：

    request.getSession().setAttribute("**session_name**", getUsername());

新建拦截器类 com.interceptor.AuthInterceptor.java，继承抽象类 AbstractInterceptor.java，如图 7-2 所示。

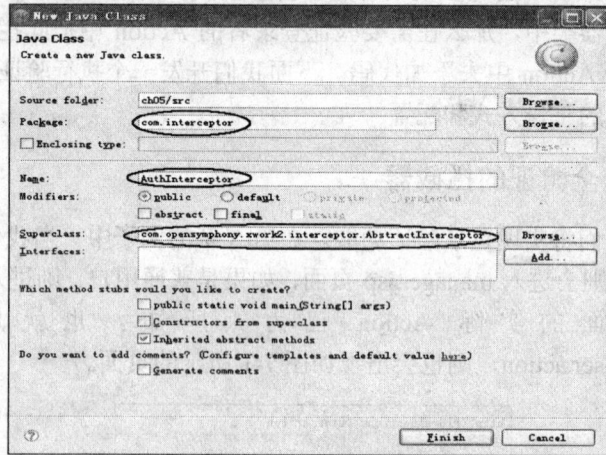

图 7-2　新建拦截器类

AuthInterceptor.java 代码如下：

```
package com.interceptor;
import java.util.Map;
import com.opensymphony.xwork2.Action;
import com.opensymphony.xwork2.ActionInvocation;
import com.opensymphony.xwork2.interceptor.AbstractInterceptor;
public class AuthInterceptor extends AbstractInterceptor {
    public String intercept(ActionInvocation invocation) throws Exception {
        Map map = invocation.getInvocationContext().getSession();
        if (map.get("session_name") == null) {
            return Action.LOGIN;
        } else {
            long start = System.currentTimeMillis();
//invocation.invoke()判断是否有下一个拦截器，如果没有，则进入 Action，如果有，则进入下一
个拦截器
            String result = invocation.invoke();
            long executeTime = System.currentTimeMillis() - start;
```

```
                System.out.println("Action 的执行花费的毫秒数是 ： " + executeTime);
                return result;              }
            }
        }
```

　　这是一个非常简单的拦截器类，用于安全验证。在 invocation.invoke()调用的前后，计算输出 Action 执行花费的时间，添加自己的逻辑代码。以上代码如果验证成功，则继续执行后续部分，调用 invocation.invoke()方法；如果没有登录，则终止后续执行，返回结果码 Action.LOGIN，系统会根据这个结果码返回视图。

✧　注意：invocation.invoke()用于判断是否有下一个拦截器，如果没有，则进入 action，如果有，则进入下一个拦截器。这里假设有两个拦截器，它们的执行顺序为拦截器 1→拦截器 2→action→拦截器 2 返回值→拦截器 1 返回值，拦截器的执行类似于递归的过程。

　　【步骤 2】配置 struts.xml 文件。

　　以上的拦截器类 AuthInterceptor.java 要在某一个 action 中起作用，Struts2 提供的方式就是在 struts.xml 中进行配置。在以上的拦截器类定义了一个返回结果码 Action.LOGIN，其配置方式见下文的代码②。

　　下面是修改和增加的 struts.xml 代码：

```
    <package name="struts2" extends="struts-default" namespace="">
    <interceptors>                                                    ①
        <interceptor name="auth" class="com.interceptor.AuthInterceptor"/>
    </interceptors>
    <global-results>                                                  ②
        <result name="login" type="redirect">/login.jsp</result>
    </global-results>
    ……//省略其它 action 配置
    <action name="manager" >
        <result>/manager.jsp</result>
        <interceptor-ref name="auth"></interceptor-ref>              ③
        <interceptor-ref name="defaultStack"></interceptor-ref>      ④
    </action>
    <action name="user">
        <result>/user.jsp</result>
        <interceptor-ref name="auth"></interceptor-ref>
        <interceptor-ref name="defaultStack"></interceptor-ref>
    </action>
    </package>
```

关于拦截器配置的详细内容，见 7.1.2 节的讲解。下面对以上四个位置进行简单解释：
①处配置表示把拦截器类 AuthInterceptor.java 设置为名为 auth 的拦截器。

②处配置表示返回结果码 Action.LOGIN 对应的全局变量，将重定向到 login.jsp 页面。

③处配置表示对于 manager.action 请求，先执行拦截器 auth 的拦截内容。

④处配置表示 Struts2 对提供的默认拦截器。

❖　注意：①、②和 action 标签的先后顺序是不可以调换的，这是 struts.xml 所遵循的 DTD 文件定义的规范，详细请见附录 A。

【步骤 3】运行程序。

重启 Tomcat，直接访问 http://localhost/ch07/user.action，运行结果如图 7-3 所示，证明拦截器 auth 在起作用，使得 user.action 的访问重定位到 Action.LOGIN 定义的 login.jsp 文件中，输入用户名和密码登录后，进入如图 7-4 所示的页面。在这次登录过程中，只要不重启 Tomcat、不退出登录或不重开浏览器(这三种情况都能让 session 失去值)，再访问 http://localhost/ch07/user.action 时，都会直接出现如图 7-4 所示页面，这说明拦截器验证成功，直接执行 action。

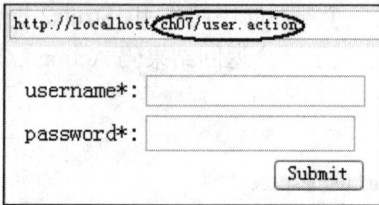

图 7-3　拦截器拦截

图 7-4　拦截器通过

7.1.2　拦截器配置详解

1. 一般拦截器配置

在 struts.xml 中配置拦截器时，一般先在 interceptors 元素中使用 interceptor 元素定义拦截器，然后在 action 元素中使用 interceptor-ref 元素指定引用的拦截器，如 7.1.1 节中的配置①和③就是如此。

interceptor 元素常用的属性如表 7-1 所示。

表 7-1　interceptor 元素常用的属性

属　　性	是否必需	说　　明
name	是	拦截器的名字
class	是	拦截器的完整类名

如果一个 action 定义了多个拦截器，那么将按照 action 引用拦截器的顺序执行，也就是③将在④之前执行。细心的读者应该发现，③和④的配置组合不仅在 user action 中使用，在 manager action 中也使用，而且定义的顺序都一致。对于这种多个拦截器定义在一个 action 中或多个 action 使用相同的拦截器组合的情况，Struts2 提供了更简单的方式，就是使用拦截器栈来组合多个拦截器，然后在 action 中直接引用拦截器栈即可，而拦截器按照它们在拦截器栈中定义的顺序执行。以上的配置可以修改为以下代码：

```
<package name="struts2" extends="struts-default" namespace="">
     <interceptors>
          <interceptor name="auth" class="com.interceptor.AuthInterceptor">
          </interceptor>
          <interceptor-stack name="authstack">
               <interceptor-ref name="auth"></interceptor-ref>
               <interceptor-ref name="defaultStack"></interceptor-ref>
          </interceptor-stack>
     </interceptors>
......//省略其它 action 配置
     <action name="manager">
          <result>/manager.jsp</result>
          <interceptor-ref name="authstack" />
     </action>
     <action name="user">
          <result>/user.jsp</result>
          <interceptor-ref name="authstack" />
     </action>
</package>
```

2. 默认拦截器 defaultStack

在以上对一般拦截器的讲解中，读者一定会产生疑问，拦截器 auth 很明显是定义了的拦截器类，而拦截器 defaultStack 并没有在 struts.xml 中配置对应的拦截器类，那么它是从哪里冒出来的，又有什么用呢？

拦截器 defaultStack 是 Struts2 定义的默认拦截器，它配置的拦截器栈在 Struts2 核心包 (struts2-core-2.0.14.jar)的 struts-default.xml 中，对于多数 Web 应用程序都是适用的。如果有特殊的需求，可以自由组合 struts-default.xml 中定义的拦截器和拦截器栈。以下为摘自 struts-default.xml 中与拦截器 defaultStack 相关的代码片段，详情见附录 A。

```
<!--定义拦截器栈 defaultStack-->
<interceptor-stack name="defaultStack">
     <interceptor-ref name="exception"/>
     <interceptor-ref name="alias"/>
     <interceptor-ref name="servletConfig"/>
     <interceptor-ref name="prepare"/>
     <interceptor-ref name="i18n"/>
     <interceptor-ref name="chain"/>
     <interceptor-ref name="debugging"/>
     <interceptor-ref name="profiling"/>
     <interceptor-ref name="scopedModelDriven"/>
```

```
<interceptor-ref name="modelDriven"/>
<interceptor-ref name="fileUpload"/>
<interceptor-ref name="checkbox"/>
<interceptor-ref name="staticParams"/>
<interceptor-ref name="params">
    <param name="excludeParams">dojo\..*</param>
</interceptor-ref>
<interceptor-ref name="conversionError"/>
<interceptor-ref name="validation">
    <param name="excludeMethods">input,back,cancel,browse</param>
</interceptor-ref>
<interceptor-ref name="workflow">
    <param name="excludeMethods">input,back,cancel,browse</param>
</interceptor-ref>
</interceptor-stack>
……//省略其它
<!--把"defaultStack"定义为默认拦截器-->
<default-interceptor-ref name="defaultStack"/>
```

　　这个默认的拦截器栈组合了多个拦截器，它们的顺序都是精心设计的，因此一般 Web 程序的需求它都能满足。只要定义的 package 的包继承自 struts-default 包，这个包中所有 action 默认的拦截器引用的都是拦截器栈 defaultStack。

　　从 struts-default.xml 的配置代码中可以看到，设置默认拦截器的标签是 default-interceptor-ref，因此我们可以通过重定义这个标签来改变默认拦截器栈。比如 6.4.1 节中的 user action 和 manager action 都使用验证拦截器加默认拦截器，那么我们可以把 authstack 拦截器栈设置成默认拦截器，则在 user action 和 manager action 中都不用再定义拦截器，在运行 action 的时候会自动调用这个重定义过的默认拦截器，代码如下：

```
<package name="struts2" extends="struts-default" namespace="">
    <interceptors>
        <interceptor name="auth" class="com.interceptor.AuthInterceptor">
        </interceptor>
        <interceptor-stack name="authstack">
            <interceptor-ref name="auth"></interceptor-ref>
            <interceptor-ref name="defaultStack"></interceptor-ref>
        </interceptor-stack>
    </interceptors>
    <default-interceptor-ref name="authstack"/>
……//省略其它 action 配置
    <action name="manager">
        <result>/manager.jsp</result>
```

```
            </action>
            <action name="user">
                <result>/user.jsp</result>
            </action>
        </package>
```

❖　注意：一般不建议采用重新设置默认拦截器的方式，因为不是每个 action 需要的拦截器都一样，改变了默认拦截器，那么在每个 action 调用时都会先调用新设置的默认拦截器。而系统默认的拦截器栈 defaultStack 在大多 action 中都要用到。

3. 默认拦截器失效

另外还有一种情况，比如我们把<interceptor-ref name="auth"></interceptor-ref>放入 registerAcion 的配置中，那么会出现什么呢？首先出现要求登录的界面，说明执行拦截器 auth，但当登录后再运行 register.jsp(如图 7-5 所示)时，表单提交后将不会出现 action 验证，如用户名和密码位数不够，年龄和生日数据类型不符等，而直接进入成功页面，页面中没有把表单填入数据传过来，运行结果如图 7-6 所示。

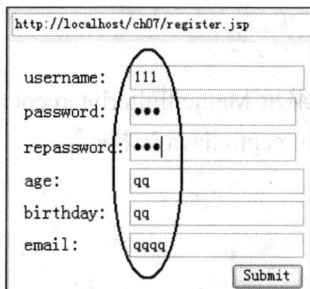

图 7-5　错误注册页面　　　　　　　　　图 7-6　拦截器无作为

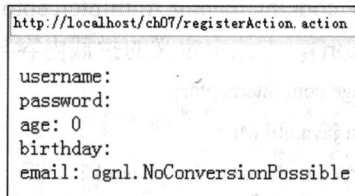

从结果可以看出 action 的验证没有执行，直接进入了成功页面，也就是 Struts2 默认拦截器不起作用。所以，如果在 action 中手动添加其它拦截器的话，就不会把默认的拦截器自动载入。要使用默认拦截器，就要手工再配置，即在 action 中加入配置，那么数据验证又会重新出现，像 6.2 和 6.3 节中的一样。完整的配置如下：

```
        <action name="registerAction" class="com.action.RegisterAction">
            <result name="input">/register.jsp</result>
            <result name="success">/registerok.jsp</result>
            <interceptor-ref name="auth"></interceptor-ref>
            <interceptor-ref name="defaultStack"></interceptor-ref>
        </action>
```

❖　注意：如果 action 想要在默认拦截器引用的基础上添加新的拦截器，那么必须在 action 中重新加入默认拦截器的配置。

4. 其它默认拦截器

在以上的拦截器栈 defaultStack 中调用了许多拦截器，下面按拦截器 defaultStack 的顺序简单陈述一些常用的拦截器。

- 拦截器 exception：异常处理拦截器。
- 拦截器 servletConfig：为 Action 注入 Servlet 相关的对象。
- 拦截器 i18n：支持国际化。
- 拦截器 fileUpload：处理文件上传。
- 拦截器 params：负责解析请求中的参数，并赋值给 action 中对应的属性。
- 拦截器 conversionError：将类型转换错误添加到 Action 的字段错误中。
- 拦截器 validation：负责表单字段的验证。
- 拦截器 workflow：负责执行 action 的 validate()。

7.1.3　方法过滤拦截器

Struts2 还提供了一个可以对 action 定义的不同方法进行按需拦截的拦截器抽象基类：

com.opensymphony.xwork2.interceptor.MethodFilterInterceptor

它可以指定要拦截或不拦截的逻辑方法。以下以 simpleRegisterAction.action 的操作为例进行说明。

【步骤 1】新建拦截器类。

建立文件 com.interceptor.AuthInterceptor1.java，继承 MethodFilterInterceptor 类，完成方法 doInterceptor()，方法中定义的拦截内容与 AuthInterceptor.java 一样。

```
package com.interceptor;
import java.util.Map;
import com.opensymphony.xwork2.Action;
import com.opensymphony.xwork2.ActionInvocation;
import com.opensymphony.xwork2.interceptor.MethodFilterInterceptor;
public class AuthInterceptor1 extends MethodFilterInterceptor {
    protected String doIntercept(ActionInvocation invocation) throws Exception {
        Map map = invocation.getInvocationContext().getSession();
        if (map.get("session_name") == null) {
            return Action.LOGIN;
        } else {
            long start = System.currentTimeMillis();
            String result = invocation.invoke();
            long executeTime = System.currentTimeMillis() - start;
            System.out.println("Action 的执行花费的毫秒数是 ： " + executeTime);
            return result;
        }
    }
}
```

【步骤 2】配置拦截器类。

配置方法与一般拦截器类似，但 MethodFilterInterceptor 通过指定 included/excluded 方法列表选择拦截或排除的方法，一般可设置两个参数：

excludeMethods——要排除的方法；

includeMethods——要拦截的方法。

以下为配置的源代码：

```
<interceptors>
    <interceptor name="auth" class="com.interceptor.AuthInterceptor"/>
    <interceptor name="auth1" class="com.interceptor.AuthInterceptor1"/>
    ……//省略其它拦截器配置
</interceptors>
    ……//省略其它 action 配置
<action name=" simpleRegisterAction " class="com.action.RegisterAction" method="simple">
    <result name="input">/register_simple.jsp</result>
    <result name="success">/registerok.jsp</result>
    <interceptor-ref name="auth1">
        <param name="includeMethods"> execute</param>
    </interceptor-ref>
    <interceptor-ref name="defaultStack"></interceptor-ref>
</action>
```

以上虽然给 simpleRegisterAction 配置了拦截器，但仅拦截了 execute 方法，而没有拦截 simple 方法，所以相当于没有配置拦截器。

在设置拦截器或排除方法时，如果有多个方法，则以逗号(,)分隔；如果 includeMethods 和 excludeMethods 二者同时配置了某个方法，则优先级高的为 includeMethods，就是凡是配置了包含拦截的一定要拦截。就像下面的代码，虽然配置了排除 simple 方法，但也配置了拦截 simple 方法，所以一定要拦截 simple 方法。

```
<param name="includeMethods">simple,execute</param>
<param name="excludeMethods">simple</param>
```

7.2　Struts2 的国际化

国际化(Internationalization)是指同样功能的系统在不同的国家或地区，能按照当地的语言习惯显示字符。如一些跨国企业一般在其网站上都会有中文版、英文版、日文版等可以自由选择的版本，但显示的内容是一致的，只是用不同的语言呈现给用户。国际化的英文单词以 I 开头，以 N 结尾，中间共 18 个字母，所以又被称为 I18N。

Struts2 的国际化是建立在 Java 的国际化的基础之上的，二者原理一致：利用不同国家/语言环境的消息资源，在 ResourceBundle 加载指定 Locale 对应的资源文件，然后取到此资源文件中指定 key 的 value 值。但是 Struts2 框架对这个过程进行了封装，极大简化了国际化的实现。

7.2.1 国际化资源文件

在 5.2.3 节中我们详细介绍了在三种不同文件中配置 Struts2 常量的方法：struts.xml、struts.properties 和 web.xml。而在 Struts2 中配置全局国际化资源文件的名字就是要给"struts.custom.i18n.resources"常量配置值，这个值就是文件名的前缀，后缀为 .properties，而且此文件要放在 WEB-INF/classes 根目录下。

在前面的章节中，我们在 struts.xml 中设定了这个值，代码如下：

```
<constant name="struts.custom.i18n.resources" value="message"></constant>
```

而且也建立了对应的文件 message.properties，则在工程 ch07 中，此文件就是全局国际化资源文件。加载了这个文件后，Struts2 就可以在所有需要国际化的文件中取出对应的值。

1. Locale 的指定

Struts2 国际化要把当前应用的 Locale 和系统中对应的资源文件匹配来实现，而 Locale 一般由语言和国家的国际标准规范来定位。就是实现国际化的文件名应该取为组合 baseName_language_country.properties，其中 baseName 为"struts.custom.i18n.resources"中的值，language_country 为国际通用的表示语言的标识。比如中国的语言"zh_CN"，文件名应取为 message_zh_CN.properties；美国的语言"en_US"，文件名应取为 message_en_US.properties；日本的语言"ja_JP"，文件名应取为 message_ja_JP.properties。文件的存放位置和 message.properties 一样，属性文件默认的语言为 en_US。

而应用系统中的语言环境一般就是操作系统默认的语言，但也可以修改。如对于在 IE 浏览器中运行的电子商务网站，可以指定【语言首选项】。具体操作方法如下：

【步骤 1】打开语言查看界面。

在 IE 浏览器菜单中打开【工具】里的【Internet 选项】，在【常规】选项卡中选择【语言】按钮，如图 7-7 所示。由于本操作系统为中文，所以图中语言只有中文。

【步骤 2】添加支持语言。

点击图 7-7 中的【添加】按钮，打开如图 7-8 所示的界面，选择英语(美国)和日语，点击【确定】按钮，将回到【语言首选项】界面，在【语言】栏中显示了中文、英文和日语三个语种。

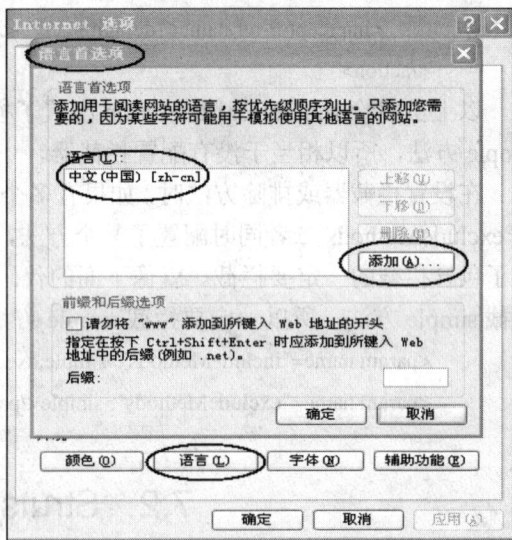

图 7-7　语言界面

【步骤 3】改变浏览器语言环境。

添加完所需的语言后，可以利用右边的【上移】和【下移】按钮来改变语言首选项，如图 7-9 把【英语(美国)】作为第一项。

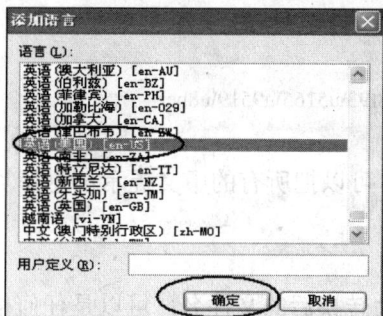

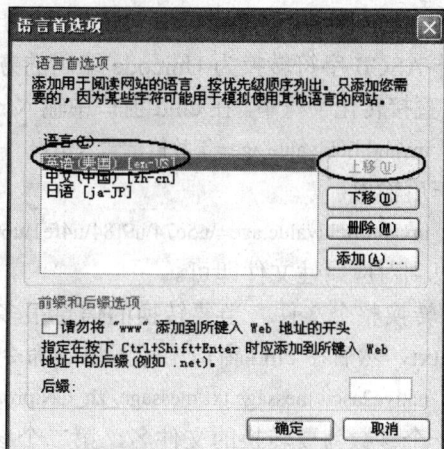

图 7-8　添加语言　　　　　　　　　　　图 7-9　修改语言顺序

✧　注意：通过以上的修改，项目在运行时便会查找全局文件 message_en_US.properties 中
key 所对应的 value 来匹配界面信息。如果排在第一位的语言是中文，那么就会选择
message_zh_CN.properties 来匹配。

2. 资源文件中的参数

以上解决了国际化文件的建立，接下来就应该是文件中的内容了。

Struts2 框架中属性文件的格式为"key=value"的方式，其中 key 将会匹配程序中使用
的 key，value 的值为找到匹配后显示的内容。有多个"key=value"组合时，可显示在不同
的行，不需添加分号来间隔。比如在类型转换中使用过的一个 message.properties 的配置为：

　　　　xwork.default.invalid.fieldvalue={0} invalid

当字段中任何转换出错时，都会显示"字段名 invalid"。以上的代码中出现了{0}，这
是 Struts2 中的消息文本参数。

Struts2 提供了两种在消息文本中设置参数的方式：使用占位符或 OGNL 表达式。占位
符形式为{0}～{9}；OGNL 表达式在消息文本中的语法为：${属性名}。

设置了参数后，如何来填充参数呢？Struts2 也提供了两种方式：

● JSP 中通过 s:text 标签的 s:param 标签来指定参数值，按 s:param 出现的顺序匹配占位
符的位置；

● Action 中通过 getText(String aTextName，List args)或 getText(String key，String[] args)
方法来指定参数值，按集合或字符串数组的元素顺序匹配占位符的位置。

以上的知识点在 7.2.2 节的实例中会一一用到，配合实例来理解就比较容易了。

3. Native2ascii 工具的使用

最后我们要讨论的问题是属性文件中的字符串编码，通常是 7 位 ASCII 码字符。对于中
文字符，需要转换为相应的 Unicode 编码。在 MyEclipse 中提供了"Properties Editor"工具来
进行编码转换，读者可以利用"Properties Editor"的在线更新地址下载 eclipse 下的插件：

　　　　http://propedit.sourceforge.jp/eclipse/updates/

下面介绍一种利用 JDK 开发包提供的实用工具 native2ascii(在 JDK 的 bin 文件夹下)来将本地非 ASCII 字符转换为 Unicode 编码的方法，可以采用两种方式。

(1) 直接转化字符串。在 cmd 窗口中输入 native2ascii 命令后，回车复制要转换的字符串：

　　invalid.fieldvalue.age=年龄信息输入错误

回车后输出：

　　invalid.fieldvalue.age=\u5e74\u9f84\u4fe1\u606f\u8f93\u5165\u9519\u8bef

拷贝到对应属性文件即可。

(2) 转换整个文件。当要转换的信息很多时，可以把所有的中文提示信息拷贝到文件 message.txt，然后在 cmd 窗口中输入以下命令：

　　native2ascii message.txt message_zh_CN.properties

第一个参数为要转换的文件名，第二个参数为转换后的文件名，可以是任何格式的文本文件，二者在同一目录下。转换结束后，把转换后的文件拷贝到工程中覆盖中文属性文件即可。

注意，以上对整个文件转换的命令符必须满足此时执行路径与 message.txt 文件存放目录相同，比如 message.txt 文件放在 E 盘，则执行界面如图 7-10 所示。单句转换则在任何盘符下都可以。

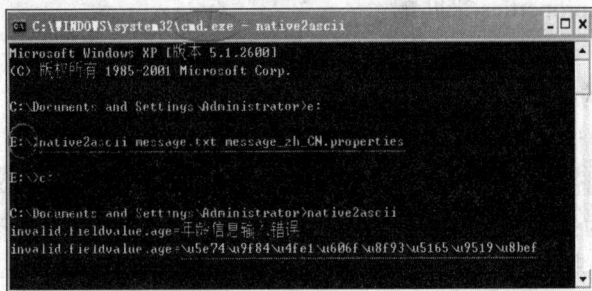

图 7-10　native2ascii 命令

7.2.2　国际化实例及解释

下面使用注册程序来实现其国际化，分别从以下 4 个方面来讲解：

- Jsp 页面和表单的国际化；
- 类型转换信息的国际化；
- Action 中信息的国际化；
- 校验文件的国际化。

在所有国际化实现前，要先把 ch07 工程的编码方案还原成 Struts2 默认的 UTF-8 编码，即修改以下三个地方：

(1) 把 web.xml 中的如下代码注释掉或删除：

```
<!--

   <init-param>

       <param-name>struts.i18n.encoding</param-name>

       <param-value>gbk</param-value>

   </init-param>
```

```
-->
```

（2）把 struts.xml 中的如下代码注释掉或删除：

```
<!--    <constant name="struts.i18n.encoding" value="gbk"></constant> -->
```

（3）把相关的 jsp 文件页面编码从"GB2312"改为"UTF-8"：

```
<%@ page language="java" import="java.util.*" pageEncoding="UTF-8"%>
```

1．Jsp 页面和表单的国际化

Jsp 页面和表单的国际化在注册流程中主要涉及两个文件的改动：register.jsp 和 registerok.jsp 文件。下面我们对这两个文件的国际化进行分析。

1）页面国际化

国际化 register.jsp 页面的步骤如下：

【步骤 1】修改 register.jsp 页面代码。

register.jsp 页面代码如下：

```
<%@ page language="java" import="java.util.*" pageEncoding="UTF-8"%>
<%@ taglib prefix="s" uri="/struts-tags"%>
……
<body><h2>
    <s:i18n name="temp"><s:text name="site.logoname" /></s:i18n>          ①
    </h2><br><h3>
    <s:text name="reg.title" /></h3>                                      ②
    <s:fielderror cssStyle="color:red" />
    <s:form action="registerAction" validate="true">
        <s:textfield name="username" key="username.form"></s:textfield>   ③
        <s:password name="password" label="%{getText('password.form ')}"></s:password>
        <s:password name="repassword" key="repassword.form"></s:password>
        <s:textfield name="age" key="age.form"></s:textfield>
        <s:textfield name="birthday" key="birthday.form"></s:textfield>
        <s:textfield name="email"    key="email.form"></s:textfield>
        <s:submit name=" submit " key="submit.form"></s:submit>
    </s:form>
</body>
```

【步骤 2】修改 registerok.jsp 页面代码。

registerok.jsp 页面代码如下：

```
<%@ page language="java" import="java.util.*" pageEncoding="UTF-8"%>
<%@ taglib prefix="s" uri="/struts-tags"%>
……
<body>
    <s:text name="reg.success">                                          ④
        <s:param value="new java.util.Date()"></s:param>
```

```
            <s:param><s:property value="username" /></s:param>
        </s:text>        <br />
        <s:text name="username.form" /><s:property value="username" /><br />
        <s:text name="password.form" /><s:property value="password" /><br />
        <s:text name="age.form" /><s:property value="age" /><br />
        <s:text name="birthday.form" /><s:property value="birthday" /><br />
        <s:text name="email.form" /><s:property value="email" /><br />
    </body>
```

【步骤 3】配置属性文件。

要实现中文和英文两个版本的界面，必须配置相对应的 baseName_zh_CN.properties 和 baseName_en_US.properties 两个中英文对照的文件，其中 baseName 指具体的文件名。这里涉及到 4 个文件(新建属性文件的步骤请参考前面章节)：

➤ message_en_US.properties 代码：

```
#register.jsp page
reg.title=Register
username.form=username :
password.form=password :
repassword.form=repassword :
age.form=age :
birthday.form=birthday :
email.form=email :
submit.form=Submit
#registerok.jsp page
reg.success=Today is {0} .<br/> Welcome <font color\=red>{1}</font> ,you have successfully
registered\!
```
⑤

➤ message_zh_CN.properties 代码：

```
#register.jsp page
reg.title=注册
username.form=用户名
password.form=密码
repassword.form=密码确认
age.form=年龄
birthday.form=出生年月
email.form=电子邮件
submit.form=提交
#registerok.jsp page
reg.success=今天是{0} .<br/> 欢迎 <font color=red>{1}</font> ,你已经成功注册!
```

➤ temp_en_US.properties 代码：

```
site.logoname=Windbook Site
```

➢ temp_zh_CN.properties 代码：

　　site.logoname=清风书苑

❖　注意：以上 baseName_zh_CN.properties 文件的内容请读者通过 native2ascii 转换为 Unicode 编码，具体方法见 7.2.1 节。如"site.logoname=清风书苑"代码转换后应该为 site.logoname=\u6E05\u98CE\u4E66\u82D1。

【步骤 4】运行结果。

重启 Tomcat，运行注册页面，在如图 7-11 所示的页面中输入正确的数据，提交后的页面如图 7-12 所示，此时默认的浏览器语言为英文。

图 7-11　国际化英文注册界面　　　　图 7-12　国际化英文提交页面

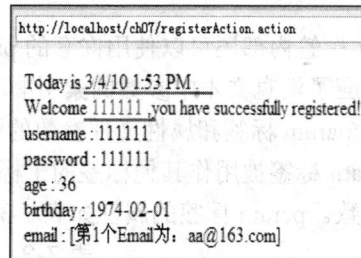

按照 7.2.1 节的知识把浏览器语言改为中文优先。注意，修改首选语言后，要重新开启浏览器才能使设置起作用。这时，在不修改任何代码的情况下重新运行的注册页面如图 7-13 所示，提交后的页面如图 7-14 所示。

图 7-13　国际化中文注册界面　　　　图 7-14　国际化中文提交页面

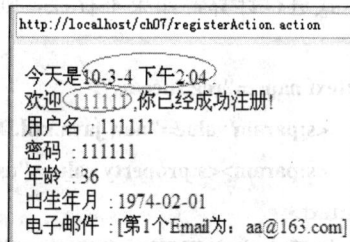

2) 页面国际化知识点

经过以上的实例演示，大部分读者都已明白了国际化 JSP 页面的流程。接下来针对页面代码的知识点进行讲解。

(1) s:text 标签的使用。s:text 标签单独使用时，它将首先查找匹配的资源属性文件(查找顺序见 7.2.3 节)。如果在对应的属性文件中没有找到匹配的 key 值，那么 text 标签的标签体(开始标签和结束标签之间的文本)内容将作为默认消息输出；如果没有标签体，那么 name 属性的值将直接被输出。

s:text 标签的属性如表 7-2 所示。

表 7-2　text 标签的属性

属　　性	是否必需	类　　型	说　　明
name	是	String	匹配对应资源包的键(key)
id	否	String	如果指定了该属性，那么文本内容将不会输出，而是被保存到 OgnlContext 中，在 text 标签结束后，可以通过该属性的值来引用

从实例中看，就是代码②**<s:text name="reg.title"/>** 在英文语言的环境下查找 massage_en_US.properties 中的配置 reg.title=Register。因为 text 标签的 name 值为 reg.title，与属性文件的 key 相同则匹配，那么运行时②处的代码显示为 Register，即显示与属性文件 key 匹配的消息文本。而在中文语言环境下查找 massage_zh_CN.properties 中的配置 reg.title=注册。

s:text 标签内部还可以使用嵌套的 param 标签来指定消息文本的参数，而 param 标签的顺序则对应了消息文本中参数的索引顺序。

(2) s:param 标签和属性文件参数的配对。

s:param 标签被用作其他标签的子标签，用于为其他标签提供参数，此处就是为 text 标签提供参数。param 标签的属性如表 7-3 所示。

表 7-3　param 标签的属性

属　　性	是否必需	类　　型	说　　明
name	否	String	要设置的参数的名字
value	否	Object	要设置的参数的值

因此我们知道在使用 param 标签时，参数的值可以通过 value 属性给出，如④代码中当前日期值的取得；也可以在标签体中给出，如④代码中 username 值的取得。前者中参数值会作为表达式进行计算，如果不存在，则返回 null；后者中参数值将作为 String 对象被放入栈中。

　　　　<s:text name="reg.success">　　　　　　　　　　　　　　　　　　　　　　　④
　　　　　　<s:param value="new java.util.Date()"></s:param>
　　　　　　<s:param><s:property value="username" /></s:param>
　　　　</s:text>

以上④代码中定义了两个参数值，那么找到属性文件 massage_en_US.properties 中的配置⑤，其中{0}匹配第一个参数，{1}匹配第二个参数，就是我们在图 7-12 和图 7-14 用线标出的地方。

　　　　**reg.success=Today is {0}.
 Welcome <font color\=red>{1}</font> ,you have successfully registered\!**　　　　　　　　　　　　　　　　　　　　　　　　　　　　　　　　⑤

✧　注意：从配置⑤和图 7-12 或图 7-14 的对照，我们知道属性文件的 value 值可以定义 html 标签，并且在程序运行时这些标签也会被解析成 html 标签嵌入页面中。
使得日期和欢迎语句之间产生换行，<font>使得用户名用红色显示。

(3) s:i18n 标签的使用。

s:i18n 标签用于将一个资源包放入值栈，它一般和 s:text 标签配合使用。如代码①：

    <s:i18n name="temp"><s:text name="site.logoname" /></s:i18n>　　　　　　　①

i18n 标签的属性如表 7-4 所示。

表 7-4　i18n 标签的属性

属　　性	是否必需	类　　型	说　　　明
name	是	String	指定要使用的资源包的基名

代码①中通过 i18n 标签将 baseName 为 temp 的资源包引入，使得 text 标签要到对应的
temp_en_US.properties 文件中获取键值为 site.logoname 的文本消息，而在中文语境下要查找
temp_zh_CN.properties 文件。

✧　注意：通过 i18n 标签放入值栈的资源包只能在 i18n 标签的标签体内访问，一旦 i18n
　　标签结束，值栈中的资源包将被删除。

(4) 表单国际化。

表单标签的国际化非常简单，只要指定表单组件的 key 属性即可，如代码③：

    <s:textfield name="username" **key="username.form"**></s:textfield>　　　　③

    <s:password name="password" **label="%{getText('password.form ')}"**></s:password>

其匹配方式同 text 标签类似：在英文语言的环境下，查找 massage_en_US.properties 中
的配置"username.form=username"，因为 textfield 标签的 key 属性值为 username.form，与
属性文件的 key 相同则匹配，那么运行时③处的代码显示为 username，即显示与属性文件
key 匹配的消息文本。而在中文语言环境下需查找 massage_zh_CN.properties 中的配置
"username.form=用户名"。

在代码③中还提供了另一种使用 getText()方法获取资源文件中消息字符串的方法，它一
般使用在 label 属性中。其格式为：**label="%{getText('key 值')}"**，其中 getText(String
aTextName)方法用于获取以参数 aTextName 为键的消息字符串，如果没找到，则返回 null。

✧　注意：注册实例中②、③、④处用的 s:text 标签代码中对应 massage_en_US.properties
　　和 massage_zh_CN.properties 属性文件中的配置；注册实例中①处用的 s:text 标签代码
　　中对应 temp_en_US.properties 和 temp_zh_CN.properties 属性文件中的配置。

2. 类型转换错误信息的国际化

为了让国际化步骤一步步进行，应先把检验文件 RegisterAction-validation.xml 和
RegisterAction-simple-validation.xml 转移到其它任何文件夹，使得校验器暂时失效。

在注册示例中我们对 email 和 birthday 进行了自定义类型转换，其它属性都是使用
Struts2 内置的类型转换器来实现的。而当类型转换错误发生时，我们做了两个错误提示的
配置：

● 在全局文件 massage.properties 中定义所有类型转换错误提示为"属性名 invalid"；

● 在局部文件 RegisterAction.properties 中定义日期类型转换错误提示为 "birthday's format is yyyy-MM-DD\!"。

接下来对这两部分进行国际化。

1) 全局文件错误提示的国际化

全局文件错误提示的国际化很简单，就是把提示信息分别定义在 massage_en_US.properties 和 massage_zh_CN.properties 文件中即可。

在 massage_en_US.properties 中添加配置代码如下：

    xwork.default.invalid.fieldvalue={0} invalid

在 massage_zh_CN.properties 中添加配置代码(注意中文转换)如下：

    xwork.default.invalid.fieldvalue={0} 输入无效

2) 局部文件错误提示的国际化

对于局部文件的错误信息也可以定义到 massage_en_US.properties 文件中，但为了区别开而不至于使全局属性文件过于庞大，可以进行类级别资源文件的定义，其作用范围只针对一个 action 文件，属性文件的 baseName 为作用 action 的名字，文件也必须放在与作用 action 的同一个包中。如本例中文件名为 RegisterAction_en_US.properties 和 RegisterAction_zh_CN.properties，文件存放在 com.action 包中。

在 com.action 包中新建 RegisterAction_en_US.properties 文件，添加配置代码如下：

    invalid.fieldvalue.birthday=birthday's format is yyyy-MM-DD\!

在 com.action 包中新建 RegisterAction_zh_CN.properties 文件，添加配置代码(注意中文转换)如下：

    invalid.fieldvalue.birthday=日期输入格式必须是 yyyy-MM-DD\!

3) 验证国际化信息

以上完成了类型转换中错误信息提示的国际化，重启 Tomcat(注意属性文件修改后，必须重启服务器才能使配置起作用)，在浏览器首选语言为中文的前提下，输入如图 7-15 所示的错误数据类型，提交后将显示如图 7-16 所示的中文错误提示。

注意，在整个过程中我们没有对原来的程序进行任何修改，但中文提示显示出来了，国际化的功能就是这么神奇。英文的错误提示留给读者自己验证。

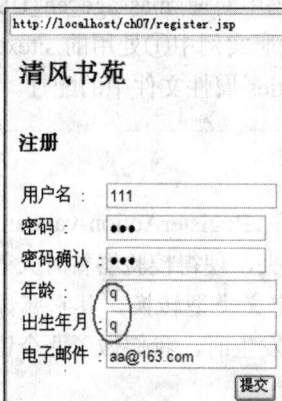

图 7-15　类型转换错误中文注册界面　　　图 7-16　类型转换错误中文提交界面

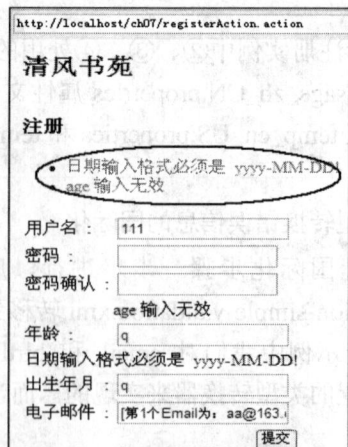

3. Action 中信息的国际化

类型转换成功后，就要进行数据有效性验证了。有效性验证我们已在第 6 章详细讲解过了，有两种方式：实现 ActionSupport 中的 validate()方法或使用校验文件。本节我们讲解如何在 action 中访问本地化消息。

由于在注册流程中定义了很详细的校验信息，因此此处选择 username 属性来进行国际化示例。

进行 Action 国际化的步骤如下：

【步骤 1】Action 文件的修改。

在 RegisterAction.java 文件中增加验证有效性的方法代码：

```
public void validateExecute() {
    if (null == username || username.trim().length() == 0) {
        this.addFieldError("username", this.getText("username.action.null"));        ①
        this.addActionError(this.getText("username.action.null"));
    } else if (username.length() < 6 || username.length() > 10) {
        this.addFieldError("username", this.getText("username.action.length", new String[]
{username}));                                                                       ②
//      List list=new ArrayList();                                                   ③
//      list.add(username);
//      this.addActionError(this.getText("username.action.length", list));
    }
}
```

validateExecute()方法是用来验证 execute()逻辑操作的，注意代码中的 FieldError 和 ActionError 都可以定义。从以上代码可以看出，Struts2 可以使用 getText()方法来访问资源文件中的本地化消息。其原理是：ActionSupport 类实现了接口 com.opensymphony.xwork2. TextProvider，此接口中定义了访问本地化消息的方法，只要 Action 文件继承了 ActionSupport 类，就可以直接使用其中的方法。

ActionSupport 提供了多个重载的 getText()方法，用于访问资源文件中的本地化消息。以上代码中的①、②、③为常用的三种方法，其具体使用规范如下：

➢ public String getText(String aTextName)：获取以参数 aTextName 为键的消息字符串，如果没找到，则返回 null。其使用方式见代码①。

➢ public String getText(String aTextName, String[] args)：获取以参数 aTextName 为键的消息字符串，参数 args 用于替换消息字符串中的占位符，数组中的第一个元素替换占位符{0}，第二个元素替换占位符{1}，依此类推。其使用方式见代码②。

➢ public String g etText(String aTextName, List args)：获取以参数 aTextName 为键的消息字符串，参数 args 用于替换消息字符串中的占位符，列表中的第一个元素替换占位符{0}，第二个元素替换占位符{1}，依此类推。其使用方式见代码③。

Action 文件中的国际化实现就是用 getText()方法替代所有的返回信息，包括错误提示和各类返回值。比如，返回字符串变量 hello 可以定义成：

```
String hello=getText("hello.message");
```

然后到相应的属性文件对 hello.message 进行定义即可。

【步骤 2】包级别局部属性文件的建立。

由于 username 属性在 LoginAction.java 中也有定义，而且二者的要求一致，因此这里我们不把其国际化配置放在 RegisterAction_en_US.properties 和 RegisterAction_zh_CN.properties 中，因为这里的配置只对 RegisterAction 起作用。那么如何使得配置信息对 com.action 包中所有的 action 起作用呢？当然全局属性文件可以实现，但为了更有针对性，我们使用 Struts2 提供的另一种包级别局部属性文件来配置。

包级别局部属性文件中的配置作用范围是此文件所存放的包内的所有文件，其文件的基名 baseName 为 package，所以文件名分别为 package_en_US.properties 和 package_zh_CN.properties。从文件名我们也可以看出，一个包中只允许存在一个包级别局部属性文件，因为它的名字是固定的。

在 com.action 包中新建 package_en_US.properties 文件，添加配置代码如下：

```
username.action.null=username should not be null!
username.minlength=6
username.maxlength=10
username.action.length=username  "{0}"  is  invalid!<br/>username'length  is  between  ${getText("username.minlength")} and ${getText("username.maxlength")}                    ④
```

在 com.action 包中新建 package_zh_CN.properties 文件，添加配置代码(注意中文转换)如下：

```
username.action.null=用户名不允许为空!
username.minlength=6
username.maxlength=10
username.action.length=用户名 "{0}" 无效!<br/>所填用户名长度在 ${getText("username.minlength")}位和${getText("username.maxlength")}位之间
```

◇　注意：以上资源属性文件实现了自身信息的访问，在 username.action.length 中访问 username.minlength 和 username.maxlength，其访问格式为：**${getText("key 值")}**。

【步骤 3】运行结果。

以上完成了 Action 中信息提示的国际化，重启 Tomcat，在浏览器首选语言为中文的前提下，用户名为空时，提交后的显示页面如图 7-17 所示；用户名为"111"时，提交后的显示页面如图 7-18 所示。

如果读者觉得 field 级别错误提示出现重复，那么可以设置成 action 级别错误提示，也可使用 simple 主题的表单来设置。这些在第 6 章都详细讲解过了，请读者自行验证。

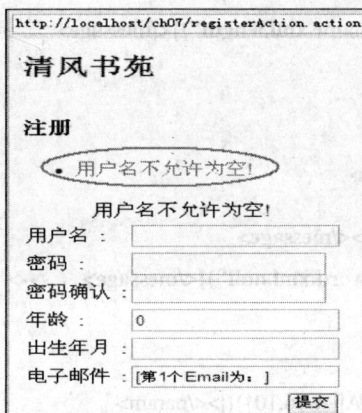

图 7-17　用户名为空的中文提示界面　　　　图 7-18　用户名长度无效的中文提示界面

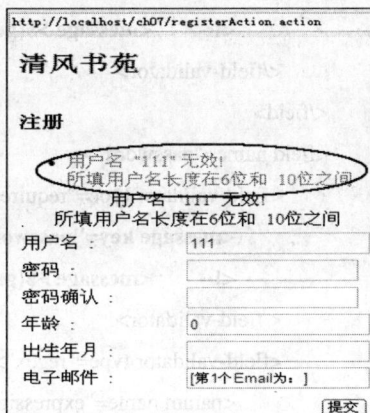

4. 校验文件的国际化

对于国际化的文件只剩下校验文件了，之前我们把校验文件 RegisterAction-validation.xml 和 RegisterAction-simple-validation.xml 移出了 com.action 包，现在则来恢复两个文件。就拿 RegisterAction-validation.xml 的国际化来作为实例。

校验文件实例化的步骤如下：

【步骤 1】修改 RegisterAction-validation.xml 文件。

对 RegisterAction-validation.xml 文件的修改主要是对<message>元素的修改，其它不变。原本直接输出元素体内的错误信息国际化有两种方式：

● 使用 message 元素的 key 属性值来定义国际化信息的 key 值，大多使用此方法，使用格式参考代码①。但当客户端验证 validate="true"时，系统则无法加载该 key 对应的国际化信息，而且会产生"FreeMarker template error"错误。

● 使用${getText("消息 key")}格式在 message 元素体内定义国际化信息的 key 值，使用格式参考代码②。当客户端验证 validate="true"时，此配置可以验证，但不能显示验证信息。

RegisterAction-validation.xml 文件修改后的代码为：

```
<?xml version="1.0" encoding="UTF-8"?>
    <!DOCTYPE validators PUBLIC "-//OpenSymphony Group//XWork Validator 1.0.2//EN"
"http://www.opensymphony.com/xwork/xwork-validator-1.0.2.dtd">
    <validators>
        <field name="username">
            <field-validator type="requiredstring">
                <message key="username.xml.null"></message>                    ①
                <!-- <message >${getText("username.xml.null")}</message>        --> ②
            </field-validator>
            <field-validator type="stringlength">
                <param name="minLength">6</param>
                <param name="maxLength">10</param>
                <message key="username.xml.length"></message>                  ①
```

```xml
            <!--        <message >${getText("username.xml.length")}</message>        -->        ②
        </field-validator>
    </field>
    <field name="password">
        <field-validator type="requiredstring">
            <message key="password.xml.null"></message>                                    ①
            <!--        <message >${getText("password.xml.null")}</message>        -->        ②
        </field-validator>
        <field-validator type="regex">
            <param name="expression"><![CDATA[(\w{6,10})]]></param>
            <message key="password.xml.length"></message>                                 ①
            <!--        <message >${getText("password.xml.length")}</message>        -->        ②
        </field-validator>
    </field>
    <field name="repassword">
        <field-validator type="requiredstring">
            <message key="repassword.xml.null"></message>                                 ①
            <!--        <message >${getText("repassword.xml.null")}</message>        -->        ②
        </field-validator>
        <field-validator type="stringlength" short-circuit="true">
            <param name="minLength">6</param>
            <param name="maxLength">10</param>
            <message key="repassword.xml.length"></message>                               ①
            <!--        <message >${getText("repassword.xml.length")}</message>        -->        ②
        </field-validator>
        <field-validator type="fieldexpression">
            <param name="expression">repassword==password</param>
            <message key="repassword.xml.same"></message>                                 ①
            <!--        <message >${getText("repassword.xml.same")}</message>        -->        ②
        </field-validator>
    </field>
    <field name="age">
        <field-validator type="int">
            <param name="min">1</param>
            <param name="max">150</param>
            <message key="age.xml.range"></message>                                       ①
            <!--        <message >${getText("age.xml.range")}</message>        -->        ②
        </field-validator>
    </field>
```

```
<field name="birthday">
    <field-validator type="required">
        <message key="birthday.xml.null"></message>                    ①
        <!--    <message >${getText("birthday.xml.null")}</message>    -->    ②
    </field-validator>
    <field-validator type="date">
        <param name="min">1900-01-01</param>
        <param name="max">2010-01-01</param>
        <message key="birthday.xml.range"></message>                   ①
        <!--    <message >${getText("birthday.xml.range")}</message>   -->    ②
    </field-validator>
</field>
</validators>
```

【步骤 2】定义属性文件。

把 以 上 所 有 的 key 配 置 到 RegisterAction_en_US.properties 和 RegisterAction_ zh_CN.properties 中。

在 RegisterAction_en_US.properties 文件中添加配置代码如下：

username.xml.null=username should not be blank!

username.xml.length=username **"${username}"** length should be between **${minLength}** and **${maxLength}**!

password.xml.null=password should not be blank!

password.xml.length=password's length should be between ${minLength} and ${maxLength}!

repassword.xml.null=repassword should not be blank!

repassword.xml.length=repassword's length should be between ${getText("minLength")} and ${maxLength}!

repassword.xml.same=repassword should be the same with password!

age.xml.range=age should be between ${min} and ${max}!

birthday.xml.null=birthday should not be blank!

birthday.xml.range=birthday should be between ${min} and ${max}\!

在 RegisterAction_ zh_CN.properties 文件中添加配置代码(注意中文转换)如下：

username.xml.null=用户名不允许为空!

username.xml.length=用户名 "${username}" 长度在${minLength}位和${ maxLength}位之间!

password.xml.null=密码不允许为空!

password.xml.length=密码长度在${ minLength}位和 ${ maxLength}位之间!

repassword.xml.null=密码验证不允许为空!

repassword.xml.length=密码验证长度在 ${ minLength} 位和 ${ maxLength}位之间!

repassword.xml.same=两次输入密码不一致!

age.xml.range=年龄值必须在${ min}岁和${ max}岁之间!

birthday.xml.null=出生日期不允许为空!

birthday.xml.range=出生日期必须在${ min)} 到${ max)}日期之间!

❖ 注意：以上资源属性文件没有使用占位符来设置参数，而使用了 OGNL 表达式来设置参数，这样简化了 RegisterAction-validation.xml 文件中 message 元素的定义。如果使用占位符，则还需在 message 元素中用 param 元素定义其参数。

【步骤3】运行程序。

重启 Tomcat，运行 register.jsp 文件，将出现如图 7-19 所示的错误提示。

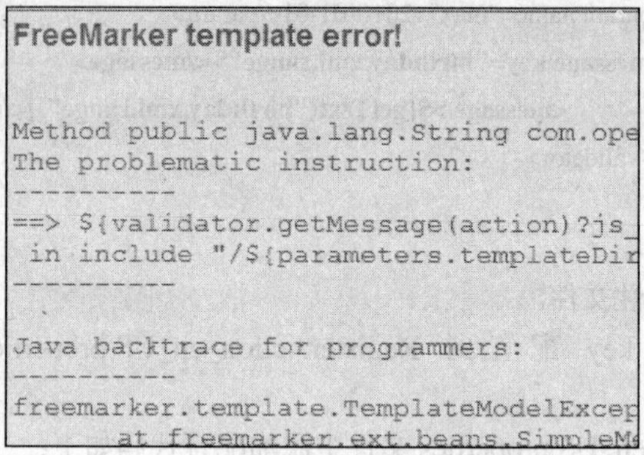

```
FreeMarker template error!

Method public java.lang.String com.ope
The problematic instruction:
----------
==> ${validator.getMessage(action)?js_
 in include "/${parameters.templateDir
----------

Java backtrace for programmers:
----------
freemarker.template.TemplateModelExcep
    at freemarker.ext.beans.SimpleMe
```

图 7-19　错误提示

这是因为使用 message 元素的属性 key 来定义国际化键值(如代码①，其中②都是被注释掉的)，当表单中客户端验证 validate="true" 时，系统无法加载该 key 对应的国际化信息。因此我们修改 register.jsp 文件，把 form 表单的属性 validate="true" 去掉，保存刷新 register.jsp 运行界面，错误提示就没有了。

当所有表单组件都为空值时的提交页面如图 7-20 所示，输入各种错误信息的提交页面如图 7-21 所示。

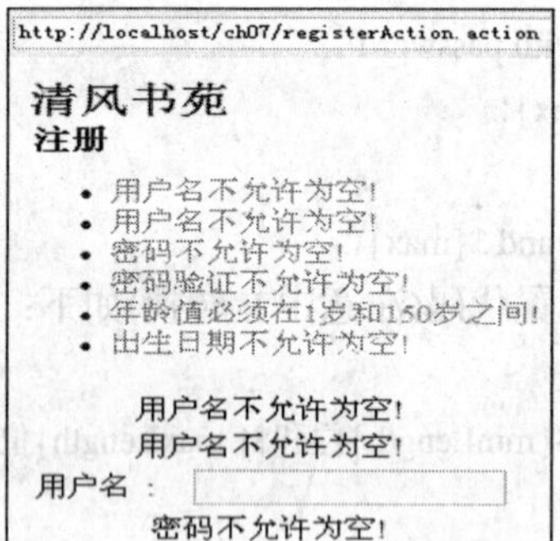

图 7-20　校验文件空值中文提示界面

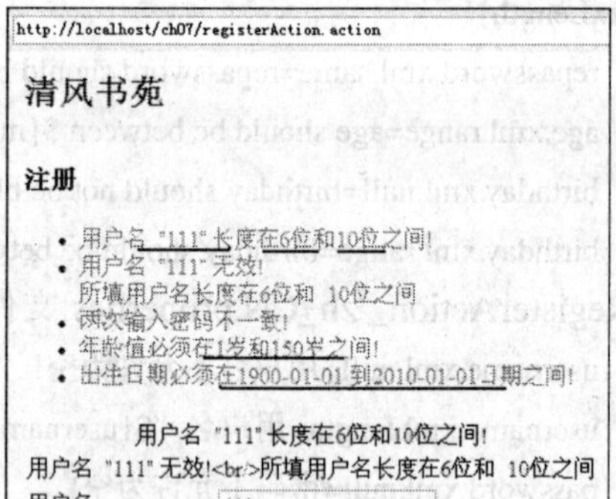

图 7-21　校验文件错值中文提示界面

【步骤 4】进行客户端校验。

实现客户端校验的步骤：

- 把 RegisterAction-validation.xml 文件中的所有代码①注释掉，换成代码②；
- 加入 form 表单的属性 validate="true"。

这里就不具体操作了，请读者自己完成。

7.2.3　加载资源文件的方式和顺序

在以上的实例中我们讲解了 Struts2 国际化资源文件有全局文件和局部文件，局部文件又分为包级别局部文件和 Action 级别局部文件，那么在这些文件中查找 key 值的顺序应该怎样？

按注册流程中涉及的资源文件，其查找顺序为：

- RegisterAction_en_US.properties；
- package_en_US.properties；
- message_en_US.properties。

当然，如果还有其它资源文件的话，则需按从小到大范围的规律查找。这里要注意的是，如果任何资源文件中都有要查找的 key 的匹配值，那么用 null 来作为返回值。

7.2.4　实现切换不同语言版本

通过修改浏览器语言的方式切换不同语言相对比较麻烦。下面介绍如何在页面中通过选择直接进行不同语言的切换，当然这样做的前提是在程序中做了国际化的处理。

1. 访问用户 Locale 的流程

由于 Web 程序流通性较广，对于大型应用通常要实现多个语言版本，那么如何让系统知道该显示哪个版本呢？通常来说，我们前面用的方法最简单，由浏览器的首选语言项来决定，这是通过浏览器的报头请求中的语言信息来决定的。当然也可以修改它，那就是提供一个语言选择页面，这就是本节的内容。

为了实现这一功能，我们首先要了解 Struts2 是如何设定访问用户的语言环境的，具体步骤如下：

首先查找 struts.locale 属性(在 struts.properties 或 struts.xml 中设置)是否有值，如果有，则将这个值直接转换为 Locale 对象保存在 ActionContext 中；如果没有，则从浏览器的报头中获取语言信息，创建 Locale 对象并保存在 ActionContext 中。然后 Struts2 拦截器 I18nInterceptor 获取请求参数 request_locale 的值，如果这个值存在，则用 request_locale 值创建一个 Locale 对象，并将这个对象作为名为 WW_TRANS_I18N_LOCALE 的 session 值，同时将这个对象保存在 ActionContext 中，从而完成国际化语言的选择。

从以上内容可以得出以下结论：

(1) 可以通过 struts.locale 属性来设置应用程序默认的 locale；

(2) 通过提交 request_locale 请求参数可以修改程序当前的 locale；

(3) 在 session 范围内会有名为'WW_TRANS_I18N_LOCALE'的变量存在。

下面通过以上的知识点来实现不同语言版本的在线切换。

2. 不同语言版本切换的实现

在 Web 页面中直接通过选择语言来实现整个流程的国际化步骤如下：

【步骤 1】建立语言选择文件。

新建 locale.jsp 文件，使用单选按钮(代码②)或超链接(代码③)来实现不同首选语言的选择，代码如下：

```jsp
<%@ page language="java" import="java.util.*" pageEncoding="UTF-8"%>
<%@ taglib prefix="s" uri="/struts-tags"%>
……
<script language="javascript">
    function selectLanguage()
    {
        document.getElementById("languageForm").submit();
    }
</script> </head>
<body>
    <hr /><p><font color=blue>
    <s:text name="locale.language"/>                                    ①
    <s:set name="current_locale" value="#session['WW_TRANS_I18N_LOCALE'] == null ?
locale : #session['WW_TRANS_I18N_LOCALE']" />
    <s:if test="#current_locale.equals(@java.util.Locale@CHINA)">
        <s:text name="chinese" />
    </s:if>
    <s:if test="#current_locale.equals(@java.util.Locale@US)">
        <s:text name="english" />
    </s:if></font></p>
    <hr />
    <s:form action="locale" id="languageForm">                          ②
        <table>
        <s:radio
            name="request_locale" list="#{@java.util.Locale@CHINA:getText('chinese'),
@java.util.Locale@US:getText('english')}"
            key="locale.change"
            value=" current_locale "
            onclick="selectLanguage();"/>
        </table>
    </s:form><hr />
    <s:text name="locale.change"/>                                      ③
    <s:a href="%{locale.action?request_locale=' + @java.util.Locale@CHINA}">
    <s:text name="chinese"/></s:a>
```

```
<s:a href="%{'locale.action?request_locale=' + @java.util.Locale@US}">
<s:text name="english"/></s:a>
    <hr />
</body>
```

然后在 register.jsp 中包含此文件，代码如下：

```
<body>
    <s:include value="locale.jsp"></s:include>
    ......
```

① 使用 s:set 标签定义了变量 current_locale，获取当期的 locale。当初次访问注册页面时，session 对象中的 WW_TRANS_I18N_LOCALE 属性为 null，这样就调用 action 类中的 getLocale()方法，获取 Web 中当前的 locale 对象，保存在 current_locale 中。当用户选择语言后，session 对象中就有 WW_TRANS_I18N_LOCALE 属性值了。

在①中显示了当前的语言内容，使用 s:if 判断 current_locale 与中、英文 Locale 在 Java 中常量的关系来选择显示国际化信息，其中@java.util.Locale@CHINA 值为 "zh_CN"，@java.util.Locale@US 值为 "en_US"。

由于要修改当前 locale 时需要提交 request_locale 的请求参数，正好符合我们国际化过的属性文件的命名。所有②和③都是通过 locale.action 来实现参数提交，提交后 session['WW_TRANS_I18N_LOCALE']的值就等于提交过来的 request_locale 值，那么就会自动查找匹配的属性文件来国际化页面。如果有多种语言版本，读者也可以在 action 中构造一个包含了所有可用 Locale 对象的列表，然后在页面中对 Locale 列表进行迭代。

下面我们完成 locale.action 的配置。

【步骤 2】配置 Action。

在 struts.xml 中添加 locale 的配置，代码如下：

```
<action name="locale">
    <result>register.jsp</result>
</action>
```

其完成的功能只是对访问当前页的语言版本转换，并无其他另外的逻辑操作。

【步骤 3】完成属性文件。

对转换中涉及的键值的定义包括两个文件。

在 message_en_US.properties 文件中添加配置代码如下：

```
#language change
locale.language=Locale language :
locale.change=Please change language :
chinese=Chinese
english=English
```

在 message_ zh_CN.properties 文件中添加配置代码(注意中文转换)如下：

```
locale.language=当前浏览器语言为：
locale.change=选择语言请点击：
chinese=中文
```

english=英文

【步骤 4】运行程序。

重启 Tomcat，运行 locale.action，由于浏览器首选语言为中文，因此显示页面如图 7-22 所示，点击单选按钮【英文】或超链接【英文】，都会显示如图 7-23 所示的英文版本，而且提交过程中的各项错误提示也都会使用英文方式。也就是在当前会话未结束时，当前的语言就是选用 session 栈中 WW_TRANS_I18N_LOCALE 的当前值为基准。

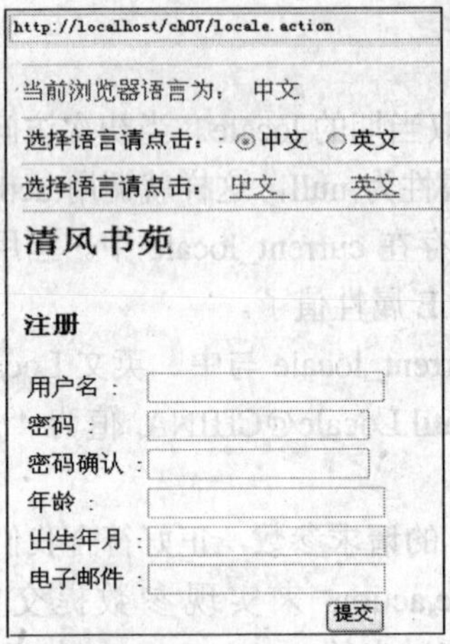

图 7-22　中文注册界面

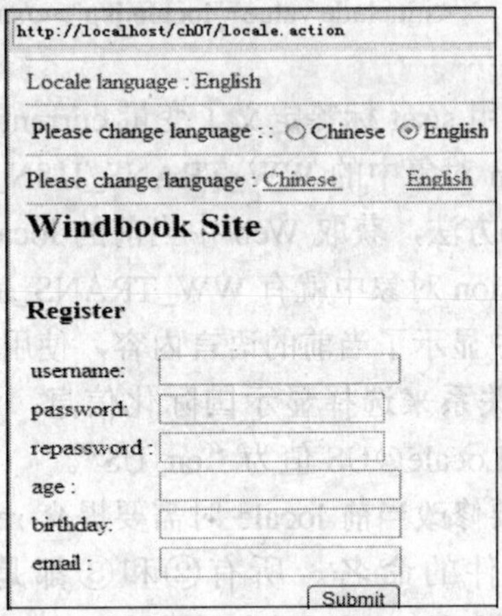

图 7-23　英文注册界面

7.3　文件上传下载

在 Web 应用中，文件的上传和下载是非常有用的功能，最常见的就是在邮件系统中附件的上传和下载。为了让读者对 Struts2 处理文件上传下载的实例理解得更加清晰，我们在新工程 ch07_file 中完成实例，在新工程中把 Struts2 的 5 个基本 JAR 包拷贝到 WEB_INF/lib 文件夹下，并在 web.xml 中加入 FilterDispatcher 过滤器配置。

7.3.1　Struts2 文件上传的条件

1. 文件上传的条件

正如大家所熟知的在 JSP 表单中有文件上传的组件，它包括一个文本框和一个【浏览】按钮，上传的文件可以通过该按钮来选择。除此之外，对于含有上传文件组件的表单一定要设置两个属性：

- **method="POST"**；
- **enctype="multipart/form-data"**。

表单的 enctype 属性指定的是表单数据的编码方式，该属性有如下三个值：

(1) application/x-www-form-urlencoded：默认编码方式，它只把表单域里 value 属性值处理成 URL 编码方式；

(2) multipart/form-data：此设置使得表单以二进制流的方式处理表单数据，如果表单是文件域，则还会把文件内容封装到请求参数里。

(3) text/plain：这种编码主要用于通过表单发送邮件的设置，此时 action 属性值多为 mailto:URL形式。

因此，为了能上传文件，表单的 method 值必须为 POST，enctype 的属性值必须为 multipart/form-data，只有这样浏览器才会把用户选择的文件的二进制数据发送给服务器。

2. Struts2 文件上传

在 Struts2 的 default.properties(核心 JAR 包)配置文件中，有以下对文件处理的默认属性代码：

###Parser to handle HTTP POST requests, encoded using the MIME-type multipart/form-data
struts.multipart.parser=cos
struts.multipart.parser=pell
struts.multipart.parser=jakarta
uses javax.servlet.context.tempdir by default
struts.multipart.saveDir=
struts.multipart.maxSize=2097152

以上设置说明，Struts2 封装可使用的文件上传解析器有三个版本：COS、Pell 和 Jakarta 开发的解析器。默认的为 Jakarta 的 Common-FileUpload 解析器，默认最大上传文件为 2097152=1k×2K=2G。

Struts2 并未提供自己的文件解析器，它只是利用以上三个解析器来完成文件上传，在它们原有功能的基础上进行封装，使文件上传步骤简化。Struts2 的封装消除了 COS、Pell 和 Jakarta 不同解析器的区别，开发者对不同解析器无需修改程序代码，只要更换使用解析器的配置即可。

对于默认的 Jakarta 的 Common-FileUpload 文件上传解析器，在 Struts2 框架使用时必须添加两个 JAR 文件：

● commons-fileupload-1.2.1.jar：来自http://commons.apache.org/fileupload/，目前最新版本为 commons-fileupload-1.2.1-bin.zip。

● commons-io-1.4.jar：来自http://commons.apache.org/io/，目前最新版本为 commons-io-1.4-bin.zip。

把这两个 JAR 包复制到 Web 应用的 WEB-INF\lib 路径下即可。

✧　注意：如果使用 COS 和 Pell 的文件上传支持，对于开发者而言，和使用 Jakarta 的几乎没有区别，只要修改 struts.multipart.parser 常量，并增加相应的文件上传项目的类库即可。

7.3.2　Struts2 实现单个文件上传

下面详细讲述实现单个文件上传的步骤。

【步骤 1】加入 JAR 包。

在工程 ch07_file 中的 WEB-INF\lib 路径下复制 commons-fileupload-1.2.1.jar 和 commons-io-1.4.jar，完成 Common-FileUpload 项目的支持。

这里要提醒的是，新工程的其它 Struts2 的 JAR 包也要重新加入，并且在 web.xml 中加入 FilterDispatcher 过滤器配置。

【步骤 2】建立文件上传页面和成功提示页面。

(1) upload 文件夹。在工程 ch07_file 的 WebRoot 下建立文件夹 upload，使得在 Tomcat 的 webapps\ch07_file 目录下部署上 upload 文件夹，用来存放上传的文件。

✧ 注意：上传的文件都保存在 Tomcat 服务器中。

(2) upload.jsp。新建文件上传页面 upload.jsp，主要代码如下：

```
<%@ page language="java" import="java.util.*" pageEncoding="UTF-8"%>
<%@ taglib prefix="s" uri="/struts-tags"%>
……
<body>
    <s:form action="upload" enctype="multipart/form-data" method="POST">
        <s:textfield name="author" label="author"></s:textfield>
        <s:file name="file" label="Please select uploadFile"></s:file>
        <s:submit value=" submit "></s:submit>
    </s:form>
</body>
```

注意，以上表单的 enctype 和 method 值正是在 7.3.1 节中提到的必要条件，表单组件中文件上传控件的名字为 file。

(3) uploadResult.jsp。新建文件上传成功提示页面 uploadResult.jsp，主要代码如下：

```
<%@ page language="java" import="java.util.*" pageEncoding="UTF-8"%>
<%@ taglib prefix="s" uri="/struts-tags"%>
……
<body>
    Author: <s:property value="author"/><br>
    File Name: <s:property value="fileFileName"/><br/>
    File Image:.<img src="<s:property value="'upload/'+fileFileName"/>"/>
</body>
```

文件上传成功提示界面显示了上传作者、上传文件名和上传图像文件内容。此处假设上传的是图像文件，上传的文件放在 upload 文件夹下。

✧ 注意：表单中文件控件的名字为 file，而成功页面中提取文件名的属性名为 fileFileName，这就是 Struts2 封装作用的结果。在 Action 中会详细说明。

【步骤3】配置 struts.xml 文件。

对于表单页面的 upload.action，在 struts.xml 中的配置如下：

```xml
<?xml version="1.0" encoding="UTF-8" ?>
<!DOCTYPE struts PUBLIC
    "-//Apache Software Foundation//DTD Struts Configuration 2.0//EN"
    "http://struts.apache.org/dtds/struts-2.0.dtd">
<struts>
    <constant name="struts.custom.i18n.resources" value="message"></constant>
    <constant name="struts.multipart.saveDir" value="d:\"></constant>
    <package name="struts2" extends="struts-default" namespace="">
        <action name="upload" class="com.action.UploadAction">
            <result name="success">/uploadResult.jsp</result>
            <result name="input">/upload.jsp</result>
        </action>
    </package>
</struts>
```

由于是新工程，提醒读者 struts.xml 必须放在 src 的根目录下。

struts.multipart.saveDir 常量是设置存放文件上传时的临时文件夹，如果此处没有设置，则系统默认为 Tomcat 安装目录的 work\Catalina\localhost 路径下。而据笔者的实践，在有些操作系统中，若此常量值为系统盘，程序将会报错。因此，最好显式定义非系统盘外的值。

【步骤4】编写 UploadAction.java 文件。

上传文件的最后一个步骤就是完成配置的 action 类，com.action.UploadAction.java 的代码如下：

```java
package com.action;
import java.io.File;
import java.io.FileInputStream;
import java.io.FileOutputStream;
import java.io.InputStream;
import java.io.OutputStream;
import java.util.List;
import org.apache.struts2.ServletActionContext;
import com.opensymphony.xwork2.ActionSupport;
public class UploadAction extends ActionSupport
{
    private String author;
    private File file;
    private String fileFileName;
    private String fileContentType;
    public String getAuthor() {
```

①

```java
            return author;      }
    public void setAuthor(String author) {
        this.author = author;      }
    public File getFile() {
        return file;      }
    public void setFile(File file) {
        this.file = file;      }
    public String getFileFileName() {
        return fileFileName;      }
    public void setFileFileName(String fileFileName) {
        this.fileFileName = fileFileName;      }
    public String getFileContentType() {
        return fileContentType;      }
    public void setFileContentType(String fileContentType) {
        this.fileContentType = fileContentType;      }
    public String execute() throws Exception
    {
        InputStream is = new FileInputStream(file);
        //针对应用的路径，只能用 servlet 的方法来取得
        String root = ServletActionContext.getRequest().getRealPath("/upload");      ②
        File destFile = new File(root, this.getFileFileName());
        OutputStream os = new FileOutputStream(destFile);
        byte[] buffer = new byte[1024];
        int length = 0;
        while ((length = is.read(buffer)) > 0)          {
            os.write(buffer, 0, length);
        }
        is.close();
        os.close();
        return SUCCESS;
    }
}
```

以上的 Action 完成了 upload.jsp 中的两个表单域 author 和 file 的 get/set 方法的设置，但是在这个 Action 中还包含了两个其它的属性(见代码①)：fileFileName 和 fileContentType。这两个属性是 Struts2 框架对使用的文件解析器封装的结果，可使应用更加简便。

归纳 Struts2 框架对文件上传 Action 需使用的三个属性的含义如下，假设表单中文件域的名字为 xxx：

■ xxx：类型为 File，代表上传的文件内容；
■ xxxFileName：类型为 String，代表上传文件的文件名。

■ xxxContentType：类型为 String，代表上传文件的类型。

这就解释了为什么在 uploadResult.jsp 中上传文件名要获取 fileFileName 属性值。

在 execute()方法中，is 和 out 变量为文件输入/输出流，并在代码②中使用 servlet 耦合获得上传文件的存放路径。其它对于二进制文件的处理，请读者自行查阅 Java 对文件处理的知识。

✧ 注意：Struts2 实现文件上传的关键就是使用了以上讲解的三个属性来封装文件域。所以在 Action 的编写时，这三个属性名的定义不能出现差错。

【步骤5】运行工程。

将 ch07_file 部署到 Tomcat 中，把 index.jsp 删除，这样才能实现列表显示 WebRoot 目录下的文件。

运行http://localhost/ch07_file/upload.jsp，并上传 gif 图像 logo，如图 7-24 所示；提交后的页面显示如图 7-25。

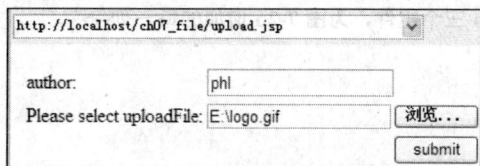

图 7-24　文件提交界面　　　　　　　　图 7-25　文件成功提交界面

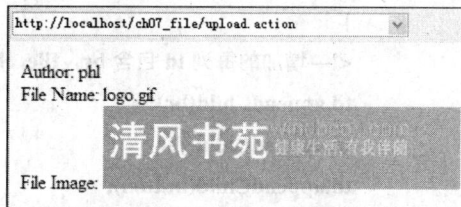

上传后，在 Tomcat 服务器中的 webapps\ch07_file\upload 文件夹下可以找到上传的 logo.gif 文件。

7.3.3　Struts2 实现多个文件上传

在 7.3.2 节中我们实现了一个文件的上传，但很多时候需要同时上传多个文件，本节的内容就是如何在 Struts2 中实现多个文件上传。它的原理其实和单个文件上传的过程类似，只不过对封装的三个属性要用数组或 List 类实现。

【步骤1】建立文件上传页面和成功提示页面。

(1) uploadMore.jsp。新建文件上传页面 upload.jsp，主要代码如下：

```
<%@ page language="java" import="java.util.*" pageEncoding="UTF-8"%>
<%@ taglib prefix="s" uri="/struts-tags"%>
……
<script type="text/javascript">
    function addMore()                                          ①
    {
<!--获得要增加行的那一列 td 元素-->
    var td = document.getElementById("more");
        <!--创建三个组件-->
```

```
        var br = document.createElement("br");
        var file = document.createElement("input");
        var button = document.createElement("input");
        <!--对组件属性赋值，此处为 file 组件-->
        file.type = "file";
        file.name = "file";
        <!--此处为 button 组件，可触发删除 br，file，button 的功能-->
        button.type = "button";
        button.value = "Remove";
        button.onclick = function()
        {
            td.removeChild(br);
            td.removeChild(file);
            td.removeChild(button);
        }
        <!—增加的每列 td 包含 br，file，button 三个组件，为图 7-26 增加的每一列-->
        td.appendChild(br);
        td.appendChild(file);
        td.appendChild(button);
    }
    </script>
    </head>
    <body>
        <s:form    action="uploadMore.action"    theme="simple"    enctype="multipart/form-data"
method="POST">
            <table align="center" width="50%" border="1">
                <tr><td>author</td>
                <td>    <s:textfield name="author"></s:textfield></td></tr>
                <tr><td>file</td>
                <td id="more"><s:file name="file"></s:file>
                <input type="button" value="Add More.." onclick="addMore()">    ②
                </td></tr>
                <tr><td><s:submit value=" submit "></s:submit></td>
                    <td><s:reset value=" reset "></s:reset></td>    </tr>
            </table>
        </s:form>
    </body>
</body>
```

对于实现多个文件的上传，上传页面的编写是最主要的步骤之一，再就是 Action 文件的改变，其它基本和单个文件的上传一致。

在 uploadMore.jsp 中对表单使用了 simple 主题来美化界面，在代码②中通过 javascript 来实现增加和删除 file 组件。当点击【Add More..】按钮时，触发 addMore()方法，在代码①中实现；当点击【Remove】按钮时，把增加的该列内容全部删去。具体实现的代码含义见①中的解释。

(2) uploadMoreResult.jsp。新建文件上传成功提示页面 uploadMoreResult.jsp，主要代码如下：

```
<%@ page language="java" import="java.util.*" pageEncoding="UTF-8"%>
<%@ taglib prefix="s" uri="/struts-tags"%>
……
<body>
Author: <s:property value="author"/><br>
File Name: <s:property value="fileFileName"/><br/>
</body>
```

文件上传成功提示界面显示了上传作者和所有上传文件名，上传的文件放在 upload 文件夹下。

✧　注意：此处 fileFileName 显示的所有上传文件名的列表，以逗号隔开。如果要像单个图像文件那样显示出来，则需要对此列表进行处理，请读者自行考虑。

【步骤 2】配置 struts.xml 文件。

对于表单页面的 uploadMore.action，在 struts.xml 中添加的配置如下：

```
<action name="uploadMore" class="com.action.UploadMoreAction">
    <result name="success">/uploadMoreResult.jsp</result>
    <result name="input">/uploadMore.jsp</result>
</action>
```

【步骤 3】编写 UploadMoreAction.java 文件。

上传多文件的最后一个步骤就是完成配置的 action 类，则 com.action.UploadMore Action.java 的代码如下：

```
package com.action;
……//省略导入包
public class UploadMoreAction extends ActionSupport
{
    private String author;
    private List<File> file;
    private List<String> fileFileName;
    private List<String> fileContentType;
……//省略以上 4 个属性的 get/set 方法
    @Override
    public String execute() throws Exception
```

```
{
    for (int i = 0; i < file.size(); ++i)
    {       InputStream is = new FileInputStream(file.get(i));
            String root = ServletActionContext.getRequest().getRealPath(
                "/upload");

            File destFile = new File(root, this.getFileFileName().get(i));
            OutputStream os = new FileOutputStream(destFile);
            byte[] buffer = new byte[1024];
            int length = 0;
            while ((length = is.read(buffer)) > 0)
            {       os.write(buffer, 0, length);        }
            is.close();
            os.close();
    }
    return SUCCESS;
    }
}
```

以上的 Action 完成的内容和单个文件的 Action 基本相同，不同之处已用黑体标出，其基本原则就是对多个文件做循环操作。另外，最重要的是对封装的三个文件属性采用列表 List 的方式来储存。

【步骤 4】运行工程。

运行http://localhost/ch07_file/uploadMore.jsp，并上传多个文件，如图 7-26 所示，每点击一次【Add More...】按钮，就会多一行上传组件和移除按钮。提交后显示的页面如图 7-27 所示。

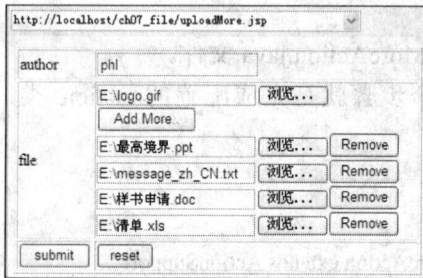

图 7-26　多个文件提交界面

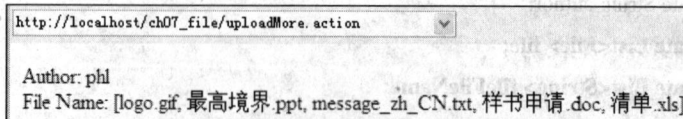

图 7-27　多个文件成功提交界面

上传后，在 Tomcat 服务器中的 webapps\ch07_file\upload 文件夹下可以找到上传的多个文件。笔者此处选择了多种文件格式，都能同时上传成功。

7.3.4　上传文件的类型过滤与错误提示

Struts2 提供了一个用于文件上传的拦截器 fileUpload，只需在 Action 的配置文件 struts.xml 中配置该拦截器，即可轻松地实现文件过滤。

1. 文件类型过滤

fileUpload 拦截器一般配置两个参数：

➢ allowedTypes：指定允许上传的文件类型，多个类型之间以英文逗号(,)隔开；

➢ maximumSize：指定允许上传的文件大小，单位是字节。

如果任何一个过滤条件不满足，则系统将转到 input 视图。另外，由于在 Action 配置中定义了 fileUpload 拦截器，就必须显式地为该 Action 配置 defaultStack 默认拦截器(详见7.1 节)。

以下代码用于对 upload.action 配置文件约束，上传文件容量不大于 1500 字节，上传文件类型可以是.gif 类型和.jpeg 类型的图片，在 struts.xml 中代码如下：

```
<action name="upload" class="com.action.UploadAction">

    <result name="success">/uploadResult.jsp</result>

    <result name="input">/upload.jsp</result>                                    ①

    <interceptor-ref name="fileUpload">                                          ②

        <param name="maximumSize">1500</param>

        <param name="allowedTypes">image/gif,image/jpeg</param>

    </interceptor-ref>

    <interceptor-ref name="defaultStack"></interceptor-ref>                       ③

</action>
```

注意，以上代码中①、②、③是必修配置的，即进行上传文件过滤的必要条件是：

● input 视图配置；

● fileUpload 拦截器配置；

● defaultStack 拦截器配置。

✧　注意：对于 allowedTypes 参数中的值来源，可以查看 Tomcat 中 conf/web.xml 文件中的定义，如演示文稿.ppt 文件为 application/vnd.ms-powerpoint，pdf 类型文件为 application/pdf，请读者自行查阅。

2. 文件上传错误提示

运行程序后，如果上传文件过大，则会出现如图 7-28 所示的错误提示。

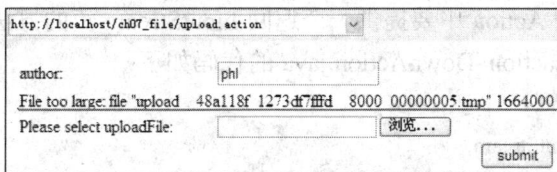

图 7-28　上传文件过大错误提示

上面的错误提示在文件 org.apache.struts2.struts/messages.properties 中，其中有两个常用的和文件上传有关的常量为：

> struts.messages.error.file.too.large=File too large: {0} "{1}" {2}

> struts.messages.error.content.type.not.allowed=Content-Type not allowed: {0} "{1}" {2}

显而易见，常量 struts.messages.error.file.too.large 是文件过大提示的值，而文件类型错误的提示常量为 struts.messages.error.content.type.not.allowed。因此，为了错误提示更加人性化，可以对这两个常量值进行改变，这里采用 message.properties 来实现。

新建 message_ zh_CN.properties 文件，添加配置代码(注意中文转换)：

> struts.messages.error.file.too.large=上传的文件大小不能超过 1500K！

> struts.messages.error.content.type.not.allowed=上传文件只能是 gif 或 jpeg 类型

重启服务器，运行文件过大的提示页面如图 7-29 所示，文件上传类型出错的提示页面如图 7-30 所示。

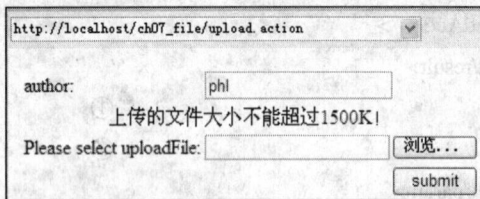

图 7-29　上传文件过大中文错误提示　　　　图 7-30　上传文件类型错误中文提示

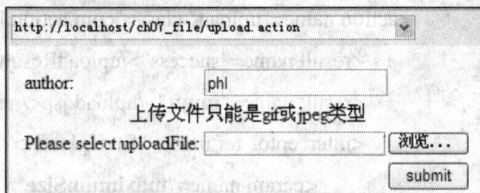

7.3.5　Struts2 中文件下载的实现

实现文件下载时，主要使用 Struts2 提供的支持文件下载功能的 stream 结果类型。下面具体介绍实现文件下载的步骤：

【步骤 1】建立文件下载页面。

新建文件下载页面 download.jsp，主要代码如下：

```
<%@ page language="java" import="java.util.*" pageEncoding="UTF-8"%>
<%@ taglib prefix="s" uri="/struts-tags"%>
……
<body>
    <s:a href="download.action">Struts2 讲义下载</s:a>
</body>
```

建立文件下载的超链接，通过下载 Action 文件实现文件下载。

【步骤 2】编写 DownAction.java 文件。

Struts2 文件下载的 Action 中要提供一个返回 InputStream 流的方法，该输入流代表了被下载文件的入口。com.action. DownAction.java 的代码如下：

```
package com.action;
import java.io.InputStream;
import org.apache.struts2.ServletActionContext;
import com.opensymphony.xwork2.ActionSupport;
```

```
public class DownloadAction extends ActionSupport
{
    public InputStream getDownloadFile()
    {
        return ServletActionContext.getServletContext().getResourceAsStream("/upload/Struts2.ppt");
    }
}
```

❖　注意：以上 Action 提供的返回 InputStream 流的方法名为 getDownloadFile()，则对应的
　　该 Action 文件配置中 inputName 参数的值为去掉 get 前缀，并且将后面的方法名首字母
　　改为小写，这样处理后的字符串为 downloadFile，参看【步骤 3】中的配置。

【步骤 3】配置 struts.xml 文件。

对于表单页面的 download.action，在 struts.xml 中添加的配置如下：

```
<action name="download" class="com.action.DownloadAction">
    <result name="success" type="stream">
        <param name="contentDisposition">filename="Struts2.ppt"</param>
        <param name="inputName">downloadFile</param>
    </result>
</action>
```

此配置中的关键是需要配置 stream 类型结果，其有 4 个属性：

● contentType：指定被下载文件的文件类型，默认为"text/plain"；

● contentDisposition：指定下载对话框中文件的名字；

● inputName：指定输入流的名字，此字符串来自 Action 文件中的返回 InputStream 流
的方法名；

● bufferSize：指定下载文件是缓冲大小，默认 1024K；

❖　注意：文件下载返回视图的类型是 stream。

【步骤 4】运行工程。

运行http://localhost/ch07_file/ download.jsp，
点击超链接下载，如图 7-31 所示，出现对下载文
件处理的询问界面，用户可根据个人习惯选择打
开或保存。

以上就是文件下载功能在 Struts2 中的实现，
读者可以使用拦截器的配置对下载文件进行权限
拦截。

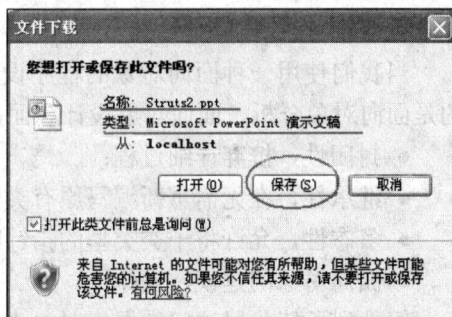

图 7-31　文件下载提示界面

第 8 章　JPA 框架

📑 **重要知识点**

- JPA 的运行环境
- JPA 中实体 Bean 的设置
- JPA 的 API 函数
- JPA 中实体关联和联合主键的处理

在前面几章中完成了对 Struts2 框架的系统学习，而在 Java EE 应用中还需要一个重要的数据持久化解决方案，本书采用 JPA 框架来完成。

8.1　ORM 和 JPA

目前主流的数据库产品，例如 Oracle、DB2、SQL Server，还有本书使用的 MYSQL 数据库，都是关系型数据库。而 Java EE 应用中依赖的编程语言 Java 是面向对象的，因此使用面向对象编程语言操作关系数据库催生出了 ORM 框架。

1. 对象/关系数据库映射(ORM)

ORM 的全称是 Object/Relation Mapping，即对象/关系数据库映射。ORM 只是一种规范，它定义了如何完成从面向对象编程语言到关系数据库的映射，可以当成是应用程序和数据库的桥梁。关系数据库通过 ORM 框架映射后，就可以直接使用面向对象语言，把每个映射作为一个实体来访问，与面向对象的编程思想一致。

ORM 框架是面向对象程序设计语言与关系数据库发展不同步的中间解决方案，随着面向对象数据库的出现，ORM 工具将会自动消亡。但这是个漫长的过程，因此符合 ORM 规范的各种框架都在市场上占据了一席之地。

2. 为什么需要 ORM

当我们使用一种面向对象的程序设计语言来进行应用开发时，从项目开始起一直采用的是面向对象分析、面向对象设计和面向对象编程，体验着面向对象编程的许多优势：

- 封闭性，摈弃详细过程；
- 继承性，在无需重新编写原有类的情况下扩展其功能；
- 多态性，允许将子类类型的指针赋值给父类类型的指针；
- 面向对象的建模、操作。

但是到了持久层访问数据库时，由于数据库的发展并未与程序设计语言同步，又必须重返关系数据库的访问方式。但是，关系数据库系统也有许多不能摈弃的优势：

- 大量数据筛选、排序；
- 数据库访问的并发、事务性；
- 高可靠性，能够运行很长时间而不会发生故障；
- 集合数据连接操作、映射；
- 高度的安全性，包括数据的备份、还原，以及数据库的约束、隔离。

面对这样的局面，采用 ORM 框架就成为一种必然。这里可以对 ORM 工具的作用做一个总结，就是把对持久化对象的操作，转换成对数据库的操作。但我们在采用 ORM 框架之后，应用程序不再直接访问底层数据库，而是以面向对象的方式来操作持久化对象(如 CRUD 操作等)，而 ORM 框架则将这些面向对象的操作转换成底层的 SQL 操作。

3. JPA 与其它 ORM 框架的关系

目前 ORM 框架的产品非常多，包括 Entity EJB、Hibernate、iBATIS、TopLink 等，很多公司还开发了自己的 ORM 框架来解决公司项目的持久化。每种 ORM 框架都有自己的语法，它们之间不能直接通用，这样对不同项目的开发十分不利。因为许多持久层的操作都是类似的，实体操作的代码具有很大的可重用性，如果有一种框架，能够提供不同 ORM 框架的统一规范，就像 JDBC 能提供不同数据库的相同访问方式，那么对开发者来说无疑是十分有利的。

Sun 公司为了简化现有 Java EE 和 Java SE 应用的对象持久化的开发工作，整合 ORM 技术，结束现在 Hibernate、iBATIS、TopLink 等 ORM 框架各自为营的局面，提出了新的 JPA ORM 规范。

1) JPA ORM 规范

JPA(Java Persistence API)作为 Java EE 5.0 平台标准的 ORM 规范，将得到所有 Java EE 服务器的支持。Sun 这次吸取了之前 EJB 规范惨痛失败的经历，在充分吸收现有 ORM 框架的基础上，得到了一个易于使用、伸缩性强的 ORM JPA 规范。

JPA 由 EJB 3.0 软件专家组开发，作为 JSR-220 实现的一部分。但它不属于 EJB 3.0，它可以在 Web 应用甚至桌面应用中使用。JPA 的宗旨是为 POJO 提供持久化标准规范。由此可见，经过这几年的实践探索，能够脱离容器独立运行，方便开发和测试的理念已经深入人心了。目前 Hibernate 3.2、TopLink 10.1.3 以及 OpenJpa 都提供了 JPA 的实现。

JPA 通过 JDK 5.0 注解或 XML 描述对象—关系表的映射关系，并将运行期的实体对象持久化到数据库中。

2) JPA 主要技术

JPA 的总体思想和现有 Hibernate、TopLink、JDO 等 ORM 框架大体一致。总的来说，JPA 包括以下三方面的技术：

- ORM 映射元数据：JPA 支持 XML 和 JDK 5.0 注解两种元数据的形式，元数据描述对象和表之间的映射关系，框架据此将实体对象持久化到数据库表中。
- JPA 持久化 API：用来操作实体对象，执行 CRUD 操作，框架在后台替我们完成所有的事情，将开发者从繁琐的 JDBC 和 SQL 代码中解脱出来。
- 查询语言：这是持久化操作中很重要的一个方面，通过面向对象而非面向数据库的查询语言查询数据，避免程序的 SQL 语句紧密耦合。

3) JPA 与 Hibernate

JPA 不是一种新的 ORM 框架，它的出现只用于规范现有的 ORM 技术，使得目前流行的 ORM 框架可以实现互相移植的功能，而不是对它们的替代。相反，在采用 JPA 开发时，仍然将使用这些框架，只是对于不同框架的运用可以不修改任何代码，真正做到低耦合、可扩展程序设计。

Hibernate 是最流行的 ORM 框架之一，也是最早实现 JPA 的规范框架之一。JPA 与 Hibernate 相比的优点在于：JPA 大量使用 annotation 语法，其 XML 使得配置简化，但不能解决同步。

JPA 和 Hibernate 框架的关系可以看成是接口和实现的关系，但 JPA 只是 Hibernate 的一个子集，因此 Hibernate 有些功能 JPA 并不能实现，如 JPA 不支持索引功能，没有缓存功能。因此在实际应用中两个框架可以结合使用，但凡是 JPA 能实现的功能都用 JPA 来完成，以此减少代码与 Hibernate 框架的耦合性。

8.2　JPA 及其开发环境的搭建

8.2.1　MySQL 数据库的安装和使用

基于本书采用 Java EE 的开源轻量级框架，因此，对数据库的选择为开源数据库 MySQL，版本为 MySQL5.0.22-win32，使用连接 Java 语言的 JAR 包版本为 mysql-connector-java-5.1.6-bin.jar。由于 MySQL 数据库为命令符操作方式的，因此本书采用 MySQL 可视化帮助软件 SQLManager For MySQL，可以使读者看到类似微软 SQL Server 的操作界面。

下面介绍实现以上环境的操作步骤。

【步骤 1】配置 MySQL。

MySQL 数据库的安装过程非常简单，基本就是执行【Next】按钮操作。安装结束后，将打开如图 8-1 所示的【MySQL Server Instance Configuration Wizard】页面，来配置数据库运行时使用的参数。

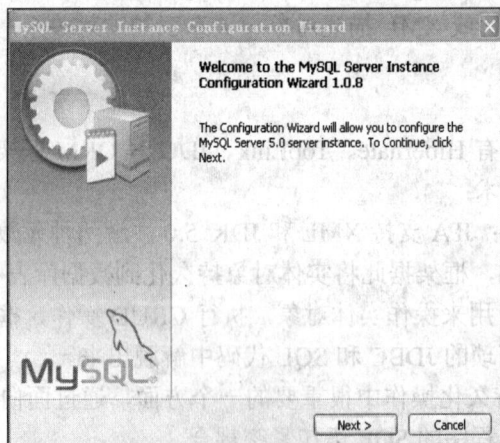

图 8-1　MySQL 数据库配置

　　如没有特殊情况，在下面的几个安装界面可直接点击【Next】按钮，使用默认配置，直到访问端口号界面出现，如图 8-2 所示。MySQL 中有多个连接端口号可选，分别为 3306、3307、3308 等，但一般默认选择 3306 端口号。

　　当出现 MySQL 默认字符集选择界面时，最好手动更换字符集为"utf8"，这样可以简化 MySQL 数据库数据写入和读出的中文化处理，如图 8-3 所示。

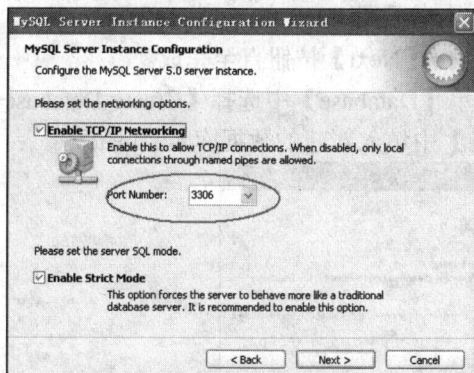

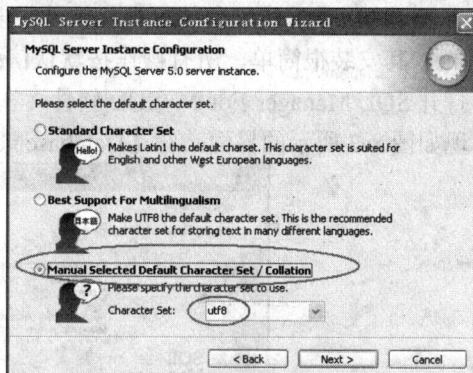

图 8-2　MySQL 连接端口配置图　　　　　图 8-3　MySQL 语言配置

　　在如图 8-4 所示的界面中可以修改数据库访问密码，原始密码为安装数据库时设定的，一般默认为"123456"，用户名为"root"。

　　在配置操作最后，将出现如图 8-5 所示的界面，说明安装的 MySQL 数据库配置成功，点击【Finish】按钮即可。

图 8-4　MySQL 密码配置图　　　　　　　图 8-5　MySQL 数据库配置

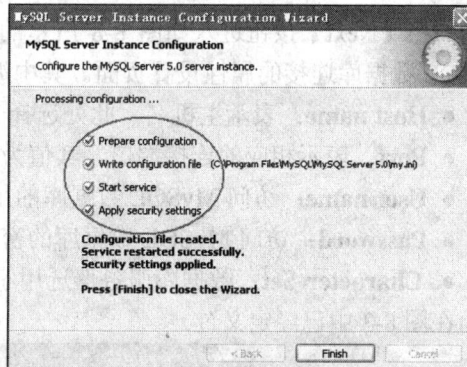

【步骤 2】验证 MySQL。

　　配置成功后，可在 MySQL 的命令操作界面登录数据库，如图 8-6 所示。输入图 8-4 设定的验证密码后回车，就会显示输入命令行的操作符，说明登录成功。

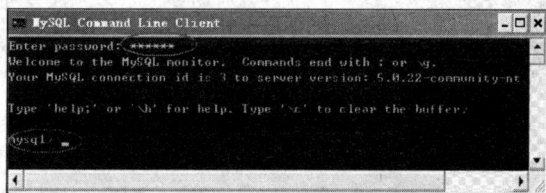

图 8-6　MySQL 命令符操作

❖ 注意：本书仅采用 MySQL 数据库来存取数据，使用可视化界面完成，不讲解 MySQL 数据库的命令操作符，请读者自行查阅资料。

【步骤 3】安装注册 SQL Manager For MySQL。

与 MySQL 数据库配套的可视化软件很多，本书采用 EMS 的 SQL Manager 2007 For MySQL，其安装很简单，所有操作按默认信息点击【Next】按钮直至完成。

打开 SQL Manager For MySQL 软件，在菜单【Database】中选择【Create Database】，将出现如图 8-7 所示的界面，在【Database name】中填入新建的数据库名"jpatest"。

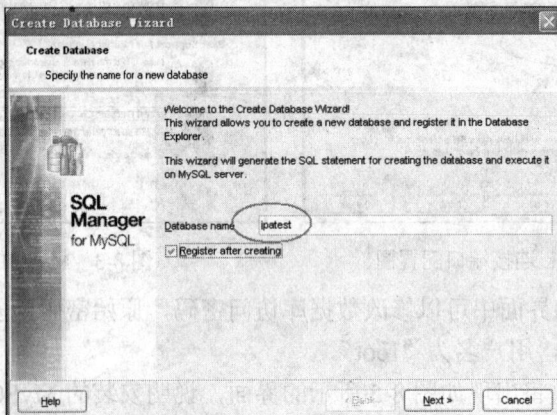

图 8-7 新建数据库

点击【Next】按钮进入如图 8-8 所示的界面，进行 SQL Manager For MySQL 软件与 MySQL 数据库连接的属性设置页面。其中涉及到的变量如下：

● **Host name**：表示主机名，此处选择 localhost，在本地机器使用。

● **Port**：表示相应的连接端口，其值为设置 MySQL 数据库选择的端口号。

● **User name**：访问 MySQL 数据库的用户名，"root"为 MySQL 默认的用户名。

● **Password**：访问 MySQL 数据库的密码，此处值为"123456"。

● **Character Set**：数据库服务器选用字符集，可在此选择"utf8"，但此处选择默认，因为在图 8-3 中已经定义过。

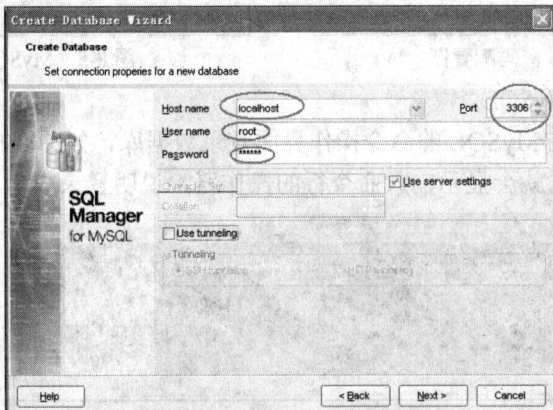

图 8-8 连接 MySQL 数据库

点击【Next】按钮，将进入如图 8-9 所示的界面，生成新建数据库 jpatest 脚本。

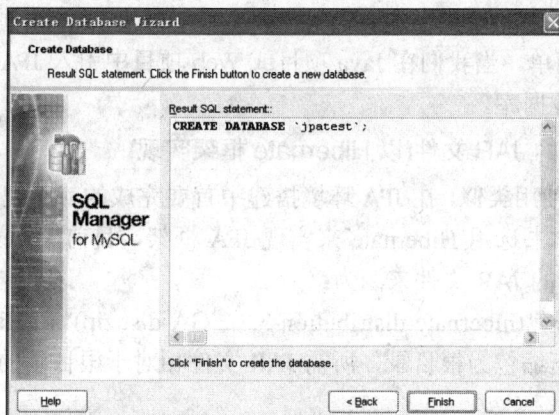

图 8-9　新建数据库脚本生成

点击【Finish】按钮，将进入如图 8-10 所示的界面，进行数据库注册，这里只要求修改【Client charset】为"utf8"和【Font charset】为"GB2312"，为简化数据库读出、写入操作的中文字符。

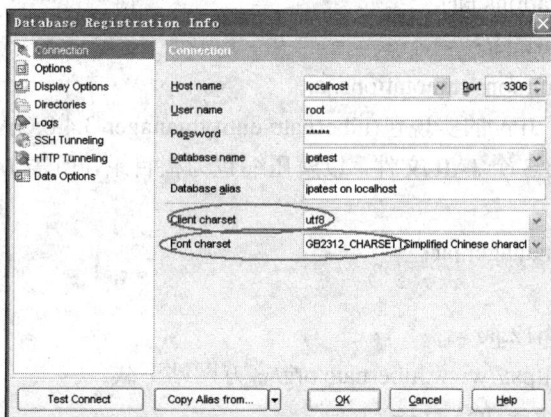

图 8-10　注册数据库语言

经过以上一系列操作后，便完成了新建数据库 jpatest 的操作，这时可以在 Database 视图中看到如图 8-11 所示的界面。注意，必须双击【jpatest on localhost】才能看到分支目录，该界面和一般拥有可视化界面的数据库相类似，如微软的 SQL SERVER，那么创建表、视图等的操作对大部分读者来说应该不成问题。

以上就是对数据库环境的安装和配置，我们新建了数据库 jpatest。以下重点介绍如何使用 JPA 框架来访问 jpatest 数据库。

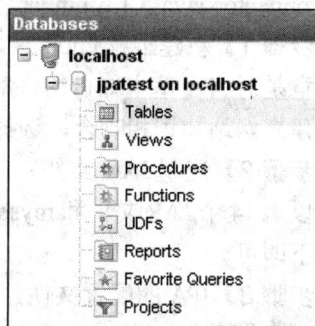

图 8-11　MySQL 命令符操作

8.2.2　JPA 环境搭建

JPA 的用法非常简单，当我们在 Java 项目或 Web 项目中引入 JPA 框架后，就能以面向对象的方式操作关系数据库。

1. 开发 JPA 依赖的 JAR 文件(以 Hibernate 框架实现)

和 Struts2 框架的使用类似，在 JPA 环境搭建中首要完成的就是把开发所需的 JAR 文件加入到环境变量中。本书选用 Hibernate 来实现 JPA 框架，目前 Hibernate 最新的产品版本为 3.3.2GA，因此需要的 JAR 文件来源为：

(1) Hibernate 核心包(hibernate-distribution-3.3.2.GA-dist.zip)。在 Hibernate 核心包中需要 8 个 JAR 文件，以解压缩包为根目录，所需 JAR 文件相对于根目录的文件为：

- hibernate3.jar；
- lib\bytecode\cglib\cglib-2.2.jar；
- lib\required*.jar(包含 6 个 JAR 文件)。

(2) Hibernate 注解包(hibernate-annotations-3.4.0.GA.zip)。在 Hibernate 注解包中需要 3 个 JAR 文件，以解压缩包为根目录，所需 JAR 文件相对于根目录的文件为：

- Hibernate- annotations.jar；
- lib\ejb3-persistence.jar；
- lib\Hibernate-commons-annotations.jar。

(3) Hibernate 针对 JPA 的实现包(hibernate-entitymanager-3.4.0.GA.zip)。在 Hibernate 针对 JPA 的实现包中需要 3 个 JAR 文件，以解压缩包为根目录，所需 JAR 文件相对于根目录的文件为：

- hibernate-entitymanager.jar；
- lib\test\log4j.jar；
- lib\test\slf4j-log4j12.jar。

以上文件均可从 https://www.hibernate.org/官方网站下载。

2. 在 MyEclipse 搭建 JPA 环境

准备好以上 14 个 JAR 文件后，还需要连接 MYSQL 数据库的驱动程序，本书采用 mysql-connector-java-5.1.6-bin.jar。在 MyEclipse7.0 中搭建 JPA 环境的步骤如下：

【步骤 1】新建工程 ch08。

本章是对 JPA 基本知识的讲解，因此不涉及 Web 界面的操作，可以新建 Java 工程，但为了与建立网站知识相吻合，选择新建 Web 工程 ch08。

【步骤 2】复制 JAR 文件。

把以上 14 个 JAR 文件和 mysql-connector-java-5.1.6-bin.jar 复制到 WebRoot/WEB-INF/lib 文件夹下即可。

【步骤 3】JPA 的配置文件。

JPA 规范要求在类路径 classes 的 META-INF 目录下放置 persistence.xml 文件，这就意味着在 ch08 工程的 src 目录下要新建 META-INF 文件夹，然后在此文件夹下建立 persistence.xml 文件，注意文件名是规定好的。配置模板如下：

```xml
<?xml version="1.0" encoding="UTF-8"?>
<persistence xmlns="http://java.sun.com/xml/ns/persistence"
    xmlns:xsi="http://www.w3.org/2001/XMLSchema-instance"
    xsi:schemaLocation="http://java.sun.com/xml/ns/persistence
    http://java.sun.com/xml/ns/persistence/persistence_1_0.xsd"
    version="1.0">
    <persistence-unit name="sspu" transaction-type="RESOURCE_LOCAL">
    <provider>org.hibernate.ejb.HibernatePersistence</provider>
    <properties>
        <property name="hibernate.dialect" value="org.hibernate.dialect.MySQL5Dialect" />
        <property name="hibernate.connection.driver_class" value="com.mysql.jdbc.Driver" />
        <property name="hibernate.connection.url" value="jdbc:mysql://localhost:3306/jpatest?
useUnicode=true&amp;characterEncoding=UTF-8" />
        <property name = "hibernate.connection.username" value = "root"/>
        <property name = "hibernate.connection.password" value = "123456"/>
        <property name="hibernate.hbm2ddl.auto" value="update"/>
    </properties>
    </persistence-unit>
</persistence>
```

上面的【步骤 2】和【步骤 3】可以使用 MyEclipse 自带的【add JPA Capabilities】方式来完成，但导入的包不能保证是最新的，所以建议读者使用自己复制包的方式来完成 JPA 环境的搭建。

❖ 注意：以上配置文件的代码原型来自 hibernate-entitymanager-3.4.0.GA 包中的 doc/reference/en/html_single/index.html#setup-configuration ，配 置 了 最 基 本 的 persistence.xml 文件内容。其 xsd 文件来自 hibernate-entitymanager.jar 包中的 org.hibernate.ejb.persistence_1_0.xsd。有兴趣的读者可以自行查阅。

3. JPA 配置文件中元素的含义

以上配置的 persistence.xml 文件的主要目的是进行 MySQL 数据库注册，并与数据库 jpatest 建立连接。

```
<persistence-unit name="sspu" transaction-type="RESOURCE_LOCAL">
```

元素 persistence-unit 的配置十分重要，其 name 属性的值为 sspu，表示所有包名为 sspu 的实体都使用这个持久化单元的数据库配置来完成 CRUD 操作；属性 transaction-type 表示事务类型，有 RESOURCE_LOCAL(本地事务)和 JTA(全局事务)两个值，我们一般的 JDBC 都是本地事务，全局事务大多用于不同数据库之间的操作，如 Oracle 和 DB2 之间数据的互操作。

```
<provider>org.hibernate.ejb.HibernatePersistence</provider>
```

元素 provider 表示使用何种 ORM 框架来实现 JPA，此处显然是 hibernate。

　　　　<properties>……</properties>

元素 properties 中的所有属性用来实现 MySQL 数据库的连接，这里只列出一般配置的属性，其中各属性的含义为：

- **hibernate.dialect**：使用的数据库方言，此处指明是 MySQL 方言。
- **hibernate.connection.driver_class**：数据库驱动类，此处选用较新的驱动类 com.mysql.jdbc.Driver。
- **hibernate.connection.url**：数据库连接的 URL，MySQL 的 URL 格式为 **jdbc:subName://hostname:port/DatabaseName**，此处把数据库 jpatest 作为 sspu 持久化单元的相关数据库。
- **hibernate.connection.username**：连接操作的数据库用户名。
- **hibernate.connection.password**：连接操作的数据库密码。
- **hibernate.hbm2ddl.auto**：可以帮助用户实现正向工程，即由 java 代码生成数据库脚本，进而生成具体的表结构。它有三个值：create 表示根据实体类来生成表，但是每次运行都会删除上一次的表，重新生成表，哪怕两次没有任何改变；create-drop 表示根据 model 类生成表，但是一旦 EntityManagerFactory 关闭，表就自动删除；update 为最常用的属性，也根据 model 类来生成表，即使表结构改变了，表中的行仍然存在，而且会进行同步更新操作。

✧　注意：元素 persistence-unit 的属性 name 的值非常重要，如实例中为 sspu，则所有包名为 sspu(包括*.sspu.*)中的实体都在数据库 jpatest 中完成 CRUD 操作。

8.3　实体 Bean 和数据表的建立

我们已在 8.1 节搭建好了 JPA 在 MyEclipse 里的运行环境。本节的内容是利用 JPA 来实现关系数据表与面向对象实体间的映射，在这之前，我们要提到一个概念——"领域建模"。

8.3.1　面向领域建模和 UML 建模

随着软件开发的复杂性的不断提升，UML 建模方法已经成为许多公司软件开发前进行模型分析的工具，UML 致力于提供代码的可视化表示。在开发实现之前进行设计的意义很大，因此开发团队也希望能够从模型中收获更多，最好能与开发中的代码相关，而不仅仅是作为文档和规约的替代品。根据 UML 设计进行自动的代码生成是一个办法，但现在这也是 UML 为人所诟病的一个短处，在实践中，UML 模型能够生成的最终可用的代码往往很少。

面向领域建模 DSM(Domain-Specific Modeling)是一种新的建模方式。和 UML 不同，DSM 提供的建模结构更靠近现实世界的对象，即最终的代码实现更完善。更重要的是，DSM

可以提供完全的代码生成能力。这样，开发人员可以更高效地开发应用程序。

1. DSM 和 UML 方法比较

下面通过一个例子来简单比较一下 DSM 和 UML。比如构建一个通过电话进行会议注册的应用程序，可以选择付款方式，并可以查阅会议安排。

使用 UML，我们会首先在一个 Use case 图中表达该程序的外部需求，然后应用 UML 的类图和顺序图、状态图等进行内部设计。显然，当我们深入到细节设计部分时，会有多种可能的设计方案，不同的开发者可能选择不同的方案，这些方案未见得哪个就比哪个好多少。UML 支持这些不同的设计，在得到正确的设计这一点上不能提供什么帮助。毕竟 UML 不知道关于这个应用的任何知识。要得到正确的设计，开发者需要了解问题域(电话)，构建该应用程序的平台(例如 Symbian)以及如何正确地画 UML。最后，再用 UML 图进行设计之后，便进入了写代码的阶段。自然地，我们希望可以从设计中生成尽可能多的代码，但 UML 却不能做到这一点。UML 是一个通用的建模语言，这意味着不管你设计什么样的软件，都可以用 UML。也正是因为这一点，UML 的发明者们需要做出很多妥协，来让 UML 可以建模的领域十分广阔但却不能精于某一方面。结果就是：开发人员可以从 UML 中生成的有效代码很少。在所有的建模完成之后，我们对系统有了全面的理解，但是没有可运行的程序。不可避免地，在编码实现和测试阶段，我们会对设计有一些修改，但通常大家都懒得去更新涉及到的所有模型，这样模型就过时了。

DSM 认为，如果他们用的符号系统是面向目前开发的问题领域的，则开发者可以更有效地进行软件设计。DSM 支持开发者描述需要的各个方面，而且也不多描述一些无用的信息。这些符号体系的提供以及到代码的映射由公司的专家负责，其余的开发人员就可以从他们的设计中自动生成完全的高质量的代码。当然，这需要 DSM 工具的支持，这些工具将支持 DSM 语言的定义、使用和维护。这些工具实际上已经有了，Microsoft、MetaCase 和 Xactium 以及诸如 Eclipse GMF 的框架等，都有这方面的支持。

使用电话会议这个问题域所特别定制的领域特定语言，我们可以创建一个更有表现力的设计，中间使用的都是领域特定的概念，例如短信、占线之类，每个都会有一些规则。使用 DSM，我们可以关注于寻找用领域概念表示的解决方案，而不是代码。最终的描述捕获了这个程序所有需要的静态和行为方面，可以完全从模型生成最后的程序。这和前面我们看到的 UML 模型是完全不同的。

考虑从设计到编码的整个周期，DSM 的实现不需要额外的投资，相反还会节省开发的资源。过去，所有的开发人员都使用问题域的概念来工作，然后手工将这些工作映射到实现对应的概念上去。而在这些开发人员中，有些人做得好些，有些人则做得差一些。因此，现在让有经验的开发人员来定义这些概念和对应的映射，其他人只需按照定义编码即可。如果某个专家写好了代码生成器，用它生成的代码比普通开发者手工写出来的代码质量甚至还好一些。

2. DSM 与 JPA 实体建模

在 JPA 框架中，开发者通常习惯使用类似 DSM 的反向思维方式，就是从实体 Bean 代码生成对应的数据表结构和数据。在 8.3.2 节中我们会通过先建立实体 Bean，对每个属性进行数据注解约束，产生数据表结构，然后使用 JPA 的 API 函数进行数据的 CRUD 操作。只要实体 Bean 发生变动，相应的数据表也会发生变动。这样比使用 Hibernate 进行映射配置要节省很多时间，而且促使开发者使用面向对象的方式来考虑数据实体的建立。这种用实体模型来生成数据表的方式采用的是领域建模思想，这种思想更接近于 OOP。

8.3.2 实体 Bean 的建立及 JUnit 测试

在 8.1 节中已经建好了数据库 jpatest，但是没有建立任何表。而我们一般对持久层的处理是先建立数据表，然后定义好数据表与应用程序的 ORM 映射，这样就可以直接在应用程序中通过实体 Bean 来操作数据表。下面我们要用相反的方式来实现这种映射，就是先在实体 Bean 中定义好表结构，然后根据表结构定义在数据库中自动生成对应的数据表。

具有 ORM 元数据的领域对象称为实体(Entity)。按 JPA 的规范，实体应具备以下的条件：

- 必须使用 javax.persistence.Entity 注解或者在 XML 映射文件中有对应的元素。
- 必须具有一个不带参数的构造函数，类不能声明为 final，方法和需要持久化的属性也不能声明为 final。
- 如果游离状的实体对象需要以值的方式进行传递，如通过 Session bean 的远程业务接口传递，则必须实现 Serializable 接口。
- 需要持久化的属性，其访问修饰符不能是 public，它们必须通过实体类方法进行访问。

1. 创建实体 Student

举例如下，有一个学生表，表名为 studenttable，含有两个字段：

- id：学生 id，整型，主键，且为自增长字段；
- name：学生姓名，字符串类型。

以上是学生表的最简单结构，在下文的讲解中我们会对这个表逐渐增加字段和字段约束。现在让我们看看在 JPA 中如何实现这个简单实体 Bean，并在数据库中生成表 student。

在 src 目录下新建 com.sspu.bean.Student.java。注意，实体 Student 一定要放在包含 sspu 子包的包目录下，这是因为在 JPA 的配置文件中我们定义了实体单元的名字为"sspu"。其代码如下：

```
package com.sspu.bean;
import javax.persistence.Entity;
import javax.persistence.GeneratedValue;
import javax.persistence.GenerationType;
import javax.persistence.Id;
@Entity                                                      ①
@Table(name="studenttable")
public class Student {
//@Id @GeneratedValue(strategy=GenerationType.AUTO)          ③
private Integer id;
private String name;
```

```
        public Student() {                                          ④
        }
        public Student(String name) {
            this.name = name;
        }
        @Id @GeneratedValue(strategy=GenerationType.AUTO)           ②
        public Integer getId() {
            return id;
        }
        public void setId(Integer id) {
            this.id = id;
        }
        public String getName() {
            return name;
        }
        public void setName(String name) {
            this.name = name;
        }
    }
```

在以上代码中使用了 JPA 注释来完成实体和属性字段注册。其中涉及到的注释有：

1) @Entity

@Entity 将领域对象标注为一个实体，表示需要保存到数据库中，默认情况下类名即为表名。若要修改表名，可通过**@Table(name="studenttable")**显式指定表名，表示 Student 实体保存到 studenttable 表中。

2) @Id

@Id 注解对应的属性是表的主键，如②所示，id 属性为表 studenttable 的主键。

3) @GeneratedValue

@GeneratedValue 是主键的产生策略，通过 strategy 属性指定。默认情况下，JPA 自动选择一个最适合底层数据库的主键生成策略，如 SQL Server 对应 identity，MySQL 对应 auto increment。在 javax.persistence.GenerationType 中定义了以下几种可供选择的策略：

● IDENTITY：表自增长字段，注意 Oracle 数据库不支持这种方式。

● AUTO：JPA 自动选择合适的策略，是默认选项。

● SEQUENCE：通过序列产生主键，通过@SequenceGenerator 注解指定序列名，MySQL 数据库不支持这种方式。

● TABLE：通过表产生主键，框架借由表模拟序列产生主键，该策略更易于数据库移植。不同的 JPA 实现商生成的表名是不同的，如 OpenJPA 生成 openjpa_sequence_table 表，Hibernate 生成一个 hibernate_sequences 表，而 TopLink 则生成 sequence 表。这些表都具有一个序列名和对应值两个字段，如 SEQ_NAME 和 SEQ_COUNT。

注意：

❖ 注解@Entity 使得此 JavaBean 成为实体 Bean。

❖ 无参构造函数④一定要有，因为数据实体对象由 Hibernate 内部通过反射技术来实现，而此反射技术要求提供无参数的 public 构造函数。

❖ 所有引用类取 **javax.persistence.***包里的，不要取 **org.hibernate.***包里的，因为这样才能实现在多个框架环境下共用 JPA 框架。

❖ 除了@Entity 之外的大部分针对属性的注解可以定义在实体中两个位置：属性定义之上③和属性 get 方法定义之上②。以上代码采取第二种方式，不会致使所有的注解都拥挤在一个地方。

2. 使用 JUnit 测试实体

完成实体类编码后，可以使用 JUnit4 工具来进行验证，同时在数据库 jpatest 中生成对应的关系数据表 studenttable。步骤如下：

【步骤 1】建立 JUnit 测试类。

使用 JUnit 来验证 annotation 注释是否正确，新建 junit.test.StudentTest.java，选择 src 目录，点击右键，在弹出的快捷菜单中选中【New】下的【Other...】子菜单，如图 8-12 所示。

图 8-12　新建 JUnit 测试类 1

选择【JUnit Test Case】来新建测试文件，点击【Next】按钮，进入如图 8-13 所示的页面。注意，修改图中椭圆标注的地方，运用 JUnit4 环境。

点击【Finish】按钮，出现如图 8-14 所示的页面，提示加入 JUnit4 框架环境，点击【OK】按钮后，在 ch08 工程的环境变量中便增加了 JUnit 4/junit.jar 的包。

图 8-13 新建 JUnit 测试类 2

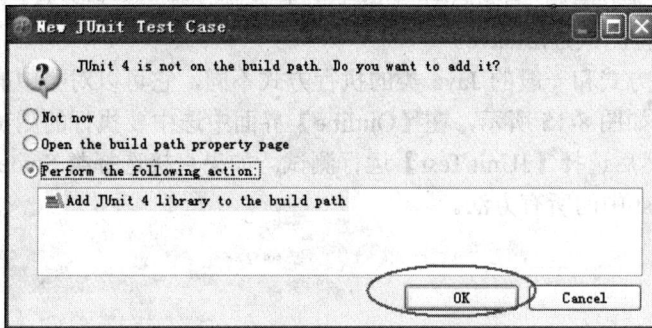

图 8-14 加入 JUnit 环境

【步骤 2】完善 JUnit 测试类。

在新建的 junit.test.StudentTest.java 文件中完善代码如下：

```
package junit.test;
import javax.persistence.EntityManagerFactory;
import javax.persistence.Persistence;
import org.junit.BeforeClass;
import org.junit.Test;
public class StudentTest {
    @BeforeClass
    public static void setUpBeforeClass() throws Exception {
    }
    @Test
    public void save(){
```

```
EntityManagerFactory factory=Persistence.createEntityManagerFactory("sspu");
factory.close();
    }
}
```

请读者留意，在测试类的测试方法前要加入@Test 注释，至于测试方法名可以按开发者的习惯来命名，没有特殊规定，和一个普通的方法定义完全相同。@BeforeClass 注释表示此方法运行在所有测试方法之前。

在测试方法 save 中，先创建 javax.persistence.EntityManagerFactory 持久化工厂，其 createEntityManagerFactory 方法的参数"sspu"就是在搭建 JPA 环境时 persistence.xml 文件中元素 persistence-unit 属性 name 的值。持久化工厂里把 sspu 子包中的所有实体都与数据库建立映射，也就是说，所有实体都会在数据库 jpatest 中生成相对应的数据表和符合条件的字段。

✧ 注意：javax.persistence.*中的所有 EntityManager、Query 等持久化操作接口将在 8.4 节中详细解析，在这一节只需知道其用途即可。

【步骤 3】运行测试方法 save。

测试类的执行方式和一般的 Java 类的执行方式不同，它可以对类中的每个测试方法进行单独测试验证。如图 8-15 所示，在【Outline】界面中选中要执行的测试方法 save，右键选择【Run As】，然后选择【JUnit Test】运行测试。如果直接选择类 StudenTest 进行测试，则会测试 StudenTest 中的所有方法。

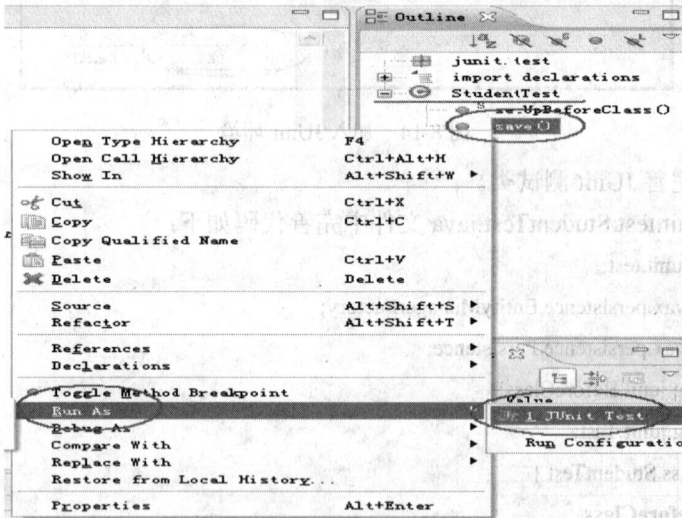

图 8-15　运行测试方法

测试运行结果时，可查看【JUnit】视图的进度条，如图 8-16 所示，图中所示为运行成功的绿色进度条。如果运行不成功，则为红色进度条。可在【Failure Trace】视图中查看错误提示，并进行纠错。

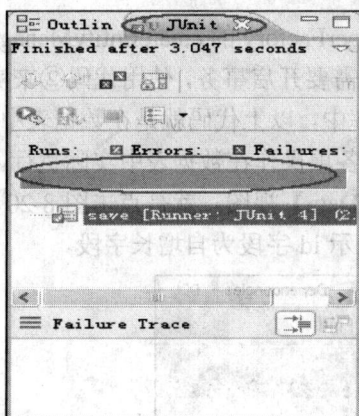

图 8-16　测试成功界面图　　　　　　　　　　图 8-17　studenttable 表

save 方法运行成功后，通过 JPA 映射可在数据库 jpatest 中生成数据表 studenttable，如图 8-17 所示。这里必须注意，如果运行成功而没看到表，则请刷新数据库 jpatest。

数据表 studenttable 根据实体 Student 的设置生成两个字段：id 和 name。从图 8-18 中的【Fields】视图可以看到 id 为整型，name 为字符串类型，并且从 8-19 中的【Indices】视图可以看出 id 为主键，这些都符合实体 Student 的注释要求，同时也符合实例的字段要求。

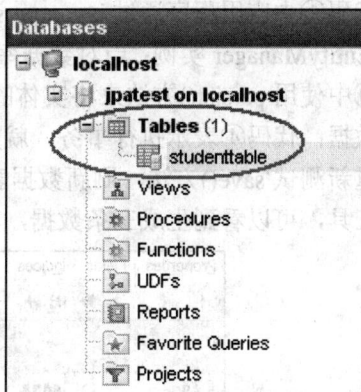

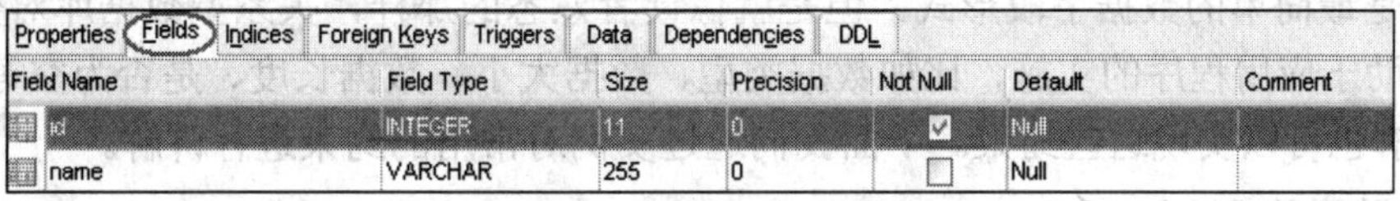

图 8-18　studenttable 表字段

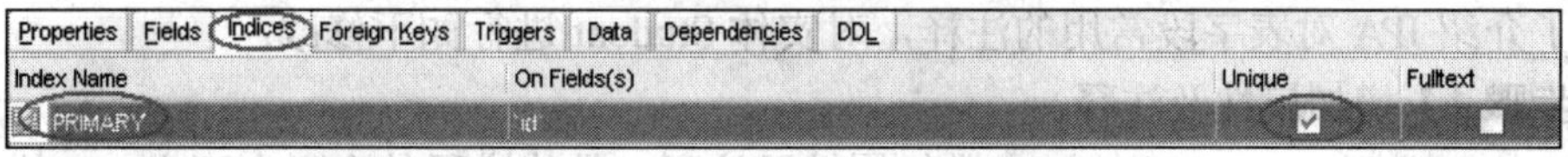

图 8-19　studenttable 表主键图

以上的测试还不能检验 id 是否为自增长字段，我们继续下面的步骤。

【步骤 4】测试增加数据。

往 save 方法中增加如下带黑体部分的代码：

```
@Test
    public void save(){
    EntityManagerFactory factory=Persistence.createEntityManagerFactory("sspu");
①       EntityManager em=factory.createEntityManager();
②       em.getTransaction().begin();        //开始事务
③       em.persist(new Student("张三"));
        em.persist(new Student("李四"));
        em.persist(new Student("王五"));
④       em.getTransaction().commit();
        em.close();
        factory.close();
    }
```

代码①中应用程序通过 javax.persistence.EntityManagerFactory 的 createEntityManager 来创建 EntityManager 实例；当对数据库进行更新操作时，需要开启事务，使用代码②来实现；代码③中使用 persist()方法来将实体的数据保存到数据库中，以上代码就是在数据表中添加三条数据；代码④表示执行事务，就是把事务中进行的各项操作在数据表中实际执行。

重新测试 save()方法，刷新数据表 studenttable 的【Data】视图，就是点击图 8-20 中所示的工具，可以看到生成三条数据，其中 id 的值明显表示 id 字段为自增长字段。

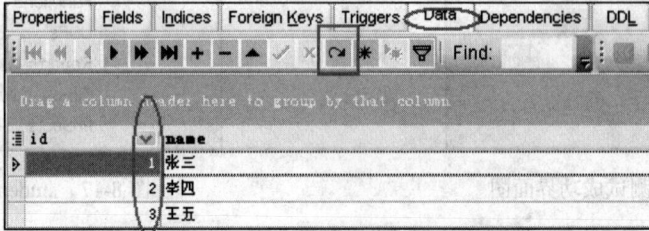

图 8-20　studenttable 表增加数据

8.3.3　常用特殊 annotation 注释

上一节向读者演示了从建立实体到建立实体与数据表映射的过程，例子里的 Student 实体应该说是最简单的数据字段形式。但是就像读者熟悉的那样，关系型数据库对数据字段的约束有助于应用程序的实施，比如数据类型、数据大小、数据长度、是否为空等。当然，JPA 的注解也可以实现这些约束。下面我们通过实例对常用的约束进行讲解。

1. 修改实体 Student

为了介绍 JPA 对表字段常用的注释，对实体 Student 进行如下修改：

【步骤 1】增加属性及注释。

在 com.sspu.bean.Student.java 中增加属性及注释，具体注释的含义在下文一一讲解。代码如下：

```
@Column(length = 10, nullable = false, name = "studentName")     ①
private String name;
@Temporal(TemporalType.DATE)                                     ②
private Date birthday;
@Enumerated(EnumType.STRING)                                     ③
@Column(length = 5, nullable = false)
private Gender gender = Gender.MEN;
@Lob                                                             ④
private String info;
@Lob
@Basic(fetch = FetchType.LAZY)                                   ⑤
private Byte[] file;
@Transient                                                       ⑥
private String imagepath;
//省略 get/set 方法……
```

❖　注意：此处为了省略篇幅把注释写在属性定义上，建议读者把注释定义在属性的 get() 方法之上。

【步骤2】新建 Gender 类。

由于在实体 Student 中使用了性别定义的 Gender 类，Gender 类中定义了两个枚举值 MEN 和 WOMEN，供实体 Student 的属性 gender 选择，因此新建 com.sspu.bean.Gender.java 类，其代码如下：

```
package com.e06.bean;
public enum Gender {
    MEN, WOMEN
}
```

2. 注释解析

1) @Column

注释 @Column 约束属性对应的表字段，可以定义字段名字、长度、可否为空、是否允许更新、是否唯一等，用来自动生成 DDL 语句。如实体 Student 的代码①中所示，约束属性 name 对应的数据表 srudenttable 中的字段为 studentName，字符串长度不大于 10，不允许为空。注意，这里并不需要指定表字段的类型，因为 JPA 会根据反射从实体属性中获取类型。

2) @Temporal

注释 @Temporal 约束日期型数据的时间类型。在 javax.persistence.TemporalType 枚举中定义了三种时间类型：

- DATE：等于 java.sql.Date，只显示日期；
- TIME：等于 java.sql.Time，只显示时间；
- TIMESTAMP：等于 java.sql.Timestamp，既显示日期又显示时间。

如实体 Student 的代码②中所示，约束属性 birthday 对应的数据表 studenttable 中的字段 birthday 只保存显示日期，而不显示时间。

3) @Enumerated

注释 @Enumerated 约束枚举型数据的定义。在 javax.persistence.EnumType 枚举中定义了两种枚举数据显示类型：

- ORDINAL：在数据库中显示枚举类中值的相对位置 0，1，2，3…；
- STRING：在数据库中显示枚举类中定义的具体值。

如实体 Student 的代码③中所示，约束属性 gender 对应的数据表 studenttable 中的字段 gender 显示的值为枚举类 Gender 中的具体值 MEN 和 WOMEN，且长度不大于 5，不允许为空。

4) @Lob 和 @Basic

注释 @Lob 和 @Basic 经常成对使用。@Lob 一般用来约束 LONGEXT 或 LONGBLOB 类型的字段，代表此字段数据较大；而对于超大字段，在数据持久化中一般要做延迟加载的处理，使用 @Basic 指定 Lob 类型数据的获取策略。在 javax.persistence.FetchType 枚举中定义了两种枚举数据显示类型：

- **EAGER**：表示非延迟加载；
- **LAZY**：表示延迟加载。

如实体 Student 的代码④中所示，约束属性 info(备注)和 file(文件)对应的数据表 studenttable 中的字段 info 类型为 LONGEXT，可以定义的数据信息较多，比一般的 VARCHAR 类型更加符合备注字段的定义；对应的字段 file 类型为 LONGBLOB。

代码⑤@Basic(fetch=FetchType.LAZY)一般用于对大数据(超过 1 M)设置延迟初始化，那么新建实体类时此属性不会被加载，只有访问其 get 方法时才会被加载，这样可以提高数据访问速度。

✧ 注意：延迟加载的属性启用时要保证 EntityManager 处于开启状态。

5) @Transient

如果我们不希望将某个属性持久化到数据表中，则可以通过@Transient 注解显式指定，此属性就不会同步定义到数据库表字段中。如实体 Student 的代码⑥中所示，约束的属性 imagepath 不会在数据表 studenttable 中生成字段 imagepath。

3. 运行测试

把 jpatest 数据库中的 studenttable 表删除，重新运行测试类 junit.test.StudentTest.java 中的 save()方法,刷新数据库(注意,如果不刷新,则看不到新生成的表),将生成新的 studenttable 表结构(见图 8-21)和表数据(见图 8-22)。

Field Name	Field Type	Size	Precision	Not Null	Default	Comment
id	INTEGER	11	0	☑	Null	
birthday	DATE	0	0	☐	Null	
file	LONGBLOB	0	0	☐	Null	
gender	VARCHAR	5	0	☑		
info	LONGTEXT	0	0	☐	Null	
studentName	VARCHAR	10	0	☑		

图 8-21　studenttable 表结构

id	birthd	file	gend	info	stud
1	Null		MEN		张三
2			MEN		李四
3			MEN		王五

图 8-22　studenttable 表数据

图 8-22 为使用构造函数新建的记录。我们还可以自定义增加一条记录,如在测试类中增加测试方法 insertOne(),代码如下：

```
@Test
    public void insertOne(){
    EntityManagerFactory factory=Persistence.createEntityManagerFactory("sspu");
        EntityManager em=factory.createEntityManager();
        em.getTransaction().begin();
        Student a=new Student("陆六");
        //设置时间
        Calendar c=Calendar.getInstance();
        //注意 8 表示 9 月
        c.set(1976,8,19);
        Date d=new Date(c.getTimeInMillis());
        a.setBirthday(d);
        //设置性别
        a.setGender(Gender.WOMEN);
        em.persist(a);
        em.getTransaction().commit();
        em.close();
        factory.close();
    }
```

运行此测试方法，结果如图 8-23 所示。

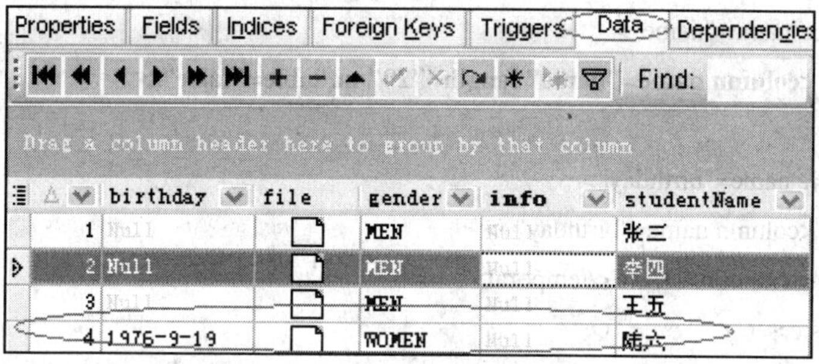

图 8-23　studenttable 表新增数据

注意：

◇　本节中使用 JPA 实体定义来生成数据表结构和数据，也可以使用读者习惯的方式先建
立表结构，再建立实体，然后再测试是否一致。

8.3.4　XML 元数据的使用

除了使用注解提供元数据信息外，JPA 也允许我们通过 XML 提供元数据信息。按照 JPA
的规范，如果提供了 XML 元数据描述信息，则它将覆盖实体类中的注解元数据信息。XML
元数据信息以 orm.xml 命名，放置在类路径的 META-INF 目录下。

JPA 尽量让 XML 和注解的元数据在描述的结构上相近，以降低学习难度，所以在学习注解元数据后，学习 XML 元数据将变得非常简单。下面，我们给出以上实体 Student 的 XML 描述版本，读者可以对照注解的描述进行比较学习。

在 ch08 工程的 src/META-INF 目录下建立文件 orm.xml，代码如下：

```
<?xml version="1.0" encoding="UTF-8"?>

<entity-mappings xmlns="http://java.sun.com/xml/ns/persistence/orm"

xmlns:xsi="http://www.w3.org/2001/XMLSchema-instance"

xsi:schemaLocation="http://java.sun.com/xml/ns/persistence/orm

http://java.sun.com/xml/ns/persistence/orm_1_0.xsd"

version="1.0">
<!-- 实体对象所在的包 -->
<package>com.sspu.bean</package>
<entity class="Student">
<!-- Student 实体配置 -->
<table name="Student" />                                         ①
    <attributes>
        <id name="id">
            <column name="id"/>
            <generated-value strategy="AUTO" />
        </id>
        <basic name="name">
            <column name="name" length="20" nullable="false"/>    ②
        </basic>
        <basic name="birthday">
            <column name="birthday" />
            <temporal>DATE</temporal>
        </basic>
        <basic name="gender">
            <column name="gender" length="20" nullable="false" />
            <enumerated>ORDINAL</enumerated>                      ③
        </basic>
        <basic name="info">
            <column name="info"    />
            <lob/>
        </basic>
        <basic name="file" fetch="LAZY">
            <column name="file"/>
            <lob/>
        </basic>
```

```
        <transient name="imagepath"/>
    </attributes>
    </entity>
    </entity-mappings>
```

orm.xml 中的配置与注解中的内容基本一致，仅改变了代码①、②、③三个地方，即让数据表名为“student”；属性 name 对应的字段名改为“name”，长度改为 20；字段 gender 的显示方式改为“ORDINAL”。这些改动可以在图 8-24(表结构)和图 8-25(表数据)中验证。

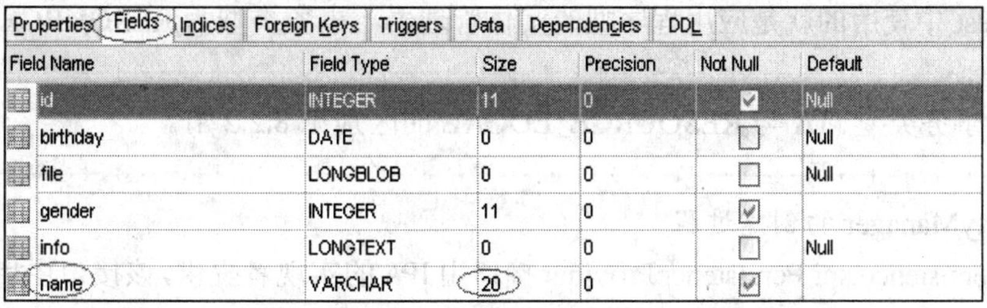

Field Name	Field Type	Size	Precision	Not Null	Default
id	INTEGER	11	0	☑	Null
birthday	DATE	0	0	☐	Null
file	LONGBLOB	0	0	☐	Null
gender	INTEGER	11	0	☑	
info	LONGTEXT	0	0	☐	Null
name	VARCHAR	20	0	☑	

图 8-24 student 表结构

删除 studenttable 表，重新运行 StudentTest 类中的 save()方法，在数据库 jpatest 中生成表 student，其结果如图 8-25 所示。

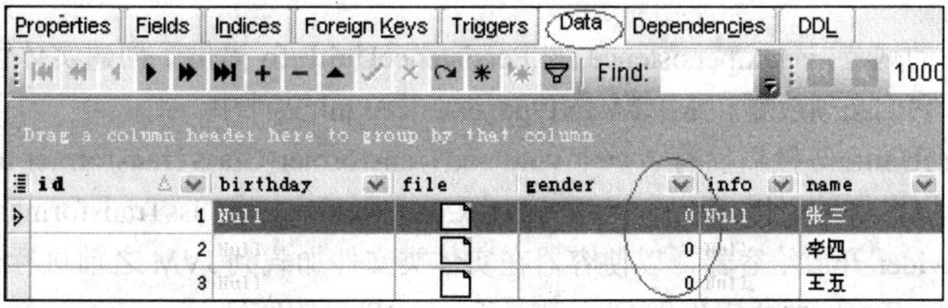

id	birthday	file	gender	info	name
1	Null		0	Null	张三
2	Null		0	Null	李四
3	Null		0	Null	王五

图 8-25 student 表数据

XML 元数据的结构本书不做具体分析，请读者自行查阅资料。

8.4 JPA 的 API 函数

JavaEE 5.0 中定义的 JPA 接口个数并不多，它们位于 javax.persistence 和 javax.persistence.spi 两个包中。注解类的 API 大部分都在 javax.persistence 包中，除此之外，javax.persistence 包中还有两个重要的持久化接口：EntityManager 和 Query，它们定义了 JPA 主要的持久化 API 函数。而 javax.persistence.spi 包中定义的 4 个 API，是 JPA 的服务层接口。下面，我们就来认识一下这些重要的接口。

1. EntityManager

1) EntityManager 的类型

JPA 使用 javax.persistence.EntityManager 代表实体管理器，管理所有的实体对象。在测试类 StudentTest 中可以看出，对实体的操作一定要创建 EntityManager，然后对它进行事务处理或查询操作。实体管理器和持久化上下文关联，持久化上下文是一系列实体的管理环境，JPA 通过 EntityManager 和持久化上下文进行交互。

EntityManager 有两种类型的实体管理器：

● 容器型：容器型的实体管理器由容器负责实体管理器之间的协作，在一个 JTA 事务中，一个实体管理器的持久化上下文的状态会自动广播到所有使用 EntityManager 的应用程序组件中。Java EE 应用服务器提供的就是管理型的实体管理器。

● 应用程序型：实体管理器的生命周期由应用程序控制，应用程序通过 javax.persistence.EntityManagerFactory 的 createEntityManager 创建 EntityManager 实例。测试类 StudentTest 中使用的就是应用程序型的实体管理器，事务类型为 RESOURCE_LOCAL。

❖ 注意：事务类型 JTA 与 RESOURCE_LOCAL 的区别见 8.2.2 节。

2）EntityManager 的创建过程

javax.persistence.spi.PersistenceProvider 接口由 JPA 的实现者提供，该接口由启动者调用，以便创建一个 EntityManagerFactory 实例。它定义了创建一个 EntityManagerFactory 实例的方法：

EntityManagerFactorycreateContainerEntityManagerFactory(PersistenceUnitInfo info, Map map)

根据 JPA 的规范，javax.persistence.spi.PersistenceUnitInfo 提供了创建实体管理器所需要的所有信息，它们必须放置在 META-INF/persistence.xml 文件中。

PersistenceUnitInfo 接口拥有了一个 void addTransformer(ClassTransformer transformer)方法，通过该方法可以添加一个 javax.persistence.spi.ClassTransformer，并通过 PersistenceProvider 开放给容器，以便容器在实体类文件加载到 JVM 之前进行代码的增强，使元数据生效。JPA 厂商负责提供 ClassTransformer 接口的实现。

图 8-26 描述了创建 EntityManager 的过程。

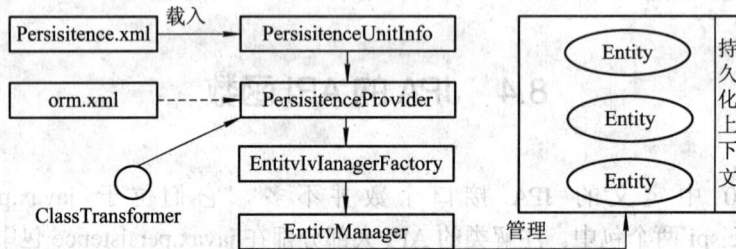

图 8-26　EntityManager 的创建过程

3）EntityManager 的主要 API 函数

在介绍 EntityManager 的 API 函数之前，读者要先明白实体对象在持久化过程中的 4 个状态，它们通过调用 EntityManager 接口方法发生迁移：

（1）新建态。新创建的实体对象，尚未拥有持久化主键，没有和一个持久化上下文关联起来。

（2）受控态：已经拥有持久化主键并和持久化上下文建立了联系。

(3) 游离态：拥有持久化主键，但尚未和持久化上下文建立联系。

(4) 删除态：拥有持久化主键，已经和持久化上下文建立联系，但已被从数据库中删除。

下面是 EntityManager 的一些主要的接口方法：

➢ void persist(Object entity)

通过调用 EntityManager 的 persist()方法，新实体实例将转换为受控状态。这意味着当 persist()方法所在的事务提交时，实体的数据将保存到数据库中，如 StudentTest 测试类中，使用 persist()方法来进行增加记录操作。

如果实体已经被持久化，那么调用 persist()操作将不会发生任何事情。如果对一个已经删除的实体调用 persist()操作，则删除态的实体又将转变为受控态。如果对游离状的实体执行 persist()操作，则将抛出 IllegalArgumentException。

在一个实体上调用 persist()操作，将广播到和实体关联的实体上，执行相应的级联持久化操作(见 8.5 节)。

➢ T find(Class entityClass, Object primaryKey)

以主键查询实体对象，entityClass 是实体的类，primaryKey 是主键值。由于 entityClass 使用的是泛型表示法，因此使用时不需要类型转换；同时 find()为查找操作，不对数据库做更改，因此不需要开启事务，只有修改(增加、删除或更新操作)数据库时才开启事务。

我们在 StudentTest 中增加测试方法 getStudent()，代码如下：

```
@Test
public void getStudent(){
EntityManagerFactory factory=Persistence.createEntityManagerFactory("sspu");
    EntityManager em=factory.createEntityManager();
    Student student=em.find(Student.class, 1);
    System.out.println(student.getName());
    em.close();
    factory.close();
}
```

注意，以上测试方法中没有开启事务，执行测试方法后将在控制视图【Console】中显示 id=1 的记录中 name 值"张三"。

➢ T getRefrence (Class entityClass, Object primaryKey)

与 find()方法的功能基本一致，但它具有延迟装载功能，只有访问属性才会加载数据。此方法多用于大数据的字段，访问其结果要保证 EntityManager 处于开启状态(就是在 em.close()之前访问)。

我们在 StudentTest 中增加测试方法 getStudent2()，代码如下：

```
@Test
public void getStudent2(){
EntityManagerFactory factory=Persistence.createEntityManagerFactory("sspu");
    EntityManager em=factory.createEntityManager();
    Student student=em.getReference(Student.class, 1);
    System.out.println(student.getName());
```

①

```
em.close();
factory.close();
}
```

执行测试方法后，将在控制视图【Console】中显示 id=1 的记录中 name 值"张三"。但是，如果把代码①放在 em.close()之后的话，则执行中会出现运行期错误提示。在 find()方法的使用中，如果把代码①放在 em.close()之后，则执行结果仍然是"张三"。这就是延迟装载与非延迟装载的区别。

因为使用非延迟装载实例化 student 后，已经加载了所有的属性值，所以即使 EntityManager 关闭，student 的属性值仍然在；而使用延迟装载实例化 student 后，对应的属性值还是初始值，只有调用相应的 getXXX()方法，才能触发赋值给对应属性值的操作，而关闭 EntityManager 后，与数据库的关联也关闭了，调用 getXXX()方法自然就会触发异常。

➢ void flush()

将受控态的实体数据同步到数据库中。

➢ T merge(T entity)

将一个游离态的实体同步更新到数据库中，并转换为受控态的实体。

➢ void Clear ()

把实体管理器中的所有实体变成游离态。

我们在 StudentTest 中增加测试方法 updateStudent ()，代码如下：

```
@Test
public void updateStudent(){
EntityManagerFactory factory=Persistence.createEntityManagerFactory("sspu");
    EntityManager em=factory.createEntityManager();
    em.getTransaction().begin();
    Student student=em.find(Student.class, 1);
    em.clear();
    student.setName("赵一");
    em.merge(student);
    em.getTransaction().commit();
    em.close();
    factory.close();
}
```

以上代码使用 em.clear()把实体置于游离态，要想使此状态的数据同步到数据库，必须用 merge()方法。执行后，数据表 studenttable 中 id=1 记录的 name 值已改为"赵一"。如果实体处于受控态，那么同步数据库就非常简单，代码如下：

```
@Test
public void updateStudent2(){
EntityManagerFactory factory=Persistence.createEntityManagerFactory("sspu");
    EntityManager em=factory.createEntityManager();
    em.getTransaction().begin();
```

```
Student student=em.find(Student.class, 1);
student.setName("钱二");
em.getTransaction().commit();
em.close();
factory.close();
}
```

执行后，数据表 studenttable 中 id=1 记录的 name 值已改为"钱二"。

➤ void remove(Object entity)

通过调用 remove() 方法删除一个受控的实体。如果实体声明为级联删除(cascade=REMOVE 或者 cascade=ALL)，则被关联的实体也会被删除。在一个新建状态的实体上调用 remove() 操作，将被忽略。如果在游离实体上调用 remove() 操作，将抛出 IllegalArgumentException 异常，相关的事务将回滚。如果在已经删除的实体上执行 remove() 操作，也会被忽略。

我们在 StudentTest 中增加测试方法 updateStudent ()，代码如下：

```
@Test
public void delete(){
EntityManagerFactory factory=Persistence.createEntityManagerFactory("sspu");
    EntityManager em=factory.createEntityManager();
    em.getTransaction().begin();
    Student student=em.find(Student.class, 1);
    em.remove(student);
    em.getTransaction().commit();
    em.close();
    factory.close();
}
```

执行后，数据表 studenttable 中 id=1 记录已被删除。

注意：

✧ 以上的更新操作都要保证事务开启(em.getTransaction().begin())，在定义好相应的操作后要执行事务(em.getTransaction().commit())，最后再关闭事务。

✧ 级联操作见 8.5 节。

2. Query 接口

JPA 使用 javax.persistence.Query 接口代表一个查询实例，Query 实例由 EntityManager 通过指定查询语句构建。该接口拥有众多执行数据查询的接口方法：

➤ Query createQuery(String qlString)

根据 JPA 的查询语句创建一个查询对象 Query，参数 qlString 使用 JPA 的查询语言(JPQL，详见 8.4 节)。

➢ Query createNativeQuery(String sqlString)

使用本地数据库的 SQL 语句创建一个 Query 对象。

通过以上两个方法创建的 Query 通过 getResultList()方法或 getSingleResult()方法获得返回数据。

➢ Object getSingleResult()

执行 SELECT 查询语句，并返回一个结果。

➢ Query setParameter(int position, Object value)

通过参数位置号绑定查询语句中的参数。位置参数查询的格式为"**? +位置编码**"，如代码①中的 id=?1，其赋值方式为代码②。

我们在 StudentTest 中增加测试方法 query ()，代码如下：

```
@Test
public void query() {

    EntityManagerFactory factory = Persistence.createEntityManagerFactory("sspu");

    EntityManager em = factory.createEntityManager();

    Query query = em.createQuery("select o from Student o where id=?1");        ①

    query.setParameter(1, 2);                                                   ②

    Student stu = (Student) query.getSingleResult();

    System.out.println(stu.getName());

    em.close();

    factory.close();

}
```

以上代码中 id=?1 使用位置参数查询方式，使用代码②给 id 赋值为"2"。执行测试方法后，将在控制视图【Console】中显示 id=2 的记录中 name 值"李四"。

➢ List getResultList()

执行 SELECT 查询语句，返回一个 List 结果集，每一行数据对应一个 Vector。

➢ Query setParameter(String name, Object value)

通过命令参数中的命名参数绑定查询语句中的参数。命名参数查询的格式为"**：+变量名**"，如代码③中的 id<:id，其赋值方式为代码④。

我们在 StudentTest 中增加测试方法 query2()，代码如下：

```
@Test
public void query2() {

    EntityManagerFactory factory = Persistence.createEntityManagerFactory("sspu");

    EntityManager em = factory.createEntityManager();

    Query query = em.createQuery("select o from Student o where id<:id");        ③

    query.setParameter("id", 4);                                                ④

    List<Student> stus=query.getResultList();                                   ⑤

    for(Student stu : stus)

        System.out.println(stu.getName());

    em.close();
```

```
                factory.close();
            }
```

以上代码中 id<:id 使用命名参数查询方式，使用代码④给 id 赋值为 "4 "；代码⑤返回 List 结果集，使用 for 循环在控制台打印数据。执行测试方法后，将在控制视图【Console】中显示 id<4 的记录中 name 值 "李四" 和 "王五"。

➤ Query setMaxResults(int maxResult)

设置返回的最大结果数。

➤ int executeUpdate()

如果查询语句是新增、删除或更改的语句，则通过该方法执行更新操作。注意，执行这些操作时一定要开启事务。

我们在 StudentTest 中增加测试方法 updatequery()，代码如下：

```
        @Test
        public void updatequery(){
        EntityManagerFactory factory=Persistence.createEntityManagerFactory("sspu");
            EntityManager em=factory.createEntityManager();
            em.getTransaction().begin();
        Query query=em.createQuery("update Student o set o.name=:name where o.id=:id");
            query.setParameter("name", "张三");
            query.setParameter("id", 2);
            query.executeUpdate();
            em.getTransaction().commit();
            em.close();
            factory.close();
        }
```

执行后查看数据表 studenttable 中 id=2 记录中 name 的值，已从原来的 "李四" 改为 "张三"。

注意：
✧ 以上测试类中使用 Query 类的导入包为 javax.persistence.Query，千万不能选错，这是很多初学者最容易犯的错误。
✧ 查找操作不需要开启事务，只有数据库更新(新增、删除或更新操作)才开启事务。

8.5　查询语言 JPQL

JPA 的查询语言是面向对象而非面向数据库的，它以面向对象的自然语法构造查询语句，可以看成是 Hibernate HQL 的等价物，与 SQL 语言也有很多相似之处。

1. 简单的查询

> SELECT o FROM Student o

以上代码返回所有 Student 对象的记录，其中 o 表示 Student 实体的别名，Student o 是 Student AS o 的缩写。

> SELECT DISTINCT o FROM Student o WHERE o.id = ?1

以上代码返回 id=1 的 Student 对象的记录。其中：通过 WHERE 指定查询条件；?1 表示用位置标识参数，我们可以通过 Query 的 setParameter(1, 1)绑定参数；而 DISTINCT 表示过滤掉重复的数据。

如果需要以命名参数绑定数据，则可以改成以下的方式：

> SELECT DISTINCT o FROM Student o WHERE o.id =:id

这时，需要通过 Query 的 setParameter("id", 1)绑定参数。

2. 使用其它的关系操作符

(1) 空值比较符。比如查询备注不为空的所有学生对象：

> SELECT o FROM Student o WHERE o.info IS NOT NULL

(2) 范围比较符。范围比较符包括 BETWEEN..AND 及>、>= 、<、<=、<>等操作符。比如下面的语句表示查询 id 在 1 到 20 之间的所有学生对象：

> SELECT o FROM Student o WHERE o.id BETWEEN 1 AND 20

(3) 集合关系操作符。和其它实体是 One-to-Many 或 Many-to-Many 关系的实体，通过集合引用关联的实体。我们可以通过集合关系操作符进行数据查询，详见 8.6 节。

3. 子查询

JPA 可以进行子查询，并支持几个常见的子查询函数，如 EXISTS、ALL、ANY。

4. 函数

JPA 查询支持一些常见的函数，主要包括聚集函数、字符串和数字操作函数。

(1) 聚集函数。

➢ AVG：计算平均值，返回类型为 double。

➢ MAX：计算最大值。

➢ MIN：计算最小值。

➢ SUM：计算累加和。

➢ COUNT：计算个数，返回值为 int。

(2) 字符串操作函数。

➢ CONCAT(String, String)：合并字段串。

➢ LENGTH(String)：求字段串的长度。

➢ LOCATE(String, String [, start])：查询字段串的函数，第一个参数为需要查询的字段串，查找它在第二个参数字符串中出现的位置，start 表示从哪个位置开始查找。返回查找到的位置，没有找到则返回 0。如 LOCATE ('b1','a1b1c1',1)将返回 3。

➢ SUBSTRING(String, start, length)：子字段串函数。

➢ TRIM([[LEADING|TRAILING|BOTH] char) FROM] (String)：将字段串前后的特殊字符去除，可以通过选择决定具体的去除位置和字符。

> LOWER(String)：将字符串转为小写。
> UPPER(String)：将字符串转为大写。

(3) 数字操作函数。

> ABS(number)：求绝对值函数。
> MOD(int, int)：求模的函数。
> SQRT(double)：求平方函数。
> SIZE(Collection)：求集合大小函数。

5. 更新语句

可以用 EntityManager 进行实体的更新操作，也可以通过查询语言执行数据表的字段更新，记录删除的操作，然后使用 Query 接口的 executeUpdate()方法执行更新。如在 StudentTest 中增加测试方法 updatequery()。

下面的语句为删除一条记录：

    DELETE FROM Student o WHERE o.id = :id

6. 排序和分组

还可以对查询进行排序和分组。如下面的语句可以查询出生年月大于某个时间的值，返回的结果按 id 降序排列：

    SELECT o FROM Student o WHERE o.birthday > :time ORDER BY o.id DESC

7. 分组和过滤

我们还可以通过 GROUP BY 对聚集结果进行分组，使用 HAVING 进行条件过滤。

8. 关联查询

关联查询将在 8.6 节中详述。

8.6　实体关联与联合主键

本节主要关注领域对象之间关联的问题，笔者将利用实例来讲解实体间一对一、一对多和多对多的关系，以及实体中联合主键的生成方式。

8.6.1　一对一关联

一对一关联(One To One)实例，包含 StudentName 和 StudentID 两个实体，二者关系为一个名字对应一个学号。这里假设选定一方实体 StudentName 为关系维护端，负责外键记录的更新，关系被维护端实体 StudentID 没有权利更新外键记录。

A. 实体 StudentName，包含以下属性：

● id：主键；
● name：姓名，不允许为空，长度小于 10。

B. 实体 StudentID，包含以下属性：

● id：主键；
● studentno：学号，不允许为空，长度小于 9。

实现关联实体的步骤如下：

【步骤 1】建立实体。

(1) 代码 com.sspu.bean.OneToOne.StudentName.java 如下：

```java
package com.sspu.bean.OneToOne;
import javax.persistence.CascadeType;
import javax.persistence.Column;
import javax.persistence.Entity;
import javax.persistence.GeneratedValue;
import javax.persistence.Id;
import javax.persistence.JoinColumn;
import javax.persistence.OneToOne;
@Entity
public class StudentName {
    private Integer id;
    private String name;
    private StudentID studentID;                                ①
    //构造函数
    public StudentName() {}
    public StudentName(String name) {
        this.name = name;        }
    @Id @GeneratedValue
    public Integer getId() {
        return id;        }
    public void setId(Integer id) {
        this.id = id;        }
    @Column(length=10,nullable=false)
    public String getName() {
        return name;      }
    public void setName(String name) {
        this.name = name;        }
    @OneToOne(optional=false,        cascade={CascadeType.MERGE,CascadeType.PERSIST,
CascadeType.REFRESH,CascadeType.REMOVE})                        ②
    @JoinColumn(name="studentno_id")                           ③
    public StudentID getStudentID() {
        return studentID;      }
    public void setStudentID(StudentID studentID) {
        this.studentID = studentID;       }
}
```

在实体属性中除了定义实体基本字段外，如代码①还定义了关联实体 StudentID 类型的属性，来进行关联操作，并在此属性上使用了注释@OneToOne 来表示实体 StudentName 和实体 StudentID 是一对一关联。涉及两个属性：

● optional=false：代表数据不允许为空，就是有实体 StudentName 就一定有实体 StudentID 与之相关联的记录。

● cascade：代表级联，其定义了四种方式：REFRESH、MERGE、PERSIST 和 REMOVE，分别代表刷新、更新、保存和删除级联，表示四种级联操作都相关，如代码②，也可以写成 CascadeType.ALL。注意，其级联到实体只在执行相对应的操作时才产生对应级联，但在这里表示 StudentID 进行的任何操作，都会在实体 StudentName 中进行级联操作。

注释@JoinColumn 代表外键定义，代码③表示实体 StudentID 与实体 StudentName 关联的外键名定义为 studentno_id，对应实体 StudentID 的主键字段 id。

(2) 代码 com.sspu.bean.OneToOne.StudentID.java 如下：

```java
package com.sspu.bean.OneToOne;
import javax.persistence.CascadeType;
import javax.persistence.Column;
import javax.persistence.Entity;
import javax.persistence.GeneratedValue;
import javax.persistence.Id;
import javax.persistence.OneToOne;
@Entity
public class StudentID {
    private Integer id;
    private String studentno;
    private StudentName studentname;                    ④
    //构造函数
    public StudentID() { }
    public StudentID(String studentno) {
        this.studentno = studentno;       }
    @Id @GeneratedValue
    public Integer getId() {
        return id;       }
    public void setId(Integer id) {
        this.id = id;       }
    @Column(length=9,nullable=false)
    public String getStudentno() {
        return studentno;       }
    public void setStudentno(String studentno) {
        this.studentno = studentno;       }
    @OneToOne(mappedBy="studentID",cascade={CascadeType.PERSIST,CascadeType.MERGE,
CascadeType.REFRESH})                                   ⑤
```

```
public StudentName getStudentname() {
    return studentname;        }
public void setStudentname(StudentName studentname) {
    this.studentname = studentname;        }
}
```

在实体属性中除了定义实体基本字段外，如代码④还定义了关联实体 StudentName 类型的属性，来进行关联操作，并在此属性上使用了注释@OneToOne 的属性 mappedBy；代码⑤说明 StudentName 实体拥有一个指定 StudentID 的 studentID 属性。定义 mappedBy 属性说明实体 StudentID 为关系被维护端，它与实体 StudentName 的级联不包含删除级联，也就是说，当实体 StudentID 删除一条记录时，实体 StudentName 与之相关联的记录不被删除。

【步骤 2】JUnit 测试。

完成实体注释后，我们通常使用 JUnit 工具来测试结果是否符合设定的注释。建立测试文件 junit.test.StudentIDTest.java，代码如下：

```
package junit.test;
import javax.persistence.EntityManager;
import javax.persistence.EntityManagerFactory;
import javax.persistence.Persistence;
import org.junit.BeforeClass;
import org.junit.Test;
import com.sspu.bean.OneToOne.StudentID;
import com.sspu.bean.OneToOne.StudentName;
public class StudentIDTest {
    @Test
    public void save(){
EntityManagerFactory factory=Persistence.createEntityManagerFactory("sspu");
    EntityManager em=factory.createEntityManager();
    em.getTransaction().begin();
    StudentName studentName=new StudentName("张三");
    studentName.setStudentID(new StudentID("064831269"));
    //通过保存级联实现实体 StudentID 增加数据
    em.persist(studentName);                                         ⑥
    em.getTransaction().commit();
    em.close();
    factory.close();
    }
}
```

以上代码中实例化实体 StudentName 为 studentName，并插入数据，由于实体

StudentName 为关系维护端，因此可以使用代码⑥通过保存级联实现实体 StudentID 增加数据。

运行测试方法 save()，可以看到 jpatest 数据库增加了两个数据表 studentname(见图 8-27)和表 studentid(见图 8-28)。表 studentname 的外键 studentno_id 就是表 studentid 的主键 id，两个表通过这种方式关联，符合实体中的注释设置。

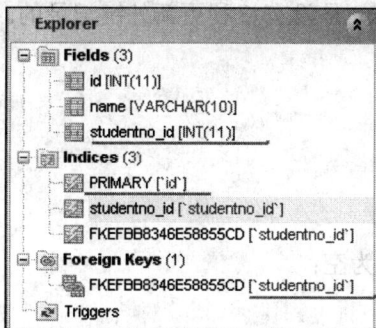

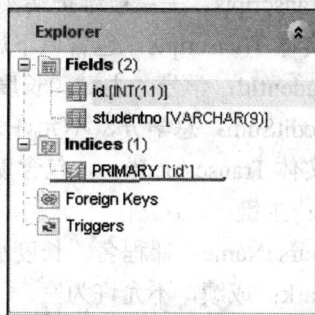

图 8-27　表 studentname 结构　　　　　　　　　图 8-28　表 studentid 结构

而从图 8-29 和图 8-30 的数据又可验证保存级联操作成功。

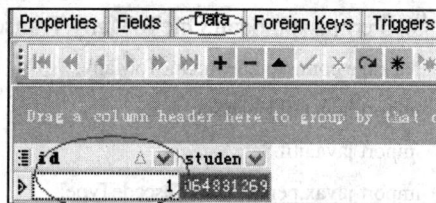

图 8-29　表 studentname 数据　　　　　　　　　图 8-30　表 studentid 数据

同样，如果我们对表 studentname 的 studentno_id 进行更新或删除操作，则表 studentid 的 id 会发生相应的更新或删除。比如删除操作代码如下：

```
@Test
public void delete(){
    EntityManagerFactory factory=Persistence.createEntityManagerFactory("sspu");
        EntityManager em=factory.createEntityManager();
        em.getTransaction().begin();
        //级联删除实体 StudentID 中的数据
        StudentName studentName = em.find(StudentName.class, 1);
        em.remove(studentName);
        em.getTransaction().commit();
        em.close();
        factory.close();
    }
```

执行完此操作后，两个数据表都为空。

8.6.2　一对多关联

一对多关联(One To Many)实例，包含两个实体学生的成绩单 Transcripts 和成绩单里的成绩项 TranscriptsItem，二者关系为一个成绩单对应多个成绩项，而一个成绩项只属于一张成绩单。JPA 中规定多的一方为关系维护端，负责外键记录的更新，那么此处的关系维护端为实体 Transcripts，关系被维护端实体 TranscriptsItem 是没有权利更新外键记录的。

A. 实体 Transcripts，包含以下属性：
- studentId：学号，主键，长度小于 12；
- creditSum：总学分，不允许为空。

B. 实体 TranscriptsItem，包含以下属性：
- id：主键；
- courseName：课程名，长度小于 40，不允许为空；
- mark：成绩，不允许为空。

1. 实体关联的建立

实现关联实体的步骤如下：

【步骤 1】建立实体。

(1) 代码 com.sspu.bean.OneToMany.Transcripts.java 如下：

```
package com.sspu.bean.OneToMany;

import java.util.HashSet;
import java.util.Set;
import javax.persistence.CascadeType;
import javax.persistence.Column;
import javax.persistence.Entity;
import javax.persistence.Id;
import javax.persistence.OneToMany;

@Entity
public class Transcripts {
    private String studentId;
    private Float creditSum=0f;
    private Set<TranscriptsItem> items=new HashSet<TranscriptsItem>();        ①
    @Id@Column(length=12)
    public String getStudentId() {
        return studentId;      }
    public void setStudentId(String studentId) {
        this.studentId = studentId;       }
    @Column(nullable=false)
    public Float getCreditSum() {
        return creditSum;        }
```

```
        public void setCreditSum(Float creditSum) {
            this.creditSum = creditSum;        }
    @OneToMany(cascade={CascadeType.ALL},mappedBy="transcripts" ,fetch=FetchType.LAZY)
                                                                              ②
        public Set<TranscriptsItem> getItems() {
            return items;        }
        public void setItems(Set<TranscriptsItem> items) {
            this.items = items;        }
        public void addTranscriptsItem(TranscriptsItem transcriptsItem){        ③
            transcriptsItem.setTranscripts(this);
            this.items.add(transcriptsItem);
        }
    }
```

　　在实体属性中除了定义实体基本字段外，如代码①还定义了关联实体 TranscriptsItem 类型集合的属性，来进行关联操作，并在此属性上使用了注释 @OneToMany 来表示实体 Transcripts 和实体 TranscriptsItem 是一对多关联。如代码②涉及以下三个属性：

　　● cascade：代表级联，这里表示所有操作级联，即实体 Transcripts 进行的任何操作，都会在实体 TranscriptsItem 中进行级联操作。

　　● mappedBy="transcripts"：说明 Transcripts 实体拥有一个指定 Transcripts 的 transcripts 属性。定义 mappedBy 属性说明实体 Transcripts 为关系被维护端。

　　● fetch：表示加载，默认行为延迟加载 FetchType.LAZY。注意，JPA 规范中定义 Many 的一方都为 FetchType.LAZY，One 的一方为 FetchType.EAGER。

　　代码③是为了方便在成绩单中添加成绩项。

　　(2) 代码 com.sspu.bean.OneToMany.TranscriptsItem.java 如下：

```
        package com.sspu.bean.OneToMany;
        import javax.persistence.CascadeType;
        import javax.persistence.Column;
        import javax.persistence.Entity;
        import javax.persistence.GeneratedValue;
        import javax.persistence.Id;
        import javax.persistence.JoinColumn;
        import javax.persistence.ManyToOne;
        @Entity
        public class TranscriptsItem {
            private Integer id;
            private String courseName;//课程名
            private Float mark=0f;//成绩
            private Transcripts transcripts;                                      ④
            @Id@GeneratedValue
```

```
        public Integer getId() {
            return id;        }
        public void setId(Integer id) {
            this.id = id;        }
        @Column(length=40,nullable=false)
        public String getCourseName() {
            return courseName;        }
        public void setCourseName(String courseName) {
            this.courseName = courseName;        }
        @Column(nullable=false)
        public Float getMark() {
            return mark;        }
        public void setMark(Float mark) {
            this.mark = mark;        }
    @ManyToOne(cascade={CascadeType.MERGE,CascadeType.REFRESH},optional=false)
    @JoinColumn(name="student_Id")                               ⑤
        public Transcripts getTranscripts() {
            return transcripts;        }
        public void setTranscripts(Transcripts transcripts) {
            this.transcripts = transcripts;        }
    }
```

　　在实体属性中除了定义实体基本字段外，如代码④还定义了关联实体 Transcripts 类型的属性，来进行关联操作，并在此属性上使用了注释@ManyToOne 的属性 cascade 和 optional。

　　注释@JoinColumn 代表外键定义，代码⑤表示实体 Transcripts 与实体 TranscriptsItem 关联的外键名定义为 **student_Id**，对应实体 Transcripts 的主键字段 studentId。

　　【步骤 2】JUnit 测试。

　　完成实体注释后，我们通常使用 JUnit 工具来测试结果是否符合设定的注释。建立测试文件 junit.test.TranscriptsTest.java，代码如下：

```
        package junit.test;
        import javax.persistence.EntityManager;
        import javax.persistence.EntityManagerFactory;
        import javax.persistence.Persistence;
        import org.junit.BeforeClass;
        import org.junit.Test;
        import com.sspu.bean.OneToMany.Transcripts;
        import com.sspu.bean.OneToMany.TranscriptsItem;
        public class TranscriptsTest {
            @Test
            public void save(){
```

```
EntityManagerFactory factory=Persistence.createEntityManagerFactory("sspu");
    EntityManager em=factory.createEntityManager();
    em.getTransaction().begin();
    Transcripts transcripts=new Transcripts();
    transcripts.setStudentId("064831269");
    transcripts.setCreditSum(30f);
    TranscriptsItem transcriptsItem1=new TranscriptsItem();
    transcriptsItem1.setCourseName("xml 及其应用");
    transcriptsItem1.setMark(86f);
    TranscriptsItem transcriptsItem2=new TranscriptsItem();
    transcriptsItem2.setCourseName("电子商务开发技术 B");
    transcriptsItem2.setMark(94f);
    transcripts.addTranscriptsItem(transcriptsItem1);
    transcripts.addTranscriptsItem(transcriptsItem2);
    em.persist(transcripts);                                        ⑥
    em.getTransaction().commit();
    em.close();
    factory.close();
    }
}
```

以上代码中实例化实体 Transcripts 为 transcripts，并插入数据，可以使用代码⑥通过保存级联实现实体 TranscriptsItem 增加数据。

运行测试方法 save()，可以看到 jpatest 数据库增加了两个数据表 transcripts(见图 8-31)和表 transcriptsitem(见图 8-32)，表 transcriptsitem 的外键 student_Id 就是表 transcripts 的主键 studentId，两个表通过这种方式关联，符合实体中的注释设置。

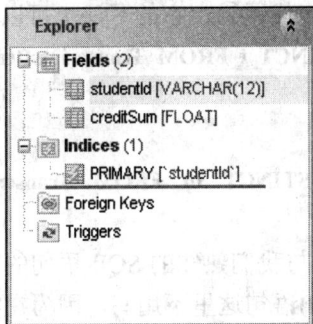

图 8-31　表 transcripts 结构　　　　　图 8-32　表 transcriptsitem 结构

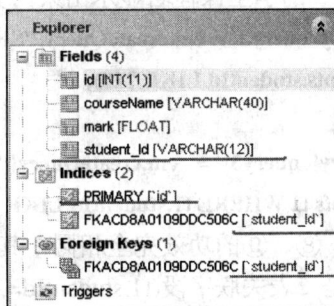

而从图 8-33 和图 8-34 的数据又可验证保存级联操作成功。

同样，如果我们对表 transcripts 进行更新或删除操作，则表 transcriptsitem 会发生相应的更新或删除，这里不具体举例，请读者自行完成。

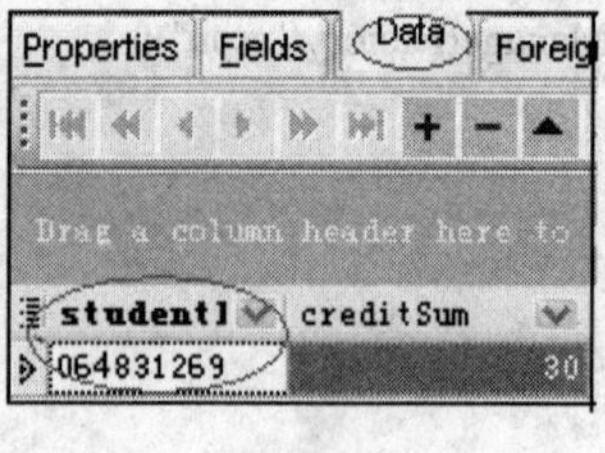

图 8-33　表 transcripts 数据

图 8-34　表 transcriptsitem 数据

2. 一对多关联表查询

在 8.5 节的 JPQL 语句中没有介绍多表关联的查询语句写法，在这里做详细介绍。

在 TranscriptsTest 测试类中增加测试方法 query()，代码如下：

```
@Test
public void query(){
    EntityManagerFactory factory=Persistence.createEntityManagerFactory("sspu");
    EntityManager em=factory.createEntityManager();
    em.getTransaction().begin();
    Query query = em.createQuery("SELECT DISTINCT t FROM TranscriptsItem t JOIN
t.transcripts o WHERE o.studentId LIKE ?1");                                    ⑦
    query.setParameter(1, "064831269");
    List<TranscriptsItem> items=query.getResultList();
    for(TranscriptsItem item : items)
        System.out.println(item.getCourseName());
    em.close();
    factory.close();
}
```

运行结果显示"xml 及其应用"和"电子商务开发技术 B"，即把两表相关联的学号为
"064831269"的学生课程名显示出来，其查询语句如代码⑦。它的写法也可以改为以下：

```
Query query2 = em.createQuery("SELECT DISTINCT t FROM TranscriptsItem t WHERE
t.transcripts.studentId LIKE ?1");                                             ⑧
```

或如下代码：

```
Query query3 = em.createQuery("SELECT DISTINCT t0 FROM TranscriptsItem t0,
Transcripts t1 WHERE t1.studentId LIKE ?1");                                   ⑨
```

代码⑦、⑧、⑨的功效完全相同，其中⑨的写法与我们熟知的 SQL 语句的写法一致，
唯一不同的是二表关联字段(t1.studentId= t0.student_Id)语句这里不用写，因为在实体中已经
定义了它们的关系。因此，在查询过程中两个表会自动建立关联。

8.6.3　多对多关联

多对多关联(Many To Many)实例，包含两个实体教师(Teacher)和课程(Course)，二者关
系为一个老师对应多门课，一门课对应多个老师。二者是对等关系，可以任意定义某方为
数据维护端，这里假设课程为关系维护端，负责外键记录的更新，关系被维护端实体 Teacher

是没有权利更新外键记录的。

A. 实体 Course，包含以下属性：

● id：主键；

● name：课程名，长度小于 40，不允许为空。

B. 实体 Teacher，包含以下属性：

● id：主键；

● name：教师姓名，长度小于 10，不允许为空。

1. 实体关联的建立

实现关联实体的步骤如下：

【步骤 1】建立实体。

(1) 代码 com.sspu.bean.ManyToMany.Course.java 如下：

```java
package com.sspu.bean.ManyToMany;
import java.util.HashSet;
import java.util.Set;
import javax.persistence.CascadeType;
import javax.persistence.Column;
import javax.persistence.Entity;
import javax.persistence.GeneratedValue;
import javax.persistence.Id;
import javax.persistence.JoinColumn;
import javax.persistence.JoinTable;
import javax.persistence.ManyToMany;
@Entity
public class Course {
    private Integer id;
    private String name;
    private Set<Teacher> teachers=new HashSet<Teacher>();     ①
    public Course(){};
    public Course(String name) {
        this.name = name;
    }
    @Id @GeneratedValue
    public Integer getId() {
        return id;      }
    public void setId(Integer id) {
        this.id = id;      }
    @Column(length=40,nullable=false)
    public String getName() {
```

```
            return name;     }
        public void setName(String name) {
            this.name = name;     }
        @ManyToMany(cascade=CascadeType.REFRESH)                              ②
        @JoinTable(name="course_teacher",inverseJoinColumns=@JoinColumn(name="teachersID"),
joinColumns=@JoinColumn(name="coursesID"))                                   ③
        public Set<Teacher> getTeachers() {
            return teachers;     }
        public void setTeachers(Set<Teacher> teachers) {
            this.teachers = teachers;     }
        public void addTeacher(Teacher teacher){                             ④
            this.teachers.add(teacher);     }
        public void removeTeacher(Teacher teacher){                          ⑤
            if(this.teachers.contains(teacher)){
                this.teachers.remove(teacher);
            }
        }
    }
```

在实体属性中除了定义实体基本字段外，如代码①还定义了关联实体 Teacher 类型的属性，来进行关联操作，并在此属性上使用了注释@ ManyToMany 的属性 cascade，定义刷新级联，表示二者为多对多关系，如代码②。

注释@JoinTable 用来定义多对多关系中的中间表。这里使用了三个属性，如代码③分别为：

- name：定义中间表的名字；
- inverseJoinColumns：定义被维护端在中间表的外键；
- joinColumns：定义维护端在中间表的外键。

注意，inverseJoinColumns 和 joinColumns 定义了中间表的字段名字，此处如果不定义中间表的字段，JPA 规范会自动生成，一般为两表的外键字段。

代码④和⑤两个方法是为了方便在两表中进行互操作，分别执行为课程添加任课教师操作和执行为课程删除任课教师操作。

(2) 代码 com.sspu.bean.ManyToMany.Teacher.java 如下：

```
package com.sspu.bean.ManyToMany;
import java.util.HashSet;
import java.util.Set;
import javax.persistence.CascadeType;
import javax.persistence.Column;
import javax.persistence.Entity;
import javax.persistence.GeneratedValue;
import javax.persistence.Id;
```

```java
import javax.persistence.ManyToMany;
@Entity
public class Teacher {
    private Integer id;
    private String name;
    private Set<Course> courses=new HashSet<Course>();                    ⑥
    public Teacher(){};
    public Teacher(String name) {
        this.name = name;
    }
    @Id @GeneratedValue
    public Integer getId() {
        return id;        }
    public void setId(Integer id) {
        this.id = id;        }
    @Column(length=10,nullable=false)
    public String getName() {
        return name;        }
    public void setName(String name) {
        this.name = name;        }
    @ManyToMany(cascade=CascadeType.REFRESH,mappedBy="teachers")          ⑦
    public Set<Course> getCourses() {
        return courses;        }
    public void setCourses(Set<Course> courses) {
        this.courses = courses;        }
    @Override
    public int hashCode() {                                              ⑧
        final int prime = 31;
        int result = 1;
        result = prime * result + ((id == null) ? 0 : id.hashCode());
        return result;
    }
    @Override
    public boolean equals(Object obj) {                                  ⑨
        if (this == obj)
            return true;
        if (obj == null)
            return false;
        if (getClass() != obj.getClass())
```

```
                return false;
        Teacher other = (Teacher) obj;
        if (id == null) {
            if (other.id != null)
                return false;
        } else if (!id.equals(other.id))
            return false;
        return true;
    }
}
```

在实体属性中除了定义实体基本字段外，如代码⑥还定义了关联实体 Course 类型集合的属性，来进行关联操作，并在此属性上使用了注释@ ManyToMany 来表示实体 Course 和实体 Teacher 是一对多关联。如代码⑦涉及两个属性：

● cascade：定义了刷新级联；

● mappedBy="teachers"：说明 Course 实体拥有一个指定 Teacher 的 teachers 属性。定义mappedBy 属性说明实体 Teacher 为关系被维护端。

代码⑧、⑨是为了比较 Teacher 实体而重载的两个方法 hashCode()和 equals()。这里实体的比较由主键 id 决定，即只有 id 相同的 Teacher 实体的实例才算是同一个实例。两个生成方法非常简单，在实体的任何位置点击【右键】，选择【source】里的【generate hashCode and equals】，然后在界面中选择用来比较的属性 id 即可自动生成以上代码⑧、⑨。

【步骤 2】JUnit 测试。

完成实体注释后，我们通常使用 JUnit 工具来测试结果是否符合设定的注释。建立测试文件 junit.test.TranscriptsTest.java，代码如下：

```
package junit.test;
import javax.persistence.EntityManager;
import javax.persistence.EntityManagerFactory;
import javax.persistence.Persistence;
import org.junit.BeforeClass;
import org.junit.Test;
import com.sspu.bean.ManyToMany.Course;
import com.sspu.bean.ManyToMany.Teacher;
public class CourseTest {
    @Test
    public void save(){
EntityManagerFactory factory=Persistence.createEntityManagerFactory("sspu");
        EntityManager em=factory.createEntityManager();
        em.getTransaction().begin();
        em.persist(new Course("电子商务网站建设与维护"));
```

```
        em.persist(new Teacher("潘海兰"));                              ⑩
        em.getTransaction().commit();
        em.close();
        factory.close();
    }
}
```

由于没有设置级联保存，因此在以上代码中要保存每个实体Course和Teacher，如代码⑩。

运行测试方法 save()，可以看到 jpatest 数据库增加了三个数据表 course(见图 8-35)、表 teacher(见图 8-36)和中间表 course_teacher(见图 8-37)，中间表的外键 coursesID 和 teachersID 就是表 course 的主键 id 和表 teacher 的主键 id，两个表通过这种方式关联，符合实体中的注释设置。

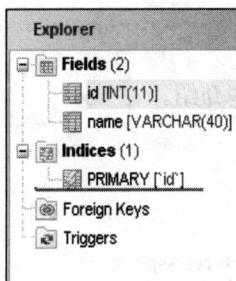

图 8-35　表 course 结构　　　图 8-36　表 teacher 结构　　　图 8-37　表 course_teacher 结构

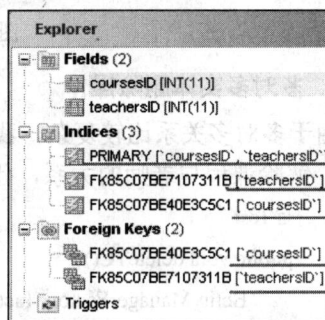

而从图 8-38 和图 8-39 的数据又可验证实体保存数据操作成功。

图 8-38　表 course 数据　　　　　　　　　　图 8-39　表 teacher 数据

但是，此时中间表 course_teacher 的数据为空，我们使用 buileTC()方法来建立二者的关系数据，代码如下：

```
//建立课程与老师的关系
@Test
public void buileTC(){
    EntityManagerFactory factory=Persistence.createEntityManagerFactory("sspu");
    EntityManager em=factory.createEntityManager();
    em.getTransaction().begin();
    Course course=em.find(Course.class, 1);
    course.addTeacher(em.getReference(Teacher.class, 1));
    em.getTransaction().commit();
```

```
em.close();
factory.close();
}
```

　　以上调用了实体 Course 中的 addTeacher()方法来进行课程添加任课教师的操作，运行测试方法，结果数据见图 8-40。

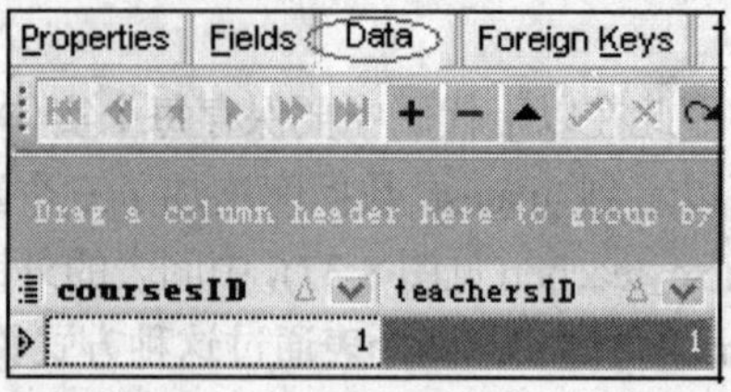

图 8-40　表 course_teacher 数据

2. 多对多实体删除操作

由于多对多关系比较复杂，我们对其相关的删除操作再做一些介绍。

● 解除课程与老师的关系，代码如下：

```
@Test
public void deleteTC(){
    EntityManagerFactory factory=Persistence.createEntityManagerFactory("sspu");
    EntityManager em=factory.createEntityManager();
    em.getTransaction().begin();
    Course course=em.find(Course.class, 1);
    course.removeTeacher(em.getReference(Teacher.class, 1));
    em.getTransaction().commit();
    em.close();
    factory.close();
}
```

● 删除课程，代码如下：

```
@Test
public void deleteCourse(){
    EntityManagerFactory factory=Persistence.createEntityManagerFactory("sspu");
    EntityManager em=factory.createEntityManager();
    em.getTransaction().begin();
    Course course=em.getReference(Course.class, 1);
    em.remove(course);
    em.getTransaction().commit();
    em.close();
    factory.close();
}
```

● 删除教师，代码如下：

```
@Test
public void deleteTeacher(){
    EntityManagerFactory factory=Persistence.createEntityManagerFactory("sspu");
    EntityManager em=factory.createEntityManager();
    em.getTransaction().begin();
    Course course=em.find(Course.class, 1);
    Teacher teacher=em.getReference(Teacher.class, 1);
    course.removeTeacher(teacher);
    em.remove(teacher);
    em.getTransaction().commit();
    em.close();
    factory.close();
}
```

✧　注意：删除教师的操作中，要先解除教师与课程的关系，才能删除教师信息，否则会发生异常。

8.6.4　联合主键

联合主键实例，包含一个实体 AirLine，其主键 id 为 AirLinePK 类，实体 AirLine 定义了飞机航线，以出发地和目的地作为组合主键。

A. 实体 AirLine，包含以下属性：

● id：AirLinePK 类，主键；
● name：航线描述，长度小于 40。

B. 主键类 AirLinePK，包含以下属性：

● startCity：出发城市代码，长度小于 3；
● endCity：目的城市代码，长度小于 3。

实现关联的实体步骤如下：

【步骤 1】建立实体。

(1) 代码 com.sspu.bean.CompositePK.AirLine.java 如下：

```
package com.sspu.bean.CompositePK;
import javax.persistence.Column;
import javax.persistence.EmbeddedId;
import javax.persistence.Entity;
@Entity
public class AirLine {
    private AirLinePK id;                                    ①
    private String name;
```

```java
public AirLine() {        }
public AirLine(AirLinePK id) {
    this.id = id;        }
public AirLine(String endCity, String startCity, String name) {
    this.id= new AirLinePK(endCity,startCity);
    this.name = name;        }
@EmbeddedId//专门用于组合主键类的                                    ②
public AirLinePK getId() {
    return id;        }
public void setId(AirLinePK id) {
    this.id = id;        }
@Column(length=20)
public String getName() {
    return name;        }
public void setName(String name) {
    this.name = name;        }
    }
```

代码①和②定义了 id 为实体 AirLine 的组合组件，其中@EmbeddedId 就是标明组合主键类，但是实际代替它的是主键类 AirLinePK 的属性。

(2) 代码 com.sspu.bean.CompositePK.AirLinePK.java 如下：

```java
package com.sspu.bean.CompositePK;
import java.io.Serializable;
import javax.persistence.Column;
import javax.persistence.Embeddable;
//此注解表示这个类的属性是实体 AirLine 中的属性
@Embeddable                                                          ③
public class AirLinePK implements Serializable{
    private String startCity;
    private String endCity;
    public AirLinePK() {}
    public AirLinePK(String endCity, String startCity) {
        super();
        this.endCity = endCity;
        this.startCity = startCity;        }
    @Column(length=3)
    public String getStartCity() {
        return startCity;        }
    public void setStartCity(String startCity) {
        this.startCity = startCity;        }
```

```
        @Column(length=3)
        public String getEndCity() {
            return endCity;        }
        public void setEndCity(String endCity) {
            this.endCity = endCity;        }
        @Override                                                    ④
        public int hashCode() {
            final int prime = 31;
            int result = 1;
            result = prime * result + ((endCity == null) ? 0 : endCity.hashCode());
            result = prime * result+ ((startCity == null) ? 0 : startCity.hashCode());
            return result;
        }
        @Override
        public boolean equals(Object obj) {
            if (this == obj)                        return true;
            if (obj == null)                        return false;
            if (getClass() != obj.getClass())               return false;
            AirLinePK other = (AirLinePK) obj;
            if (endCity == null) {
                if (other.endCity != null)               return false;
            } else if (!endCity.equals(other.endCity))              return false;
            if (startCity == null) {
                if (other.startCity != null)               return false;
            } else if (!startCity.equals(other.startCity))              return false;
            return true;        }
    }
```

代码③中的注解@Embeddable 表示类 AirLinePK 的属性就是实体 AirLine 中的属性。JPA 中规定组合主键类必须满足以下三个条件：

- 必须提供无参构造函数，即 public AirLinePK() {}；
- 必须实现序列化，即实现 Serializable 接口；
- 重写 hashCode 和 equals 方法，并以所有主键为重写对象，如代码④。

【步骤 2】JUnit 测试。

完成实体注释后，我们通常使用 JUnit 工具来测试结果是否符合设定的注释。建立测试文件 junit.test.AirLineTest.java，代码如下：

```
        package junit.test;
        import javax.persistence.EntityManager;
        import javax.persistence.EntityManagerFactory;
        import javax.persistence.Persistence;
```

```
import org.junit.BeforeClass;
import org.junit.Test;
import com.sspu.bean.CompositePK.AirLine;
public class AirLineTest {
    @Test
    public void save(){
EntityManagerFactory factory=Persistence.createEntityManagerFactory("sspu");
        EntityManager em=factory.createEntityManager();
        em.getTransaction().begin();
        em.persist(new AirLine("PEK","SHA","北京飞上海"));
        em.getTransaction().commit();
        em.close();
        factory.close();
    }
}
```

以上代码建立了实体 AirLine 的对应数据表结构，并插入数据。运行测试方法 save()，可以看到 jpatest 数据库中增加了一个数据表 airline(见图 8-41)，其中包含 endCity、startCity 和 name 三个字的，而且 endCity 和 startCity 为联合主键，符合实体中的注释设置。

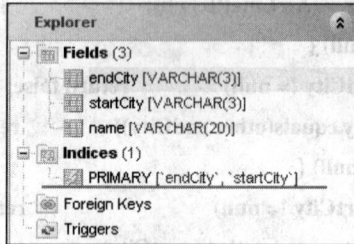

图 8-41　表 airline 结构

而从图 8-42 的数据又可验证保存操作成功。

图 8-42　表 airline 数据

在不久的将来，Sun 可能会将 JPA 作为一个单独的 JSR 对待，同时 JPA 还可能作为 Java SE 的一部分。不过这些都不太重要，重要的是，我们已经可以在脱离容器的情况下，在 Java SE 应用中使用 JPA 了。

JPA 已经成为了一项对象持久化的标准，不但可以获得 Java EE 应用服务器的支持，还可以直接在 Java SE 中使用。开发者无需在现有的多种 ORM 框架中进行艰难的选择，这对开发人员来说是十分有利的。

第
3
部
分

基于 Struts2+JPA+Spring 的

Web 商城的开发案例

第 9 章 "清风书苑"系统及其注册模块的实现

📓 **重要知识点**
- 整合 Spring 与 JPA
- 实体 CRUD 业务逻辑的实现
- 分页功能业务逻辑的实现
- 各实体业务逻辑的实现
- 整合 Spring、JPA 与 Struts2 实现注册模块

从本章开始，将以"清风书苑"系统为例讲解如何使用 J2EE 轻量级框架 (Strut2+JPA+Spring)实现 Web 应用程序的各个关键功能，并在各项功能中讲解网站实用模块的编写技巧。

9.1 "清风书苑"系统的功能与组成

"清风书苑"系统是典型的电子商务网站系统，包含一般电子商务网站所应有的用户管理、商品管理、购物车管理和订单管理等模块。图 9-1 为各个子功能之间的关系图。

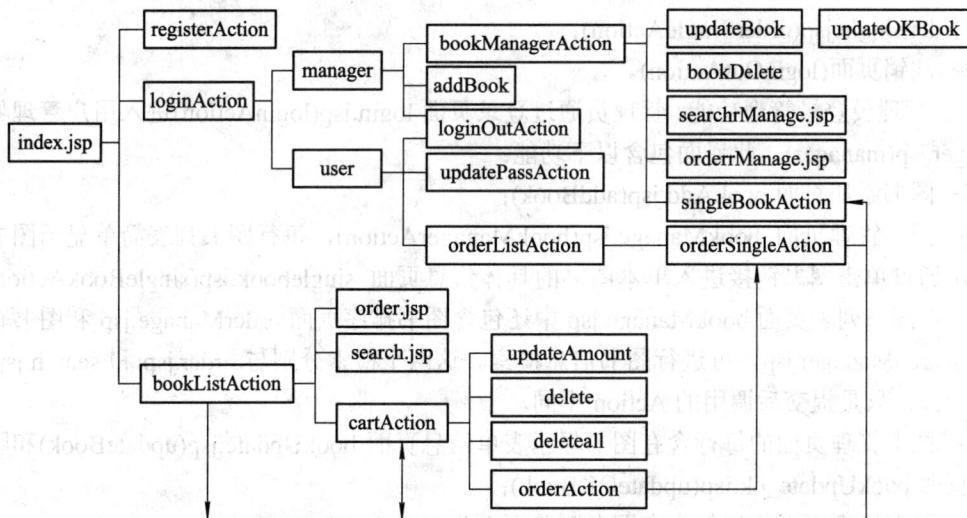

图 9-1 清风书苑 Action 关系图

从以上的关系图，我们对所有的 Web 页面做一个综合介绍。

"清风书苑"系统从 Web 页面上来看由三部分组成：

(1) Head.jsp：所有 Web 页面的页头，主要功能为导航，包括登录、注册、首页和购物车的页面导航，如图 9-2 所示。

图 9-2　Head.jsp 页面

(2) Foot.jsp：所有 Web 页面的页尾，主要功能也为导航，包括网站具体事务(一般为电子商务网站购物中涉及的如配送、支付和订单等事务)和相关链接导航，同时可以把网站联系方式和版权标注在页尾，如图 9-3 所示。

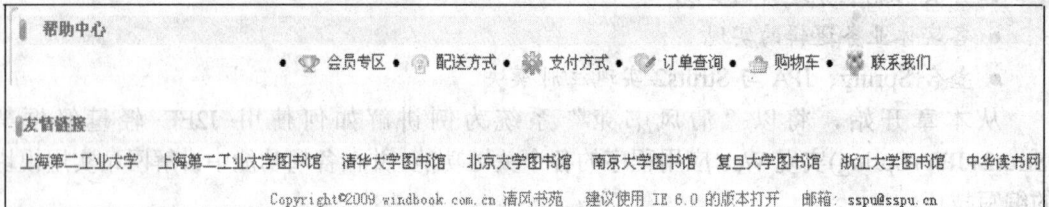

图 9-3　Foot.jsp 页面

(3) 功能模块：所有功能模块都可以通过页头和页尾来实现各种导航。

① 用户登录管理功能。用户通过注册页面 register.jsp(registerAction)完成注册，通过登录页面 login.jsp(loginAction)进入用户管理界面 user.jsp(user)。此界面包含以下功能：

➢ 修改密码页面 updatePass.jsp(updatePassAction)；

➢ 订单查看页面 orderList.jsp(orderListAction)，其中每个订单的明细查看页面为 bookOrderSingle.jsp(orderSingleAction)；

➢ 注销页面(loginOutAction)。

② 管理员登录管理功能。管理员通过登录页面 login.jsp(loginAction)进入用户管理界面 manager.jsp(manager)。此界面包含以下功能：

➢ 图书添加页面 bookAdd.jsp(addBook)；

➢ 图书管理页面 bookManage.jsp(bookManagerAction)，每行图书列表简单显示图书信息，可通过单击图书链接进入单本图书的具体信息页面 singlebook.jsp(singleBookAction)。另外，在图书列表页面 bookManage.jsp 中还包含图书排序页面 orderManage.jsp 和图书查询页面 searchManager.jsp，可进行图书信息检索。这两个检索分别与 order.jsp 和 search.jsp 的内容一致，只是提交后调用的 Action 不同。

➢ 图书管理页面的每行含有图书显示表单信息页面 bookUpdate.jsp(updateBook)和图书更新页面 bookUpdate_ok.jsp(updateOKBook)；

➢ 图书管理页面的每行含有图书删除页面 bookDelete.jsp(bookDelete)；

➢ 注销页面(loginOutAction)。

③ 图书信息。主页直接进入图书列表页面 booklist.jsp(bookListAction)，在 booklist.jsp 中通过循环的方式包含图书列表中每本书的显示页面 onebooklist.jsp。但为了能在图书列表中显示更多图书(此页面中图书信息不全)，可通过单击图书链接进入单本图书具体信息页面 singlebook.jsp(singleBookAction)。

另外，在图书列表页面 booklist.jsp 中还包含图书排序页面 order.jsp 和图书查询页面 search.jsp，可进行图书信息检索。

④ 购物车功能。购物车页面 cart.jsp(cartAction)包含以下功能：

➤ 购物车更新图书数量操作(updateAmount)；

➤ 购物车删除某本图书操作(delete)；

➤ 清空购物车操作(deleteall)；

➤ 进入结算，生成订单页面 bookOrder.jsp(orderAction)和单个订单明细查看页面 bookOrderSingle.jsp(orderSingleAction)。

✧ 注意：以上所有 Action 的访问权限通过权限拦截器来实现，非常方便。

9.2 "清风书苑"系统数据库设计

9.2.1 数据库中各表的结构

"清风书苑"系统的数据库名为 bookStore，包含四个相关数据库，其结构和字段信息分别如下：

(1) 用户信息表如图 9-4 所示。

userinfo						
Field Name	Field Type	Size	Precision	Not Null	Default	Comment
id	INTEGER	11	0	☑	Null	自增长主键
email	VARCHAR	20	0	☑		电子邮件
limited	VARCHAR	255	0	☐	Null	权限：USER/MANAGER
password	VARCHAR	20	0	☑		密码
userName	VARCHAR	20	0	☑		用户名

图 9-4 userinfo 表

(2) 订单信息表如图 9-5 所示。

ordertable						
Field Name	Field Type	Size	Precision	Not Null	Default	Comment
id	INTEGER	11	0	☑	Null	自增长主键
buyDate	DATE	0	0	☐	Null	购买日期
orderPrice	FLOAT	0	0	☑		订单总价
userID	INTEGER	11	0	☑		用户ID

图 9-5 ordertable 表

(3) 订单项信息表如图 9-6 所示。

Field Name	Field Type	Size	Precision	Not Null	Default	Comment
id	INTEGER	11	0	☑	Null	自增长主键
bookAmount	INTEGER	11	0	☑		图书数量
bookID	INTEGER	11	0	☑		图书号
orderID	INTEGER	11	0	☑		订单号

图 9-6 orderlist 表

(4) 图书信息表如图 9-7 所示。

Field Name	Field Type	Size	Precision	Not Null	Default	Comment
id	INTEGER	11	0	☑	Null	自增长主键
ISBN	VARCHAR	15	0	☑		ISBN
author	VARCHAR	20	0	☑		书作者
bookName	VARCHAR	50	0	☑		书名
bookPic	VARCHAR	20	0	☐	Null	书相关图片
bookType	VARCHAR	10	0	☐	Null	图书类别
clickCount	INTEGER	11	0	☑		人气指数
commend	BIT	1	0	☑	0	是否推荐
createDate	DATE	0	0	☐	Null	上架日期
description	VARCHAR	200	0	☐	Null	图书描述
marketPrice	FLOAT	0	0	☑		市场价
publishDate	DATE	0	0	☐	Null	出版日期
publisher	VARCHAR	20	0	☑		出版社
sellCount	INTEGER	11	0	☑		销售量
sellPrice	FLOAT	0	0	☑		销售价
visible	BIT	1	0	☑	0	是否可见

图 9-7 bookinfo 表

9.2.2 数据表对应实体在 JPA 中的实现

1. JPA 环境的搭建

在新建工程 bookSite 中，首先搭建 JPA 环境，在环境变量中复制 JPA 框架的支持 JAR 包，参考 8.2.2 节中的 META-INF/persistence.xml 文件，把此文件直接复制到工程 bookSite 中，只需修改其中的两处代码：

● persistence-unit 元素的 name="**com**"；

● <property name="hibernate.connection.url" value="jdbc:mysql://localhost:3306/ **bookStore**? useUnicode= true& characterEncoding=UTF-8" />。

✧ 注意：要在 MySQL 数据库中建立 bookStore 数据库，建立方法参考 8.2.1 节。

2. 实体的实现

针对 9.2.1 节中的四个数据表，其实体定义类分别为：

1) 用户信息实体

用户信息实体中涉及一个权限枚举类 Limited.java，定义了用户和管理员权限，读者可根据实际项目自行定义不同权限。其代码如下：

```
package com.bean.user;

public enum Limited {

    USER,MANAGER

}
```

用户信息实体的属性定义如下：

```
package com.bean.user;

……//省略导入包定义

@Entity

public class UserInfo implements Serializable{

 @Id @GeneratedValue private Integer id;

 @Column(length = 20, nullable = false)  private String userName;

 @Column(length = 20, nullable = false)  private String password;

 @Column(length = 20, nullable = false)  private String email;

 @Enumerated(EnumType.STRING)        private Limited limited=Limited.USER;

 public UserInfo() {      }

 public UserInfo(String userName,String password,String email) {

     this.userName=userName;

         this.password=password;

         this.email=email;

     }

 ……//省略 get/set 方法

 }
```

2) 订单信息实体

订单信息实体的属性定义如下：

```
package com.bean.cart;

……//省略导入包定义

@Entity

@Table(name="ordertable")

public class Order implements Serializable {

        @Id @GeneratedValue      private Integer id;

        @Column(nullable=false)      private Integer userID;

        @Column(nullable=false)      private Float orderPrice;

        @Temporal(TemporalType.DATE)      private Date buyDate=new Date();

        public Order() { }

        public Order(Integer id) {      this.id = id;      }
```

......//省略 get/set 方法

　　　　　}

3) 订单项信息实体

订单项信息实体的属性定义如下：

```
package com.bean.cart;
......//省略导入包定义
@Entity
public class OrderList implements Serializable {
    @Id @GeneratedValue        private Integer id;
    @Column(nullable=false)        private Integer orderID;
    @Column(nullable=false)        private Integer bookID;
    @Column(nullable=false)        private Integer bookAmount;
    ......//省略 get/set 方法
}
```

4) 图书信息实体

图书信息实体的属性定义如下：

```
package com.bean.book;
......//省略导入包定义
@Entity
public class BookInfo implements Serializable{
    @Id @GeneratedValue        private Integer id;
    @Column(length=15,nullable=false)        private String ISBN;
    @Column(length=50,nullable=false)        private String bookName;
    @Column(length=20,nullable=false)        private String author;
    @Column(length=10)        private String bookType;
    @Column(length=20,nullable=false)        private String publisher;
    @Column(length=20)        public String bookPic;
    @Temporal(TemporalType.DATE)        private Date publishDate;
    @Column(length=200)        private String description;
    @Column(nullable=false)        private Float marketPrice;
    @Column(nullable=false)        private Float sellPrice;
    @Column(nullable=false)        private Boolean visible = true;
    @Temporal(TemporalType.DATE)        private Date createDate = new Date();
    @Column(nullable=false)        private Integer clickCount = 1;
    @Column(nullable=false)        private Integer sellCount = 0;
    @Column(nullable=false)        private Boolean commend = false;
    private Integer amount;//在购物车中使用的临时数据
    public BookInfo() {        }
```

```
public BookInfo(Integer id) {        this.id = id; }
public BookInfo(String isbn, String author, String bookName,
        Boolean commend, Float marketPrice, String publisher,
        Float sellPrice, Boolean visible) {
    ISBN = isbn;
    this.author = author;
    this.bookName = bookName;
    this.commend = commend;
    this.marketPrice = marketPrice;
    this.publisher = publisher;
    this.sellPrice = sellPrice;
    this.visible = visible;
}
@Transient
public Float getSavedPrice()
{        return marketPrice-sellPrice;            }
@Transient
public Float getSinglePrice()
{        return sellPrice*amount;            }
……//省略所有属性的 get/set 方法
}
```

注意:

✧　在各个实体中定义的构造函数是为了实例化实体的便利。

✧　此处为了省略篇幅,把注释写在属性定义上。建议读者把注释定义在属性的 get()方法之上,否则生成的数据表可能与定义不符。

3. 使用测试方法生成对应的数据表

使用 UserTest.java 测试类的 testSave()方法来完成实体对应表结构在数据库 bookStore 的建立,分别可以生成如图 9-4、图 9-5、图 9-6 和图 9-7 所示的数据表结构。

```
package junit.test;
……//省略导入包定义
public class UserTest {
    @Test
    public void testSave() {
        EntityManagerFactory factory=Persistence.createEntityManagerFactory("com");
        factory.close();
    }    }
```

9.3　JPA 与 Spring 的整合

在 JPA 中整合 Spring 框架，可以使持久层逻辑操作代码量大大简化，对于定义事务、开启事务、执行事务和关闭事务等操作都可以使用 Spring 的配置文件一次定义即可反复使用。

9.3.1　Spring 框架结构

Spring 是一个开源框架，是一个从实际开发中抽取出来的框架。因此，它完成了大量开发中的通用步骤，留给开发者的仅仅是与特定应用相关的部分，从而大大提高了企业应用的开发效率。

Spring 为企业应用的开发提供了一个轻量级的解决方案。该方案包括基于依赖注入的核心机制(IOC)，基于 AOP 的声明式事务管理，与多种持久层技术以及优秀的 Web MVC 框架等的整合。Spring 不是用来取代已有的那些框架，而是以高度的开发性与它们无缝整合。可以说，Spring 是企业应用开发的"一站式"选择。Spring 贯穿表现层、业务层和持久层。

总结起来，Spring 有如下优点：

➢ 低侵入式设计，代码污染极低；

➢ 独立于各种应用服务器，基于 Spring 框架的应用，可以真正实现一次定义反复使用的宗旨；

➢ Spring 的 IOC 机制降低了业务对象替换的复杂性；

➢ Spring 的高度开放性，使得开发者可自由选用 Spring 框架的部分组件。

Spring 框架由七个定义良好的模块组成，构建在核心容器之上，核心容器定义了创建、配置和管理 bean 的方式，如图 9-8 所示。

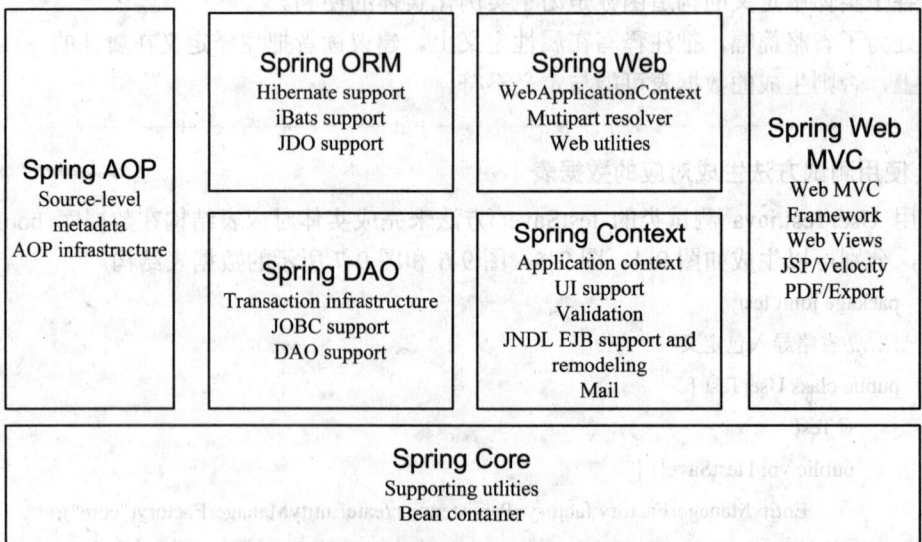

图 9-8　Spring 框架组件结构图

组成 Spring 框架的每个模块(或组件)都可以单独存在,或者与其他一个或多个模块联合实现。每个模块的功能如下:

➤ 核心容器:核心容器提供 Spring 框架的基本功能。核心容器的主要组件是 BeanFactory,它是工厂模式的实现。BeanFactory 使用控制反转(IOC)模式将应用程序的配置和依赖性规范与实际的应用程序代码分开。

➤ Spring 上下文:Spring 上下文是一个配置文件,向 Spring 框架提供上下文信息。Spring 上下文包括的服务项目有 JNDI、EJB、电子邮件、国际化、校验和调度功能等。

➤ Spring AOP:通过配置管理特性,Spring AOP 模块直接将面向方法的编程功能集成到了 Spring 框架中。所以,可以很容易使 Spring 框架管理的任何对象支持 AOP。Spring AOP 模块为基于 Spring 的应用程序中的对象提供了事务管理服务。通过使用 Spring AOP,不用依赖 EJB 组件,就可以将声明性事务管理集成到应用程序中。

➤ Spring DAO:JDBC DAO 抽象层提供了有意义的异常层次结构,可用该结构来管理异常处理和不同数据库供应商抛出的错误消息。异常层次结构简化了错误处理,并且极大地降低了需要编写异常代码的数量(例如打开和关闭连接)。Spring DAO 的面向 JDBC 的异常遵从通用的 DAO 异常层次结构。

➤ Spring ORM:Spring 框架插入了若干个 ORM 框架,从而提供了 ORM 的对象关系工具,其中包括 JDO、Hibernate 和 iBatis SQL Map。所有这些都遵从 Spring 的通用事务和 DAO 异常层次结构。

➤ Spring Web 模块:Web 上下文模块建立在应用程序上下文模块之上,为基于 Web 的应用程序提供了上下文。所以,Spring 框架支持与 Jakarta Struts 的集成。Web 模块还简化了处理多部分请求以及将请求参数绑定到域对象的工作。

➤ Spring MVC 框架:MVC 框架是一个全功能的构建 Web 应用程序的 MVC 实现。通过策略接口,MVC 框架变成为高度可配置的,并容纳了大量视图技术,其中包括 JSP、Velocity、Tiles、iText 和 POI。

Spring 框架的功能可以用在任何 J2EE 服务器中,大多数功能也适用于不受管理的环境。本应用实例选用 Spring2.5 版本,Spring2.5 是对 Spring2.0 的增强,增加了一些新的特性。下面列举出其中常用的新特性:

➤ 全面支持 Java6 和 JavaEE5(JDBC 4.0,JTA 1.1,JavaMail 1.4,JAX-WS 2.0 等);

➤ 全特性的注释驱动依赖注入,包括对限定词的支持;

➤ 支持基于 CLASSPATH 的组件扫描,可自动侦测有注释的类;

➤ 支持 AspectJ 切点表达式中包含 bean name 切点的元素;

➤ 内置 AspectJ 加载时编织,基于 LoadTimeWeaver 提取;

➤ 更多的 XML 配置文件的名字空间支持,比如 context 和 JMS 等,最大程度地提高了编写的方便性;

➤ 全面修订集成测试框架,支持 JUnit4 和 TestNG。

9.3.2　Spring 的 IoC 和 AOP

Spring 的功能很多,下面仅对本项目涉及的技术进行讲解。

1. IoC

Spring 的核心模块为控制反转(IoC, Inversion of Control)容器，又称为依赖注入(DI, Dependency Injection)，主要解决的是组件的松耦合和可重用性。

控制反转就是由容器控制对象之间的关系，而非传统实现中由程序代码之间操控。控制权由应用程序转移到了外部容器，这种控制权的转移即所谓的反转。

IoC 容器可以看成一个大工厂，维护许多 Bean 组件，这些 Bean 组件可以是一般 JavaBean、业务组件和 DAO 组件等。在典型的 IoC 场景中，容器创建了所有对象，并设置必要的属性将它们连接在一起，决定什么时间调用方法。

IoC 实现模式的三个类型如下：

(1) 服务需要实现专门的接口，通过接口，由对象提供这些服务，可以从对象查询依赖性(例如，需要的附加服务)。

(2) 通过 JavaBean 的属性(例如 setter 方法)分配依赖性。

(3) 依赖性以构造函数的形式提供，不以 JavaBean 属性的形式公开。

Spring 框架的 IoC 容器采用类型(2)和类型(3)实现。

2. AOP

Spring 的另一个重要模块是面向方法的编程(AOP)。它是一种编程技术，允许程序员对横切关注点或横切典型的职责分界线行为(例如日志和事务管理)进行模块化。AOP 的核心构造是方面，它可以将那些影响多个类的行为封装到可重用的模块中。

AOP 和 IOC 是补充性的技术，它们都运用模块化方式解决企业应用程序开发中的复杂问题。在典型的面向对象开发方式中，可能要将日志记录语句放在所有方法和 Java 类中才能实现日志功能。在 AOP 方式中，可以反过来将日志服务模块化，并以声明的方式将它们应用到需要日志的组件上。当然，其优势就是 Java 类不需要知道日志服务的存在，也不需要考虑相关的代码。所以，用 Spring AOP 编写的应用程序代码是松散耦合的。

3. Spring 对 DAO 和 ORM 提供的支持

Spring 对多种持久化服务都有良好的支持，比如 DAO 和 ORM。

(1) DAO(数据访问对象)。Spring 对 DAO 提供支持的主要目标是：以标准的方式使用 JDBC、Hibernate、JPA。Spring 使得开发人员可以在这些技术间方便的切换，而且不需要捕获各种技术中特定的异常。

(2) ORM(对象关系映射)。Spring2.5 提供了与 JPA、Hibernate 和 JDO 等 SQL 映射的集成，Spring2.5 之后的版本才提供 JPA 的支持，以帮助开发人员处理很多典型的 JPA 整合问题。

9.3.3 JPA 中整合 Spring 的实现

前两节对 Spring 作了大概了解，下面正式进入整合 Spring 框架的讲解。

1. Spring 的下载和安装

本书使用 Spring2.5.4 版本的标准。同其它框架的使用一样，集成 Spring 框架时首先要把与应用相关的 Spring 支持包放入 CLASSPATH 环境下。下面讲解 Spring 下载和添加到环境变量的步骤。

【步骤 1】下载 Spring2.5.4。

登录 http://www.springsource.org 站点,下载 spring-framework-2.5.4-with-dependencies.zip 包,该压缩包不仅包含 Spring 的开发包,而且包含 Spring 编译和运行所依赖的第三方类库。

【步骤 2】添加使用压缩包。

解压缩下载的压缩包,把以下 JAR 文件复制到 bookSite 工程的 WEB-INF/lib 文件夹下:

➢ 支持 Spring 的 JAR 包: dist 目录下 spring.jar;

➢ 支持 AOP 编程的 JAR 包: lib/Aspectj 目录下 aspectjrt.jar 和 aspectjweaver.jar;

➢ 动态生成器解码的 JAR 包: lib/cglib 目录下 cglib-nodep-2.1_3.jar;

➢ 支持通过注解实现依赖注入的 JAR 包: lib/j2ee 目录下 common-annotations.jar。

另外,本项目使用 Apache 开源的 DBCP 数据库连接池技术,因此还需选择 lib/Jakarta-commons 目录下的 JAR 包:

➢ commons-dbcp.jar;

➢ commons-pool.jar;

➢ commons-logging.jar。

2. 将 Spring 集成到 JPA

加入 Spring 的支持包后,就可以把 Spring 框架集成到 bookSite 中的 JPA 框架,下面是集成的详细步骤。

【步骤 1】建立配置文件监听。

Spring 管理的所有 bean 配置文件默认定义在 src/applicationContext.xml 中,但此文件可以定义为其它名字,只需在工程的 web.xml 添加如下配置:

```
<context-param>
    <param-name>contextConfigLocation</param-name>
    <param-value>classpath:beans.xml</param-value>
</context-param>
<listener>
<listener-class>org.springframework.web.context.ContextLoaderListener</listener-class>
</listener>
```

以上 contextConfigLocation 参数定义 Spring 的配置文件位置,启动 ContextLoaderListener 监听会自动查找 contextConfigLocation 参数定义的文件并进行 bean 的管理。

【步骤 2】建立 Spring 配置文件。

根据【步骤 1】中定义的配置,在 src 目录下建立文件 beans.xml,其具体代码如下:

```
<?xml version="1.0" encoding="UTF-8"?>
<beans xmlns="http://www.springframework.org/schema/beans"
    xmlns:xsi="http://www.w3.org/2001/XMLSchema-instance"
mlns:context="http://www.springframework.org/schema/context"
    xmlns:aop="http://www.springframework.org/schema/aop"
mlns:tx="http://www.springframework.org/schema/tx"
    xsi:schemaLocation="http://www.springframework.org/schema/beans
```

```
                http://www.springframework.org/schema/beans/spring-beans-2.5.xsd
                http://www.springframework.org/schema/context
                http://www.springframework.org/schema/context/spring-context-2.5.xsd
                http://www.springframework.org/schema/aop
                http://www.springframework.org/schema/aop/spring-aop-2.5.xsd
                http://www.springframework.org/schema/tx
                http://www.springframework.org/schema/tx/spring-tx-2.5.xsd">
```

<context:component-scan base-package="com" /> ①

<context:property-placeholder location="classpath:jdbc.properties" /> ②

<!-- 定义数据源 Bean，使用 DBCP 数据库连接池技术-->

<bean id="**dataSource**" class="org.apache.commons.dbcp.BasicDataSource"
　destroy-method="close"> ③
　<property name="driverClassName" value="${driverClassName}" />
　<property name="url" value="${url}" />
　<property name="username" value="${username}" />
　<property name="password" value="${password}" />
　<property name="initialSize" value="${initialSize}" />
　<property name="maxActive" value="${maxActive}" />
　<property name="maxIdle" value="${maxIdle}" />
　<property name="minIdle" value="${minIdle}" />
</bean>

**<bean id="entityManagerFactory" class="org.springframework.orm.jpa.Local Container
EntityManagerFactoryBean">** ④
　<property name="dataSource" ref="dataSource" /> ⑤
　<property name="persistenceXmlLocation" value="classpath:META-INF/persistence.xml" />
⑥
　<property name="loadTimeWeaver">
　　<bean class="org.springframework.instrument.classloading.Instrumentation LoadTime Weaver" />
　</property>
</bean>

<bean id="**transactionManager**" class="org.springframework.orm.jpa.JpaTransac tion
Manager">
　<property name="entityManagerFactory" ref="entityManagerFactory" />
</bean> ⑦

<tx:annotation-driven transaction-manager="transactionManager" /> ⑧

　</beans>

对以上配置代码中的各代码段进行解释如下：

➢ 代码①：base-package="com"表示所有 com 包中的文件将纳入 spring 容器的管理中。

➢ 代码②：配置文件使用的参数定义文件为 src/jdbc.properties。

➤ 代码③：定义数据源 dataSource，使用 DBCP 数据库连接池技术，配置所有连接参数。

➤ 代码④：定义 JPA 的 entityManagerFactor。

➤ 代码⑤：依赖注入 entityManagerFactory 所需的数据源 dataSource。

➤ 代码⑥：引入 JPA 的 persistence.xml 配置文件，定义 JPA 的 entityManagerFactory 属性。

➤ 代码⑦：配置 JPA 的局部事务管理器，使用 JpaTransactionManager 类，该类是针对采用 JPA 持久化连接的特定接口。

➤ 代码⑧：使 @transactional 注释起作用，凡使用此注释的类自动纳入事务管理器，无需在此配置文件中重复申明。

【步骤 3】建立 jdbc.properties 文件。

在 src 目录下新建属性文件 jdbc.properties，进行 beans.xml 文件中使用的变量参数值的设置，具体代码如下：

```
driverClassName=com.mysql.jdbc.Driver
url=jdbc:mysql://localhost:3306/bookStore?useUnicode=true&amp;characterEncoding=UTF-8
username=root
password=123456
initialSize=1
maxActive=100
maxIdle=8
minIdle=1
```

细心的读者会发现，这些值与 JPA 配置文件 persistence.xml 中设置的值重复。因此，在整合 Spring 之后，需要把 persistence.xml 文件中的以下代码删除：

```
<property name="hibernate.connection.driver_class" value="com.mysql.jdbc.Driver" />
<property name="hibernate.connection.url" value="jdbc:mysql://localhost:3306/bookStore? useUnicode=
    true&amp;characterEncoding=UTF-8" />
<property name="hibernate.connection.username" value="root" />
<property name="hibernate.connection.password" value="123456" />
```

✧ 注意：jdbc.properties 文件中的变量值也可以用常量的方式直接写入 Spring 配置文件 beans.xml，此处的处理方式是为了减少耦合。

【步骤 4】JUnit 测试 Spring 框架。

新建测试文件 junit.test.UserSpringTest.java，添加 springtest()测试函数，验证 Spring 框架与 JPA 框架的整合状况。具体代码如下：

```
@Test
public void springtest(){
    ApplicationContext cxt=new ClassPathXmlApplicationContext("beans.xml");
    DataSource dataSource=(DataSource)cxt.getBean("dataSource");
```

```
System.out.println(dataSource);
}
```

测试成功，在【Console】窗口打印出 org.apache.commons.dbcp.BasicDataSource@d85cc，说明 Spring 框架与 JPA 框架连接成功。

本节阐述了 Spring 框架的结构、模块及其与 JPA 框架的整合过程。下面将实现本项目的一些通用业务逻辑，为整个项目的编写提供通用方法。

9.4 通用业务逻辑的实现

在分析具体模块功能之前，我们先介绍实现所有业务逻辑时都要使用的通用业务逻辑方法接口 DAO.java 和实现类 DaoSupport.java。只要在这两个方法中把所有持久层数据的 CRUD 操作定义完整，那么对于具体实体的 CRUD 只要继承其中的方法或实现其中的接口即可。另外还介绍通用分页业务逻辑的实现，分页功能与实现类 DaoSupport.java 中的编码采用泛型进行定义，具有极大的复用性，读者可在自己的项目中完整地不加修改地使用这些方法。

9.4.1 通用 CRUD 业务逻辑的实现

1. 通用接口的定义

在接口 DAO.java 中定义了获取数据表记录总数、清除缓存数据、保存、更新、删除、查找和对分页数据处理的方法，对于没有特殊处理逻辑的实体，这些方法足够使用。

com.service.base.DAO.java 代码如下：

```java
package com.service.base;
import java.util.LinkedHashMap;
import com.utils.page.QueryResult;
public interface DAO {
//获取记录总数
public <T> long getCount(Class<T> entityClass);
//清除一级缓存的数据
public void clear();
//保存实体
public void save(Object entity);
//更新实体
public void update(Object entity);
//删除实体1
public <T> void delete(Class<T> entityClass, Object entityid);
//删除实体2
public <T> void delete(Class<T> entityClass, Object[] entityids);
```

```
//根据主键获取实体
public <T> T find(Class<T> entityClass, Object entityId);
//获取分页数据
public <T> QueryResult<T> getScrollData(Class<T> entityClass);
public <T> QueryResult<T> getScrollData(Class<T> entityClass, int firstindex, int maxresult,
String wherejpql, Object[] queryParams,LinkedHashMap<String, String> orderby);
public <T> QueryResult<T> getScrollData(Class<T> entityClass, int firstindex, int maxresult,
String wherejpql, Object[] queryParams);
public <T> QueryResult<T> getScrollData(Class<T> entityClass, int firstindex, int maxresult,
LinkedHashMap<String, String> orderby);
public <T> QueryResult<T> getScrollData(Class<T> entityClass, int firstindex, int maxresult);
}
```

以上代码中实现通用的处理为所有方法都不直接和具体实体类相关，而是使用泛型Class<T> entityClass 来代表任一实体类，而取得具体实体类的实现方法在 DaoSupport.java中使用 getEntityName(Class<T> entityClass)方法来获得，这样实现不同实体 CRUD 操作共享通用代码。

因为分页处理功能在 Web 程序中常用的功能模块，接口 DAO.java 中 getScrollData ()方法就是针对不同输入条件完成分页数据的获取方法，其返回值 QueryResult 类型的相关方法在分页逻辑中讲解。

2. 通用实现类的定义

DaoSupport.java 实现接口 DAO.java 中定义的方法，并定义了一些辅助方法来帮助完成各方法的编码。下面我们把 DaoSupport.java 的代码分辅助方法和实现方法两部分来讲解。

1) 辅助方法的实现

DaoSupport.java 中为了使各实现方法的写法更加简略，定义了四个辅助方法：

(1) 获取当前操作实体的辅助函数：

```
protected <T> String getEntityName(Class<T> entityClass){
    String entityname = entityClass.getSimpleName();
    Entity entity = entityClass.getAnnotation(Entity.class);
    if(entity.name()!=null && !"".equals(entity.name())){
        entityname = entity.name();         }
    return entityname;
}
```

(2) 设置查询语句变量参数的辅助函数：

```
protected void setQueryParams(Query query, Object[] queryParams){
    if(queryParams!=null && queryParams.length>0){
        for(int i=0; i<queryParams.length; i++){
            query.setParameter(i+1, queryParams[i]);
        }       }       }
```

(3) 设置查询语句排序内容的辅助函数：

```
    protected String buildOrderby(LinkedHashMap<String, String> orderby){
        StringBuffer orderbyql = new StringBuffer("");
        if(orderby!=null && orderby.size()>0){
            orderbyql.append(" order by ");
            for(String key : orderby.keySet()){
            orderbyql.append("o.").append(key).append(" ").append(orderby.get(key)).append(",");}
                orderbyql.deleteCharAt(orderbyql.length()-1);
            }
        return orderbyql.toString();        }
```

（4）设置查询语句结果显示域的辅助函数：

```
    protected <T> String getCountField(Class<T> clazz){
        String out = "o";
        try {
        PropertyDescriptor[]        propertyDescriptors        =        Introspector.getBeanInfo(clazz).
getPropertyDescriptors();
            for(PropertyDescriptor propertydesc : propertyDescriptors){
                Method method = propertydesc.getReadMethod();
                if(method!=null && method.isAnnotationPresent(EmbeddedId.class)){
                    PropertyDescriptor[] ps = Introspector.getBeanInfo (propertydesc.getProperty-
Type()).getPropertyDescriptors();
                    out = "o."+ propertydesc.getName()+ "." + (!ps[1].getName(). equals("class")?
ps[1].getName(): ps[0].getName());
                    break;        }
            }        } catch (Exception e) {
                        e.printStackTrace();                }
        return out;        }
```

以上四个辅助方法基本上都是为 getScrollData ()方法服务的，而 getScrollData ()方法也是本 Web 实例中最常用的方法，因为对电子商务网站来说，进行快速、有效和准确的查询是网站用户所希望看到的基本功能。

2）实现接口的方法

在各个方法的实现中除了 getScrollData ()方法外，其它方法的实现都直接使用 JPA 中 javax.persistence.EntityManager 容器所提供的各种方法，请参考 8.4 节内容，这里不做重复介绍。

com.service.base.DaoSupport.java 部分代码如下：

```
    package com.service.base;
    ......//省略导入包
    @Transactional                                                                    ①
    public abstract class DaoSupport implements DAO{
    @PersistenceContext protected EntityManager em;                                    ②
```

```
        public void clear(){
            em.clear();}
        public <T> void delete(Class<T> entityClass,Object entityid) {
            delete(entityClass, new Object[]{entityid});        }
        public <T> void delete(Class<T> entityClass,Object[] entityids) {
            for(Object id : entityids){
            em.remove(em.getReference(entityClass, id));
            }   }
        @Transactional(readOnly=true,propagation=Propagation.NOT_SUPPORTED)        ③
        public <T> T find(Class<T> entityClass, Object entityId) {
            return em.find(entityClass, entityId);}
        public void save(Object entity) {
            em.persist(entity);        }
        @Transactional(readOnly=true,propagation=Propagation.NOT_SUPPORTED)
        public <T> long getCount(Class<T> entityClass) {
            return    (Long)em.createQuery("select    count("+  getCountField(entityClass)  +")   from  "+
        getEntityName(entityClass)+ " o").getSingleResult();
        }
        public void update(Object entity) {
            em.merge(entity);        }
        ……//省略 getScrollData 方法，在下面详细介绍
        ……//省略其它 4 个辅助方法代码
        }
```

以上代码①和③中使用了 Spring 框架注释@Transactional，表示定义事务管理器，它常用的属性为事务传播规则 propagation。在代码③中使用的 propagation 值的含义如下：

➤ Propagation.MANDATORY：要求调用该方法的线程必须在一个已有的事务中执行，否则抛出异常。

➤ Propagation.NESTED：如果已处于事务中，则依然启动新事务，方法嵌套在事务里执行；如果不处于事务中，则创建一个新的事务，执行该方法。

➤ Propagation.NEVER：不允许调用该方法的线程处于事务环境中，否则抛出异常(与 Propagation.MANDATORY 相反)。

➤ Propagation.NOT_SUPPORTED：如果调用该方法的线程处于事务中，则先暂停当前事务，然后执行该方法。

➤ Propagation.REQUIRED：要求在事务环境中执行该方法，如果已处于事务中，则直接调用；如果不处于事务中，则启用新的事务后执行该方法；

➤ Propagation.REQUIRES_NEW：不管是否存在事务，都创建一个新的事务，原来的事务暂停，新事务执行完毕后继续执行原来的事务。

➤ Propagation.SUPPORTS：如果当前执行线程处于事务中，则使用当前事务，否则不使用事务。

代码②中使用了 JPA 框架注释@PersistenceContext，它将实体与实体管理器关联并自定义实体管理器的环境。在使用 JPA 持续性提供程序的应用程序中，可以使用 EntityManager 实例执行所有持续性操作(创建、读取、更新和删除)。

在接口 DAO.java 中还定义了一系列的 getScrollData()方法来实现数据的读取，具体代码如下：

```java
@SuppressWarnings("unchecked")
@Transactional(readOnly=true,propagation=Propagation.NOT_SUPPORTED)
public <T> QueryResult<T> getScrollData(Class<T> entityClass, int firstindex, int maxresult,
String wherejpql, Object[] queryParams,LinkedHashMap<String, String> orderby) {          ④
    QueryResult qr = new QueryResult<T>();
    String entityname = getEntityName(entityClass);
    Query query = em.createQuery("select o from "+ entityname+ " o "+(wherejpql==null? "":
    "where "+ wherejpql)+ buildOrderby(orderby));
    setQueryParams(query, queryParams);//设置各个参数集
    if(firstindex!=-1 && maxresult!=-1)
        //设置当前页的首记录位置和每页显示记录数
        query.setFirstResult(firstindex).setMaxResults(maxresult);
    qr.setResultlist(query.getResultList());               //设置返回结果集
    query = em.createQuery("select count("+ getCountField(entityClass)+ ") from "+ entityname+ " o
    "+(wherejpql==null? "": "where "+ wherejpql));
    setQueryParams(query, queryParams);
    qr.setTotalrecord((Long)query.getSingleResult());       //设置查询结果记录数
    return qr;
}
@Transactional(readOnly=true,propagation=Propagation.NOT_SUPPORTED)
public <T> QueryResult<T> getScrollData(Class<T> entityClass) {          ⑤
    return getScrollData(entityClass, -1, -1);
}
@Transactional(readOnly=true,propagation=Propagation.NOT_SUPPORTED)
public <T> QueryResult<T> getScrollData(Class<T> entityClass,
        int firstindex, int maxresult, LinkedHashMap<String, String> orderby) {          ⑥
    return getScrollData(entityClass,firstindex,maxresult,null,null,orderby);
}
@Transactional(readOnly=true,propagation=Propagation.NOT_SUPPORTED)
public <T> QueryResult<T> getScrollData(Class<T> entityClass,
        int firstindex, int maxresult, String wherejpql, Object[] queryParams) {          ⑦
    return getScrollData(entityClass,firstindex,maxresult,wherejpql,queryParams,null);
}
```

```
@Transactional(readOnly=true,propagation=Propagation.NOT_SUPPORTED)
public <T> QueryResult<T> getScrollData(Class<T> entityClass, int firstindex, int maxresult)
{                                                                              ⑧
        return getScrollData(entityClass,firstindex,maxresult,null,null,null);
}
```

其中仅有代码④是具体实现方法，其它代码⑤、⑥、⑦、⑧都是调用代码④来实现，把缺少的条件用 null 替代即可。代码④的实现过程见以上代码的注释，其中各参数的含义为：

➢ Class<T> entityClass：当前调用实体。

➢ int firstindex：当前页的首记录位置。

➢ int maxresult：每页显示记录数。

➢ String wherejpql：查询条件字符串。

➢ Object[] queryParams：查询中使用的参数数组。

➢ LinkedHashMap<String, String> orderby：查询中排序条件的组合，如可定义如下代码：
```
LinkedHashMap<String, String> orderby = new LinkedHashMap<String, String>();
orderby.put("createDate", "desc");
```

代码④中使用了 com.utils.page.QueryResult，这是分页业务逻辑中定义的类，将在 9.4.2 节中详细讲解。

9.4.2　分页业务逻辑的实现

在 Web 应用中，从商品显示、商品管理到用户管理、订单管理等通用模块无一不使用分页功能来使界面布局更加合理。同样，本项目也定义了一些分页功能中常用的业务逻辑，下面对它们一一进行解释。

1. 实现逻辑类

1) 查询结果类

QueryResult.java 类定义查询返回结果集，其包含结果集列表 resultlist 和结果集记录总个数。具体代码如下：
```
package com.utils.page;
import java.util.List;
public class QueryResult<T> {
private List<T> resultlist;
private long totalrecord;
……//省略 get/set 方法
}
```

2) 在 Web 页面中显示页面类

PageIndex.java 类定义页码索引导航，如图 9-9 中椭圆标注的地方。具体代码如下：
```
package com.utils.page;
public class PageIndex {
```

```
                private long startindex;
                private long endindex;
                publi c PageIndex(long startindex, long endindex) {
                    this.startindex = startindex;
                    this.endindex = endindex;        }
        ……//省略 get/set 方法
            }
```

3) 设置索引页面类

WebTool.java 类定义获取当前页面索引的方法，如图 9-10 所示，目前访问的 currenPage 通过 WebTool.java 类中的 getPageIndex()方法来取得显示索引页面的内容，可以与图 9-9 比较理解。具体代码如下：

```
        package com.utils.page;
        public class WebTool {
        public static PageIndex getPageIndex(long viewpagecount, int currenPage, long totalpage){
                long    startpage    =    currenPage-(viewpagecount%2==0?    viewpagecount/2-1    :
        viewpagecount/2);
                long endpage = currenPage+viewpagecount/2;
                if(startpage<1){
                    startpage = 1;
                    if(totalpage>=viewpagecount) endpage = viewpagecount;
                    else endpage = totalpage;        }
                if(endpage>totalpage){
                    endpage = totalpage;
                    if((endpage-viewpagecount)>0) startpage = endpage-viewpagecount+1;
                    else startpage = 1;        }
                return new PageIndex(startpage, endpage);
            }    }
```

4) 分页每个页面数据处理类

PageView.java 为具体处理分页相关变量的类，各变量的含义在代码中已标明，请读者仔细理解一下代码中节选出的 getXXX 方法。

```
        package com.utils.page;
        import java.util.List;
        public class PageView<T>
        {private int maxresult=10;              //每页显示数
            private int currentpage=1;            //当前页
            private long totalpage=1;             //总页数
            private List<T> records;              //所有记录
            private PageIndex pageindex;          //页数索引
            private long totalrecord;             //总记录数
```

```
            private int pageBarSize=3;                //显示索引页面
      //构造函数，定义每页显示数和当前页
            public PageView(int maxresult,int currentpage)
            {       this.currentpage = currentpage;
                    this.maxresult = maxresult;
            }

            public void setQueryResult(QueryResult<T> qr)
            {       setTotalrecord(qr.getTotalrecord());
                    setRecords(qr.getResultlist());

            }

            public void setTotalrecord(long totalrecord) {
                    this.totalrecord = totalrecord;
                    //计算页数
                    setTotalpage(this.totalrecord
      %this.maxresult==0?this.totalrecord/this.maxresult:this.totalrecord/this.maxresult+1);                }
            public int getFirstindex() {
                    return (getCurrentpage()-1)*this.maxresult;
            }
            public void setTotalpage(long totalpage) {
                    this.totalpage = totalpage;
                    this.pageindex=WebTool.getPageIndex(pageBarSize, currentpage,
      totalpage);                }
      ......//省略其它 get/set 方法
            }
```

2. 实现 Web 页面

完成以上分页逻辑的处理，在使用分页功能的页面中加入如下代码即可实现当前数据集合的分页功能：

```
      <s:bean name="org.apache.struts2.util.Counter" id="counter">
          <s:param name="first" value="#request.pageview.pageindex.startindex" />
          <s:param name="last" value="#request.pageview.pageindex.endindex" />
          <s:a href="XXX.action?page=1">首页</s:a>
          <s:iterator>
              <s:if test="#request.pageview.currentpage!=current-1">
                  <a href='XXX.action?page=<s:property/>'><s:property/></a>
              </s:if>
              <s:else><font color="black"><b><s:property/></b></font></s:else>
          </s:iterator>
      <a href="XXX.action?page=${pageview.totalpage}">尾页</a>丨
```

当前第${pageview.currentpage}页 | 共${pageview.totalpage}页

</s:bean>

其中 XXX.action 中应该返回一个 request 级别的 PageView 类型变量，执行页面如图 9-9 和图 9-10 所示，由于 pageBarSize=3，因此索引每次显示 3 个索引链接。

首页 **(1 2 3)** 尾页 | 当前第1页 | 共4页　　　　　首页 2 3 4 尾页 | 当前第3页 | 共4页

图 9-9　分页 1 　　　　　　　　　　　　图 9-10　分页 2

9.5　各实体业务逻辑的分析与实现

在 9.3 节和 9.4 节我们分析了一些通用业务逻辑功能的代码，本节对本项目 4 个实体的业务逻辑进行剖析。

在 DAO.java 和 DaoSupport.java 的基础上，实现各实体的业务逻辑就非常简单，如果实体本身没有特殊的方法要定义，那么只需直接实现 DAO.java 接口和继承 DaoSupport.java 类即可，对每个实体业务逻辑的实现也采用接口的方式。

9.5.1　各实体业务逻辑的分析

本项目涉及 4 个实体，从 9.1 节对整个项目的分析可以归纳出只有 UserInfo 实体、OrderList 实体需要定义自己的特殊方法，分别为：

➢ UserInfo 实体：登录业务和密码更新业务；

➢ OrderList 实体：根据订单号查找订单项集合业务。

BookInfo 实体和 Order 实体的业务逻辑都只涉及 CRUD 和分页操作，因此只要继承通用业务逻辑。

9.5.2　各实体业务逻辑的实现

各实体业务逻辑实现仍采用接口和实现类的方式来编写。

1. 各接口类的实现

以 Order 实体为例，其业务逻辑接口定义为：

```
package com.service.bean;
import com.service.base.DAO;
public interface OrderService extends DAO {}
```

其它三个实体的业务逻辑接口定义都相同，只需把类名分别换成 UserInfoService.java、BookInfoService.java、OrderListService.java。

另外，在 UserInfoService.java 中增加抽象方法：

```
public UserInfo login(String userName, String password);
public int updatePassword(Integer id, String password,String newpass);
```

在 OrderListService.java 中增加抽象方法：

```
public List<OrderList> findOrder(Integer orderID);
```

2. 各实现类的实现

以 Order 实体为例，其业务逻辑实现类定义为：

```
package com.service.bean.impl;
......//省略导入包
@Service
@Transactional
public class OrderServiceBean extends DaoSupport implements OrderService {}
```

以上代码中两个注解的含义如下：

➢ @Transactional：定义事务管理器，详见 9.4.1 节。

➢ @Service：表示依赖注入，即把此业务类归入 Spring 容器管理，相当于在 beans.xml 中进行如下 bean 的配置：

```
<bean id="bookInfoServiceBean" class="com.service.bean.impl.BookInfoServiceBean"/>
```

使用了 @Service 注释后，可以不再为 beans.xml 配置对应的 bean。

其它三个实体的业务逻辑实现类定义都相同，只需把类名分别换成 UserInfoServiceBean.java、BookInfoServiceBean.java、OrderListServiceBean.java，实现类分别换成 UserInfoService.java、BookInfoService.java、OrderListService.java。

另外，在 UserInfoServiceBean.java 中增加抽象方法：

```
public UserInfo login(String userName, String password){
    UserInfo userInfo=null;
    try {
        Query query=em.createQuery("select o from UserInfo o where userName=?1 and password=?2");
        query.setParameter(1, userName);
        query.setParameter(2, password);
        userInfo=(UserInfo)query.getSingleResult();
    } finally {
        if (em != null) {
            em.close();        }
    }
    return userInfo;        }
public int updatePassword(Integer id, String password,String newpass) {
    int i=0;
    try {
        Query query=em.createQuery("update UserInfo o set password=?1 where id=?2 and password=?3");
        query.setParameter(1, newpass);
        query.setParameter(2, id);
        query.setParameter(3, password);
```

```
            i=query.executeUpdate();
        } finally {
            if (em != null) {
                em.close();                    }
        }
        return i;                 }
```

在 OrderListServiceBean.java 中增加抽象方法：

```
public List<OrderList> findOrder(Integer orderID) {
    Query query = em.createQuery("select o from OrderList o where o.orderID=?1");
    query.setParameter(1, orderID);
    return query.getResultList();
}
```

3. 测试各业务逻辑

建议读者在完成业务逻辑的编写后使用 JUnit 工具来测试其方法的正确性。举例验证 login 方法和通用业务方法 delete()，具体代码如下：

```
package junit.test;
public class UserSpringTest {
    private static ApplicationContext cxt;
    private static UserInfoService userInfoService;
    @BeforeClass
    public static void setUpBeforeClass() throws Exception {
        try {
        cxt = new ClassPathXmlApplicationContext("beans.xml");
        userInfoService = (UserInfoService) cxt.getBean("userInfoServiceBean");
        } catch (Exception e) {
            e.printStackTrace();
        }    }
    @Test
    public void testDelete() {
        userInfoService.delete(UserInfo.class,1);        }
    @Test
    public void testLogin() {
        UserInfo userInfo = userInfoService.login("111111", "111111");
        Assert.assertNotNull("登陆不成功", userInfo);        }
```

注意，以上的 setUpBeforeClass()方法是 JUnit 测试类中所有测试方法执行前必须先执行的方法，可以把获取 bean 等重复性操作定义在此方法内。从上面 testFind()方法和 testLogin()方法的实现方式可以明显体验到 Spring 框架的整合给 JPA 实现提供了便利，减少了很多的代码量。可以把 testDelete 和下面对于同样删除操作在 JPA 环境下的代码进行比较：

```
EntityManager em=factory.createEntityManager();

em.getTransaction().begin();

UserInfo userInfo =em.find(UserInfo.class, 1);

em.remove(userInfo);

em.getTransaction().commit();

em.close();
```

其它的业务方法请读者自行验证。

9.6　用户注册功能的实现方法

下面我们用注册功能来详细讲解 Struts2+JPA+Spring 三个框架整合实现功能模块的步骤。

9.6.1　Struts2 与 Spring 框架的整合

Struts2 与 Spring 框架的整合只需在 Struts2 应用的基础上满足两个条件即可,即两框架整合使用的 JAR 包和 struts.xml 文件中 action 配置的修改。

1. 整合使用的 JAR 包

Struts2 框架通过插件的方式支持其它的 IoC 容器,包括 Spring 和 Plexus,本书采用 Spring 框架。

Struts2 通过插件的形式来集成 Spring,插件的 JAR 文件已经包含在 Struts2 的开发包中,即在 struts-2.0.14 的解压缩包的 lib 子目录下,有一个名为 struts2-spring-plugin-2.0.14.jar 的文件,只需把它复制到开发工程 bookSite 的 WEB-INF/lib 文件夹下,即在 Struts2 中集成了 Spring 框架的支持。

2. Action 配置的修改

要把 Struts2 框架整合到 Spring 的容器中,只需修改 struts.xml 文件中 action 配置的 class 属性值。

在第 5 章我们介绍了 class 属性值为所要调用的 Action 的实际类名,如本例注册 Action 的类为 com.action.user.RegisterAction.java,则 class="com.action.user.RegisterAction"。

而在 Spring 框架的作用下,class 属性值为所要调用的 Spring 容器中的 bean 名。RegisterAction.java 作为一个 bean 被纳入其中,其 bean 的名字定义为"registerAction",因此注册 Action 在 struts.xml 中的配置如下:

```
<action name="registerAction" class="registerAction" method="register">

    <result name="input">/register.jsp</result>

    <result name="login">/register.jsp</result>

    <result name="success">/registerok.jsp</result>

</action>
```

有兴趣的读者可以到http://struts.apache.org/2.x/docs/spring-plugin.html中查看整合过程

的官方详细文档。

9.6.2 用户注册功能的实现方法

整合好三个框架之后，下面我们详细介绍注册模块在轻量级 Java EE 框架下的实现。

1. Web 页面的建立

从 9.6.2 节中 Action 的配置我们可以知道，注册模块的实现涉及两个 Web 界面：register.jsp 和 registerok.jsp。

register.jsp 表单代码：

```
<s:form action="registerAction" validate="true">
        <s:textfield name="userName" label="用户名"></s:textfield>
        <s:password name="password" label="密码"></s:password>
        <s:password name="repassword" label="密码验证"></s:password>
    <s:textfield name="email" label="电子邮件"></s:textfield>
        <s:submit name=" submit "></s:submit>
</s:form>
```

registerok.jsp 代码：

```
恭喜${userName}，注册成功<br/>
注册电子邮件为:<s:property value="email" />
```

2. 表单验证文件

为了使 register.jsp 注册表单值符合数据表的要求，需要建立表单验证文件 com.action.user.RegisterAction-validation.xml，其代码参考 6.3.2 节中的 RegisterAction-validation.xml 字段验证，包括 userName、password 和 repassword 组件的验证。唯一不同的是 email 组件的验证，参考代码如下：

```
<field name="email">
    <field-validator type="email">
        <message>email's format is invalid!</message>
    </field-validator>
</field>
```

3. Action 的实现

注册功能的 Action 类为 com.action.user.RegisterAction.java，其代码如下：

```
package com.action.user;
……//省略导入包
@Controller
public class RegisterAction extends ActionSupport {
    private String userName;
    private String password;
    private String repassword;
    private String email;
```

①

```
        @Resource                                                    ②
        private UserInfoService userInfoService;
    ......//省略 get/set 方法
    public String register() throws Exception {
        UserInfo userInfo = new UserInfo(userName, password, email);   ③
        try {
            userInfoService.save(userInfo);                           ④
            return SUCCESS;
        } catch (Exception e) {
            return INPUT;
        }
    }
}
```

此处使用 Spring2.5 的注释来实现依赖注入。各代码解释如下:

➤ 代码①:注释@Controlle 用于定义 RegisterAction.java 类是 Spring 容器管理的类。@Controlle 是@Component 的细化,对应于表现层。

➤ 代码②: @Resource 是 Java6 提供的注入注解,可以在 Spring 中使用指定在 RegisterAction 中注入 UserInfoService 对应的 bean,这个 bean 是业务逻辑实现类,使用 @Service 注入 Spring 容器。

➤ 代码③:实例化一个 UserInfo 实体对象,注意必须在 UserInfo 定义对应的构造函数 才可以直接使用,具体见 9.2.2 节。

➤ 代码④:调用通用业务逻辑的 save()方法完成实体保存。

其中代码①和代码②的注释相当于在 beans.xml 配置如下 bean:

```xml
<bean id="userInfoServiceBean" class="com.service.bean.impl.UserInfoServiceBean"/>
<bean id="registerAction" class="com.action.user.RegisterAction" scope="prototype">
    <property name="userInfoService">
        <ref local="userInfoServiceBean" />
    </property>
</bean>
```

而使用代码①和代码②的注释生成的 bean 名字为 Action 类名字的第一个字母更改为小写 即可,如这里 RegisterAction 类,其对应的注入 bean 名字为 registerAction,这在 9.6.1 节的 action 配置中可以验证。

4. Strus.xml 的配置

见 9.6.1 节。

5. 运行注册模块

把项目部署到 Tomcat 中,启动 Tomcat,运行注册模块,页面分别如图 9-11 和图 9-12 所示。

用户名： hellen

密码： ●●●●●●

密码验证： ●●●●●●

电子邮件： hellen@163.com

Submit

恭喜hellen，注册成功
注册电子邮件为：hellen@163.com

图 9-11 注册表单页面 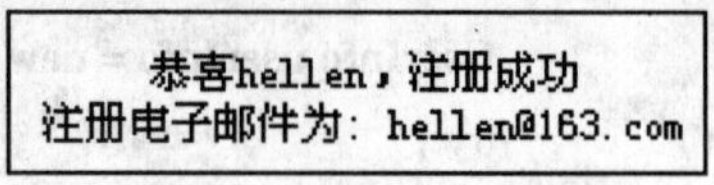   图 9-12 注册成功页面

至此，已成功完成了基于 Struts2、JPA 和 Spring 框架的注册功能的实现。本章详细介绍了三个框架的整合过程，同时介绍了 bookSite 项目中可复用类的实现，为后面章节内容的讲解打下了良好的基础。读者要认真理解各个知识点。

✧ 注意：本项目只能实现普通用户的注册，至于管理员数据可直接在数据表中添加。

9.7　项目页头、页尾及主页的处理

在本章的最后，给读者展示贯穿整个项目的 Web 头页面 Head.jsp 和尾页面 Foot.jsp 的实现，以及主页 index.jsp 页面的处理。

1. Head.jsp

本项目使用 Head.jsp 作为基本导航页面，如图 9-2 所示。我们要处理的主要是登录、注册、首页和购物车的链接页面。这些导航部分的主要代码如下(省略所有的样式)：

```
<script>document.write(new Date().toLocaleString())</script>
<s:if test="#session.user!=null">
您好:${session.user.userName}[<a href="loginOutAction.action">注销</a>]</s:if>
<s:else>[<a href="login.jsp" >请登录</a><a href="register.jsp">注册</a>]</s:else>
欢迎光临 windbook.com 清风书苑                           ①
<a href="bookListAction.action">首页</a>|
<a href="#" >支付方式</a>|
<a href="cartAction.action" 购物车</a>|
<a href="#" >联系我们</a>|
<a href="#" >帮助中心</a>
```

以上代码主要是代码①的处理，使用#session.user 变量来判断用户是否登录，如果登录，那么显示欢迎用户的字样和注销 Action 的链接；如果没有登录，则显示登录页面和注册页面的超链接。由此读者很容易发现使用 Struts2 标签的便利性。

2. Foot.jsp

本项目使用 Foot.jsp 作为与购买相关页面的导航，如图 9-3 所示。这部分的代码大多是

静态页面的制作，留给读者自己完成，在大部分电子商务网站中对页尾导航的处理都是如此。

3. 页面的嵌套

在项目中的每个页面使用 s:include 标签把页头和页脚文件包含进来，实现高度复用，具体用法如下：

　　　　<s:include value="Head.jsp"></s:include>

　　　　……//省略页面主体

　　　　<s:include value="Head.jsp"></s:include>

4. 主页的处理

在 MyEclipse 的 Web 项目中，项目主页默认为以 index 为名的 htm、jsp 和 html 等后缀的文件，而对于一个电子商务网站来说，主页一般是对其主营商品的显示，这必然要调用对应的 Action 文件来获取商品信息。项目中显示商品列表的 Action 名为 bookListAction，因此我们在项目中做如下处理，即在 index.jsp 文件中使用 response 对象来进行页面转发，代码如下：

　　　　<%　　response.sendRedirect("bookListAction.action"); %>

执行项目主页 http://localhost/bookSite 的结果如图 9-13 所示。

图 9-13　项目主页

第 10 章　图书显示、购物车及订单模块的实现

📑 **重要知识点**
- 图书信息的单本和列表显示
- 图书信息查询、排序功能的实现
- 购物车管理
- 订单的生成

本章之所以讲解"清风书苑"图书显示、购物车及订单模块的实现，是因为在用户和管理员的管理模块中使用到了图书显示、查询和订单列表功能。因此，通过本章的学习，可将网站的商品运作流程构建起来。

10.1　图书显示模块

"清风书苑"实例是一个网上商城，主营图书业务，因此对于图书商品在网站中的显示方式、推荐功能、历史记录、查询功能和排序功能等处理就显得非常重要，这些将直接影响买家的购买欲望。本实例对图书的处理实现了单本图书信息显示、图书购买列表的分页显示、按选定排序关键字排列图书和查询关键字筛选图书功能，下面一一进行讲解。

10.1.1　所有图书列表显示、查询及排序功能的实现

"清风书苑"实例中把图书列表的显示和图书的查询、排序功能集成在一起。刚进入图书列表页面时，查询和排序关键字都为空，当用户对查询条件和排序条件进行"与"、"或"操作后，图书列表的 Action 中会获取查询和排序关键字并对数据表进行处理，从而显示满足用户需求的最终结果列表。我们对查询功能和排序功能的 Web 页面进行了单独的处理，避免商品列表页面过于臃肿。

1. 图书列表相关 Web 页面的处理

图书列表页面 booklist.jsp(使用 s:include 标签)包含代码①、②、③、④、⑥ 5 个页面，而代码⑤是分页处理代码，代码①、②分别是头页面和尾页面，这些在第 9 章已经讲解。

booklist.jsp 页面的主要代码如下(省略所有样式的定义)：

```
<body>
    <s:include value="Head.jsp"></s:include>                    ①
```

```
<s:form action="" theme="simple">
<table><tr><td>
<s:include value="order.jsp"></s:include>                                ②
</td><td>
<s:include value="search.jsp"></s:include>                               ③
</td></tr></table>
<hr>
<s:iterator value="#request.records" status="st">
<s:include value="onebooklist.jsp"></s:include>                          ④
</s:iterator>
<table><tr><td>
        <s:bean name="org.apache.struts2.util.Counter" id="counter">
        <s:param name="first" value="#request.pageview.pageindex.startindex" />
        <s:param name="last" value="#request.pageview.pageindex.endindex" />
        <s:a href="bookListAction.action?page=1">首页</s:a>
        <s:iterator>
            <s:if test="#request.pageview.currentpage!=current-1">
                <a href='bookListAction.action?page=<s:property/>'><s:property/></a>
            </s:if>
            <s:else><font color="black"><b><s:property/></b></font></s:else>
        </s:iterator>
    <a    href="bookListAction.action?page=${pageview.totalpage}"> 尾 页 </a> ｜ 当 前 第
${pageview.currentpage}页 ｜ 共${pageview.totalpage}页
        </s:bean></td></tr> </table>                                      ⑤
</s:form>
<s:include value=" Foot.jsp "></s:include>                                ⑥
</body>
```

s:include 标签起包含页面的作用，value 属性是所包含页面的名字。

代码④在图书列表中使用 s:iterator 标签对每个图书列表项进行逐一显示，其 value 的属性值为"#request.records"，说明在 bookListAction 中对应的逻辑函数会返回名为 records 的变量，范围为 request，这个变量就是所有符合查询结果的图书信息集合，具体可以查看下文中 Action 的定义。

下面我们对 booklist.jsp 页面中的主要功能页——排序页面 order.jsp、查询页面 search.jsp 和图书列表项页面 onebooklist.jsp 进行一一剖析。

1) 排序页面(order.jsp)

排序页面如图 10-1 所示，使用下拉列表来选择排序条件。

图 10-1　排序页面

其中下拉列表名称为 order，"默认"的选项值为 null，"上架日期"的选项值为 date，"价格从低到高"的选项值为 lowprice，"价格从高到低"的选项值

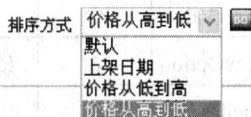

为 highprice。因此，排序页面 order.jsp 的主要代码为：

```
<s:form action="bookListAction" method="post">
排序方式：
<s:select name="order" list="#{null:'默认','date':'上架日期','lowprice':'价格从低到高','highprice':'价格从高到低'}"></s:select>
    <input type="image" name="imageField" src="images/a/img_32.jpg" />
</s:form>
```

以上表单提交触发的 Action 为 bookListAction，其中通过判断 order 下拉列表的值来设置图书排序方式。Action 的实现具体见下文。

order 下拉列表的 list 属性值直接使用 OGNL 表达式来创建列表，列表中的每一项都将作为 HTML 列表框的一个选项。在客户端浏览器中的输出如下：

```
<select name="order">
    <OPTION value="" selected>默认</OPTION>
    <OPTION value="date">上架日期</OPTION>
    <OPTION value="lowprice">价格从低到高</OPTION>
    <OPTION value="highprice">价格从高到低</OPTION>
</select>
```

Struts2 标签的 s:select 表单标签除了我们常用的 name、label 等属性外，还有表 10-1 中的一些属性。

表 10-1　select 标签的属性

属　性	是否必需	默认值	类　型	说　明
list	是	无	Collection、Map、Enumeration、Iterator 或 Array	要迭代的集合，使用集合中的元素来设置各个选项。如果 list 属性的值是一个 Map，则 Map 的 key 会成为选项的 value，value 会成为内容
listKey	否	无	String	指定使用集合中对象的哪一个属性(property)作为选项的 value
listValue	否	无	String	指定使用集合中对象的哪一个属性(property)作为选项的内容
headerKey	否	无	String	设置当用户选择了 header 选项时提交的值。如果使用该属性，则不能为该属性赋空值
headerValue	否	无	String	显示页面中的 header 选项的内容
emptyOption	否	false	Boolean	是否在 header 选项后添加一个空选项
multipe	否	false	Boolean	如果设置为 true，则创建一个多选列表
size	否	无	Integer	设置下拉列表框可显示的选项个数

✧ 注意：如果将 multiple 设为 true，则创建一个多选列表。如果 value 属性指定了一个集合或者数组，那么标签将预先选中集合或数组中指定的多个选项，即如果某个选项的值等于集合或数组中某个元素的值，那么该选项将被选中。

2) 查询页面(search.jsp)

查询页面如图 10-2 所示，使用下拉列表来选择查询字段，使用单行文本输入控件来输入查询字段的匹配关键字。

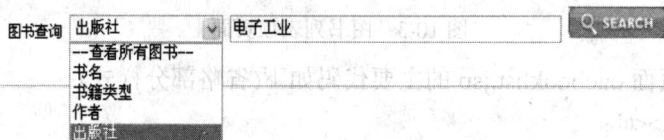

图 10-2　查询页面

其中下拉列表的名称为 type，"--查看所有图书--"的选项值为 null，"书名"的选项值为 bookName，"书籍类型"的选项为 bookType，"作者"的选项值为 author，"出版社"的选项值为 publisher，匹配关键字的文本输入控件名称为 keyword。因此，查询页面 search.jsp 的主要代码为：

　　　　<s:form action="bookListAction" method="post">
　　　　图书查询：
　　　　　　<s:select name="type" list="#{null:'--查看所有图书--','bookName':'书名','bookType':'书籍类型','author':'作者','publisher':'出版社'}"></s:select>
　　　　　　<s:textfield name="keyword" size="40"></s:textfield>
　　　　　　<input type="image" name="imageField" src="images/a/img_08.jpg" />
　　　　</s:form>

以上表单提交触发的 Action 为 bookListAction，其中通过判断 type 下拉列表的值来设置图书搜索字段，并通过 keyword 输入框来获取对应字段的匹配关键字，实现匹配关键字的模糊查询。Action 的实现具体见下文。

type 下拉列表的 list 属性值直接使用 OGNL 表达式来创建列表，列表中的每一项都将作为 HTML 列表框的一个选项。在客户端浏览器中的输出如下：

　　　　<select name="type">
　　　　　　<OPTION value="">--请选择--</OPTION>
　　　　　　<OPTION value="bookName" >书名</OPTION>
　　　　　　<OPTION value="bookType" >书籍类型</OPTION>
　　　　　　<OPTION value="author">作者</OPTION>
　　　　　　<OPTION value="publisher">出版社</OPTION>
　　　　</select>

3) 图书列表项页面(onebooklist.jsp)

图书列表项页面如图 10-3 所示，显示图书名称、图片、作者、出版社、出版时间、图书描述和图书价格等信息，并提供了购买超链接。

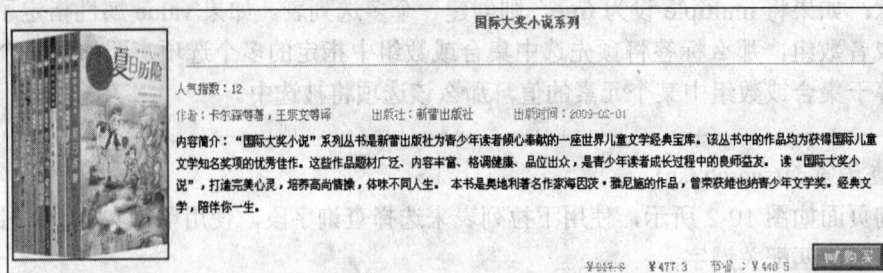

图 10-3 图书列表项页面

图书列表项页面 onebooklist.jsp 的主要代码如下(省略部分样式)：

```
<table ><tr><td>
    <a href="singleBookAction.action?id=${id}" target="_blank">
        <img src="${bookPic }" /></a>
</td><td>
    <table><tr align="center"><td>
        <h5><a          href="singleBookAction.action?id=${id}"              target="_blank"><font
color="#006ff0">${bookName }</font></a></h5>
        <hr width="700"></td></tr><tr><td>
    <font color="red">人气指数：${clickCount }</font>
</td></tr><tr><td>
    <font color="grey">作者：</font><font color="#006ff0">${author }</font>
    <font color="grey">出版社：</font><font color="#006ff0">${publisher }</font>
    <font color="grey">出版时间：${publishDate }</font>
</td></tr><tr><td>
    内容简介：${description }<br><br>
</td></tr><tr align="right"><td>
    <font color="grey"><s>￥${marketPrice}</s></font>
    <font color="red">￥${sellPrice} </font>
    <font color="grey">节省 ：￥${savedPrice}</font>
    <s:if test="visible">                                            ①
        <a      href="<s:url    action="cartAction"/>?id=${id}&&visible=${visible}"><img
src=/images/a/cart.gif'></a>
    </s:if>
    <s:else><a href="#"><img src="/images/a/quehuo.gif"></a></s:else>
</td></tr></table></td></tr></table>
```

图书列表项页面 onebooklist.jsp 在图书名称和图书图片中都做了连接到单本图书信息的超链接 "singleBookAction.action?id=${id}"。singleBookAction 是显示每本图书所有信息的详细页面，将在 10.1.2 节具体实现。

代码①做了个条件选项，当图书的 visible 属性为真时，表示此图书在货架上可卖，因此显示如图 10-3 所示的购买图标，并触发 cartAction 业务(将在 10.2 节具体实现)；当图书的 visible 属性为假时，表示此图书不在货架上，显示缺货的图样。本实例对缺货的处理仅保持接口，并未实现。

以上所有页面组合成图书列表 booklist.jsp 页面，也就是本项目的主页，如图 10-4 所示，图中截取了每页 6 条记录的两条，读者能清楚地看到本项目的主页内容。

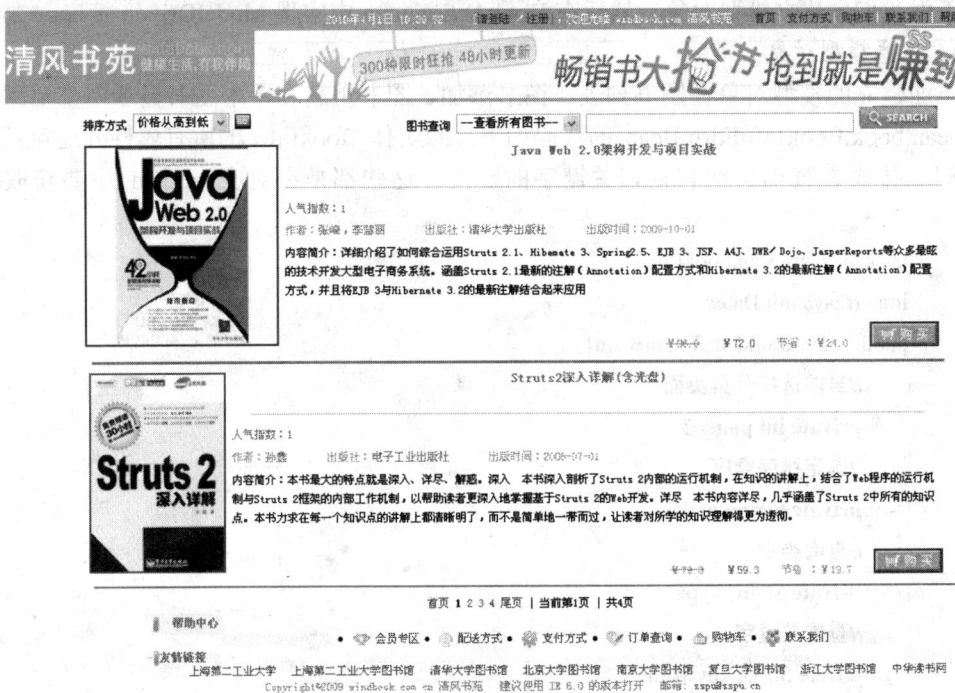

图 10-4　项目主页面

✧　注意：对于一般的电子商务网站主页，仅有图 10-4 所示的内容显然是不够的，一般还需包括网站公告、网站促销信息、图书购买排行、新书推荐等功能。由于篇幅有限，本项目仅涉及最核心的模块，希望能在今后的版本中实现更多模块功能。但实现那些功能的技术本书基本都已覆盖，有兴趣的读者可以自行完成。

2. 实现图书列表处理的 Action

在前面所有的 Struts2 应用中，我们都直接使用 action 属性来接收用户的输入信息，如 RegisterAction 中，直接使用各输入表单名(userName、password 等)相同的属性 get/set 方法来获取用户输入信息。而这些输入数据相对较少，使用 action 属性接收用户输入信息是最便捷的一种实现方式。

由于图书实体 BookInfo 的属性较多，其输入信息就会比较复杂，因此我们介绍另一种直接使用领域对象的方式，就是让 action 实现 com.opensymphony.xwork2.ModelDriven 接口。ModelDriven 让用户可以直接操作应用程序中的领域对象，允许你在 Web 层和业务逻辑层使用相同的对象。

ModelDriven 接口中只有一个方法：

public T getModel()

该方法返回一个用于接收用户输入数据的模型对象。在 Web 页面中，这个模型对象的属性可以直接通过属性名来访问，在 action 中也不需要为这个模型对象提供 JavaBean 风格的 get/set 方法。

下面我们先建立模型对象，然后在 BookAction.java 中实现 ModelDriven 接口。

1）建立模型对象

下面建立的模型对象在图书列表、图书添加、图书更新和单本图书显示中都要用到，com.bean.book.BookInfoFormBean 的代码如下，除实体 BookInfo 的所有属性外还包括了分页页码、排序、查询类别和查询关键字的定义，这些都是在对应 action 中要获取的表单值。

```java
package com.bean.book;
import java.util.Date;
public class BookInfoFormBean{
    //当前选择分页页面
    private int page=1;
    //选定排序顺序
    private String order;
    //查询类别
    private String type;
    //查询关键字
    private String keyword;
    private Integer id;
    private String ISBN;
    private String bookName;
    private String author;
    private String bookType;
    private String publisher;
    public String bookPic;
    private Date publishDate;;
    private String description;
    private Float marketPrice;
    private Float sellPrice;
    private Boolean visible = true;
    private Date createDate;
    private Integer clickCount = 1;
    private Integer sellCount = 0;
    private Boolean commend = false;
```

　　　　......//省略 get/set 方法

　　}

2) 完成 BookAction.java 编码

我们将在 BookAction.java 中使用以上的模型对象，代码如下：

```
package com.action.book;
......//省略导入包
@Controller    //用于说明 BookAction 是 spring 容器管理的 bean 类
public class BookAction extends ActionSupport implements ModelDriven<BookInfoFormBean>
{
        @Resource    //在 BookAction 中注入 BookInfoService
        private BookInfoService bookInfoService;
        private BookInfoFormBean bookInfoFormBean = new BookInfoFormBean();
        public void setBookInfoService(BookInfoService bookInfoService) {
            this.bookInfoService = bookInfoService;
        }
        public String bookList() {
            try {
                ActionContext ct = ActionContext.getContext();
                HttpServletRequest request = (HttpServletRequest) ct
                        .get(ServletActionContext.HTTP_REQUEST);
                PageView<BookInfo> pageview = new PageView<BookInfo>(6,
                        bookInfoFormBean.getPage());
                QueryResult<BookInfo> qr = new QueryResult<BookInfo>();
                LinkedHashMap<String, String> aa = new LinkedHashMap<String, String>();
                if (bookInfoFormBean.getOrder() != null
                        && !"".equals(bookInfoFormBean.getOrder())) {
                    if (bookInfoFormBean.getOrder().equals("date")) {
                        aa.put("createDate", "desc");
                    } else if (bookInfoFormBean.getOrder().equals("lowprice")) {
                        aa.put("sellPrice", "asc");
                    } else {
                        aa.put("sellPrice", "desc");
                    }
                }
                String type = bookInfoFormBean.getType();
                if (type != null && !"".equals(type)) {
                    if (bookInfoFormBean.getKeyword() != null
                            && !"".equals(bookInfoFormBean.getKeyword())) {
                        StringBuffer sql = new StringBuffer("o." + type + " like ?");
```

```
                              List<Object> pram = new ArrayList<Object>();
                              pram.add("%" + bookInfoFormBean.getKeyword() + "%");
                              qr = bookInfoService.getScrollData(BookInfo.class, pageview
                                     .getFirstindex(), pageview.getMaxresult(), sql
                                     .toString(), pram.toArray(), aa);
                       }
                } else {                                                    ①
                       qr = bookInfoService.getScrollData(BookInfo.class, pageview
                              .getFirstindex(), pageview.getMaxresult(), aa);
                }
                pageview.setQueryResult(qr);
                //设置 pageview 和 records 两个 request 范围的变量
                request.setAttribute("pageview", pageview);
                request.setAttribute("records", pageview.getRecords());
                return SUCCESS;
         } catch (Exception e) {
                e.printStackTrace();
                return ERROR;
         }
    }
    //重写 ModelDriven 接口方法
    public BookInfoFormBean getModel() {
         return bookInfoFormBean;
    }
}
```

从以上代码可以看到实现了 ModelDriven<BookInfoFormBean>接口，并重写了接口中的 getModel()方法，实现了模型对象与 action 的结合。

代码中最重要的就是 bookList()逻辑方法的实现，也就是商品列表显示方法。bookList() 方法的实现过程可分为三个阶段来理解：

● 使用 bookInfoFormBean.getOrder()获取 order.jsp 中对排序条件的选择。条件为空，即在列表中选择"默认"，没有排序语句；条件不为空，如果为 date，即在列表中选择"上架日期"，那么在查询条件中设置按 createDate 属性降序排列；如果为 lowprice，即在列表中选择"价格从低到高"，那么设置按 sellPrice 属性升序排列；其它设置按 sellPrice 属性降序排列。

● 使用 bookInfoFormBean.getType()获取 search.jsp 中对查询条件的选择。条件为空，即在列表中选择"--查看所有图书--"，则直接运行代码①，调用没有 where 条件语句的 getScrollData()方法。

● bookInfoFormBean.getType()不为空时，使用 bookInfoFormBean.getKeyword()方法获取对应查询字段的关键字。如果关键字不为空，那么使用 StringBuffer("o." + type + " like ?") 来定义 where 中的查询条件，实现模糊查询，然后调用 getScrollData()方法完成整个 JPQL

语句的执行。

bookList()方法最后返回 pageview 和 records 两个变量，读者可以在 booklist.jsp 页面中看到，它们分别用于分页数据和图书列表项循环变量。

◆　注意：关于调用 getScrollData 业务逻辑方法执行查询的操作，详见 9.4 节的通用逻辑方法。

3. Action 配置及运行

完成了 Web 页面和 Action 的定义后，就必须对二者进行关联，也就是对 struts.xml 进行配置。

@Controller注释把 BookAction 定义为 spring 容器管理的 bean 类，其默认 bean 名称为 bookAction，因此在 struts.xml 的配置代码如下：

```
<action name="bookListAction" class="bookAction" method="bookList">
    <result name="success">/booklist.jsp</result>
</action>
```

至此，图书列表功能模块的所有编码工作结束，重启 Tomcat，运行 http://localhost/bookSite/bookListAction.action 的结果如图 10-4 所示。

◆　注意：读者可根据 10.1.1 节的内容自行设计复合关键字查询和排序的组合。

10.1.2　单本图书信息显示的实现

在图书列表中的图书名字和图书图片中都有超链接地址"singleBookAction.action?id=${id}"，这就是本节的内容——单本图书信息显示功能。

1. singlebook.jsp 页面

电子商城应通过页面来具体显示所有商品的相关信息，让用户充分了解商城中物品的信息。由于商品信息一般都比较多，而在商品列表中只能列出用户最关心的信息，因此单本图书信息页面的制作是十分必要的。

singlebook.jsp 页面利用 action 中返回的 book 变量来获取图书的所有信息并显示，具体代码如下(运行显示界面见图 10-5)：

```
<h5><s:property value="#request.book.bookName"/></h5><br>
<hr width="600" color="red">
<table width="600"><tr><td >
    <img src="<s:property value="#request.book.bookPic"/>"/></td>
    <td><table><tr>
    <td>作  者：</td><td><s:property value="#request.book.author"/></td></tr>
    <tr><td>出 版 社：</td><td><s:property value="#request.book.publisher"/></td>
    <tr><td>上架时间：</td><td><s:property value="#request.book.createDate"/>
```

```
<tr><td colspan="2">
<s:if test="#request.book.visible">在售</s:if>    <s:else>停售</s:else></td></tr>
</table></td>
<td><table><tr>
<td>I S B N：</td><td><s:property value="#request.book.ISBN"/></td></tr>
<tr><td>出版时间：</td><td><s:property value="#request.book.publishDate"/>
<tr><td>所属分类：</td><td><s:property value="#request.book.bookType"/></td>
    <tr><td>是否推荐：</td>
    <td><s:if test="#request.book.commend">是</s:if>    <s:else>否</s:else>
    </td></tr>
</table>
</td></tr></table>
<br>
<table>
    <tr><td>定价：￥<s:property value="#request.book.marketPrice"/></td>
    <td>书城价：￥<s:property value="#request.book.sellPrice"/></td>
    <td>节省：￥<s:property value="#request.book.savedPrice"/></td></tr>
    <tr><td>人气指数：<s:property value="#request.book.clickCount"/></td>
    <td>销售量：<s:property value="#request.book.sellCount"/></td></tr>
    <tr><td>
    <s:if test="#request.book.visible">
        <a href="<s:url action="cartAction"/>?id=${id}&&visible=${visible}">
            <img src="/images/a/cart.gif"></a>
    </s:if>
    <s:else><a href="#"><img src="/images/a/quehuo.gif"></a></s:else></td>
    <td><a href="bookListAction.action" >
        <img src="/images/buy/as-s-continus.gif" border="0"></a></td></tr>
</table>
<hr width="600" color="blue">
<table width="600">
<tr><td><h3>内容简介：</h3></td></tr>
<tr><td><s:property value="#request.book.description"/></td></tr>
</table>
```

在 singlebook.jsp 中有"购买"和"继续挑选商品"的超链接，分别为添加商品到购物车和返回商品列表的操作，这样方便用户购物(见图 10-5)。

2. Action 的实现

细心的读者会发现连接到 singleBookAction 的地址中有 id 变量的传入，这个 id 就是每本书的关键字 id，能唯一确定单本图书表的记录，使用这个变量通过通用业务逻辑的 find() 函数就能获取到该 id 的图书记录值。

在 9.1.1 节的 com.action.book BookAction.java 中添加 singleBook()方法，可实现单本图书信息获取的业务逻辑，代码如下：

```
public String singleBook() {
    ActionContext ct = ActionContext.getContext();
    HttpServletRequest request = (HttpServletRequest) ct
        .get(ServletActionContext.HTTP_REQUEST);
    BookInfo bookInfo = bookInfoService.find(BookInfo.class,
        bookInfoFormBean.getId());
    request.setAttribute("book", bookInfo);
    return SUCCESS;
}
```

3. Struts.xml 配置及运行

完成了 Web 页面和 Action 的定义后，同样必须对二者进行关联，配置 struts.xml 文件，代码如下：

```
<action name="singleBookAction" class="bookAction" method="singleBook">
    <result name="success">/singlebook.jsp</result>
</action>
```

重启 Tomcat，运行http://localhost/bookSite/singleBookAction.action?id=6 的结果如图 10-5 所示。

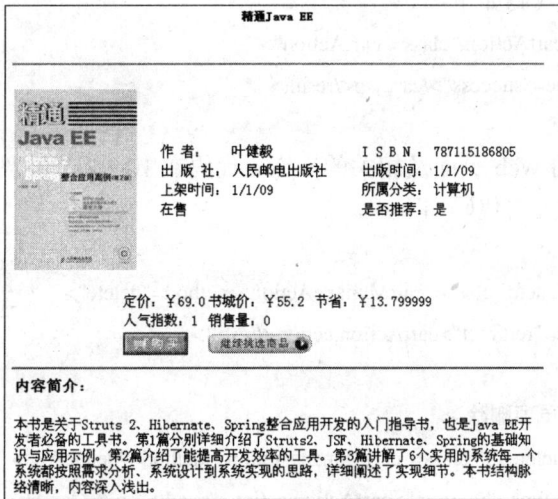

图 10-5　单本图书显示页面

10.2　购物车模块

图书显示模块完成后，读者最关心的应该就是购物车模块的实现，这也是实现电子商务商城的必备模块。

10.2.1 购物车的配置文件

1. beans.xml 配置

为了让读者更加详细地了解 Spring 容器对 bean 的管理，在购物车模块中我们不采用 Spring 注解进行依赖注入，而使用在 beans.xml 中配置的方式来完成 bean 的定义和依赖注入。

在 beans.xml 中添加如下代码：

```
<bean id="bookInfoServiceBean" class="com.service.bean.impl.BookInfoServiceBean"/>

<bean id="cartAction" class="com.action.shopping.CartAction" scope="prototype">

    <property name="bookInfoService">

        <ref local="bookInfoServiceBean"/>

    </property>

</bean>

<bean id="cartManageAction" class="com.action.shopping.CartManageAction" scope="prototype"/>
```

其中 cartManageAction 中的业务逻辑包括购物车更新、删除和单项商品删除，这些业务逻辑的返回结果都是购物车 cartAction。

2. struts.xml 配置

对于购物车模块，一共涉及两大部分的 action 配置，包括购物车 action 和购物车管理 action。

(1) 购物车配置的代码如下：

```
<action name="cartAction" class="cartAction">

    <result name="success">/cart.jsp</result>

</action>
```

购物车模块涉及的 Web 页面及相关的 action 代码在 10.2.2 节讲解。

(2) 购物车管理配置的代码如下：

```
<!--清空购物车-->

<action name="delete" class="cartManageAction" method="delete">

    <result type="redirect">cartAction.action</result>

</action>

<!--购物车物品单项删除-->

<action name="deleteall" class="cartManageAction" method="deleteAll">

        <result type="redirect">cartAction.action</result>

</action>

<!--购物车更新-->

<action name="updateAmount" class="cartManageAction" method="updateAmount">

    <result type="redirect">cartAction.action</result>

</action>
```

购物车的更新主要是图书数量的更新，在 10.2.3 节将完成购物车管理的一系列功能。

10.2.2　购物车的实现

在进入主题之前,我们先要讨论一下购物车的存储方式。使用最多的存储方式为 Session 和数据库。

Session 的好处是开发简单、效率较高,但相对内存占用会较多,尤其是访问量比较大的网站;而数据库的效率显然也是个问题。很多时候一些大型电子商务网站会从业务角度来综合使用这两种方式。具体为:

(1) 只有在用户选择"添加商品到购物车"时才创建购物车对象。要知道大多数的用户都处于浏览状态,为每个光临的用户都自动创建一个购物车显然是不明智的。

(2) 将购物车临时存储到 Session 中有个好处,就是我们可以为没有登录的用户提供购物车服务,只有在用户进行结算的时候才需要登录。当然,我们也可以使用 Session ID 作为唯一识别符将购物车存储到数据库中。

(3) 对于已经登录的用户,如果他的购物车不为空,我们会在 Session 过期时将他的购物车数据存储到数据库中,这样用户下次进入网站的时候就可以持有上次挑选的商品进行一次结算,这种人性化的方式更加吸引用户。不过这里面有个陷阱就是折扣的问题,因为很多促销活动中,商品的价格和日期有关,因此这种方式可能带来商品价格上的混乱。

对于中小型购物网站显然不用考虑得这么周全。本项目使用 Session 来实现购物车。

1. 实现 Session 监听

利用 Session 实现购物车存在的一个关键解决问题就是 Session 的监听。

大部分读者应该清楚,Session 变量的作用范围仅限于同一个 IE 浏览器页面,如果打开另一个 IE 浏览器页面,则 Session 变量将会重新赋值。而用户可能会打开多个窗口来查看图书信息并进行购买,要保证用户的商品都在同一个购物车中,就要实现 Session 创建和摧毁的监听。

1) Session 监听器类

Session 监听器类为 com.action.shopping.SiteSessionListener.java,具体代码如下:

```
package com.action.shopping;
import java.util.HashMap;
import java.util.Map;
import javax.servlet.http.HttpSession;
import javax.servlet.http.HttpSessionEvent;
import javax.servlet.http.HttpSessionListener;
public class SiteSessionListener implements HttpSessionListener {
        private static Map<String,HttpSession> sessions=new HashMap<String,HttpSession>();
        public void sessionCreated(HttpSessionEvent sessionEvent)
        {
        sessions.put(sessionEvent.getSession().getId(), sessionEvent.getSession());}
        public void sessionDestroyed(HttpSessionEvent sessionEvent)
        {
```

```
                sessions.remove(sessionEvent.getSession().getId());        }
            public static HttpSession getSession(String sessionID)
            {
                return sessions.get(sessionID);        }
            public static void removeSession(String sessionID)
            {
                if(sessions.containsKey(sessionID))
                    sessions.remove(sessionID);        }
        }
```

2) Session 监听器配置

Session 监听器配置在 web.xml 中，也就是在工程启动时，具体代码如下：

```
    <listener>
        <listener-class>com.action.shopping.SiteSessionListener</listener-class>
    </listener>
```

3) 测试监听器

(1) 不使用监听器。根据 10.2.1 节的配置，新建购物车的 action 业务逻辑，代码在 com.action.shopping.CartAction.java 中。

```
        package com.action.shopping;
        ……//省略导入包
        public class CartAction extends ActionSupport {
            private BookInfoService bookInfoService;
            public void setBookInfoService(BookInfoService bookInfoService) {
                this.bookInfoService= bookInfoService;        }
            public String execute() throws Exception
            {
                ActionContext ct= ActionContext.getContext();
                HttpServletRequest        request=        (HttpServletRequest)ct.get(ServletActionContext.
        HTTP_REQUEST );
                if(request.getSession().getAttribute("out")==null){
                    request.getSession().setAttribute("out", new Date());
                }
                    return SUCCESS;
            }
        }
```

新建 cart.jsp 文件，输出 out 变量，即${out}，测试运行 http://localhost/bookSite/cartAction.action，打开两个浏览器，发现显示的时间不相同，说明在不同的页面同一个 Session 值不会被保存。

(2) 使用监听器。修改以上的 execute 方法，代码如下：

```
        public String execute() throws Exception
```

```
{
        ActionContext ct= ActionContext.getContext();
        HttpServletRequest          request=          (HttpServletRequest)ct.get(ServletActionContext.
HTTP_REQUEST );
        String sid=request.getParameter("sid");
        HttpSession session=SiteSessionListener.getSession(sid);
        System.out.println(session);
    if(session==null){
        request.getSession().setAttribute("buycart", new Date());
    }
    else{
        request.setAttribute("message", session.getAttribute("buycart"));
    }
    return SUCCESS;
    }
```

修改 cart.jsp 文件，输出 message 变量，即${message}，测试运行 http://localhost/bookSite/cartAction.action，在【console】控制台输出字符串 A(A 代表访问的 session 的 sid 值，一般如"D6DEC55CEBC4EFB51B8FC52EEAA67181"字样)，另外打开一个 IE 窗口，在【console】控制台输出字符串 B，而且页面显示的时间不一致。

但是当把第二个页面的访问地址改成http://localhost/bookSite/cartAction.action?sid=字符串 A，则第二个页面的时间就会与第一个页面的时间一致，这说明 Session 监听器设置成功。

在购物模块中可以把第一个页面的时间看成是购物车的物品，当打开新的浏览器时就可以通过 Session 监听器获得此购物车的物品。下面进入购物车模块制作的讲解。

2. 初步实现购物车功能

实现购物车功能时，首先要实现每项购买产品的添加。那么，添加到购物车的购物项应该存放哪些相关数据呢？这就是我们这节首先要解决的问题。

1) 购物项辅助类的实现

编写购物项类 com.bean.BuyItem.java，其中属性 book 代表每个购物项中的书目，属性 amount 代表对应购物项中书的数量，具体代码如下：

```
package com.bean;
import com.bean.book.BookInfo;
public class BuyItem
{
    private BookInfo book;
    private int amount;
    public BuyItem() {}
    public BuyItem(BookInfo book) {
        this.book = book;        }
```

```
        public BuyItem(BookInfo book, int amount) {
            this.book = book;
            this.amount = amount;        }
    ……//省略 get/set 方法
        ublic int hashCode() {
            final int prime = 31;
            int result = 1;
            result = prime * result + ((book == null) ? 0 : book.hashCode());
            return result;        }
    public boolean equals(Object obj) {
            f (this == obj)                return true;
            if (obj == null)            return false;
            if (getClass() != obj.getClass())            return false;
            BuyItem other = (BuyItem) obj;
            if (book == null) {
                if (other.book != null)            return false;
            } else if (!book.equals(other.book))            return false;
            return true;        }
        }
```

以上 hashCode() 和 equals()两个方法的定义表示 BuyItem 类之间的比较依赖 book 属性，也就是 book 属性相同的两个 BuyItem 实例相等，也就是同一本书被看成同一个购物项，如果被多次点击购买，那么只是在同一个购物项中增加 amount 的数量。

我们可以对购物项的比较做一个测试，建立测试类 junit.test.BuyCartTest.java，测试购买同一种图书是否能通过购物项判断出来，具体代码如下：

```
    package junit.test;
    ……//省略导入包
    public class BuyCartTest
    {    @Test
        public void test()
        {
            BookInfo book1=new BookInfo(1);
            BuyItem buyItem1 = new BuyItem(book1,5);
            BookInfo book2=new BookInfo(1);
            BuyItem buyItem2 = new BuyItem(book2,9);
            System.out.println(buyItem1.equals(buyItem2));
        }
    }
```

以上代码 book1 和 book2 都是 id 为 1 的图书，分别把它们放在 buyItem1 和 buyItem2 两个购物项中，测试比较这两个购物项是否相同。运行测试类，在【console】视图中返回

true，说明购买了同一种图书，测试成功。

2) 购物车类的实现

有了购物项的定义，那么只有建立购物车类，再把购物项添加到购物车就可以完成购物车的业务逻辑。

建立购物车 com.bean.BuyCart.java，其中包含购物项列表 items 和添加购物项功能 addItem()方法，具体代码如下：

```
package com.bean;
……//省略导入包
public class BuyCart
{    private List<BuyItem> items=new ArrayList<BuyItem>();
……//省略 get/set 方法
    public void addItem(BuyItem item)
    {    if(!items.contains(item))
            items.add(item);
        else
        {    for(BuyItem bi:items)
            {    if(bi.equals(item))
                {    bi.setAmount(bi.getAmount()+1);
                    break;
        }    }    }    }
```

在 addItem()方法中先判断购物项列表中是否存在要购买的书，如果不存在，则添加购物项；如果存在该购物项，则累加其购买数量。

3) 购物车 Action 的实现

实现了购物车类，就完成了购物车 Action 的逻辑处理辅助类的编写。因此，根据前面的 session 测试方法，修改 com.action.shopping.CartAction.java 文件，即可实现 Web 页面的输出和购物车物品的获取。具体代码如下：

```
package com.action.shopping;
……//省略导入包
public class CartAction extends ActionSupport {
    private Integer id;
    private Boolean visible;
    private BookInfoService bookInfoService;
……//省略 get/set 方法
    public String execute() throws Exception
    {    ActionContext ct= ActionContext.getContext();
        HttpServletRequest request= (HttpServletRequest)ct.get(ServletActionContext. HTTP_
REQUEST );
        HttpServletResponse response= (HttpServletResponse)ct.get(ServletActionContext. HTTP_
RESPONSE);
```

```
        BuyCart buyCart=(BuyCart) request.getSession().getAttribute("buycart");
        //判断其它页面有无 buyCart 存在
        if(buyCart==null)
        {    String sid=WebUtil.getCookieByName(request, "buyCartID");
            if(sid!=null)
            {    HttpSession session=SiteSessionListener.getSession(sid);
                if(session != null)
                    buyCart=(BuyCart)session.getAttribute("buycart");
                if(buyCart!=null)
                {    SiteSessionListener.removeSession(sid);
                    request.getSession().setAttribute("buycart", buyCart);
                    WebUtil.addCookie(response, "buyCartID", request.getSession().getId(),
request.getSession().getMaxInactiveInterval());
                }
            }
        }
        //若其它页面无 buyCart 存在，则新建 session
        if(buyCart==null)
        {    buyCart=new BuyCart();
            request.getSession().setAttribute("buycart", buyCart);
            //session 的最大存放时间为 30 分钟
            WebUtil.addCookie(response,        "buyCartID",        request.getSession().getId(),
request.getSession().getMaxInactiveInterval());
        }
        if(getId()!=null && getId()>0)
        {    BookInfo book= bookInfoService.find(BookInfo.class, getId());
            if(book!=null&&getVisible())
            {    buyCart.addItem(new BuyItem(book,1));            //把商品放入购物车
            }else{        System.out.println("停售");        }
        }
        request.getSession().setAttribute("buyCart", buyCart);
        return SUCCESS;
    }
}
```

以上代码中使用了工具类 com.utils.WebUtil.java 中的 addCookie()方法，对 cookies 进行处理，该类的代码为：

```
        package com.utils;
        ……//省略导入包
        public class WebUtil {
```

```
public static String getCookieByName(HttpServletRequest request, String name) {
    Map<String, Cookie> cookieMap = WebUtil.readCookieMap(request);
    if(cookieMap.containsKey(name)){
        Cookie cookie = (Cookie)cookieMap.get(name);
        return cookie.getValue();
    }else{    return null;        }    }
protected static Map<String, Cookie> readCookieMap(HttpServletRequest request) {
    Map<String, Cookie> cookieMap = new HashMap<String, Cookie>();
    Cookie[] cookies = request.getCookies();
    if (null != cookies) {
        for (int i = 0; i < cookies.length; i++) {
            cookieMap.put(cookies[i].getName(), cookies[i]);
        }        }
    return cookieMap;
}    }
```

✧　注意：此购物车 Action 中没有考虑图书库存的问题，在实例应用中，库存是不可或缺的条件，希望读者思考此问题。

4) 测试简单的购物车数据

下面我们把 cart.jsp 页面改为如下代码，显示购买的书名和数量：

```
<s:iterator value="#session.buyCart.items" status="st">
    ${bookInfo.bookName},${amount}<br/>
</s:iterator>
```

重启服务器，http://localhost/bookSite/ bookListAction.action 点击购买超链接，出现购买图书的名字和数量列表，打开两个窗体，购买的图书会自动累加说明购物车初步功能完成，如图 10-6 所示。

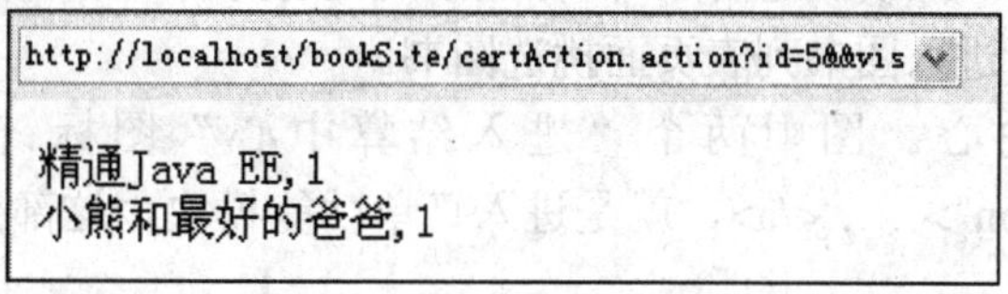

图 10-6　简单购物车页面

3. 完善购物车

现在我们该做的事就是完善购物车的显示页面，让页面中显示一般购物车通常具备的功能，如提供更新数量的表单、提供删除商品的链接和提供生成订单的链接等。

1) 美化 cart.jsp 文件

读者可以自己制作或使用课件中的 cart2.jsp(根据 struts.xml 配置把文件名改为 cart.jsp)来实现静态购物车页面的美化，参考图样见图 10-7。

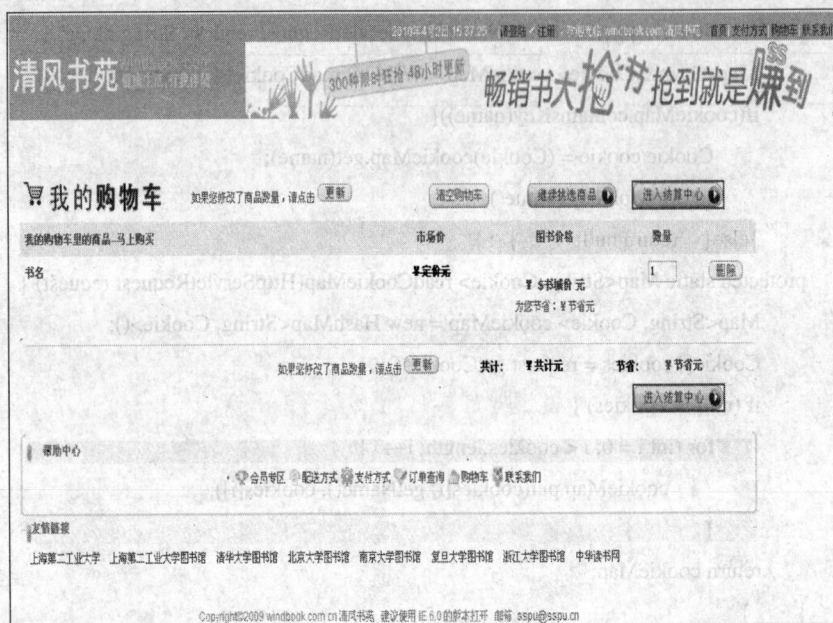

图 10-7 静态购物车页面

从图 10-7 可以看出，购物车页面中除了网站头页面和尾页面外，主要还包含四部分内容：

- 各项超链接：包括单本图书详细信息查看、继续挑选商品和进入结算中心。
- 图书购物项列表：包括每项的书名、图书定价、商城价、每本节省价和数量。
- 购物车统计项：包括购物车商品总价和总共节省费用。
- 购物车管理操作：包括更新购物项数量、删除购物项和删除购物车，这部分内容将在 10.2.3 节中讲解。

2) 各项超链接

(1) 单本图书详细信息。在每本书的书名上含有单本图书的详细信息链接，地址为 <a href="singleBookAction.action?id=${book.id}" target="_blank">…</a>，大部分购物车都具有这个功能，让买家在确定购买前能再次查看物品的详细信息。

(2) 继续挑选商品。"继续挑选商品"图标链接的地址为 <a href="bookListAction.action">……</a>，也就是重新进入图书列表页面挑选图书。

(3) 进入结算中心。图中两个"进入结算中心"图标链接的地址设置为 <a href="orderAction.action">……</a>，就是进入订单功能模块，这部分内容将在 10.3 节中讲解。

3) 图书购物项列表

中间的图书购物项列表使用循环来实现各购物项的显示，代码参考如下(省略各样式)：

```
<form name="buycart"    action="<s:url action="updateAmount"/>" method="post">
<input type="hidden" name="method" value=""/>
    <table><tr><td><strong>我的购物车里的商品--马上购买</strong></td>
        <td><div align=center><strong>市场价</strong></div></td>
        <td width=181><div align=center><strong>图书价格</strong></div></td>
```

```
            <td width=73><div align=center><strong>数量</strong></div></td>
            <td width=66> </td></tr>
        <s:iterator value="#session.buyCart.items" status="">
        <tr><td><strong><a                              href="singleBookAction.action?id=${book.id}"
target="_blank">${book.bookName}</a></strong> <br/></td>
            <td><s><b>￥${book.marketPrice}元</b></s></td>
            <td><p align="center"><b>￥    ${book.sellPrice}   元</b><br/>
            为您节省：￥${book.savedPrice}元  <br/> </p></td>
            <td><input     type="text"     value="${amount}"         name="amount_${book.id  }"
onkeypress="javascript:InputIntNumberCheck()" maxlength="3"/></td>
            <td><a href="delete.action?buyitemid=${book.id }">
                    <img src="/images/buy/delete.gif"/></a></td></tr>
        </s:iterator>
        </table>
    </form>
```

以上通过<s:iterator value="#session.buyCart.items">…</s:iterator>循环，对购物车列表项的数据库信息遍历，并把图 10-7 中的静态文字内容编写成动态数据，分别对应的代码为：

- 图书名称：${book.name}；
- 图书定价：${book.marketprice}；
- 书城价：${book.sellprice}。

其它变量与购物车管理相关，详见 10.2.3 节。

注意，填好相关信息后测试 http://localhost/bookSite/bookListAction.action，购买多次，可显示如图 10-8 所示的范例。

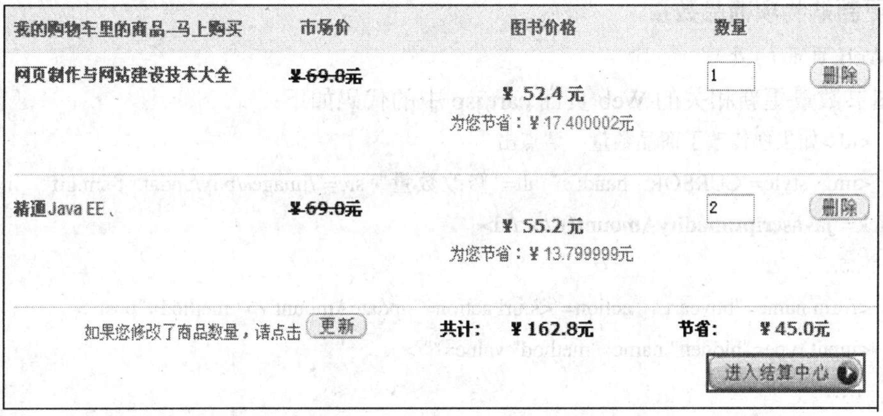

图 10-8　图书购物项列表及统计数据页面

4）购物车统计项

图 10-8 显示了购物车的统计项功能，包括购物车商品总价和总共节省费用。由于这两部分动态值在实体中没有定义 get 方法，因此要另外处理。

修改 com.bean.BuyCart.java 文件，增加以下函数方法：

```
public float getTotalMarketPrice()
{     float total=0.f;
      for(BuyItem bi:items)
      {     total += bi.getBook().getMarketPrice()*bi.getAmount();     }
      return total;
}
public float getTotalSavedPrice()
{     return getTotalMarketPrice()-getTotalPrice();
}
```

然后修改 cart.jsp 中的两个静态数据：

- 图书总价：${session.buyCart.totalPrice };
- 节省总价：${session.buyCart.totalSavedPrice }。

✧　注意：建议读者逐步完善购物车的显示页面，最好先完成静态页面，再一步步填入动态变量，不可一蹴而就，如果出现错误就不容易修改。

10.2.3　购物车管理功能的实现

在 10.2.2 节中实现了购物车的购买操作，那么接下来就要对购物车进行各项管理。最常见的业务逻辑包括：

- 单项商品数量更新；
- 单项商品删除；
- 删除购物车。

1. 更新购物项商品数量

1）Web 页面的处理

与图书数量更新相关的 Web 页面 cart.jsp 中的代码如下：

```
<td >如果您修改了商品数量，请点击
<img style="CURSOR: hand; " alt="修改数量" src="/images/buy/update-t-sm.gif"  border="0"
onclick="javascript:modifyAmount()"/></td>
......
<form name="buycart"  action="<s:url action="updateAmount"/>" method="post">
<input type="hidden" name="method" value=""/>
......
        <td><input  type="text"  value="${amount}"  name="amount_${book.id  }"
onkeypress="javascript:InputIntNumberCheck()"/></td>                          ①
......
</form>
```

在以上代码中使用了两个 JavaScript 自定义函数：InputIntNumberCheck() 和

modifyAmount()，下面对这两个方法进行介绍。

(1) InputIntNumberCheck()。InputIntNumberCheck()方法用来判断文本表单输入，如果非数字，则不允许输入；如果是数字，就直接显示输入。

```
function InputIntNumberCheck(){
    var theEvent=window.event || arguments.callee.caller.arguments[0];
    var elm ;
    var ver = navigator.appVersion;
    if (ver.indexOf("MSIE") != -1){    // IE
        if ( !((theEvent.keyCode >=48)&&(theEvent.keyCode<=57))){
            theEvent.keyCode=0;
        }
    }else{ // Netscape
        if ( !((theEvent.which >=48)&&(theEvent.which<=57))){
            theEvent.stopPropagation();
            theEvent.preventDefault();
        }
    }
}
```

(2) 使用 modifyAmount()测试获取数量。对于购买数量的显示，请查看在 BuyItem.java 类中的 amount 属性，定义购物项的数量；可用 BuyCart.java 类中的 addItem()方法对数量进行处理。

在以上 Web 页面的代码①中，文本框的三个属性含义为：

● value 属性值：${amount}，直接获取 BuyItem 中的 amount 属性；

● name 属性值：amount_${book.id}，为了使每一个列表项数量变量的名字不同，增加购物项 id 号来区分。

● onClick 属性值：javascript:modifyAmount()，更新按钮的触发函数。

为了获得数量文本框的当前值，我们编写以下两个 JavaScript 方法来进行测试。

```
function getInputsByname(name, etype){
    var inputs = document.getElementsByTagName("input");
    var texts = new Array();
    var y = 0;
    for (var i = 0; i < inputs.length; i++) {
        if (inputs[i].type == etype && inputs[i].name!=null && inputs[i].name.substring(0,
name.length) == name) {
            texts[y] = inputs[i];
            y++;
        }
    }
    return texts;
```

```
        }
    function modifyAmount(){
        var amounts = getInputsByname("amount_", "text");
        var s="";
            for (var i = 0; i < amounts.length; i++) {
                var amount = amounts[i];
                s+=amount.value+",";
                }
                alert(s);
        }
```

运行点击"更新"按钮，将显示如图 10-9 所示的页面，说明数量表单的定义是成功的。

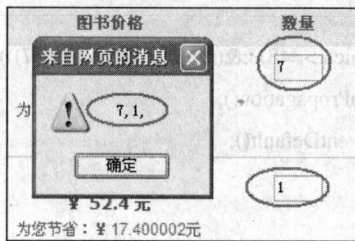

图 10-9 测试获取数量

2) 完成 modifyAmount()方法

modifyAmount()方法用来触发更新 Action 操作，传入隐藏变量 method 值，与表单 form 的 action 属性值共同组成更新 Action 业务逻辑方法的访问地址。也就是说，<action name="updateAmount" class="cartManageAction" method="updateAmount">配置中 name 的属性值由表单 form 提供，method 的属性值由 modifyAmount()传入。

通过以上分析，把 JavaScript 方法 modifyAmount()改写成如下代码：

```
    function modifyAmount(){
        var form = document.buycart;
        form.method.value="updateAmount";
        form.submit();
    }
```

3) 更新数量的 Action 方法

根据 10.2.1 节的配置，建立 com.action.shopping.CartManageAction.java 文件，完成其中的 updateAmount()逻辑方法，代码如下：

```
    package com.action.shopping;
    ……//省略导入包
    public class CartManageAction extends ActionSupport
    {    private Integer buyitemid;
    ……//省略 buyitemid 的 get/set 方法
        private BuyCart getBuyCart(HttpServletRequest request)
```

```
          {     return (BuyCart) request.getSession().getAttribute("buycart");     }
     public String updateAmount(){
          ActionContext ct= ActionContext.getContext();
          HttpServletRequest          request=          (HttpServletRequest)ct.get(ServletActionContext.
HTTP_REQUEST );
          BuyCart buyCart=getBuyCart(request);
          if(buyCart!=null){
               for(BuyItem item:buyCart.getItems()){
                    StringBuffer key=new StringBuffer("amount_");
                    key.append(item.getBook().getId());
                    String amountStr=request.getParameter(key.toString());
                    if(amountStr!=null && !"".equals(amountStr)){
                         try {
                              int amount=Integer.parseInt(amountStr);
                              if(amount>0){
                                   item.setAmount(amount);}
                         } catch (Exception e) {}
                    }          }          }
          return SUCCESS;
     }          }
```

以上代码通过字符串 key 的组合得到每个购物项数量的变量名，然后用
request.getParameter(key.toString())获取文本值，并使用 item.setAmount(amount)把数量赋给对
应的购物项。

完成 Action 的编写后，则完成了整个数量更新功能模块的编写。读者可以重启服务器，
运行购物车更新功能，在页面中修改了数量后点击"更新"图标，购物车商品统计部分会
自动更改为正确数据。

2. 删除购物项

在图 10-8 中购物项删除图标的超链接地址为<a href="delete.action? buyitemid=
${book.id }">...</a>，根据 struts.xml 的配置，为了实现删除购物项功能，必须在
com.action.shopping.CartManageAction.java 类中添加 delete()逻辑方法，代码如下：

```
     public String delete(){
          ActionContext ct= ActionContext.getContext();
          HttpServletRequest          request=          (HttpServletRequest)ct.get(ServletActionContext.
HTTP_REQUEST );
          BuyCart buyCart=getBuyCart(request);
          if(buyCart!=null){
               BookInfo book=new BookInfo(getBuyitemid());
               buyCart.removeBuyItem(new BuyItem(book));
```

```
        }
        return SUCCESS;
    }
```

以上 Action 方法中，主要是利用 BuyCart 类的 removeBuyItem()方法来实现购物项的删除。此方法的实现是在 Com.bean.BuyCart.java 中添加如下代码：

```
public void removeBuyItem(BuyItem item)
{   if(items.contains(item))
    items.remove(item);
}
```

removeBuyItem()方法用于判断删除的购物项是否在购物车中，如果在，就从购物车中删除此购物项。

重启服务器，运行购物车功能，在页面中点击任意一本书后面的"删除"图标，则在购物车中此本书的数据会被清空，即使数量大于 1 也全部被删除。

3. 清空购物车

在图 10-7 中"清空购物车"图标的超链接地址为：<a href="<s:url action="deleteall"/>">...</a>，根据 struts.xml 的配置，为了实现清空购物车功能，必须在 com.action.shopping.CartManageAction.java 类中添加 deleteAll()逻辑方法，代码如下：

```
public String deleteAll(){
    ActionContext ct= ActionContext.getContext();
    HttpServletRequest        request=         (HttpServletRequest)ct.get(ServletActionContext.
HTTP_REQUEST );
    BuyCart buyCart=getBuyCart(request);
    if(buyCart!=null){
        buyCart.removeAll();
    }
    return SUCCESS;
}
```

以上 Action 方法中，主要是利用 BuyCart 类的 removeAll()方法来实现购物车数据的清空。此方法的实现是在 Com.bean.BuyCart.java 中添加如下代码：

```
public void removeAll()
{
    items.clear();
}
```

removeAll()方法使用通用业务逻辑的 clear()方法来清空所有的购物项,实现清空购物车的功能。

重启服务器，运行购物车功能，在页面中点击"清空购物车"图标，则购物车所有数据会被清空。

❖ 注意：在购物车模块中使用 beans.xml 配置来实现 bean 定义和依赖注入。因此，在 CartAction.java 和 CartManageAction.java 类中没有使用 Spring 注释，这是为了让读者更好地理解依赖注入的概念，但是在后面要讲解的模块中仍旧采用 Spring 注释来实现依赖注入。

10.3　订　单　模　块

在购物车页面中有两个"进入结算中心"图标，这就是本项目中订单模块的入口。由于时间有限，本项目的订单模块仅完成生成订单、查看订单列表和查看单个订单的功能，对订单中的送货方式、支付方式和订单状态的更改功能没有涉及，希望读者能自行添加。

10.3.1　订单的配置文件

和订单功能模块相关的 Action 在 struts.xml 中的配置代码如下：

```
<action name="orderAction" class="orderAction" method="orderAdd">
    <result name="success">/bookOrder.jsp</result>
</action>
<action name="orderSingleAction" class="orderAction" method="orderSingle">
    <result name="success">/bookOrderSingle.jsp</result>
</action>
<action name="orderListAction" class="orderAction" method="orderList">
    <result name="success">/orderList.jsp</result>
</action>
```

以上三个 Action 配置代表了三个子功能模块：

● orderAction：生成订单子功能；
● orderSingleAction：查看订单详细信息子功能；
● orderListAction：显示某一用户所有订单列表子功能。

本模块采用 Spring 注解来完成依赖注入，所以不需更改 beans.xml 文件。

❖ 注意：与订单相关的业务逻辑 OrderListServiceBean.java 和 OrderServiceBean.java 在第 9 章已定义过，可以直接使用其方法。

10.3.2　生成订单

本实例生成订单子功能，主要完成购物车商品的持久化操作，也就是当用户确定要购买购物车中的图书时，把购物车中的图书信息持久化到数据库，以便进行购买后的一系列其它业务逻辑的实现。

但是本功能比较简单，从购物车页面点击"进入结算中心"图标即可直接生成订单，没有处理送货地址、送货方式和付款方式，请读者注意这点。

1. 定义 Web 页面

在 struts.xml 的配置中，生成订单的页面为 bookOrder.jsp，因此新建此页面，主要代码如下：

```
<table border="1">
    <tr><td>订单号：</td>
    <td><a href="orderSingleAction.action?id=${request.order.id }" target="_blank">
        ${request.order.id }</a></td></tr>
    <tr><td>用户名：</td><td>${session.user.userName}</td></tr>
    <tr><td>应付金额：</td><td>${request.order.orderPrice }</td></tr>
    <tr><td>购买日期：</td><td>${request.order.buyDate }</td></tr>
    <tr align="right"><td colspan="2">
    <a href="orderSingleAction.action?id=${request.order.id }" target="_blank">查看本订
单明细</a>
    </td></tr>
</table>
```

在 bookOrder.jsp 页面中主要显示生成的简单订单信息，包括购买用户姓名、订单总价和购买日期。其中购买用户姓名通过登录时设置的 session 范围的变量 user 获得，这部分内容将在第 11 章讲解；其它信息都通过 Action 中定义的"order"变量来取得。

在本页面中设置了查看详细订单信息的超链接<a href="orderSingleAction.action?id=${request.order.id }">…</a>，这将在 10.3.3 节实现。

2. 完成 Action 业务逻辑

由于"进入结算中心"图标的超链接地址为<a href="orderAction.action">…</a>，那么根据 struts.xml 的配置，为了实现生成订单功能，需新建 com.action.shopping.OrderAction.java，完成 orderAdd()逻辑方法，代码如下：

```
package com.action.shopping;
……//省略导入包
@Controller
public class OrderAction extends ActionSupport {
    private Integer id;
    private int page=1;
    @Resource
    private OrderService orderService;
    @Resource
    private OrderListService orderListService;
    @Resource
    private BookInfoService bookInfoService;
```

```
......//省略以上 5 个属性的 get/set 方法
public String orderAdd() throws Exception {
    ActionContext ct = ActionContext.getContext();
    HttpServletRequest              request              =              (HttpServletRequest)
ct.get(ServletActionContext.HTTP_REQUEST);
    BuyCart buyCart = (BuyCart) request.getSession().getAttribute("buyCart");
    UserInfo user = (UserInfo) request.getSession().getAttribute("user");
    Order order = new Order();
    if (buyCart != null) {
        order.setUserID(user.getId());
        order.setOrderPrice(buyCart.getTotalPrice());
        orderService.save(order);
        for (BuyItem item : buyCart.getItems()) {
            OrderList orderList = new OrderList();
            orderList.setOrderID(order.getId());
            orderList.setBookID(item.getBook().getId());
            orderList.setBookAmount(item.getAmount());
            orderListService.save(orderList);
        }
    }
    request.getSession().removeAttribute("buyCart");        //删除购物车 session
    request.setAttribute("order", order);
    return SUCCESS;
    }
}
```

orderAdd()方法中首先通过 session 获得购物车的所有商品信息(buyCart)和购买用户的信息(user)，然后设置实体 Order 和实体 OrderList 的相关属性值，通过通用业务逻辑类中的save()方法完成每个订单的添加和各订单项的添加操作。其中，订单项的添加使用循环来对购物车里的每个购物项进行一一添加。

在订单的添加中使用了方法 getTotalPrice() 来计算整个订单全额，修改com.bean.BuyCart.java 文件，增加 getTotalPrice()方法，通过对每个购物车项单价和数量之积来获得订单总额。

```
public float getTotalPrice()
{      float total=0.f;
      for(BuyItem bi:items)
      {      total += bi.getBook().getSellPrice()*bi.getAmount();        }
      return total;
}
```

3. 运行结果

重启服务器，购买两本图书后，在购物车页面点击"进入结算中心"，则触发生成订单功能，如图 10-10 所示。数据库中的表 ordertable 增加 id 为"14"的一条记录，表 orderlist 增加两条记录信息，其 orderID 字段值为"14"，与 ordertable 的 id 字段相同，说明生成订单操作成功。

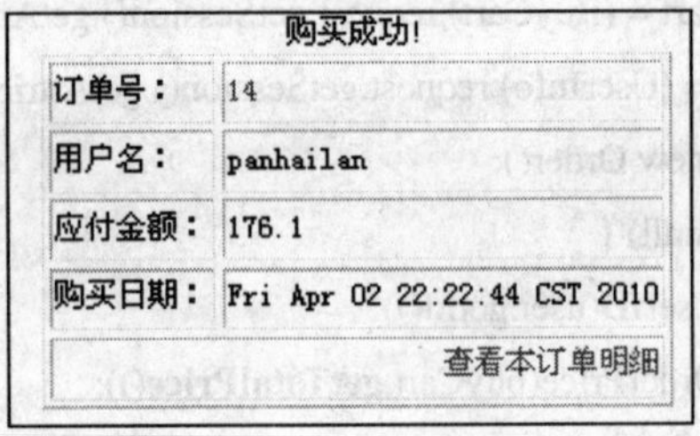

购买成功！	
订单号：	14
用户名：	panhailan
应付金额：	176.1
购买日期：	Fri Apr 02 22:22:44 CST 2010
	查看本订单明细

图 10-10　生成订单页面

✧　注意：本案例对订单号的处理使用自动增长字段来实现。目前有许多订单号随机数生成算法，可以直接使用。

10.3.3　查看订单详细信息

读者可以看到在图 10-10 中有两个超链接，都是进入查看订单详细信息的入口。

1. 定义 Web 页面

在 struts.xml 的配置中，查看订单详细信息的页面为 bookOrderSingle.jsp，因此新建此页面，主要代码如下：

```
<table>
    <tr align="left"><td colspan="3">订单号：${request.id }</td>
        <td colspan="3">订购日期：${request.order.buyDate }</td></tr>
    <tr><td colspan="6">收货人信息<br>
        收货人：${session.user.userName}<br>
        收货地址：----------<br>
        收货联系电话：----------<br></td></tr>
    <tr align="left"><td colspan="6">送货方式:------------</td></tr>
    <tr align="left"><td colspan="6">付款方式:------------</td></tr>
    <tr align="left"><td colspan="6">货品清单</td></tr>
    <tr align="center"><td>书名</td><td>定价</td> <td>商城价</td> <td>优惠</td> <td>数量</td> <td>小计</td></tr>
    <s:iterator value="#request.bookList" status="st">
    <tr><td>
    <a href="singleBookAction.action?id=${id}" target="_blank">${bookName}</a>
    </td>
```

<td>${marketPrice}</td><td>${sellPrice}</td><td>${savedPrice}</td><td>${amount}</td><td>${singlePrice}</td></tr>

    </s:iterator>

    <tr align="right"><td colspan="6">图书合计总价：**${request.order.orderPrice}**

    </td></tr>

    </table>

在 bookOrderSingle.jsp 页面中，通过传入的订单号进行 Action 业务逻辑的设置，从而得到页面中显示的订单购买日期和订单总额；另外，在 s:iterator 循环体中还显示了订单项中每本书的相关信息。最贴心的是对每本书还添加了 singleBookAction.action?id=${id}地址的超链接，使用户能再次查看所购买图书的详细信息。

2. 完成 Action 业务逻辑

查看订单明细的超链接地址为<a href="orderSingleAction.action?id= ${request.order.id}" >…</a>，根据 struts.xml 的配置，为了实现查看订单明细功能，可在 com.action.shopping.OrderAction.java 中添加 orderSingle()逻辑方法，代码如下：

```java
public String orderSingle() {
    ActionContext ct = ActionContext.getContext();
    HttpServletRequest request = (HttpServletRequest) ct.get(ServletActionContext.HTTP_REQUEST);
    Order order = orderService.find(Order.class,getId());
    request.setAttribute("order", order);
    List<OrderList> orderList=orderListService.findOrder(getId());
    request.setAttribute("orderList", orderList);
    List<BookInfo> bookList=new ArrayList<BookInfo>();;
    for (OrderList item : orderList) {
        BookInfo book =bookInfoService.find(BookInfo.class, item.getBookID());
        book.setAmount(item.getBookAmount());
        bookList.add(book);
    }
    request.setAttribute("bookList", bookList);
    return SUCCESS;
}
```

orderSingle()方法首先通过 orderServiceBean.java 中的 find()方法来获得订单数据表的记录，并把此记录作为 order 变量返回；其次通过 orderServiceBean.java 中的 findOrder ()方法获得对应订单的订单项列表，并通过每一个订单项字段的 bookID 来获取相关 bookInfo 图书表中的记录，同时把每条记录添加到 bookList 列表中返回 Web 页面。

3. 运行结果

重启服务器，运行http://localhost/bookSite/orderSingleAction.action?id=14，查看图 10-10所示订单 14 的具体信息，如图 10-11 所示。注意：图中的收货地址、联系电话、送货方式和付款方式都用横线表示。

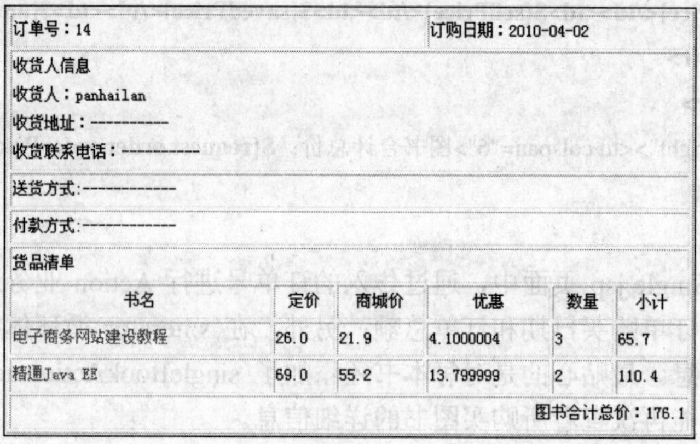
订单号：14
订购日期：2010-04-02
收货人信息
收货人：panhailan
收货地址：---------
收货联系电话：---------
送货方式：------------
付款方式：------------
货品清单
书名
定价
商城价
优惠
数量
小计
电子商务网站建设教程
26.0
21.9
4.1000004
3
65.7
精通Java EE
69.0
55.2
13.799999
2
110.4
图书合计总价：176.1

图 10-11　订单详细信息页面

✧　注意：orderSingle()方法中实现了 BookInfo、Order 和 OrderList 三个实体的关联查询，读者可以通过 JPQL 查询语句来实现。

10.3.4　显示订单列表

订单模块的最后一个功能就是现实登录用户的所有订单列表子模块，此功能的入口在用户管理模块中。

1. 定义 Web 页面

在 struts.xml 的配置中，查看订单详细信息的页面为 orderList.jsp，因此新建此页面，主要代码如下(省略部分样式)：

```
<s:form action="" theme="simple">
<table><tr>
    td>订单 ID</td><td>收货人</td><td>付款方式</td><td>订单总额</td>
    <td>下单日期</td><td>订单状态</td><td>商家</td><td>操作</td></tr>
<s:iterator value="#request.records" status="st">
    <tr><td>
        <a href="orderSingleAction.action?id=${id}" target="_blank">${id }</a></td>
        <td>${session.user.userName}</td>
        <td bgcolor="f5f5f5" align="center">银联</td>
        <td bgcolor="f5f5f5"> <div align="center">${orderPrice }</div></td>
        <td bgcolor="f5f5f5" align="center">${buyDate }</td>
        <td bgcolor="f5f5f5" align="center">未付款</td>
        <td bgcolor="f5f5f5" align="center">清风书苑</td>
        <td bgcolor="f5f5f5" align="center">--</td></tr>
</s:iterator>
```

```
</table>
<table><tr><td>
<s:bean name="org.apache.struts2.util.Counter" id="counter">
    <s:param name="first" value="#request.pageview.pageindex.startindex" />
    <s:param name="last" value="#request.pageview.pageindex.endindex" />
    <s:a href="orderListAction.action?page=1">首页</s:a>
    <s:iterator>
        <s:if test="#request.pageview.currentpage!=current-1">
            <a href='orderListAction.action?page=<s:property/>'><s:property/></a>
        </s:if>
        <s:else><s:property/></s:else>
    </s:iterator>
    <a href="orderListAction.action?page=${pageview.totalpage}"> 尾 页 </a> ｜ 当 前 第
${pageview.currentpage}页 ｜ 共${pageview.totalpage}页
</s:bean></td></tr>
</table>
</s:form>
```

在 orderList.jsp 页面中，通过传入的用户 id 进行 Action 业务逻辑的设置，从而得到当前登录用户的所有订单列表变量 records 和分页变量 pageview。

分页功能代码读者应该很熟悉了，此页面其它主要的内容就是 s:iterator 标签对 records 变量的遍历，显示每个订单总价格和购买日期。用户如果想查看每个订单的详细信息，可以通过订单号的超链接<a href="orderSingleAction.action?id=${id}">${id}</a>来实现，见图 10-12。

2. 完成 Action 业务逻辑

显示订单列表的超链接地址为 <s:a href="orderListAction.action">…</s:a>，根据 struts.xml 的配置，为了实现显示订单列表功能，在 com.action.shopping.OrderAction.java 中添加 orderList()逻辑方法，代码如下：

```
public String orderList() throws Exception {
    try {
        ActionContext ct = ActionContext.getContext();
        HttpServletRequest request = (HttpServletRequest) ct.get(ServletActionContext.HTTP_
REQUEST);
        PageView<Order> pageview = new PageView<Order>(6,getPage());
        QueryResult<Order> qr = new QueryResult<Order>();
        LinkedHashMap<String, String> aa = new LinkedHashMap<String, String>();
        aa.put("buyDate", "desc");        //按购买日期排序
        aa.put("id", "desc");             //日期相同按订单号排序
        UserInfo user = (UserInfo) request.getSession().getAttribute("user");
        if (user.getId() != null && !"".equals(user.getId())) {
            StringBuffer sql = new StringBuffer("o.userID = ?");
```

```
            List<Object> pram = new ArrayList<Object>();
            pram.add(user.getId());
            qr=orderService.getScrollData(Order.class, pageview.getFirstindex(), pageview.getMaxresult(),
        sql.toString(), pram.toArray(), aa);
            }else {
            qr = orderService.getScrollData(Order.class, pageview.getFirstindex(), pageview.get-
        Maxresult(), aa);
            }
            pageview.setQueryResult(qr);
            request.setAttribute("pageview", pageview);
            request.setAttribute("records", pageview.getRecords());
            return SUCCESS;
        } catch (Exception e) {
            e.printStackTrace();
            return ERROR;
        }
    }
```

orderList()方法的编写和图书列表的 action 方法类似，要进行 JPQL 语句的拼接。首先也是进行订单数据的排序，先按购买日期降序排序，如果出现重复，那么按订单号降序排序；其次设定查询条件，即订单表中的 userID 必须和登录用户的 id 值相同；最后把这些条件放入 OrderServiceBean.java 的 getScrollData()方法中查询，得到结果集 qr，并对 qr 进行分页处理，返回 pageview 和 records 变量。

3. 运行结果

重启服务器，登录后(此处假设登录模块已完成，若未完成，可先进入第 11 章进行学习，到查看订单列表入口再测试)运行http://localhost/bookSite/orderListAction.action，如图10-12所示，图中订单以下单日期的降序排列，当日期相同时按订单号的降序排列，每页显示六条记录，符合 orderList()方法的编码。

订单ID	收货人	付款方式	订单总额	下单日期	订单状态	商家	操作
14	panhailan	银联	176.1	2010-04-02	未付款	清风书苑	--
13	panhailan	银联	16.2	2010-03-31	未付款	清风书苑	--
12	panhailan	银联	21.9	2010-03-30	未付款	清风书苑	--
11	panhailan	银联	74.0	2010-03-30	未付款	清风书苑	--
10	panhailan	银联	162.5	2010-03-30	未付款	清风书苑	--
9	panhailan	银联	17.2	2010-03-28	未付款	清风书苑	--

首页 1 2 3 尾页 | 当前第1页 | 共3页

图 10-12   订单列表页面

第 11 章 用户、管理员及图书管理模块的实现

📑 **重要知识点**
- 登录中的动态转发
- 图书管理列表的实现
- 图书更改信息的显示
- 权限拦截器

在第 10 章讲解的图书显示、购物车和订单功能中，读者会经常看到"已注册用户"的字眼，因此，本章将以用户登录、注销和权限管理功能为主进行讲解。在本章的最后，还简单介绍了权限拦截器对整个项目的功用及其设置。

11.1 用户、管理员登录及注销模块

在电子商务网站中用户的登录和注销是必需的功能。一般在主页中可以直接登录或提供登录链接页面，本项目在 Head.jsp 中设置了这两个功能的入口，具体参考 9.7 节。

11.1.1 登录功能的实现

在本项目的登录模块中，使用 Action 配置元素 result 的属性 type="redirectAction"动态结果，完成不同权限用户页面的分发。result 属性的定义具体可查看 5.2.6 节。

1. 定义 Web 页面

本项目的权限定义在 com.bean.user.Limited.java 文件中，包括普通用户(USER)和管理员(MANAGER)权限。因此登录模块包含三个 Web 页面，分别如下：
- login.jsp：登录页面，从 Head.jsp 的"登录"超链接进入；
- user.jsp：普通用户登录成功页面；
- manager.jsp：管理员登录成功页面。

下面对每个页面的实现进行讲解。

1) login.jsp

登录页面如图 11-1 所示。

| 用户名: | 密码: | Submit |

图 11-1 登录页面

其主要代码如下：

```
<s:form action="loginAction.action" theme="simple">
    <TABLE><TBODY><TR>
        <TD>用户名: <s:textfield name="userName" label="用户名" size="12"/></TD>
        <TD>密码:<s:password name="password" label="密码" size="12"/></TD>
        <TD><s:submit name=" submit "></s:submit></TD>
    </TR></TBODY></TABLE>
</s:form>
```

2) user.jsp

普通用户登录成功页面如图 11-2 所示，包含普通用户可以进行操作的业务逻辑超链接，如查看订单、修改密码和退出登录功能，详见 11.2 节。

欢迎panhailan! 查看订单 修改密码 退出登录

图 11-2 普通用户页面

其主要代码如下：

```
<TABLE><TBODY>
    欢迎${session.user.userName}！
    <s:a href="orderListAction.action">查看订单</s:a>
    <s:a href="updatePass.jsp">修改密码</s:a>
    <s:a href="loginOutAction.action">退出登录</s:a>
</TBODY></TABLE>
```

3) manager.jsp

管理员登录成功页面如图 11-3 所示，包含管理员可以进行操作的业务逻辑超链接，如查询及管理图书、增加图书和退出登录功能，详见 11.3 节。

管理员manager登录 查询及管理图书 增加图书 退出登录

图 11-3 管理员页面

其主要代码如下：

```
<TABLE><TBODY>
    管理员${session.user.userName}登录
    <s:a href="bookManagerAction.action?page=1">查询及管理图书</s:a>
    <s:a href="bookAdd.jsp">增加图书</s:a>
    <s:a href="loginOutAction.action">退出登录</s:a>
</TBODY></TABLE>
```

2. 完成的 Action 业务逻辑

登录功能的 Action 类为 com.action.user.LoginAction.java，具体代码为：

```
package com.action.user;
```

```
……//省略导入包
@Controller
public class LoginAction extends ActionSupport {
    private String userName;
    private String password;
    private String newpass;
    private String renewpass;
    // 用于保存请求重定向到的 action 名字
    private String nextAction;
    @Resource
    private UserInfoService userInfoService;
……//省略 get/set 方法
    public String login() throws Exception {
        ActionContext ct= ActionContext.getContext();
        HttpServletRequest        request=        (HttpServletRequest)ct.get(ServletActionContext.
HTTP_REQUEST );
            try {
                if (userInfoService.login(userName, password) != null) {
                UserInfo userInfo=userInfoService.login(userName, password);
                request.getSession().setAttribute("user",userInfo);
                // 判断是否管理者
                if (userInfo.getLimited().equals(Limited.MANAGER)) {
                    nextAction = "manager";
                    } else {            nextAction = "user";        }
                return SUCCESS;
            }else {            return INPUT;            }
        } catch (Exception e) {
            return INPUT;            }
    }
    public void validateLogin() {
……//省略 userName 和 password 验证空值和长度
    }
}
```

在 login()方法中，首先通过业务逻辑 UserInfoServiceBean.java 中实现的 login(userName, password)方法(详见 9.5.2 节)获得登录用户的数据库记录 userInfo，并把它赋给 session 范围的变量 user；然后通过 userInfo 的 limited 字段判断用户权限，若是管理员，则把 nextAction 属性赋值为"manager"，否则赋值为"user"。而 nextAction 就是 loginAction 中动态结果的返回值。

3. 配置 struts.xml

依据以上定义的 Web 页面和 Action 类，登录模块在 struts.xml 中的配置如下：

```
<action name="loginAction" class="loginAction" method="login">
    <result name="input">/login.jsp</result>
    <result type="redirectAction">${nextAction}</result>
</action>
<action name="manager">
    <result>/manager.jsp</result>
</action>
<action name="user">
    <result>/user.jsp</result>
</action>
```

以上代码在 result 元素中定义的返回类型为 redirectAction，其值为动态结果 ${nextAction}，那么当业务逻辑返回 nextAction 为"manager"时，登录成功跳转到名为 manager 的 Action 配置路径 manager.jsp 页面；返回 nextAction 为"user"时，登录成功跳转到名为 user 的 Action 配置路径 user.jsp 页面

4. 运行结果

重启服务器，从主页中的登录超链接进入 login.jsp 页面，若使用普通用户登录，则成功转入如图 11-2 所示的 user.jsp 页面；若使用管理员登录，则成功转入如图 11-3 所示的 manager 页面，说明登录模块编码成功。

❖ 注意：图 11-1、图 11-2 和图 11-3 都只截取了部分页面，整体页面应该还包括 Head.jsp。

11.1.2 注销模块的实现

1. 定义 Web 页面

注销功能的入口定义为<a href="loginOutAction.action">……</a>，除了在 user.jsp 和 manager.jsp 中具有该功能之外，在头页面 Head.jsp 中也提供了此功能，相关代码如下：

```
<s:if test="#session.user!=null">
您好:${session.user.userName}[<a href="loginOutAction.action">注销</a>]</s:if>
<s:else>[<a href="login.jsp" >请登录</a><a href="register.jsp">注册</a>]</s:else>
欢迎光临 windbook.com 清风书苑
```

而头页面的注销链接是主要使用注销功能的入口，如图 11-4 所示。

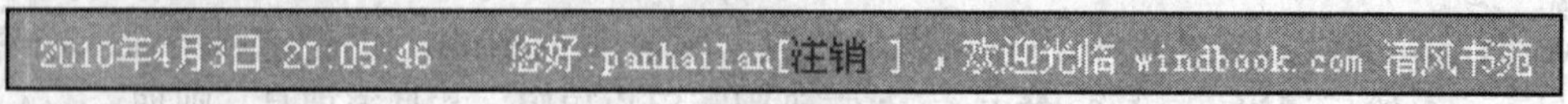

2010年4月3日 20:05:46   您好:panhailan[注销]，欢迎光临 windbook.com 清风书苑

图 11-4 注销链接页面

2. 完成 Action 业务逻辑

实现注销功能时，必须在 com.action.user.LoginAction.java 中增加注销逻辑方法

loginOut()，代码如下：

```
public String loginOut() throws Exception {
    ActionContext ct= ActionContext.getContext();
    HttpServletRequest          request=          (HttpServletRequest)ct.get(ServletActionContext.
HTTP_REQUEST );
    request.getSession().invalidate();
    return SUCCESS;
    }
```

invalidate()方法是把项目运行中的所有 Session 都注销。

3. 配置 struts.xml

loginOutAction 在 struts.xml 中的配置如下：

```
<action name="loginOutAction" class="loginAction" method="loginOut">
    <result type="redirectAction">/bookListAction.action</result>
</action>
```

注销后的结果我们定义成 bookListAction.action，就是项目主页，符合一般电子商务网站的流程。

4. 运行结果

重启服务器，登录任何用户成功后，在如图 11-4 所示的头页面中点击"注销"超链接，则返回第 10 章中图 10-4 所示的主页，说明注销模块编码成功。

11.2 用户管理模块

用户管理模块的功能包括查看订单列表、修改密码和注销子模块。

11.2.1 密码更改模块的实现

1. 定义 Web 页面

密码更改功能的入口为 user.jsp 中的<s:a href="updatePass.jsp">修改密码</s:a>超链接，涉及的页面为 updatePass.jsp 和 updatePassok.jsp。

1) updatePass.jsp

updatePass.jsp 除了要输入正确的原始密码之外，还要对新密码进行二次验证，主要代码如下：

```
<s:form action="updatePassAction.action" theme="simple">
    <TABLE><TBODY><TR>
        <TD>原始密码: <s:password name="password" size="12"></s:password></TD>
        <TD>新密码: <s:password name="newpass" size="12"></s:password></TD>
        <TD>密码验证: <s:password name="renewpass" size="12"></s:password></TD>
        <TD><s:submit name=" submit "></s:submit></TD>
```

```
</TR></TBODY></TABLE>
    </s:form>
```

运行界面如图 11-5 所示。

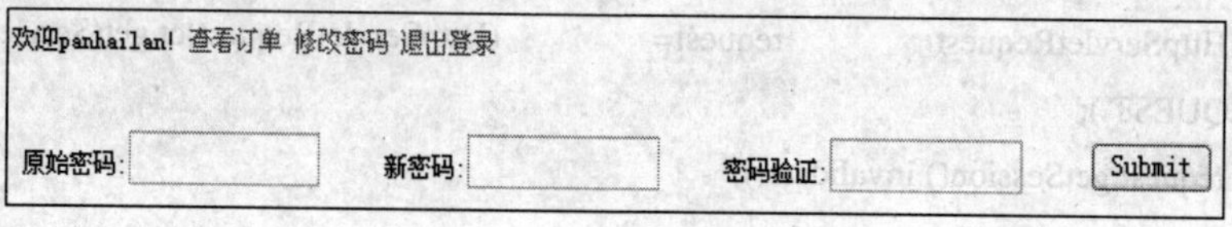

图 11-5　修改密码表单页面

2) updatePassok.jsp

updatePassok.jsp 仅提示"密码修改成功！"字样，运行界面如图 11-6 所示。

图 11-6　修改密码成功页面

2. 完成 Action 业务逻辑

在 com.action.user.LoginAction.java 中增加注销逻辑方法 updatePass() 的代码如下：

```
public String updatePass() throws Exception {
    ActionContext ct= ActionContext.getContext();
    HttpServletRequest          request=          (HttpServletRequest)ct.get(ServletActionContext.
HTTP_REQUEST );
        try {       Integer id=((UserInfo)request.getSession().getAttribute("user")).getId();
            if (userInfoService.updatePassword(id, password,newpass)!=0) {
                return SUCCESS;
            } else {        return INPUT;            }
        } catch (Exception e) {        return INPUT;            }
    }
    public void validateUpdatePass() {
    ……//省略 password、newpass 和 renewpass 验证空值和长度，及是否相同
    }
```

updatePass() 方法中主要应理解 UserInfoServiceBean.java 中定义的 updatePassword(id, password,newpass) 业务逻辑方法(详见 9.5.2 节)，此方法的返回值为布尔型，为真则说明修改成功，反之不成功。

3. 配置 struts.xml

updatePassAction 在 struts.xml 中的配置如下：

```
<action name="updatePassAction" class="loginAction" method="updatePass">
    <result name="input">/updatePass.jsp</result>
    <result name="success">/updatePassok.jsp</result>
</action>
```

4. 运行结果

重启服务器，登录任何用户成功后，点击"修改密码"超链接，则返回如图 11-5 所示的界面，输入原密码、新密码提交成功，说明密码更改模块编码成功。

11.2.2　订单列表查看模块的实现

订单列表查看子模块在 10.3.4 节已详细讲解，这里不做重复讲述。

11.3　管理员管理模块

管理员管理模块的功能包括添加图书信息、查看图书列表、更改图书信息和删除图书信息子模块，其中更改图书信息和删除图书信息功能的入口在图书列表页面中。

11.3.1　图书管理的配置文件

和图书管理功能模块相关的 Action 在 struts.xml 中的配置代码如下：

```
<action name="addBook" class="bookManageAction" method="add">
    <result name="input">/bookAdd.jsp</result>
    <result name="success">/bookAdd_ok.jsp</result>
</action>
<action name="bookManagerAction" class="bookAction" method="bookList">
    <result name="success">/bookManage.jsp</result>
</action>
<action name="updateBook" class="bookManageAction" method="update">
    <result name="success">/bookUpdate.jsp</result>
</action>
<action name="updateOKBook" class="bookManageAction" method="updateOK">
    <result name="input">/bookUpdate.jsp</result>
    <result name="success">/bookUpdate_ok.jsp</result>
</action>
<action name="bookDelete" class="bookManageAction" method="delete">
    <result name="success">/bookDelete.jsp</result>
</action>
```

以上五个 Action 配置代表四个子功能模块：

- addBook：添加图书信息子功能；
- bookManagerAction：图书列表的管理子功能；
- updateBook 和 updateOKBook：更新图书信息子功能；
- bookDelete：删除图书信息子功能。

本模块采用 Spring 注解来完成依赖注入，所以不需更改 beans.xml 文件。

✧ 注意：与图书管理相关的业务逻辑 BookInfoServiceBean.java 在第 9 章已定义过，可以直接使用其方法。

11.3.2　图书添加模块的实现

图 11-3 所示的"增加图书"超链接就是进入图书添加页面 bookAdd.jsp 的入口。

1. 定义 Web 页面

图书添加功能涉及的页面为 bookAdd.jsp 和 bookAdd_ok.jsp。

1）bookAdd.jsp

bookAdd.jsp 定义了所有 BookInfo 实体属性的输入表单，主要代码如下(省略样式定义)：

```
<jsp:include page="manager.jsp"></jsp:include>
请添加图书信息，其中*为必填
<s:fielderror></s:fielderror>
<s:form action="addBook.action" theme="simple">
    <table><tr><td>
        <table>
        <tr><td>*书名：</td><td><s:textfield name="bookName" /></td></tr>
        <tr><td>*作者：</td><td><s:textfield name="author" /></td></tr>
        <tr><td>*定价：</td><td>￥<s:textfield name="marketPrice" /></td></tr>
        <tr><td>*是否在售：</td><td>
            <s:radio list="#{true:'在售',false:'停售'}" name="visible" value="true"/>
            </td></tr>
        <tr><td>上架时间：</td><td><s:textfield name="createDate"/></td></tr>
        <tr><td colspan="2">(日期格式：MM/DD/YY) </td></tr>
        <tr><td>所属分类：</td><td>
            <s:select list="{'教材','计算机','外语','小说','动漫'}" name="bookType"/>
            </td></tr>
        </table></td>
    <td><table>
        <tr><td>*I S B N ：</td><td><s:textfield name="ISBN" /></td></tr>
        <tr><td>*出版社：</td><td><s:textfield name="publisher" /></td><tr>
        <tr><td>*书城价：</td><td>￥<s:textfield name="sellPrice" /></td></tr>
        <tr><td>是否推荐：</td><td>
            <s:radio list="#{true:'是',false:'否'}" name="commend" value="false"/>
            </td></tr>
        <tr><td>出版时间：</td><td><s:textfield name="publishDate" /></td></tr>
        <tr><td colspan="2">(日期格式：MM/DD/YY) </td></tr>
```

```
          <tr><td>图片路径：</td>
              <td><s:textfield name="bookPic" value="/book_image/"/></td></tr>
          </table></td></tr>
      </table>
      <table><tr><td>内容简介：</td></tr>
          <tr><td><s:textarea name="description" rows="8" cols="80" wrap="true"/></td>
          </tr>
      </table>
      <input type="submit" value="添加"/>
  </s:form>
```

以上表单提交触发 Action 为 addBook，其中通过下拉列表来选择图书类型 bookType 字段值，通过单选按钮来输入 visible 和 commend 字段值。

bookType 下拉列表的 list 属性值为{'教材','计算机','外语','小说','动漫'}，那么列表中的每一项都将作为 HTML 列表框的一个选项，而且每个选项的值也相同。在客户端浏览器中的输出如下：

```
      <select name="bookType" id="addBook_bookType">
          <option value="教材">教材</option>
          <option value="计算机">计算机</option>
          <option value="外语">外语</option>
          <option value="小说">小说</option>
          <option value="动漫">动漫</option>
      </select>
```

Struts2 标签的 s:select 表单标签的用法详见 10.1.1 节。

visible 和 commend 单选按钮的 list 属性值直接使用 OGNL 表达式来创建单选按钮组，列表中的每一项都将作为 HTML 单选按钮的一个选项。如 commend 在客户端浏览器中的输出如下：

```
      <input type="radio" name="commend" value="true"/>是
      <input type="radio" name="commend" checked="checked" value="false"/>否
```

Struts2 标签的 s:radio 表单标签除了我们常用的 name、label 等属性外，还有表 11-1 中的一些属性。

表 11-1　radio 标签的属性

属　性	是否必需	默认值	类　型	说　　明
list	是	无	Collection、Map、Enumeration、Iterator 或 Array	要迭代的集合，使用集合中的元素来设置各个选项。如果 list 属性的值是一个 Map，则 Map 的 key 会成为选项的 value，value 会成为内容
listKey	否	无	String	指定使用集合中对象的哪一个属性(property)作为选项的 value
listValue	否	无	String	指定使用集合中对象的哪一个属性(property)作为选项的内容

radio 标签的工作方式与 select 标签类似，它的三个属性和 select 标签的同名属性用法也一致。

运行后，输入新增图书信息的页面如图 11-7 所示。

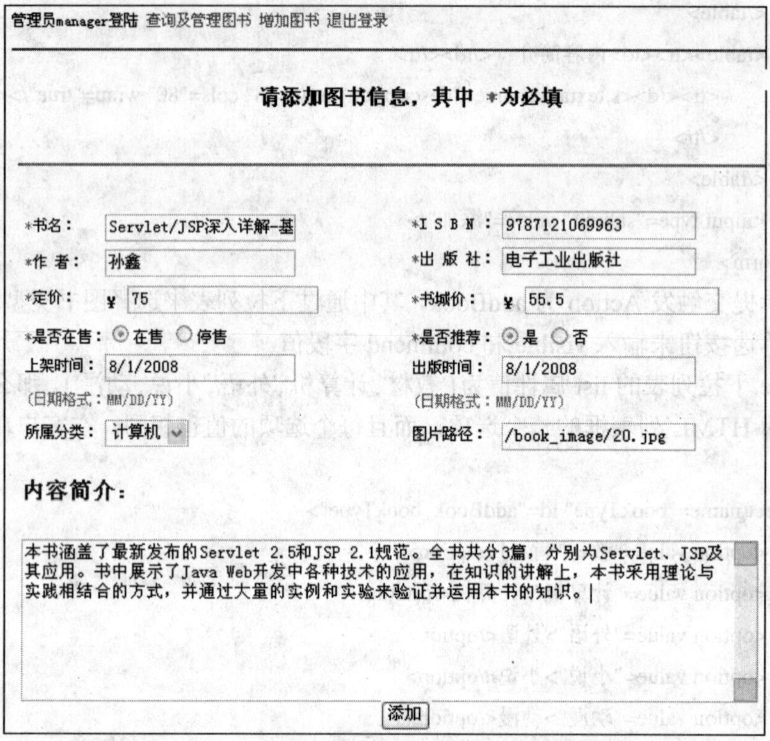

图 11-7 添加图书表单页面

2) bookAdd_ok.jsp

bookAdd_ok.jsp 仅提示"图书添加成功！"字样，运行界面如图 11-8 所示。

图 11-8 图书添加成功页面

2. 完成 Action 业务逻辑

由于图 11-7 中"添加"按钮触发的 Action 为 addBook，那么根据 struts.xml 的配置，为了实现添加图书信息功能，新建 com.action.shopping.BookManageAction.java 完成 add()逻辑方法，代码如下：

```
package com.action.book;
......//省略导入包
@Controller
public class BookManageAction extends ActionSupport implements ModelDriven<BookInfoFormBean> {
    @Resource
```

```
private BookInfoService bookInfoService;
private BookInfoFormBean bookInfoFormBean = new BookInfoFormBean();
public void setBookInfoService(BookInfoService bookInfoService) {
    this.bookInfoService = bookInfoService;
}
public String add(){
    BookInfo          bookInfo=new          BookInfo(bookInfoFormBean.getISBN(),
bookInfoFormBean.getAuthor(),bookInfoFormBean.getBookName(),bookInfoFormBean.getCommend(),bo
okInfoFormBean.getMarketPrice(),bookInfoFormBean.getPublisher(),bookInfoFormBean.getSellPrice(),boo
kInfoFormBean.getVisible());
        if(bookInfoFormBean.getBookPic()!=null)
            bookInfo.setBookPic(bookInfoFormBean.getBookPic());
        if(bookInfoFormBean.getBookType()!=null)
            bookInfo.setBookType(bookInfoFormBean.getBookType());
        if(bookInfoFormBean.getDescription()!=null)
            bookInfo.setDescription(bookInfoFormBean.getDescription());
        if(bookInfoFormBean.getCreateDate()!=null)
            bookInfo.setCreateDate(bookInfoFormBean.getCreateDate());
        if(bookInfoFormBean.getPublishDate()!=null)
            bookInfo.setPublishDate(bookInfoFormBean.getPublishDate());
        bookInfoService.save(bookInfo);
        return SUCCESS;
    }
    public BookInfoFormBean getModel() {
        // TODO Auto-generated method stub
        return bookInfoFormBean;
    }
}
```

BookManageAction.java 类通过实现 ModelDriven<BookInfoFormBean>接口(详见 10.1.1 节)来实现表单数据的获取。

add()方法中首先通过实体 BookInfo 中定义的构造函数,实例化图书实体 bookInfo,设置好 bookInfo 数据表的必填字段;其次对非必填字段对应表单值一一做判空验证,对于不为空值的表单项,把数据设置到实体 bookInfo 中;最后使用 BookInfoServiceBean.java 中的 save()方法实现实体在数据库中的保持。

3. 运行结果

重启服务器,按图 11-7 所示添加新增图书信息,若提交页面如图 11-8 所示,则说明添加图书信息模块编码成功。

11.3.3 图书管理模块的实现

图 11-3 所示的“查询及管理图书”超链接就是进入图书管理列表逻辑 bookManagerAction 的入口。

1. 定义 Web 页面

在 struts.xml 的配置中，bookManagerAction 跳转的页面为管理员管理图书列表页面 bookManager.jsp。运行界面如图 11-9 所示。

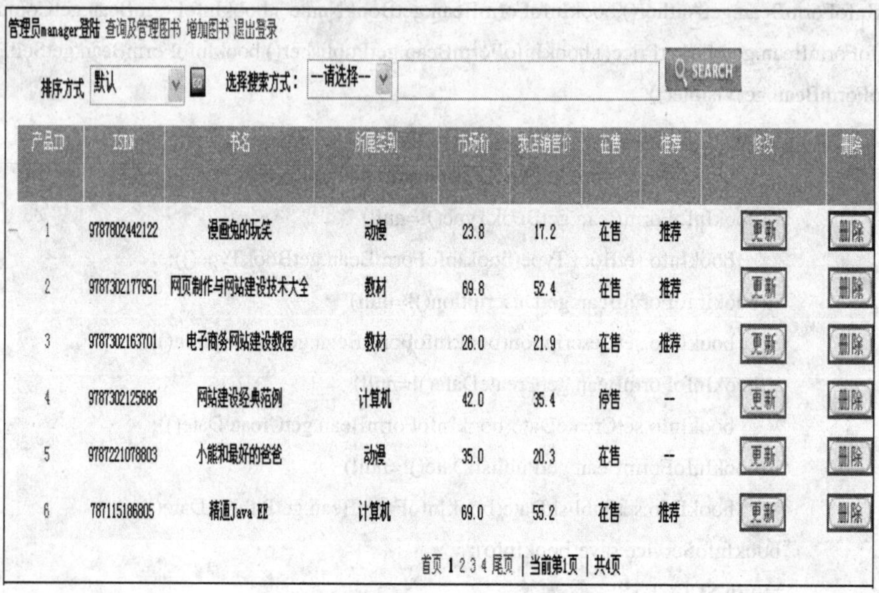
管理员manager登陆 查询及管理图书 增加图书 退出登录
排序方式 默认
选择搜索方式： --请选择--
SEARCH
产品ID
ISBN
书名
所属类别
市场价
我店销售价
在售
推荐
修改
删除
1 9787802442122 漫画兔的玩笑 动漫 23.8 17.2 在售 推荐 更新 删除
2 9787302177951 网页制作与网站建设技术大全 教材 69.8 52.4 在售 推荐 更新 删除
3 9787302163701 电子商务网站建设教程 教材 26.0 21.9 在售 推荐 更新 删除
4 9787302125686 网站建设经典范例 计算机 42.0 35.4 停售 — 更新 删除
5 9787221078803 小熊和最好的爸爸 动漫 35.0 20.3 在售 — 更新 删除
6 787115186805 精通Java EE 计算机 69.0 55.2 在售 推荐 更新 删除
首页 1 2 3 4 尾页 | 当前第1页 | 共4页

图 11-9 图书管理列表页面

从图 11-9 中读者可以发现，排序方式和搜索方式选择的页面与 10.1.1 节中的排序和搜索页面相同，因此不难猜出，这两个模块的代码也与 order.jsp 和 search.jsp 代码基本相同，不同的是，两个表单的返回 Action 不一样。下面我们对 bookManager.jsp 页面代码进行分析。

bookManager.jsp 页面使用 s:include 标签主要包含下面代码①、②、③页面和图书信息列表，而代码④是分页处理代码(详见 9.4.2 节)：

```
<s:include value="manager.jsp"></s:include>                                    ①
<s:form action="" theme="simple">
<table><tr>
    <td colspan="10"><s:include value=" orderManage.jsp"/></td>               ②
    <td colspan="10" align="right"><s:include value="searchManage.jsp"/></td> ③
</tr></table>
<table><tr>
    <td >产品 ID</td><td>ISBN</td><td>书名></td><td>所属类别</td>
    <td>市场价</td><td>我店销售价</td><td>在售></td><td>推荐</td>
    <td>修改</td><td>删除</td></tr>
    <s:iterator value="#request.records" status="st">
```

```
        <tr><td>
        <a href="singleBookAction.action?id=${id}" target="_blank">${id }</a></td>
        <td>${ISBN }</td><td>${bookName }</td><td>${bookType }</td>
        <td>${marketPrice }</td><td >${sellPrice }</td>
        <td><s:if test="visible">在售</s:if><s:else>停售</s:else></td>
        <td ><s:if test="commend">推荐</s:if><s:else>--</s:else></td>
        <td>
    <a href="updateBook.action?id=${id}"><img    src="/images/buy/update-t-sm.gif"/></a>
        </td><td>
    <a href="bookDelete.action?id=${id}"><img    src="/images/buy/delete.gif"/></a></td>
        </tr>
        </s:iterator>
    </table>
    <table><tr><td>                                                        ④
        <s:bean name="org.apache.struts2.util.Counter" id="counter">
        <s:param name="first" value="#request.pageview.pageindex.startindex" />
        <s:param name="last" value="#request.pageview.pageindex.endindex" />
        <s:a href="bookManagerAction.action?page=1">首页</s:a>
        <s:iterator>
        <s:if test="#request.pageview.currentpage!=current-1">
            <a href='bookManagerAction.action?page=<s:property/>'><s:property/></a>
        </s:if>
        <s:else><s:property/></s:else>
        </s:iterator>
    <a    href="bookManagerAction.action?page=${pageview.totalpage}"> 尾 页 </a>   |   当 前 第
${pageview.currentpage}页 」共${pageview.totalpage}页
        </s:bean>
    </td></tr></table>
    </s:form>
```

以上代码可以分为两部分：

(1) 查询、排序页面和分页。查询和排序页面只要在 search.jsp 和 order.jsp 页面代码的基础上，修改 form 表单的 action 值即可。

```
    <s:form name="orderse" action="bookManagerAction" method="post">……</form>
```

分页代码详见 9.4.2 节。

(2) 图书列表部分。如图 11-5 所示，图书列表是对所有符合查询条件和排序条件的图书记录的显示，采用 s:iterator 标签来完成，并在每条图书记录中包含该图书更新和删除操作的入口。

2. 完成 Action 业务逻辑

由于显示符合排序和查询条件的图书类别业务逻辑与主页中显示图书类别的逻辑相同，因此我们只需使用 BookAction 的 bookList()方法即可，代码详见 10.1.1 节，在 11.3.1 节的 struts.xml 配置中也是这样的。

3. 运行结果

重启服务器，管理员登录后进入图书管理列表，可以任意选择排序方式对图书列表进行排序，也可以选择查询字段并输入查询关键字筛选符合条件的图书列表，还可以通过每条列表中的产品 ID 来查看单本图书的具体信息。

列表中的更新和删除链接就是我们接下来讲解的内容。

11.3.4 图书更新模块的实现

图书更新的入口在图书管理列表页面中，对于每条图书记录都有对应"更新"字样的图标，如图 11-9 所示，其访问地址为<a href="updateBook.action?id=${id}">…</a>。

1. 定义 Web 页面

1) bookUpdate.jsp 页面

在 struts.xml 的配置中，图书更新功能 Action 跳转的页面为 bookUpdate.jsp，进入后选择 id=4 的图书的"更新"超链接，显示的页面如图 11-10 所示。

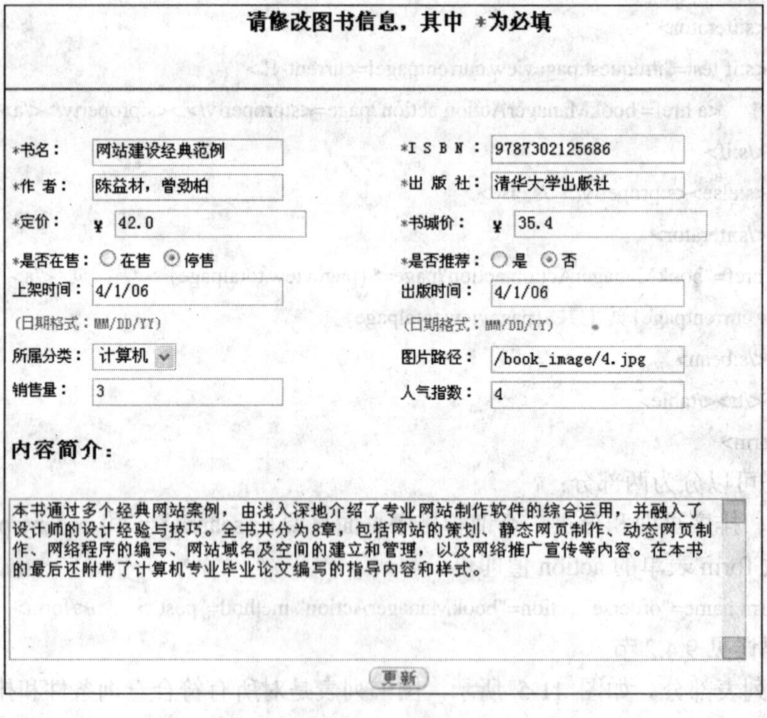

图 11-10　id 为 4 的图书的信息页面

细心的读者会发现，图 11-10 与图 11-7 基本一致，区别在于图 11-7 是图书信息添加页面，图中的每个表单值是管理员输入的，而图 11-10 是图书更新页面，图中的表单值是 id

为 4 的图书信息，图中数据是通过 Action 业务逻辑返回的值。因此，bookUpdate.jsp 的 Web 页面代码与 bookAdd.jsp(见 11.3.2 节)的代码唯一不同的就是对各个表单进行赋值。

对 bookUpdate.jsp 表单的赋值主要分成三种情况，分别为：

(1) 单行和多行文本赋值。bookUpdate.jsp 表单大部分都是单行文本(s:textfield)和多行文本(s:textarea)，其赋值方式相同，都是定义组件的 value 属性值，参考代码如下：

```
<s:textfield name="bookName" value="%{#request.book.bookName}" />
```

其它如作者、出版社、价格等的赋值方式与此相同。

(2) 下拉框组件赋值。bookUpdate.jsp 表单中的图书分类使用下拉框组件，赋值参考代码如下：

```
<s:select list="{'教材','计算机','外语','小说','动漫'}" name="bookType"
headerValue="%{#request.book.bookType}" headerKey="%{#request.book.bookType}"/>
```

其中，headerValue 属性显示页面中 header 选项的内容，headerKey 属性设置当用户选择了 header 选项时提交的值，具体见表 10-1 的解释。

从图 11-10 可以看出，图书类别显示为"计算机"，而不是 s:select 列表的第一项"教材"，说明赋值成功。

(3) 单选按钮赋值。bookUpdate.jsp 表单中有两处使用单选按钮组件，赋值参考代码如下：

```
*是否在售：
<s:if test="#request.book.visible">
<s:radio list="#{true:'在售',false:'停售'}" name="visible" value="true"/>
</s:if>
<s:else><s:radio list="#{true:'在售',false:'停售'}" name="visible" value="false"/>
</s:else>
```

以上为 visible 字段值的显示，当返回值为 true 时，"在售"处于被选择状态，反之"停售"处于被选择状态。

```
*是否推荐：
<s:if test="#request.book.commend">
<s:radio list="#{true:'是',false:'否'}" name="commend" value="true"/>
</s:if>
<s:else><s:radio list="#{true:'是',false:'否'}" name="commend" value="false"/>
</s:else>
```

以上为 commend 字段值的显示，当返回值为 true 时，"是"处于被选择状态，反之"否"处于被选择状态。

bookUpdate.jsp 页面中表单的 action 值为：

```
<s:form action="updateOKBook.action?id=%{#request.book.id}">...</s:form>
```

在 struts.xml 的配置中，updateOKBook.action 跳转的页面为 bookUpdate_ok.jsp。

2) bookUpdate_ok.jsp 页面

在图 11-10 所示页面的 bookUpdate.jsp 中修改如下内容：

● 在售；

- 推荐；
- 类别改为"教材"。

点击"更新"按钮，将显示如图 11-11 所示的页面，其内容仅显示"图书修改成功"字样。

图 11-11　图书修改成功页面

要查看修改是否成功，需进入"查询及管理图书"超链接，id 为 4 的图书列表显示如图 11-12 所示，说明修改成功。

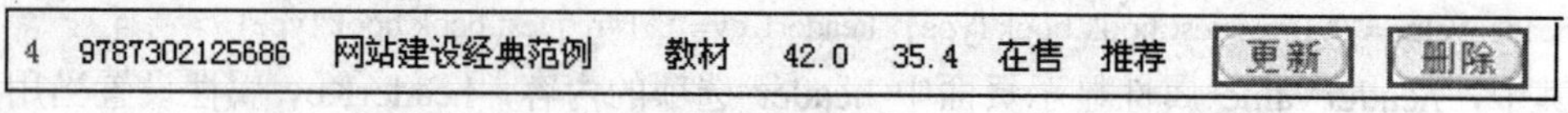

图 11-12　id 为 4 的图书更改后的列表页面

2. 完成 Action 业务逻辑

显示图书信息修改页面的地址为<a href="updateBook.action?id=${id}">…</a>，根据 struts.xml 的配置，为了实现进入图书信息修改功能页面，在 com.action.shopping.BookManageAction.java 中添加 update()逻辑方法，代码如下：

```
public String update(){
ActionContext ct= ActionContext.getContext();
HttpServletRequest            request=            (HttpServletRequest)ct.get(ServletActionContext.
HTTP_REQUEST );
    BookInfo bookInfo = bookInfoService.find(BookInfo.class, bookInfoFormBean.
getId());
    request.setAttribute("book", bookInfo);
    return SUCCESS;
    }
```

update()逻辑方法通过 BookInfoServiceBean 中实现的 find()方法来返回要修改的图书记录值 bookInfo，并把此值赋予 book 变量返回 Web 页面。

而修改后进行数据库更新的操作为 updateOKBook.action，因此根据 struts.xml 的配置，在 com.action.shopping.BookManageAction.java 中添加 updateOK()逻辑方法，代码如下：

```
public String updateOK(){
    BookInfo bookInfo=bookInfoService.find(BookInfo.class, bookInfoFormBean.getId());
    bookInfo.setBookName(bookInfoFormBean.getBookName());
    bookInfo.setISBN(bookInfoFormBean.getISBN());
    bookInfo.setAuthor(bookInfoFormBean.getAuthor());
    bookInfo.setCommend(bookInfoFormBean.getCommend());
    bookInfo.setMarketPrice(bookInfoFormBean.getMarketPrice());
    bookInfo.setPublisher(bookInfoFormBean.getPublisher());
```

```
        bookInfo.setSellPrice(bookInfoFormBean.getSellPrice());
        bookInfo.setVisible(bookInfoFormBean.getVisible());
        if(bookInfoFormBean.getBookPic()!=null)
            bookInfo.setBookPic(bookInfoFormBean.getBookPic());
        if(bookInfoFormBean.getBookType()!=null)
            bookInfo.setBookType(bookInfoFormBean.getBookType());
        if(bookInfoFormBean.getDescription()!=null)
            bookInfo.setDescription(bookInfoFormBean.getDescription());
        if(bookInfoFormBean.getCreateDate()!=null)
            bookInfo.setCreateDate(bookInfoFormBean.getCreateDate());
        if(bookInfoFormBean.getPublishDate()!=null)
            bookInfo.setPublishDate(bookInfoFormBean.getPublishDate());
        if(bookInfoFormBean.getClickCount()!=null)
            bookInfo.setClickCount(bookInfoFormBean.getClickCount());
        if(bookInfoFormBean.getSellCount()!=null)
            bookInfo.setSellCount(bookInfoFormBean.getSellCount());
        bookInfoService.update(bookInfo);
        return SUCCESS;
    }
```

updateOK()逻辑方法通过 BookInfoServiceBean 中实现的 find()方法获取到要修改图书的当前记录，然后使用 BookInfo 实体的各属性 setter 方法将 Web 表单读入数据赋值，最后使用 BookInfoServiceBean 中实现的通用逻辑方法 update()更新数据库。

3. 运行结果

重启服务器，运行图书更改信息流程即可。

11.3.5 图书删除模块的实现

在图书管理列表中有图书删除的入口，对于每条图书记录都有对应的"删除"字样的图标，如图 11-9 所示，其访问地址为<a href="bookDelete.action?id=${id}">...</a>。

1. 定义 Web 页面

点击"删除"按钮，将显示如图 11-13 所示的页面，其内容仅显示"图书《1》删除成功！"字样。

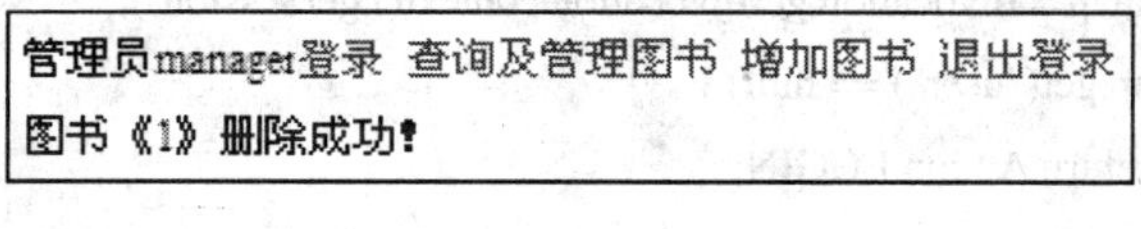

> **管理员**manager登录 查询及管理图书 增加图书 退出登录
> 图书 《1》删除成功！

图 11-13　图书删除成功页面

2. 完成 Action 业务逻辑

显示图书信息删除页面的地址为<a href=" bookDelete.action?id=${id}">...</a>，根据

struts.xml 的配置，为了实现图书删除功能，在 com.action.shopping.BookManageAction.java 中添加 delete()逻辑方法，代码如下：

```
public String delete(){
    ActionContext ct= ActionContext.getContext();
    HttpServletRequest request= (HttpServletRequest)ct.get(ServletActionContext. HTTP_REQUEST);
    BookInfo bookInfo=bookInfoService.find(BookInfo.class, bookInfoFormBean.getId());
    bookInfoService.delete(BookInfo.class, bookInfoFormBean.getId());
    return SUCCESS;
}
```

delete()逻辑方法通过 BookInfoServiceBean 中实现的 find()方法获取到要删除图书的当前记录，然后使用 BookInfoServiceBean 中通用逻辑方法的 delete()实现数据在数据库中的同步删除。

3. 运行结果

重启服务器，运行图书删除流程即可。

11.4　设置权限拦截器

至此"清风书苑"项目的各种功能基本设置完成，最后要补充的就是设置权限拦截器。

由于在购物车、订单、图书管理等大多数模块中都涉及到权限的问题，即预防没有权限的用户在得知访问地址后直接进行非权限范围的功能操作，同时也因为许多模块都需要登录后定义的 Session 范围变量 user 值作为输入值，因此在有些业务逻辑执行前要先判断 user 值是否为空，确定已登录才允许访问。

这里我们使用 Struts2 拦截器来完成权限拦截，参考第 7 章讲解的安全拦截器来进行设置。

1. 编写拦截器类

新建拦截器类 com.interceptor.AuthInterceptor.java，具体代码如下：

```
package com.interceptor;
……//省略导入包
public class AuthInterceptor extends AbstractInterceptor {
    public String intercept(ActionInvocation invocation) throws Exception {
        Map map = invocation.getInvocationContext().getSession();
        if (map.get("user") == null) {
            return Action.LOGIN;
        } else {
            long start = System.currentTimeMillis();
            String result = invocation.invoke();
            long executeTime = System.currentTimeMillis() - start;
```

```
System.out.println("Action 的执行花费的毫秒数是 ： " + executeTime);
return result;
    }    }
}
```

2. 配置 struts.xml 文件

以上的拦截器类 AuthInterceptor.java 要在 struts.xml 中进行配置，然后定义在要拦截的 Action 配置中；另外，拦截器类定义了一个返回结果码 Action.LOGIN，也需要配置。

下面是修改的 struts.xml 代码：

```
<interceptors>
    <interceptor name="auth" class="com.interceptor.AuthInterceptor"/>
    <interceptor-stack name="authstack">
        <interceptor-ref name="auth"></interceptor-ref>
        <interceptor-ref name="defaultStack"></interceptor-ref>
    </interceptor-stack>
</interceptors>
<global-results>
    <result name="login" type="redirect">/login.jsp</result>
</global-results>
```

以上定义了拦截器栈 authstack。这是因为使用权限拦截器的 Action 逻辑较多，所以使用拦截器栈来进行配置。

完成以上的配置后，只要把拦截器栈配置到要拦截的 Action 定义中即可，参考以下代码：

```
<action name="cartAction" class="cartAction">
    <result name="success">/cart.jsp</result>
    <interceptor-ref name="authstack" />                               ①
</action>
```

以上代码在 cartAction 中配置了权限拦截器，如果直接访问地址 http://localhost/bookSite/ cartAction.action，则会自动跳转到结果码 Action.LOGIN 定义的 login.jsp 页面，要求用户先登录。

代码①要配置的 Action 在本项目中涉及：manager、user、updatePassAction、bookManagerAction、bookDelete、updateBook、updateOKBook、addBook、cartAction、orderAction、orderListAction 和 orderSingleAction。

3. 运行项目

重启服务器，如果没有登录而直接访问以上设置 authstack 拦截器栈的任何一个 Action，页面都会自动跳转到结果码 Action.LOGIN 定义的 login.jsp 页面，要求用户先登录，说明权限拦截器设置成功。

❖ 注意：本项目仅判断是否登录，并没有进一步区分普通用户和管理员权限，请读者自行考虑更多权限的处理。

11.5 "清风书苑"项目总结

本项目实现的功能与真正运营的电子商务网站还有一定的差距，但是读者若能从头到尾完成所有模块的功能，真正理解所有知识点，则一定可以独立完成其它更多的功能。

本项目还需改进和增加的内容包括：

● 项目主页中关于图书的各类排行(新书上架、历史浏览、购买量等)，网站公告和新闻等模块；

● 管理员管理模块中对用户的管理、对订单状态的管理等；

● 用户管理模块中订单状态的查看，以及积分等的管理；

● 权限拦截器对于更小范围权限的拦截；

● 订单模块中对于送货方式、送货地址和付款方式数据的选择处理；

● 通过增加会员积分和优惠券等功能，维护用户的忠诚度。

以上提到的功能还只是一部分，读者可以参考目前国内运营较成功的 B2C 网站，如当当网、卓越网和凡客诚品等，分析电子商务网站的通用功能。

从框架技术来说，本项目对数据类型转换、表单数据验证和国际化这些内容没有涉及，但在本书第 5 章、第 6 章和第 7 章都对此做了详细介绍，请读者自行添加完成。

对于电子商务网站来说，界面制作是非常重要的。本项目采用页面嵌套和 table 的方式来布置页面，建议读者使用 div 层来制作界面，并通过学习 Ajax、JQuery 等优秀框架来增加界面的美感。

附录 A　Struts2 中 struts-default.xml、struts.xml 及 struts.properties 详解

1. struts-default.xml

这个文件是 struts2 框架默认加载的配置文件。它定义了 struts2 一些核心的 bean 和拦截器。

```xml
<?xml version="1.0" encoding="UTF-8" ?>
<!DOCTYPE struts PUBLIC
    "-//Apache Software Foundation//DTD Struts Configuration 2.0//EN"
    "http://struts.apache.org/dtds/struts-2.0.dtd">
<struts>
<!--struts2 中工厂 bean 的定义-->
    <bean class="com.opensymphony.xwork2.ObjectFactory" name="xwork" />
    <bean type="com.opensymphony.xwork2.ObjectFactory" name="struts" class="org.apache.struts2.impl.
StrutsObjectFactory" />
    <bean type="com.opensymphony.xwork2.ActionProxyFactory" name="xwork" class="com.opensymphony.
xwork2.DefaultActionProxyFactory"/>
    <bean type="com.opensymphony.xwork2.ActionProxyFactory" name="struts" class="org.apache.
struts2.impl.StrutsActionProxyFactory"/>
<!--类型检测 bean 的定义-->
    <bean type="com.opensymphony.xwork2.util.ObjectTypeDeterminer" name="tiger" class=
"com.opensymphony.xwork2.util.GenericsObjectTypeDeterminer"/>
    <bean type="com.opensymphony.xwork2.util.ObjectTypeDeterminer" name="notiger" class=
"com.opensymphony.xwork2.util.DefaultObjectTypeDeterminer"/>
    <bean type="com.opensymphony.xwork2.util.ObjectTypeDeterminer" name="struts" class=
"com.opensymphony.xwork2.util.DefaultObjectTypeDeterminer"/>
<!--文件上传 bean 的定义-->
    <bean type="org.apache.struts2.dispatcher.mapper.ActionMapper" name="struts" class=
"org.apache.struts2. dispatcher.mapper.DefaultActionMapper" />
    <bean type="org.apache.struts2.dispatcher.mapper.ActionMapper" name="composite" class=
"org.apache.struts2.dispatcher.mapper.CompositeActionMapper" />
```

```
<bean type="org.apache.struts2.dispatcher.mapper.ActionMapper" name="restful" class= "org.apache.
struts2.dispatcher.mapper.RestfulActionMapper" />
        <bean    type="org.apache.struts2.dispatcher.mapper.ActionMapper"    name="restful2"    class=
"org.apache.struts2.dispatcher.mapper.Restful2ActionMapper" />
        <bean    type="org.apache.struts2.dispatcher.multipart.MultiPartRequest"    name="struts"    class=
"org.apache.struts2.dispatcher.multipart.JakartaMultiPartRequest" scope="default" optional="true"/>
        <bean    type="org.apache.struts2.dispatcher.multipart.MultiPartRequest"    name="jakarta"    class=
"org.apache.struts2.dispatcher.multipart.JakartaMultiPartRequest" scope="default" optional="true" />
    <!--标签库 bean 的定义-->
        <bean    type="org.apache.struts2.views.TagLibrary"    name="s"    class=    "org.apache.struts2.views.
DefaultTagLibrary" />
    <!--一些常用视图 bean 的定义-->
        <bean class="org.apache.struts2.views.freemarker.FreemarkerManager" name="struts" optional="true"/>
        <bean class="org.apache.struts2.views.velocity.VelocityManager" name="struts" optional="true" />
        <bean class="org.apache.struts2.components.template.TemplateEngineManager" />
        <bean type="org.apache.struts2.components.template.TemplateEngine" name="ftl" class="org.apache.
struts2.components.template.FreemarkerTemplateEngine" />
        <bean    type="org.apache.struts2.components.template.TemplateEngine"    name="vm"    class=
"org.apache. struts2.components.template.VelocityTemplateEngine" />
        <bean            type="org.apache.struts2.components.template.TemplateEngine"            name="jsp"
class="org.apache. struts2.components.template.JspTemplateEngine" />
    <!--类型转换 bean 的定义-->
        <bean    type="com.opensymphony.xwork2.util.XWorkConverter"    name="xwork1"    class="com.
opensymphony. xwork2.util.XWorkConverter" />
        <bean    type="com.opensymphony.xwork2.util.XWorkConverter"    name="struts"    class="com.
opensymphony.xwork2.util.AnnotationXWorkConverter" />
        <bean type="com.opensymphony.xwork2.TextProvider" name="xwork1" class="com.opensymphony.
xwork2.TextProviderSupport" />
        <bean  type="com.opensymphony.xwork2.TextProvider"  name="struts"  class="com.opensymphony.
xwork2.TextProviderSupport" />
    <!--  Struts2 中一些可以静态注入的 bean, 也就是不需要实例化的  -->
        <bean class="com.opensymphony.xwork2.ObjectFactory" static="true" />
        <bean class="com.opensymphony.xwork2.util.XWorkConverter" static="true" />
        <bean class="com.opensymphony.xwork2.util.OgnlValueStack" static="true" />
        <bean class="org.apache.struts2.dispatcher.Dispatcher" static="true" />
        <bean class="org.apache.struts2.components.Include" static="true" />
        <bean class="org.apache.struts2.dispatcher.FilterDispatcher" static="true" />
        <bean class="org.apache.struts2.views.util.ContextUtil" static="true" />
        <bean class="org.apache.struts2.views.util.UrlHelper" static="true" />
```

```xml
<!-- 定义 Struts2 默认包-->
    <package name="struts-default" abstract="true">
    <!-- 结果类型的种类-->
        <result-types>
            <result-type name="chain" class="com.opensymphony.xwork2.ActionChainResult"/>
            <result-type name="dispatcher" class="org.apache.struts2.dispatcher.ServletDispatcherResult"
default="true"/>
            <result-type name="freemarker" class="org.apache.struts2.views.freemarker. FreemarkerResult"/>
            <result-type name="httpheader" class="org.apache.struts2.dispatcher.HttpHeaderResult"/>
            <result-type name="redirect" class="org.apache.struts2.dispatcher.ServletRedirectResult"/>
            <result-type name="redirectAction" class="org.apache.struts2.dispatcher. ServletAction-
RedirectResult"/>
            <result-type name="stream" class="org.apache.struts2.dispatcher.StreamResult"/>
            <result-type name="velocity" class="org.apache.struts2.dispatcher.VelocityResult"/>
            <result-type name="xslt" class="org.apache.struts2.views.xslt.XSLTResult"/>
            <result-type name="plainText" class="org.apache.struts2.dispatcher.PlainTextResult" />
            <result-type                                                name="redirect-action"
class="org.apache.struts2.dispatcher.ServletActionRedirectResult"/>
            <result-type name="plaintext" class="org.apache.struts2.dispatcher.PlainTextResult" />
        </result-types>
<!--struts2 中拦截器的定义-->
        <interceptors>
        <!--实现在不同请求中相似参数别名的转换-->
            <interceptor name="alias" class="com.opensymphony.xwork2.interceptor.AliasInterceptor"/>
            <!--与 Spring 整合时自动装配的拦截器-->
            <interceptor name="autowiring" class="com.opensymphony.xwork2.spring.interceptor. Action-
AutowiringInterceptor"/>
            <!--构建一个 action 链，使当前 action 可以访问前一个 action，与<result-type="chain" />配
合使用-->
            <interceptor name="chain" class="com.opensymphony.xwork2.interceptor.ChainingInterceptor"/>
            <!--负责类型转换的拦截器-->
            <interceptor name="conversionError" class="org.apache.struts2.interceptor.StrutsConversion-
ErrorInterceptor"/>
            <!--使用配置的 name,value 来指示 cookies -->
            <interceptor name="cookie" class="org.apache.struts2.interceptor.CookieInterceptor"/>
            <!--负责创建 httpSession-->
            <interceptor name="createSession" class="org.apache.struts2.interceptor. CreateSession-
Interceptor" />
            <!--输出调试信息-->
```

```xml
<interceptor name="debugging" class="org.apache.struts2.interceptor.debugging. Debugging-
Interceptor" />
```

<!--扩展引用-->

```xml
<interceptor name="externalRef" class="com.opensymphony.xwork2.interceptor. External-
ReferencesInterceptor"/>
```

<!--后台执行 action 负责发送等待画面给用户-->

```xml
<interceptor name="execAndWait" class="org.apache.struts2.interceptor. ExecuteAndWait-
Interceptor"/>
```

<!--异常处理-->

```xml
<interceptor name="exception" class="com.opensymphony.xwork2.interceptor. Exception-
MappingInterceptor"/>
```

<!--文件上传，解析表单域的内容-->

```xml
<interceptor name="fileUpload" class="org.apache.struts2.interceptor.FileUploadInterceptor"/>
```

<!--支持国际化-->

```xml
<interceptor name="i18n" class="com.opensymphony.xwork2.interceptor.I18nInterceptor"/>
```

<!--日志记录-->

```xml
<interceptor name="logger" class="com.opensymphony.xwork2.interceptor. LoggingInterceptor"/>
```

<!--模型拦截器，当 action 实现了 ModelDriven 接口时，负责把 getModel 的结果放入
valueStack 中-->

```xml
<interceptor name="modelDriven" class="com.opensymphony.xwork2.interceptor.
ModelDrivenInterceptor"/>
```

<!--有生命周期的 ModelDriven-->

```xml
<interceptor name="scopedModelDriven" class="com.opensymphony.xwork2.interceptor.
ScopedModelDrivenInterceptor"/>
```

<!--负责解析请求中的参数，并赋值给 action 中对应的属性-->

```xml
<interceptor name="params" class="com.opensymphony.xwork2.interceptor.
ParametersInterceptor"/>
```

<!--实现该 Preparable 接口的 action，会调用拦截器的 prepare 方法-->

```xml
<interceptor name="prepare" class="com.opensymphony.xwork2.interceptor.
PrepareInterceptor"/>
```

<!--负责将 action 标签下的 param 参数值传递给 action 实例-->

```xml
<interceptor name="staticParams" class="com.opensymphony.xwork2.interceptor.
StaticParametersInterceptor"/>
```

<!--范围转换-->

```xml
<interceptor name="scope" class="org.apache.struts2.interceptor.ScopeInterceptor"/>
```

<!--用于访问 Servlet API-->

```xml
<interceptor name="servletConfig" class="org.apache.struts2.interceptor. ServletConfig-
Interceptor"/>
```

```xml
<interceptor         name="sessionAutowiring"         class="org.apache.struts2.spring.interceptor.
SessionContextAutowiringInterceptor"/>
```

<!--输出 action 执行时间-->

```xml
<interceptor name="timer" class="com.opensymphony.xwork2.interceptor. TimerInterceptor"/>
```

<!--防止表单重复提交-->

```xml
<interceptor name="token" class="org.apache.struts2.interceptor.TokenInterceptor"/>
```

<!--与 token 拦截器相似，只是把 token 保存到 HttpSession-->

```xml
<interceptor   name="tokenSession"   class="org.apache.struts2.interceptor. TokenSession-
StoreInterceptor"/>
```

<!--负责表单字段的验证 *-validation.xml-->

```xml
<interceptor name="validation" class="org.apache.struts2.interceptor.validation. Annotation-
ValidationInterceptor"/>
```

<!--负责执行 action 的 validate()-->

```xml
<interceptor         name="workflow"         class="com.opensymphony.xwork2.interceptor.
DefaultWorkflowInterceptor"/>
```

<!--存储和重新获取 Action 消息/错误/字段错误为 Action，实现 ValidationAware 接口到
seesion-->

```xml
<interceptor name="store" class="org.apache.struts2.interceptor.MessageStoreInterceptor" />
```

<!--添加自动 checkbox 处理代码, 这样检测 checkbox 和添加它作为一个参数使用默认值
(通常为 "false")，使用一个指定名字隐藏字段探测没提交的 checkbox-->

```xml
<interceptor name="checkbox" class="org.apache.struts2.interceptor.CheckboxInterceptor" />
<interceptor         name="profiling"         class="org.apache.struts2.interceptor.
ProfilingActivationInterceptor" />
```

<!--JAAS 服务拦截器-->

```xml
<interceptor name="roles" class="org.apache.struts2.interceptor.RolesInterceptor" />
```

<!-- 一个基本的拦截器栈 -->

```xml
<interceptor-stack name="basicStack">
    <interceptor-ref name="exception"/>
    <interceptor-ref name="servletConfig"/>
    <interceptor-ref name="prepare"/>
    <interceptor-ref name="checkbox"/>
    <interceptor-ref name="params"/>
    <interceptor-ref name="conversionError"/>
</interceptor-stack>
```

<!-- 简单的 validtion 和 webflow 栈 -->

```xml
<interceptor-stack name="validationWorkflowStack">
    <interceptor-ref name="basicStack"/>
    <interceptor-ref name="validation"/>
    <interceptor-ref name="workflow"/>
```

```
</interceptor-stack>
<!-- 文件上传的拦截器栈 -->
<interceptor-stack name="fileUploadStack">
    <interceptor-ref name="fileUpload"/>
    <interceptor-ref name="basicStack"/>
</interceptor-stack>
<!-- model-driven 栈 -->
<interceptor-stack name="modelDrivenStack">
    <interceptor-ref name="modelDriven"/>
    <interceptor-ref name="basicStack"/>
</interceptor-stack>
<!-- action 链的拦截器栈 -->
<interceptor-stack name="chainStack">
    <interceptor-ref name="chain"/>
    <interceptor-ref name="basicStack"/>
</interceptor-stack>
<!-- i18n 拦截器栈 -->
<interceptor-stack name="i18nStack">
    <interceptor-ref name="i18n"/>
    <interceptor-ref name="basicStack"/>
</interceptor-stack>
<!-- 结合 preparable 和 ModenDriven 拦截器-->
<interceptor-stack name="paramsPrepareParamsStack">
    <interceptor-ref name="exception"/>
    <interceptor-ref name="alias"/>
    <interceptor-ref name="params"/>
    <interceptor-ref name="servletConfig"/>
    <interceptor-ref name="prepare"/>
    <interceptor-ref name="i18n"/>
    <interceptor-ref name="chain"/>
    <interceptor-ref name="modelDriven"/>
    <interceptor-ref name="fileUpload"/>
    <interceptor-ref name="checkbox"/>
    <interceptor-ref name="staticParams"/>
    <interceptor-ref name="params"/>
    <interceptor-ref name="conversionError"/>
    <interceptor-ref name="validation">
        <param name="excludeMethods">input,back,cancel</param>
    </interceptor-ref>
```

```
            <interceptor-ref name="workflow">
                <param name="excludeMethods">input,back,cancel</param>
            </interceptor-ref>
        </interceptor-stack>
    <!--定义默认的拦截器栈    -->
    <interceptor-stack name="defaultStack">
        <interceptor-ref name="exception"/>
        <interceptor-ref name="alias"/>
        <interceptor-ref name="servletConfig"/>
        <interceptor-ref name="prepare"/>
        <interceptor-ref name="i18n"/>
        <interceptor-ref name="chain"/>
        <interceptor-ref name="debugging"/>
        <interceptor-ref name="profiling"/>
        <interceptor-ref name="scopedModelDriven"/>
        <interceptor-ref name="modelDriven"/>
        <interceptor-ref name="fileUpload"/>
        <interceptor-ref name="checkbox"/>
        <interceptor-ref name="staticParams"/>
        <interceptor-ref name="params">
            <param name="excludeParams">dojo\..*</param>
        </interceptor-ref>
        <interceptor-ref name="conversionError"/>
        <interceptor-ref name="validation">
            <param name="excludeMethods">input,back,cancel,browse</param>
        </interceptor-ref>
        <interceptor-ref name="workflow">
            <param name="excludeMethods">input,back,cancel,browse</param>
        </interceptor-ref>
    </interceptor-stack>
    <interceptor-stack name="completeStack">
        <interceptor-ref name="defaultStack"/>
    </interceptor-stack>
    <interceptor-stack name="executeAndWaitStack">
        <interceptor-ref name="execAndWait">
            <param name="excludeMethods">input,back,cancel</param>
        </interceptor-ref>
        <interceptor-ref name="defaultStack"/>
        <interceptor-ref name="execAndWait">
```

```
            <param name="excludeMethods">input,back,cancel</param>
          </interceptor-ref>
        </interceptor-stack>
        <interceptor    name="external-ref"    class=    "com.opensymphony.xwork2.interceptor.
ExternalReferencesInterceptor"/>
          <interceptor    name="model-driven"    class=    "com.opensymphony.xwork2.interceptor.
ModelDrivenInterceptor"/>
          <interceptor    name="static-params"    class=    "com.opensymphony.xwork2.interceptor.
StaticParametersInterceptor"/>
          <interceptor  name="scoped-model-driven"  class=  "com.opensymphony.xwork2.interceptor.
ScopedModelDrivenInterceptor"/>
          <interceptor      name="servlet-config"      class=      "org.apache.struts2.interceptor.
ServletConfigInterceptor"/>
          <interceptor      name="token-session"      class=      "org.apache.struts2.interceptor.
TokenSessionStoreInterceptor"/>
      </interceptors>
    <!--定义默认拦截器为"defaultStack"-->
      <default-interceptor-ref name="defaultStack"/>
    </package>
  </struts>
```

2. struts.xml

该文件也是 struts2 框架自动加载的文件，在这个文件中可以定义一些自己的 action、interceptor、package 等。该文件的 package 通常继承 struts-default 包。下面是这个文件的格式：

```
<?xml version="1.0" encoding="GBK"?>
<!-- 下面指定 Struts 2 配置文件的 DTD 信息 -->
<!DOCTYPE struts PUBLIC
"-//Apache Software Foundation//DTD Struts Configuration 2.0//EN"
"http://struts.apache.org/dtds/struts-2.0.dtd">
<!-- struts 是 Struts 2 配置文件的根元素 -->
<struts>
<!-- 下面的元素可以出现 0 次，也可以出现无限多次 -->
<constant name="" value="" />
<!-- 下面的元素可以出现 0 次，也可以出现无限多次 -->
<bean type="" name="" class="" scope="" static="" optional="" />
<!-- 下面的元素可以出现 0 次，也可以出现无限多次 -->
<include file="" />
<!-- package 元素是 Struts 配置文件的核心，该元素可以出现 0 次，或者无限多次 -->
```

```
<package name="必填的包名" extends="" namespace="" abstract=""
externalReferenceResolver>
<!-- 该元素可以出现，也可以不出现，最多出现一次 -->
<result-types>
<!-- 该元素必须出现，可以出现无限多次-->
<result-type name="" class="" default="truelfalse">
<!—该字符串内容可以出现 0 次或多次 -->
<param name="参数名">参数值</param>*
</result-type>
</result-types>
<!-- 该元素可以出现，也可以不出现，最多出现一次 -->
<interceptors>
<!-- 该元素的 interceptor 元素和 interceptor-stack 至少出现其中之一，
也可以二者都出现 -->
<!-- 下面的元素可以出现 0 次，也可以实现无限多次 -->
<interceptor name="" class="">
<!-- 下面的元素可以出现 0 次，也可以实现无限多次 -->
<param name="参数名">参数值</param>*
</interceptor>
<!-- 下面的元素可以出现 0 次，也可以出现无限多次 -->
<interceptor-stack name="">
<!-- 该元素必须出现，可以出现无限多次-->
<interceptor-ref name="">
<!-- 下面的元素可以出现 0 次，也可以出现无限多次 -->
<param name="参数名">参数值</param>*
</interceptor-ref>
</interceptor-stack>
</interceptors>
<!-- 下面的元素可以出现 0 次，也可以出现无限多次 -->
<default-interceptor-ref name="">
<!-- 下面的元素可以出现 0 次，也可以出现无限多次 -->
<param name="参数名">参数值</param>
</default-interceptor-ref>
<!-- 下面的元素可以出现 0 次，也可以出现无限多次 -->
<default-action-ref name="">
<!-- 下面的元素可以出现 0 次，也可以出现无限多次 -->
<param name="参数名">参数值</param>*
</default-action-ref>?
<!-- 下面的元素可以出现 0 次，也可以出现无限多次 -->
```

```
<global-results>
<!-- 该元素必须出现，可以出现无限多次-->
<result name="" type="">
<!--该字符串内容可以出现 0 次或多次-->
映射资源
<!-- 下面的元素可以出现 0 次，也可以出现无限多次 -->
<param name="参数名">参数值</param>*
</result>
</global-results>
<!-- 下面的元素可以出现 0 次，也可以出现无限多次 -->
<global-exception-mappings>
<!-- 该元素必须出现，可以出现无限多次-->
<exception-mapping name="" exception="" result="">
异常处理资源
<!-- 下面的元素可以出现 0 次，也可以出现无限多次 -->
<param name="参数名">参数值</param>*
</exception-mapping>
</global-exception-mappings>
<action name="" class="" method="" converter="">
<!-- 下面的元素可以出现 0 次，也可以出现无限多次 -->
<param name="参数名">参数值</param>*
<!-- 下面的元素可以出现 0 次，也可以出现无限多次 -->
<result name="" type="">
映射资源
<!-- 下面的元素可以出现 0 次，也可以出现无限多次 -->
<param name="参数名">参数值</param>*
</result>
<!-- 下面的元素可以出现 0 次，也可以出现无限多次 -->
<interceptor-ref name="">
<!-- 下面的元素可以出现 0 次，也可以出现无限多次 -->
<param name="参数名">参数值</param>*
</interceptor-ref>
<!-- 下面的元素可以出现 0 次，也可以出现无限多次 -->
<exception-mapping name="" exception="" result="">
异常处理资源
<!-- 下面的元素可以出现 0 次，也可以出现无限多次 -->
<param name="参数名">参数值</param>*
</exception-mapping>
</action>
```

　　</package>*

　　<struts>

3. struts.properties 文件

　　这个文件是 struts2 框架的全局属性文件，也是自动加载的文件。该文件包含了系列的 key-value 对。该文件完全可以配置在 struts.xml 文件中，使用 constant 元素。下面是这个文件中一些常见的配置项及说明：

　　### 指定加载 struts2 配置文件管理器，默认为 org.apache.struts2.config.DefaultConfiguration

　　### 开发者可以自定义配置文件管理器，该类要实现 Configuration 接口，可以自动加载 struts2 配置文件

　　# struts.configuration=org.apache.struts2.config.DefaultConfiguration

　　### 设置默认的 locale 和字符编码

　　# struts.locale=en_US

　　struts.i18n.encoding=UTF-8

　　### 指定 struts 的工厂类

　　# struts.objectFactory = spring

　　### 指定 spring 框架的装配模式

　　### 装配方式有 name、type、auto 和 constructor (name 是默认装配模式)

　　struts.objectFactory.spring.autoWire = name

　　### 该属性指定整合 spring 时，是否对 bean 进行缓存，值为 true 或 false,默认为 true

　　struts.objectFactory.spring.useClassCache = true

　　### 指定类型检查

　　#struts.objectTypeDeterminer = tiger

　　#struts.objectTypeDeterminer = notiger

　　### 该属性指定处理 MIME-type multipart/form-data，文件上传

　　# struts.multipart.parser=cos

　　# struts.multipart.parser=pell

　　struts.multipart.parser=jakarta

　　# 指定上传文件时的临时目录，默认使用 javax.servlet.context.tempdir

　　struts.multipart.saveDir=

　　struts.multipart.maxSize=2097152

　　### 加载自定义属性文件 (不要改写 struts.properties!)

```
# struts.custom.properties=application,org/apache/struts2/extension/custom
```

指定请求 url 与 action 映射器，默认为 org.apache.struts2.dispatcher.mapper.DefaultActionMapper
```
#struts.mapper.class=org.apache.struts2.dispatcher.mapper.DefaultActionMapper
```

指定 action 的后缀，默认为 action
```
struts.action.extension=action
```

被 FilterDispatcher 使用
如果为 true，则通过 jar 文件提供静态内容服务
如果为 false，则静态内容必须位于 <context_path>/struts
```
struts.serve.static=true
```

被 FilterDispatcher 使用
指定浏览器是否缓存静态内容，测试阶段设置为 false，发布阶段设置为 true
```
struts.serve.static.browserCache=true
```

设置是否支持动态方法调用，true 为支持，false 为不支持
```
struts.enable.DynamicMethodInvocation = true
```

设置是否可以在 action 中使用斜线，默认为 false(不可以)，想使用需设置为 true
```
struts.enable.SlashesInActionNames = false
```

是否允许使用表达式语法，默认为 true
```
struts.tag.altSyntax=true
```

设置当 struts.xml 文件改动时，是否重新加载
- struts.configuration.xml.reload = true
设置 struts 是否为开发模式，默认为 false，测试阶段一般设为 true
```
struts.devMode = false
```

设置是否每次请求都重新加载资源文件，默认值为 false
```
struts.i18n.reload=false
```

###标准的 UI 主题
默认的 UI 主题为 xhtml，可以为 simple、xhtml 或 ajax
```
struts.ui.theme=xhtml
```
###模板目录
```
struts.ui.templateDir=template
```

#设置模板类型可以为 ftl、vm 或 jsp
struts.ui.templateSuffix=ftl

###定位 velocity.properties 文件，默认为 velocity.properties
struts.velocity.configfile = velocity.properties

设置 velocity 的 context.
struts.velocity.contexts =

定位 toolbox.
struts.velocity.toolboxlocation=

指定 web 应用的端口
struts.url.http.port = 80
指定加密端口
struts.url.https.port = 443
设置生成 url 时，是否包含参数。值可以为 none、get 或 all
struts.url.includeParams = get

设置要加载的国际化资源文件，以逗号分隔
struts.custom.i18n.resources=testmessages,testmessages2

对于一些 Web 应用服务器不能处理 HttpServletRequest.getParameterMap()
如 WebLogic、Orion 和 OC4J 等，须设置成 true，默认为 false
struts.dispatcher.parametersWorkaround = false

指定 freemarker 管理器
#struts.freemarker.manager.classname=org.apache.struts2.views.freemarker.FreemarkerManager

设置是否对 freemarker 的模板设置缓存
效果相当于把 template 拷贝到 WEB_APP/templates
struts.freemarker.templatesCache=false

通常不需要修改此属性
struts.freemarker.wrapper.altMap=true

指定 xslt result 是否使用样式表缓存。开发阶段设为 true，发布阶段设为 false
struts.xslt.nocache=false

设置 struts 自动加载的文件列表
struts.configuration.files=struts-default.xml,struts-plugin.xml,struts.xml

设定是否一直在最后一个 slash 之前的任何位置选定 namespace
struts.mapper.alwaysSelectFullNamespace=false

本文来自 CSDN 博客 http://blog.csdn.net/yaolong77/archive/2009/03/10/3975657.aspx

附录 B　在 JAR 包中查看.class 文件的源代码

查看各框架类实现文件的源代码能帮助读者加深理解，可以在本书的基础上自学高级内容。以下为查看步骤：

【步骤 1】下载对应的源文件。

由于我们使用的都是开源框架，因此对于要查看的.class 文件所在的 JAR 包，各开发商都会提供源代码。那么首先要做的就是下载源代码。

【步骤 2】加载源文件。

在 myeclipse 中双击要查看的.class 文件，会出现图 B-1 中的内容。

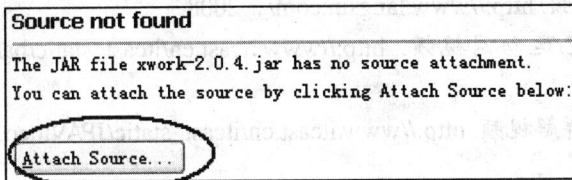

图 B-1　导入文件按钮

点击按钮【Attach Source】，进入图 B-2。

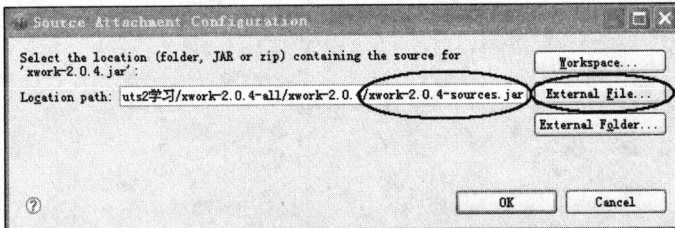

图 B-2　导入文件

选择【External File】，到准备好的对应文件中选取源文件 JAR 包，点击【OK】即可看到所要查看的.class 文件的.java 文件。

参 考 文 献

[1] 历小军. 电子商务系统设计与实现. 北京：机械工业出版社，2008.

[2] 赵祖荫，等. 电子商务网站建设教程. 北京：清华大学出版社，2008.

[3] 聂良刚，庞大连. 商务网站设计实用教程. 北京：人民邮电出版社，2007.

[4] 王宇川，等. 电子商务网站规划与建设. 北京：机械工业出版社，2007.

[5] 孔长征. 网站建设与维护. 北京：人民邮电出版社，2009.

[6] 孙鑫. Struts2 深入详解. 北京：电子工业出版社，2009.

[7] 叶健毅. 精通 Java EE-Eclipse Struts2 Hibernate Spring 整合应用案例. 北京：人民邮电出版社，2009.

[8] 李刚. 轻量级 Java EE 企业级应用实战——Struts2+Hibernate+Spring 整合开发. 北京：电子工业出版社，2008.

[9] 李刚. 整合 Struts+Hibernate+Spring 应用开发详解. 北京：清华大学出版社，2008.

[10] 浪曦网. 教学视频. http://www.langsin.com/，2008.

[11] 传智播客. 巴巴运动网视频. http://www.itcast.cn/itcast_static/babaSport_video.htm，2009.

[12] 传智播客. JPA 详解视频. http://www.itcast.cn/itcast_static/JPAVideo.htm，2009.

欢迎选购西安电子科技大学出版社教材类图书

i

欢迎来函来电索取本社书目和教材介绍！　通信地址：西安市太白南路2号　西安电子科技大学出版社发行部
邮政编码：710071　　邮购业务电话：(029)88201467　传真电话：(029)88213675。